Kapitalmarktinformationshaftung, Kapitalerhaltung und Lehre von der fehlerhaften Gesellschaft

AF888979

Europäische Hochschulschriften
Publications Universitaires Européennes
European University Studies

Reihe II
Rechtswissenschaft

Série II Series II
Droit
Law

Bd./Vol. 4847

PETER LANG
Frankfurt am Main · Berlin · Bern · Bruxelles · New York · Oxford · Wien

Thomas Löneke

Kapitalmarktinformationshaftung, Kapitalerhaltung und Lehre von der fehlerhaften Gesellschaft

PETER LANG
Internationaler Verlag der Wissenschaften

Bibliografische Information der Deutschen Nationalbibliothek
Die Deutsche Nationalbibliothek verzeichnet diese Publikation in der Deutschen Nationalbibliografie; detaillierte bibliografische Daten sind im Internet über <http://www.d-nb.de> abrufbar.

Zugl.: Freiburg (Breisgau), Univ., Diss., 2008

Gedruckt auf alterungsbeständigem,
säurefreiem Papier.

D 25
ISSN 0531-7312
ISBN 978-3-631-59212-0

© Peter Lang GmbH
Internationaler Verlag der Wissenschaften
Frankfurt am Main 2009
Alle Rechte vorbehalten.

Das Werk einschließlich aller seiner Teile ist urheberrechtlich geschützt. Jede Verwertung außerhalb der engen Grenzen des Urheberrechtsgesetzes ist ohne Zustimmung des Verlages unzulässig und strafbar. Das gilt insbesondere für Vervielfältigungen, Übersetzungen, Mikroverfilmungen und die Einspeicherung und Verarbeitung in elektronischen Systemen.

Printed in Germany 1 2 3 4 5 7

www.peterlang.de

Vorwort

Diese Untersuchung wurde im Wintersemester 2008/2009 von der Rechtswissenschaftlichen Fakultät der Albert-Ludwigs-Universität Freiburg als Dissertation angenommen. Sie ist auf dem Stand von März 2008. Jüngere Rechtsprechung und Literatur konnten vereinzelt nachgetragen werden, insbesondere der Vorlagebeschluss des BGH vom 5. Mai 2008 (Az. II ZR 292/06).

Mein besonderer Dank gilt meinem verehrten Doktorvater Herrn Professor Dr. Uwe Blaurock für seine stete Förderung, die er mir in meiner Zeit als wissenschaftlicher Angestellter am Institut für Wirtschaftsrecht gewährt hat. Die Jahre am Lehrstuhl waren fachlich und persönlich prägend. Dankbar bin ich auch Herrn Professor Dr. Hanno Merkt für die zügige Erstattung des Zweitgutachtens.

Größten Dank schulde ich meinen Freunden und Kollegen Herrn Dr. Wolfgang Hagen und Herrn Johannes Weber für die Korrekturarbeit und die vielen fachlichen und ermunternden Gespräche, die einen unverzichtbaren Anteil am Gelingen dieser Arbeit haben. In gleicher Weise bedanke ich mich herzlich bei meinem Kollegen Herrn Dr. Falk Mylich für zahlreiche Anregungen.

Besonderer Dank gilt auch meiner Freundin Isabelle Schramm, die mich in der Zeit dieser Arbeit immer aufgemuntert und mir stets zugesprochen hat.

Diese Dissertation ist das Ergebnis einer langen Ausbildung, die mir meine Eltern ermöglicht und bei der sie mich stets unterstützt haben. Ich bin ihnen dafür immer dankbar. Ihnen ist diese Arbeit gewidmet.

Freiburg im Breisgau, im Dezember 2008 — Thomas Löneke

Inhaltsübersicht

Inhaltsverzeichnis

Abkürzungsverzeichnis

a.A.	anderer Ansicht
a.E.	Am Ende
ABl.	Amtsblatt
AcP	Archiv für civilistische Praxis (Zeitschrift)
AG	Aktiengesellschaft oder „Die Aktiengesellschaft“ (Zeitschrift)
AktG	Aktiengesetz
AktG	Aktiengesetz
Allg.	Allgemeine
AnSVG	Anlegerschutzverbesserungsgesetz
Art.	Artikel
Aufl.	Auflage
BB	Betriebsberater
bearb.	bearbeitet
Begr.	Begründet/Begründung
begr.	begründet
Beschl.	Beschluss
BGB	Bürgerliches Gesetzbuch
BGBl.	Bundesgesetzblatt
BGH	Bundesgerichtshof
BGHZ	Entscheidungen des Bundesgerichtshofes in Zivilsachen
BKR	Zeitschrift für Bank- und Kapitalmarktrecht
BörsG	Börsengesetz
Bsp.	Beispiel
BT	Bundestag
BVerfG	Bundesverfassungsgericht
BVerfGE	Entscheidungen des Bundesverfassungsgerichts
bzw.	beziehungsweise
c.i.c.	culpa in contrahendo
ca.	circa
d.h.	das heißt
DB	Der Betrieb
ders.	derselbe
dies.	Dieselbe(n)
DJZ	Deutsche Juristen-Zeitung
Drs.	Drucksache
DStR	Deutsches Steuerrecht
e. V.	eingetragener Verein
ebd.	ebenda

EBLR	European Business Law Review
EG	Europäische Gemeinschaft *oder* Vertrag zur Gründung der Europäischen Gemeinschaft
EGAktG	Einführungsgesetz zum Aktiengesetz
EGHGB	Einführungsgesetz zum Handelsgesetzbuch
EuGH	Gerichtshof der Europäischen Union
EWiR	Entscheidungen zum Wirtschaftsrecht
f.	folgender
ff.	folgende
Fn.	Fußnote
FS	Festschrift
GbR	Gesellschaft bürgerlichen Rechts
gem.	gemäß
GesR	Gesellschaftsrecht
GesRZ	Der Gesellschafter: GesRZ; Zeitschrift für Gesellschafts- und Unternehmensrecht.
GmbH	Gesellschaft mit beschränkter Haftung
GmbHG	Gesetz betreffend die Gesellschaften mit beschränkter Haftung
h.L.	herrschende Lehre
h.M.	herrschende Meinung
Hdb.	Handbuch
Hg.	Herausgeber
hg.	herausgegeben
HGB	Handelsgesetzbuch
i.S.d./v.	im Sinne des/von
i.V.m.	in Verbindung mit
InsO	Insolvenzordnung
InvG	Investmentgesetz
JuS	Jurischtische Schulung
JW	Juristische Wochenschrift
JZ	Juristenzeitung
Kap-MuG	Kapitalanleger-Musterverfahrensgesetz
KG	Kommanditgesellschaft
KOM	KOM-Dokumente: Legislativvorschläge und sonstige Mitteilungen der Kommission an den Rat und/oder die anderen Organe sowie die entsprechenden vorbereitenden Dokumente
KTS	Zeitschrift für Insolvenzrecht
LfG	Lehre von der fehlerhaften Gesellschaft
lit.	Literum (lateinisch für Buchstabe)
Ls.	Leitsatz

LZ	Leipziger Zeitschrift für Deutsches Recht
m.w.N.	mit weiteren Nachweisen
NJW	Neue Juristische Wochenschrift
Red.	Redaktion
RegE	Regierungsentwurf
RIW	Recht der internationalen Wirtschaft (Zeitschrift)
RL	Richtlinie
RL	Richtlinie
Rn.	Randnummer
Rspr.	Rechtsprechung
S.	Satz *oder* Seite
SH	Sonderheft
sog.	so genannte(r)
st. Rspr.	Ständige Rechtsprechung
str.	strittig
TUG	Transparenzrichtlinie-Umsetzungsgesetz
u.	und
u.a.	unter anderem/und andere
u.U.	Unter Umständen
UmwG	Umwandlungsgesetz
Urt.	Urteil
v	vor
v.	Von/vom
v.	vom
VerkProspG	Wertpapier-Verkaufsprospektgesetz (Verkaufsprospektgesetz)
vgl.	vergleiche
Vorb	Vorbemerkungen
WM	Wertpapier-Mitteilungen, Zeitschrift für Wirtschafts- und Bankrecht
WpHG	Wertpapierhandelsgesetz
WpÜG	Wertpapiererwerbs- und Übernahmegesetz
WuB	Entscheidungssammlung zum Wirtschafts- und Bankrecht
z.B.	zum Beispiel
ZBB	Zeitschrift für Bankrecht und Bankwirtschaft
zfwu	Zeitschrift für Wirtschafts- und Unternehmensethik
ZGR	Zeitschrift für Unternehmens- und Gesellschaftsrecht
ZHR	Zeitschrift für das gesamte Handelsrecht und Wirtschaftsrecht
ZInsO	Zeitschrift für das gesamte Insolvenzrecht
ZIP	Zeitschrift für Wirtschaftsrecht

zit.	zitiert
ZPO	Zivilprozessordnung
zust.	zustimmend

§ 1 Einleitung

I. Themeneinführung

Mit dem Kapitalmarktrecht trifft ein neues, schnell wachsendes Rechtsgebiet mit neuen Regeln, Aspekten und neuen Zielen auf einen alt-gewachsenen Rechtsbereich.[1] Kapitalmarktrecht und Gesellschaftsrecht wirken in weiterhin steigendem Maß aufeinander ein.[2] Ebenso wie sich das Gesellschaftsrecht dabei nicht für das Kapitalmarktrecht blind stellen darf,[3] wird man auch umgekehrt vom Kapitalmarktrecht eine gewisse Sensibilität im Hinblick auf bewährte Lösungen korporationsrechtlicher Herkunft einfordern dürfen.

In der Beziehung zwischen Kapitalmarktinformationshaftung, Kapitalerhaltung und Lehre von der fehlerhaften Gesellschaft zeigt sich das schwierige Verhältnis der Rechtsgebiete Kapitalmarkt- und Gesellschaftsrecht in besonderem Maße. Die zunehmende Regelungsdichte kapitalmarktrechtlicher Informationspflichten ist eine augenfällige Erscheinung unserer Zeit. Die Entwicklung findet dabei ebenso auf europäischer[4] wie auf nationaler Ebene[5] statt. Kapitalmarktrechtliche Informationspflichten haben die Aufgabe, den Anlegern diejenigen Informationen zur Verfügung zu stellen, die sie für eine fundierte Kauf- oder Verkaufsentscheidung benötigen.[6] Die Versorgung mit Informationen ist gleichzeitig wesentliche Funktionsbedingung der Finanzmärkte.[7] Dem liegt die Erkenntnis zu Grunde, dass auf informationseffizienten Märkten die Chancen und Risiken eines Wertpapiers aufgrund sämtlicher öffentlich zugänglicher Informationen zur korrekten Kurspreisbildung beitragen. Fehlen Informationen hingegen, repräsentiert der Marktpreis nicht den „wahren" Wert des Papiers, auf Dauer kommt es zu Marktversagen.[8] Kapitalmarktinformationen verfolgen, ähnlich wie das Kapitalmarktrecht im Allgemeinen,[9] somit eine doppelte und korrelierende Zielrichtung, nämlich Individual- und Funktionenschutz.[10] Der Haftung

---

1 *Lutter* FS Zöllner I, S. 363; vgl. auch *Fleischer* ZIP 2006, 451 ff.

2 *Karsten Schmidt* GesR, § 1 II 3 c.

3 *Karsten Schmidt* GesR, § 1 II 3 c.

4 Überblick bei *Binder/Broichhausen* ZBB 2006, 85 (89 ff.); *Veil* ZBB 2006, 162 ff.

5 *Weber* NJW 2007, 3688 (3691 f.).

6 *Hopt/Voigt*, S. 3.

7 *Hopt/Voigt*, S. 13 ff.

8 *Merkt* Unternehmenspublizität, S. 306.

9 *Bruski* in Schimansky/Bunte/Lwowski, Vor § 104, Rn. 85 ff.

10 *Hopt/Voigt*, S. 13; *Merkt* Unternehmenspublizität, S. 306 f.; *Kübler/Assmann* GesR, § 32 II.

für Kapitalmarktinformationen kommt dabei eine Steuerungsfunktion zu.[11] Die Drohung mit Haftungsfolgen wird in diesem Sinne als äußerst wirksames und damit wichtiges Instrument der Publizität angesehen.[12]

Zu einem Konflikt zwischen Kapitalmarktinformationshaftungsregeln und gesellschaftsrechtlichen Vorgaben kommt es dann, wenn die Haftung für fehlerhafte Informationen der Anlagegesellschaft selbst auferlegt wird. So haben die Vorschriften der aktienrechtlichen Kapitalerhaltung[13] das Ziel, Vermögensabflüsse an einzelne Gesellschafter zu Lasten des Gesellschaftsvermögens und damit zu Lasten der Gläubiger zu verhindern.[14] Was aus kapitalmarktrechtlicher Sicht die Restitution des individuellen Anlegerschadens bedeutet, kann sich aus Sicht des Gesellschaftsrechts als Gefährdung geschützter Gläubigerinteressen darstellen.

Die Kapitalmarktinformationshaftung ruft jedoch auf gesellschaftsrechtlicher Ebene nicht nur Spannungen mit der aktienrechtlichen Kapitalerhaltung hervor. Denn in der Rechtspraxis nehmen nicht nur die ursprünglich hierfür gedachten Aktiengesellschaften[15] die Rolle eines Kapitalsammelbeckens ein. Seit den sechziger Jahren des vergangenen Jahrhunderts hat man sich in starkem Maße auch der Personengesellschaft bedient, um ein breites Anlegerpublikum erreichen zu können.[16] Es entstanden Publikumspersonengesellschaften, die zumeist in Form der KG, GbR oder stillen Gesellschaft organisiert sind.[17] Sie machen den so genannten grauen Kapitalmarkt aus, für den ein eigenständiges gesetzliches Regelsystem lange Zeit fehlte.[18] Es blieb der Rechtsprechung überlassen, fehlendes spezialgesetzliches Kapitalmarktrecht durch die Fortbildung von Gesellschaftsrecht und Zivilrecht auszugleichen.[19] Die rechtliche Ordnung des Rechts des Grauen Kapitalmarktes orientiert sich bis heute vornehmlich am Ziel des Anlegerschutzes.[20] Mit Einführung des Anlegerschutzverbesserungsgesetzes

---

11 *Bachmann* in Bachmann/Casper/Carsten Schäfer/Veil, S. 93 (95 f.).
12 *Merkt* Unternehmenspublizität, S. 480.
13 §§ 57, 71 AktG.
14 *Raiser/Veil* Kapitalgesellschaften, § 19, Rn. 1.
15 Allg. Begr. RegE Aktiengesetz 1965 in *Kropff*, S. 14; *Kübler/Assmann* GesR, § 32 I 1; *Fleischer* ZIP 2006, 451.
16 Assmann/Schütze/*Assmann*, § 1, Rn. 8 ff.; *Karsten Schmidt* GesR, § 57.
17 *Karsten Schmidt* GesR, § 57 I 2.
18 Assmann/Schütze/*Assmann*, § 1, Rn. 12.
19 Assmann/Schütze/*Assmann*, § 1, Rn. 13 f.; *Schwark* FS Stimpel, S. 1087 (1111).
20 Assmann/Schütze/*Assmann*, § 1, Rn. 14; anders die dualistische Konzeption (Anleger- und Funtionsschutz) im geregelten Kapitalmarkt, siehe die Nachweise oben, Fn. 10.

vom 28. 10. 2004[21], das u.a. eine Prospektpflicht[22] und eine damit korrespondierende Haftung[23] auch für nicht verbriefte Vermögensanlagen eingeführt hat, gibt es auch in diesem Bereich eine spezialgesetzliche Kapitalmarktinformationshaftung. Daneben wird der Anleger weiterhin vor fehlerhaften Informationen durch Anwendung bürgerlich-rechtlicher Normen geschützt.[24]

Sofern es diese Regeln jedoch dem Gesellschafter gestatten würden, seine Beteiligung bei der Anlagegesellschaft rückabzuwickeln, könnten dem die Grundsätze der fehlerhaften Gesellschaft entgegen stehen, nach denen die Gesellschaftsverhältnisse im Interesse der Verkehrssicherheit und des Bestandsschutzes für die Vergangenheit unangetastet bleiben sollen.[25]

Es besteht aber nicht nur Konfliktpotential zwischen Kapitalmarktinformationshaftung und aktienrechtlicher Kapitalerhaltung auf der einen und Kapitalmarktinformationshaftung und Lehre von der fehlerhaften Gesellschaft bei Publikumspersonengesellschaften auf der anderen Seite. So kann auch im Bereich der Publikumspersonengesellschaft, zumindest was die Kommanditisteneinlage angeht, von Kapitalerhaltung gesprochen werden.[26] Andererseits ist auch die Lehre von der fehlerhaften Gesellschaft kein exklusives Institut des Rechts der Personengesellschaften, sondern kann grundsätzlich ebenso auf Aktiengesellschaften Anwendung finden.[27]

Es geht bei dem Verhältnis von Kapitalmarktinformationshaftung, Kapitalerhaltung und Lehre von der fehlerhaften Gesellschaft also rechtsformübergreifend um die Frage, wie sich klassische gesellschaftsrechtliche Institute und Interessenwertungen zu kapitalmarktrechtlich bedingten Ansprüchen der Mitglieder gegen das Vermögen der eigenen Gesellschaft verhalten. Die nachfolgende Untersuchung hat das Anliegen, diese spannungsvollen Beziehungen im Einzelnen sichtbar zu machen und nach einer Auflösung zu suchen.

---

21 BGBl. I 2004, S. 2630; modifiziert durch Prospektrichtlinie-Umsetzungsgesetz v. 22. 6. 2005, BGBl. I 2005, S. 1698.

22 Nunmehr geregelt in § 8f VerkProspG.

23 Nunmehr geregelt in §§ 13, 13a VerkProspG.

24 Vgl. MünchKommBGB/*Emmerich*, § 311, Rn. 171.

25 BGHZ 55, 5 (8 f.); BGHZ 156, 46 (52 f.); genauer unten, S. 115 ff.

26 *Wiedemann* GesR II, § 4 III 5 b.

27 Vgl. MünchKommAktG/*Hüffer*, § 275 Rn. 5; *Carsten Schäfer* Die Lehre vom fehlerhaften Verband, S. 113 ff., 137 ff.

II. Meinungsstand

1. Aktiengesellschaft

a) Entwicklung in der Rechtsprechung

Schon früh ist als zentrales Problem der Abwicklung fehlerhafter Beteiligungen in der Aktiengesellschaft der Konflikt zur gesellschaftsrechtlichen Kapitalerhaltung erkannt worden. Bereits das Reichsgericht hat sich hierzu in einer Reihe von Fällen geäußert.

RGZ 46, 83 ermöglichte dem Aktionär, der seine Beteiligung durch derivativen Erwerb erlangt hatte, eine schadensrechtliche Rückabwicklung seiner Wertpapiere bei der Aktiengesellschaft. Die Entscheidung enthält jedoch keine Ausführungen zum Verhältnis von Rückabwicklung und Kapitalerhaltung.

Später ging das Gericht zunächst vom Vorrang der gesellschaftsrechtlichen Kapitalerhaltung aus. Der einzelne Aktionär könne den Schaden, welcher ihm gerade durch seine Beteiligung an der Gesellschaft erwachse, niemals von der Gesellschaft selbst ersetzt verlangen.[28] Es sei ausgeschlossen, dass der Gesellschafter durch seine Beteiligung an der Gesellschaft zugleich Gläubigerrechte gegen dieselbe erlange, welche mit den gesetzlichen Bestimmungen über die Rechte der Aktionäre im Widerspruch stünden.[29] Diese Rechtsprechung betraf den Fall des originären Aktienerwerbs durch Ausübung eines Bezugsrechts, sie wurde jedoch bald auf einen Fall des derivativen Erwerbs übertragen.[30] Nach der damaligen Ansicht des Reichsgerichts sollte es keinen Unterschied machen, ob der Aktionär durch Betrug der Gesellschaftsorgane zu einer Aktienzeichnung oder ob er dadurch zu einem nachträglichen Kauf von Aktien bestimmt worden sei. Das Reichsgericht sah den geschädigten Aktionär auch im Fall des derivativen Aktienerwerbs nicht als geschädigten Dritten an.[31] Anderenfalls werde das durch die Beteiligung als Aktionär entstandene Risiko, das auf den neuen Aktionär mit dem derivativen Erwerb übergangen sei, zum Nachteile der Gläubiger auf die Aktiengesellschaft abgewälzt.[32]

In RGZ 71, 97 ff. hingegen differenziert das Gericht zwischen originärem (Zeichnungs-) und derivativem Aktienerwerb (durch Umsatzgeschäft): Bei einer

---

[28] RGZ 54, 128 (132).
[29] RGZ 54, 128 (132).
[30] RGZ 62, 29 (39).
[31] RGZ 62, 29 (39).
[32] RGZ 62, 29 (39).

durch Zeichnung oder Ausübung eines Bezugsrechts bei der Gründung oder Kapitalerhöhung einer Aktiengesellschaft erlangten Beteiligung sollte weder eine Anfechtung möglich sein, noch ein Schadensersatzanspruch gewährt werden, der der Aufhebung der Beteiligung und Rückzahlung der Einlage gleichkomme.[33] Hingegen sollten die allgemeinen Grundsätze gelten, sofern die Gesellschaftsbeteiligung durch einen Umsatzvertrag, der auf Erwerb von Wertobjekten gegen Entgelt gerichtet ist, erlangt wurde.[34] Denn in diesen Fällen stehe der Aktionär der Gesellschaft als Gläubiger gegenüber und die Gesellschaft könne sich nicht mit dem Verweis auf die zugleich bestehende Gesellschafterstellung des Aktionärs ihren Verpflichtungen aus den allgemeinen Grundsätzen des Verkehrsrechts entziehen.[35] Eine Rückzahlung der Einlage bzw. ein Schadensersatzanspruch in gleicher Höhe ist nach dieser Ansicht für die Fälle des derivativen Erwerbs nicht ausgeschlossen.[36] Grundlage für die reichsgerichtliche Unterscheidung zwischen originärem und derivativem Erwerb war die konstruktive Erwägung, nach der ein Aktienzeichner nur Mitgliedschaftsrechte erwirbt, weil Grundlage seines Beitritts ein gesellschaftsrechtlicher Rechtsakt ist, während der Aktienkäufer auch Gläubigerrechte erwirbt, weil sich seine Ansprüche auf ein Verkehrsgeschäft stützen.[37]

Diese vom Reichsgericht vorgenommene Differenzierung zwischen originärem und derivativem Erwerb fand sich bis vor kurzem in Rechtsprechung und Literatur wieder.[38]

Der BGH hat in seinem EM.TV – Urteil vom 9.5.2005[39] jedoch explizit offen gelassen, ob daran festzuhalten ist.[40] In dem von ihm entschiedenen Fall ging es durchweg um im Wege derivativer Umsatzgeschäfte erworbene Aktien. Den Klägern waren durch falsche Ad-hoc-Mitteilungen des Vorstandes Schäden widerfahren. Der BGH rechnete dieses Verhalten der Gesellschaft gem. § 31 BGB analog zu und gewährte den Klägern Ansprüche gem. § 826 BGB und § 823 II BGB i. V. mit § 400 AktG gegen die Gesellschaft selbst. Im Rahmen

---

33 RGZ 71, 97 (98).

34 RGZ 71, 97 (100 f.).

35 RGZ 71, 97 (100).

36 Bestätigung durch RGZ 88, 271.

37 *Moos* ZHR 70 (1911), 185 (201).

38 OLG Frankfurt ZIP 1999, 1005 (1007 f.); dazu *Kort* EWIR 1999, 501; OLG München ZIP 2005, 901 (903); *Henze* NZG 2005, 115 ff.

39 BGH ZIP 2005, 1270.

40 BGH ZIP 2005, 1270 (1272 f.); ebenso offen gelassen: OLG Frankfurt ZIP 2005, 710, 713.

dieser Ansprüche gestand er ihnen ferner die Möglichkeit zu, Naturalrestitution in Form der Erstattung des gezahlten Kaufpreises gegen Übertragung der erworbenen Aktien zu verlangen.[41] Der BGH geht in seiner Begründung vom Vorrang des Anlegerschutzes vor der Kapitalerhaltung aus. Die Ersatzforderungen der in sittenwidriger Weise geschädigten Kläger gegen die Gesellschaft beruhten in erster Linie nicht auf ihrer – durch die unerlaubten Handlungen des Vorstandes erst begründeten – mitgliedschaftlichen Sonderrechtsbeziehung der Aktionäre, sondern auf ihrer Stellung als Drittgläubiger.[42] Weil jedoch das Gesellschaftsvermögen durch die Belastung mit einer derartigen Schadenersatzverbindlichkeit nicht anders als bei sonstigen Deliktsansprüchen außenstehender Gläubiger in Anspruch genommen werde, bestehe im Hinblick auf die aktienrechtliche Vermögensbindung kein Anlass zur Freistellung der Gesellschaft von jeglicher Haftung oder einer Beschränkung der Haftung auf das so genannte freie Vermögen, also auf einen das Grundkapital und die gesetzliche Rücklage übersteigenden Betrag.[43]

Des Weiteren setzt sich der BGH in seiner Entscheidung mit dem Problem des Verbots des Rückerwerbs eigener Aktien (§ 71 AktG) auseinander.[44] Die den Klägern im Rahmen der Naturalrestitution zugestandene Rückabwicklung führe nämlich zumindest formal betrachtet dazu, dass die Gesellschaft eigene Aktien entgegen § 71 AktG erwerbe.[45] Doch auch insoweit sei dem Integritätsinteresse des geschädigten Anlegers auf Herbeiführung eines Zustandes, der dem schadensfreien möglichst nahe komme (§ 249 I BGB), Vorrang vor dem Erwerb eigener Aktien einzuräumen.[46] Die eigentliche Belastung des Vermögens der Gesellschaft finde durch die Pflicht zur Erstattung des von den Anlegern aufgewendeten Kaufpreises statt, wohingegen die Verpflichtung des Geschädigten, die Aktien Zug um Zug herausgeben zu müssen, vor allem darauf beruhe, dass ihm aus Anlass der Schädigung kein über den Ersatz des Schadens hinausgehender Vorteil verbleiben solle.[47]

---

[41] BGH ZIP 2005, 1270 (1271 – 2. Ls.).
[42] BGH ZIP 2005, 1270 (1273).
[43] BGH ZIP 2005, 1270 (1273).
[44] BGH ZIP 2005, 1270 (1273).
[45] BGH ZIP 2005, 1270 (1273).
[46] BGH ZIP 2005, 1270 (1273).
[47] BGH ZIP 2005, 1270 (1273).

Der BGH hat diese Lösung mittlerweile in mehreren Verfahren zu Fällen mit Beteiligung der *ComROAD AG* bestätigt.[48]

b) Diskussionsstand in der Literatur

Im Schrifttum ist lange Zeit mehrheitlich dem in RGZ 71, 97 ff. etablierten Ansatz der Unterscheidung zwischen originärem und derivativem Erwerb gefolgt worden.[49] Mittlerweile wird jedoch wieder eine intensivere Diskussion geführt.

In jüngerer Zeit postuliert die wohl herrschende Ansicht im Schrifttum mit dem BGH[50] den unbedingten Vorrang der Kapitalmarkthaftung vor der Kapitalerhaltung.[51] Demnach kann der Anleger trotz des Grundsatzes der Kapitalerhaltung den vollen Schaden (in Höhe des negativen Interesses) von der Aktiengesellschaft verlangen. Dafür wird vorgebracht, §§ 37b, 37c WpHG bzw. §§ 44 ff. BörsG seien jeweils *leges speciales* und *leges posteriores* gegenüber dem AktG.[52] Für die Börsenprospekthaftung wird der gesetzgeberische Wille des Vorrangs des Anlegerschutzes aus den Gesetzesmaterialien gefolgert.[53] Darüber hinaus wird allgemein für kapitalmarktrechtliche Schadensersatzansprüche ein vom Gesetzgeber gewollter Vorrang angeführt: Zum einen erkenne § 15 VI 1 WpHG Ersatzansprüche gegen den Emittenten ausdrücklich an, die bei einem Vorrang der Kapitalerhaltungsregeln weitgehend leer liefen.[54] Des Weiteren lasse § 15 VI 2 WpHG in diesem Sinne auf deliktischen Rechtsgrundlagen beruhende Schadenersatzansprüche unberührt. In den Fällen der Kapitalmarktinfor-

---

48 BGH NZG 2007, 345 (ComROAD I); BGH NZG 2007, 269 (270) (ComROAD III); BGH NZG 2007, 708 (709) (ComROAD IV); BGH NZG 2007, 711 (712) (ComROAD V); BGH ZIP 2008, 407 (408) (ComROAD VI); BGH ZIP 2008, 410 (411) (ComROAD VII).

49 Dennoch wurde im Anschluss an die Rechtsprechung des Reichsgerichts eine lebhafte Diskussion zu dem Thema geführt, die bis heute immer wieder aufbricht, siehe zum Meinungsstand bis 1998 *Gebauer*, S. 133 ff.

50 BGH ZIP 2005, 1270 ff.

51 *Hüffer* AktG, § 57, Rn. 3; KölnKommWpHG/*Möllers/Leisch*, §§37 b, c, Rn. 38 ff.; MünchenerHdb. GesR IV/*Wiesner*, § 16, Rn. 58; *Fleischer* ZIP 2005, 1806 (1810); Assmann/Schütze/*ders.*, § 7 Rn. 58; Schwark/*Zimmer*, §§ 37b, 37c WpHG, Rn. 11 ff.; *Hopt/Voigt* Prospekt- und Kapitalmarktinformationshaftung, S. 117 f.; zur Börsenprospekthaftung *Frank A. Schäfer* ZGR 2006, 40 (56); Assmann/Schütze/*Assmann*, § 6, Rn. 139; Schäfer/Hamann/*Hamann*, §§ 44, 45 BörsG, Rn. 83 unter expliziter Aufgabe der Auffassung in der Vorauflage.

52 Baumbach/Hopt/*Hopt*, § 44 BörsG, Rn. 5; Assmann/Schneider/*Sethe* WpHG, §§ 37b, 37c, Rn. 6; *Möllers* BB 2005, 1637 (1640).

53 Begr. RegE Drittes Finanzmarktförderungsgesetz, BT-Drs. 13/8933, S. 78.

54 KölnKommWpHG/*Möllers/Leisch*, §§ 37 b, c, Rn. 38; *Fleischer* ZIP 2005, 1805 (1810).

mationshaftung stehe der Anleger ferner seiner Gesellschaft nicht in der Eigenschaft als Gesellschafter, sondern als geschädigter Gläubiger gegenüber.[55] Mit diesem Argument wird die Existenz des Zielkonflikts zwischen Anleger- und Gläubigerschutz überhaupt in Frage gestellt.[56]

Die Gegenposition ist ein unbedingter Vorrang der Kapitalerhaltung vor dem Anlegerschutz, so dass der Anleger keinen Schadenersatz gegen die Aktiengesellschaft geltend machen kann. Diese Position sei hier als denkbares Gegenstück zum unbedingten Vorrang des Anlegerschutzes angeführt. Sie wird indes in Reinform kaum vertreten. In der Tat wäre es de lege lata sinnwidrig, für spezielle kapitalmarktrechtliche Haftungstatbestände wie § 44 BörsG und §§ 37 b, 37 c WpHG überhaupt keinen Anwendungsbereich zu belassen.[57] Jedoch wird unter Hinweis auf die Möglichkeit, dass Aktiengesellschaften durch die Befriedigung zahlreicher Schadenersatzansprüche finanziell ausbluten könnten, der Vorschlag vorgetragen, de lege ferenda ganz von der Emittentenhaftung zu Gunsten der Vorstandshaftung abzusehen.[58]

Als differenzierende Lösung wird eine Haftung der AG nur mit ihrem freien Vermögen vorgeschlagen. Die getäuschten Anleger sollen ihren Schaden von der Gesellschaft nur ersetzt bekommen, solange dadurch nicht das Grundkapital und die gesetzliche Rücklage angetastet werden.[59] Der durch § 57 AktG statuierte Kapitalschutz in der AG verbiete oberhalb der Kapitalziffer und der gesetzlichen Rücklage nur die Ausschüttung anderer Gewinn unabhängiger Leistungen wie Zinsen, jedoch nicht Leistungen zum Schadenersatz.[60] Es sei auf der anderen Seite systemkonform, im Zweifel den Anlegerschutz hinter die Interessen der übrigen Gläubiger zurücktreten zu lassen.[61] Die Aktionäre hätten mit der Bereitstellung von Eigenkapital das höhere Risiko übernommen. Diesem höheren

---

55 Schwark/*Zimmer*, §§ 37b, 37c WpHG, Rn. 12; zu § 823 II BGB *Steinhauer*, S. 141; für die Börsenprospekthaftung *Hommelhoff/van Aersen* EwiR 1998, 579 (580).

56 Schwark/*Zimmer*, §§ 37 b, 37 c WpHG, Rn. 12.

57 *Langenbucher* ZIP 2005, 239 (241).

58 *Horn* FS Ulmer, S. 817 (827).

59 MünchKommAktG/*Bayer*, § 57, Rn. 24; *Henze* NZG 2005, 115 (121); *Raiser/Veil* Kapitalgesellschaften, § 19, Rn. 4; *Schön* FS Röhricht, S. 559 (568); Bürgers/Körber/*Westermann*, § 57, Rn. 20a (für Ansprüche aus Kapitalmarktinformationshaftung außer § 826 BGB).

60 *Henze* NZG 2005, 115 (121).

61 MünchKommAktG/*Bayer*, § 57, Rn. 24.

Risiko stehe auf der anderen Seite auch eine höhere Renditeerwartung gegenüber.[62]

Zum Teil wird an der altbekannten Differenzierung des Reichsgerichts zwischen originärem und derivativem Erwerb festgehalten. So soll bei durch Zeichnungsvertrag oder Ausübung von Bezugsrechten erworbenen Aktien überhaupt keine Schadensersatzleistung möglich sein, da hier der mitgliedschaftliche Bezug im Vordergrund stehe. Hingegen soll bei Aktien, die im derivativen Erwerb durch ein gewöhnliches Umsatzgeschäft erlangt wurden, ein Ersatz vom Emittenten (soweit aus dem freien Vermögen zahlbar) möglich sein.[63]

Weitere Vorschläge gehen dahin, den Anlegern die Schadensersatzansprüche ohne Einschränkungen durch die Kapitalerhaltung zu gewähren, sie jedoch im Insolvenzfall als nachrangige Gläubiger nach dem Vorbild des § 39 InsO einzustufen und dadurch eine Bevorzugung der Fremdgläubiger zu erreichen.[64]

Einen weiteren, bisher kaum diskutierten Vorschlag unterbreitet *CARSTEN SCHÄFER*. Demnach sollen die bei ihrem Erwerb der Beteiligungen getäuschten Aktionäre in Anwendung der Grundsätze der fehlerhaften Gesellschaft nur eine anhand von Bilanzwerten zu ermittelnde Abfindung erhalten.[65]

2. Personengesellschaften

a) Rechtsprechung

aa) *Publikums – KG und – GbR*

Sind Mitglieder einer Publikumspersonengesellschaft bei dem Erwerb ihrer Anlage arglistig getäuscht worden oder widerrufen sie ihre Beitrittserklärung gem. §§ 312, 355 BGB (Widerruf bei Haustürgeschäften, § 1 HWiG a. F.),[66] so kön-

---

62 MünchKommAktG/*Bayer*, § 57, Rn. 24.

63 *Henze* NZG 2005, 115 (117 u. 121); allerdings anders noch GroßkommAktG/*ders.*, § 57, Rn. 21 und 23: dort Plädoyer für eine unbegrenzte Haftung der AG im Falle des derivativen Erwerbs, im Falle des originären Erwerbs soll eine Haftung bis zur Grenze von Grundkapital (§§ 7, 23 III Nr. 3 AktG) plus gesetzlichen Rücklagen (§§ 150, 300 AktG) stattfinden.

64 *Langenbucher* ZIP 2005, 239 (244 f.); *Baums* ZHR 170 (2003), 139 (170); *Hopt/Voigt*, S. 64 f.; S. 118; *Möllers* BB 2005, 1637 (1642).

65 *Carsten Schäfer* NZG 2005, 985 (989 f.); *ders.* ZHR 170 (2006), 373 (378 ff.).

66 Der BGH sah bisher in der Beteiligung an einer Gesellschaft, soweit die Gesellschafterbeiträge um der Gewinnerzielung willen geleistet werden, einen Vertrag über eine entgeltliche Leistung i.S.d. § 1 HWiG a.F. (§ 312 BGB n.F.) und nicht allein ein organisationsrechtliches Geschäft. Dies ermöglicht den Widerruf gesellschaftsrechtlicher Beteili-

nen sie nach ständiger Rechtsprechung des BGH dennoch nicht die ungeschmälerte Rückerstattung ihrer Einlage von der Gesellschaft verlangen.[67] Dem stünden die Grundsätze der fehlerhaften Gesellschaft entgegen, nach denen ein fehlerhafter Gesellschaftsbeitritt grundsätzlich nicht zur Unwirksamkeit des Beitritts nach allgemeinen Grundsätzen führt.[68] Ist der Gesellschaftsbeitritt in Vollzug gesetzt, so ist er demnach zunächst wirksam. Der getäuschte Gesellschafter erhält lediglich das Recht, sich jederzeit auf dem Wege der außerordentlichen Kündigung von seiner Beteiligung für die Zukunft zu lösen. An die Stelle des ihm nach allgemeinen Grundsätzen zustehenden Anspruchs auf Rückzahlung der geleisteten Anlage tritt ein Anspruch auf das ihm nach den Grundsätzen gesellschaftsrechtlicher Abwicklung zustehende Abfindungsguthaben (§ 738 BGB, § 161 II, § 105 III HGB).[69] Die Höhe dieses Anspruchs bemisst sich nach dem Wert der Beteiligung im Kündigungszeitpunkt, weil der Gesellschafter wegen der mangelnden Ex-tunc-Wirkung der Kündigung an den bis zu diesem Zeitpunkt eingetretenen Gewinnen und Verlusten der Gesellschaft im Verhältnis seiner Beteiligung teilnimmt.[70]

Auch ein Schadensersatzanspruch aus Verschulden bei Vertragsschluss wegen Verletzung von Aufklärungspflichten (§ 280 I, § 241 II, § 311 II BGB i. V. mit §§ 31, 278 BGB) soll den Anlegern nicht zustehen. Der BGH führt gegen die Gewährung eines solchen Anspruchs zwei Gründe an: Zum einen bringe der (getäuschte) Beitrittswillige bei rein kapitalistisch organisierten Gesellschaftsbeteiligungen regelmäßig nur dem die Verhandlung führenden Vertreter der Gesellschafter, nicht aber diesen oder der Gesellschaft Vertrauen entgegen. Daher

---

gungen im Wege des Haustürwiderrufsrechts; st. Rspr. BGHZ 133, 254 (261 f.); BGH NZG 2005, 35. In jüngster Zeit hat der BGH jedoch Zweifel an der Vereinbarkeit einer solchen Auslegung mit den Vorgaben der sog. Haustürwiderrufsrichtlinie (RL 85/577/EWG des Rates v. 20. 12. 1985 betreffend den Verbraucherschutz im Falle von außerhalb von Geschäftsräumen geschlossenen Verträgen, ABl. 1985 Nr. L 372/31) geäußert und die Frage mit Beschluss v. 5.5.2008 (II ZR 292/06) dem EuGH zur Entscheidung vorgelegt, BGH ZIP 2008, 1018. Beim EuGH wird das Verfahren derzeit unter dem Aktenzeichen Rs. C-215/08 geführt.

67 BGHZ 148, 201; BGHZ 156, 46; BGH ZIP 2004, 2319 (2322); BGH ZIP 2006, 1388.

68 BGHZ 156, 46; siehe bereits BGHZ 63, 338 (345 f.); vgl. auch *Strohn* WM 2005, 1441 (1442). Sofern der Anleger ein Haustürwiderrufsrecht geltend macht, ist wiederum die Europarechtskonformität der Anwendung der Lehre von der fehlerhaften Gesellschaft nicht abschließend geklärt, siehe Vorlagebeschluss des BGH v. 5.5.2008 (II ZR 292/06), BGH ZIP 2008, 1018 und oben, Fn. 66.

69 BGHZ 156, 46 (52 f.).

70 BGHZ 156, 46 (53).

sei es gerechtfertigt, nur diesen Vertreter persönlich und nicht auch die übrigen Gesellschafter haften zu lassen.[71] Zum anderen führt der BGH an, dass sich anders eine geordnete Auseinandersetzung der Fondsgesellschaft nach dem Regelwerk über die fehlerhafte Gesellschaft bzw. den fehlerhaften Gesellschaftsbeitritt nicht durchführen ließe.[72]

Der BGH geht davon aus, dass bei in Vollzug gesetzten Gesellschaften nicht nur deren Gläubiger geschützt werden müssen, sondern auch sicherzustellen ist, dass die Mitgesellschafter des getäuschten bzw. das Widerrufsrecht ausübenden Gesellschafters nicht schlechter als er selbst behandelt werden.[73]

bb) ***Stille Gesellschaft***

Zu anderen Ergebnissen gelangt das Gericht in den Fällen fehlerhafter Beteiligungen an zweigliedrigen stillen Gesellschaften. Zwar sind nach seiner ständigen Rechtsprechung die Grundsätze der fehlerhaften Gesellschaft auch auf stille Gesellschaften anwendbar.[74] Sind Anleger also an einer stillen Gesellschaft beteiligt und zu ihrem Gesellschaftsbeitritt durch Täuschung veranlasst worden, so steht auch ihnen zunächst nicht die Möglichkeit der Ex-tunc-Rückabwicklung ihrer Einlage nach den allgemeinen Vorschriften des BGB oder nach §§ 312, 355 BGB (Haustürwiderrufsrecht) offen. Auch sie tragen insoweit das Risiko von Gewinn und Verlust ihrer jeweiligen Gesellschaft, indem ihnen lediglich ein Anspruch zusteht, dessen Höhe sich aus der zum Stichtag der Kündigung ihrer gesellschaftlichen Beteiligung zu erstellenden Abschichtungsbilanz ergibt. Jedoch stehen laut BGH die Grundsätze der fehlerhaften Gesellschaft einem Anspruch auf Rückgewähr der Einlage nicht entgegen, wenn der Vertragspartner des stillen Gesellschafters – der Inhaber des Handelsgeschäfts i. S. des § 230 HGB – verpflichtet ist, diesen im Wege des Schadenersatzes so zu stellen, als hätte er den Gesellschaftsvertrag nicht abgeschlossen und seine Einlage nicht geleistet.[75] Die gesetzlichen Grundlagen für derartige Ansprüche können laut BGH verschiedenartig sein, in Betracht kommen ein Schadenersatzanspruch wegen Aufklärungsverschuldens im Zusammenhang mit den Risiken der stillen Beteiligung gem. §§ 280 I, III, 282, 241 II und 311 II BGB, eine Haftung nach

---

[71] BGHZ 146, 46 (51 f.); *Strohn* WM 2005, 1441 (1442).
[72] BGHZ 146, 46 (52); *Strohn* WM 2005, 1441 (1442).
[73] BGHZ 148, 201 (207).
[74] BGHZ 55, 5; BGH NZG 2005, 261; BGH NZG 2005, 467; BGH NZG 2006, 57.
[75] BGH NZG 2005, 467 (Ls. 1); BGH NZG 2005, 261 (Ls. 3); BGH NZG 2004, 961 (Ls.).

§ 826 BGB und § 823 II BGB i.V.m. §§ 263, 264 a StGB, oder auch ein Anspruch aus Prospekthaftung.[76]

Nach Ansicht des BGH darf es dem schadenersatzpflichtigen Unternehmer nicht zugute kommen, dass er gleichzeitig auch an dem mit dem geschädigten Anleger geschlossenen Vertrag beteiligt ist.[77]

Der BGH ermöglicht eine solche Rückabwicklung bisher jedoch nur für zweigliedrige stille Gesellschaften und lässt explizit offen, wie der Fall der Beteiligung an einer mehrgliedrigen stillen Gesellschaft zu entscheiden wäre.[78] Dabei stellt er fest, dass es für die Annahme einer Mehrgliedrigkeit nicht ausreiche, wenn in den jeweiligen Gesellschaftsverträgen zwischen dem Inhaber des Handelgeschäftes und dem Stillen Regelungen enthalten sind, die auf mit anderen Anlegern gebildete, weitere stille Gesellschaften Bezug nehmen. Diese anderen Anleger seien dadurch noch nicht untereinander Vertragspartner.[79]

Der BGH hat sich mit dieser Rechtsprechung mittlerweile auf eine klare Position festgelegt und somit Rechtssicherheit geschaffen.[80] Bis dahin waren insbesondere in der Rechtsprechung der Oberlandesgerichte grob gesehen drei Lösungsansätze vorgeschlagen worden: Zum Teil wurden aus allgemeinen Vorschriften oder Haustürwiderrufsrecht resultierende Rückzahlungs- als auch Schadenersatzansprüche nur in den Grenzen Lehre von der fehlerhaften Gesellschaft gewährt.[81] Mit dieser Lösung wäre dem Anleger einer wirtschaftlich erfolglosen stillen Beteiligung die Chance auf ungeschmälerte Rückerstattung der Einlage genommen. Zum Teil wurden, wie nun vom BGH vertreten, nur die (bereicherungsrechtlichen) Rückzahlungsansprüche nach dem Regelwerk der fehlerhaften Gesellschaft in (gegebenenfalls geringwertigere) Abfindungsansprüche umgewandelt, Schadenersatzansprüche sollten hingegen ungeachtet dessen fort-

---

76 BGH NZG 2005, 261 (262); BGH NZG 2005, 467 (469).

77 BGH NZG 2005, 261 (262); BGH NZG 2005, 467 (469).

78 BGH NZG 2005, 261 (262).

79 BGH NZG 2005, 261 (262); in BGH NZG 2005, 467 geht der BGH ohne besondere Auseinandersetzung vom Vorliegen zweigliedriger stiller Gesellschaften aus.

80 *Wagner* NZG 2005, 499 (501).

81 OLG Braunschweig NZG 2004, 126 (127); OLG Bamberg NZG 2004, 861 (862); OLG Hamm ZIP 2003, 1151 (1152); OLG Hamburg NZG 2003, 436 (437).

bestehen.[82] Die dritte Ansicht wiederum lehnte die Anwendung der Grundsätze der fehlerhaften Gesellschaft für beide Arten von Ansprüchen ab.[83]

b) Diskussionsstand in der Literatur

Die Anwendung der Lehre von der fehlerhaften Gesellschaft auf den Beitritt getäuschter Anleger zu Publikumspersonengesellschaften (in Form einer KG oder GbR) wird im Schrifttum größtenteils befürwortet bzw. hingenommen.[84] Zum Teil bestehen jedoch Bedenken, die Lehre von der fehlerhaften Gesellschaft könnte insoweit gegen europäisches Gemeinschaftsrecht verstoßen, da Verbraucher schützende Widerrufsrechte nur dann effektiv ausgestaltet seien, wenn Folge eines Widerrufs eines Gesellschaftsbeitritts die Rückerstattung der Einlage sei.[85] Auch wird in jüngster Zeit auf die nach überwiegender Ansicht bestehende Möglichkeit der ungeschmälerten Abwicklung des Schadensersatzes bei der AG verwiesen und eine entsprechende Lösung für Publikumspersonengesellschaften gefordert.[86]

Umstrittener ist die vom BGH vorgeschlagene Lösung zu den Fällen der fehlerhaften Beteiligung in einer zweigliedrigen stillen Gesellschaft. Hierzu muss man sich vor Augen führen, dass der Anleger nach der Lösung des BGH im Ergebnis seine Einlage über einen c.i.c.-Anspruch wegen Aufklärungsverschuldens gegen den Hauptbeteiligten in der stillen Gesellschaft ungeschmälert zurückverlangen kann. In der Praxis steht dem Hauptbeteiligten (etwa einer Aktiengesellschaft) jedoch oftmals nicht genügend Kapital zur Verfügung, um derartige Ansprüche aller getäuschten Anleger zu befriedigen. Man befürchtet, dass es in vielen Fällen zu einem Wettlauf der Anleger um den schnellsten Prozess kommen könnte.[87] Hier setzt die vielfache Kritik in der Literatur an. Es stellt sich die Frage, ob ein Anleger auf Kosten anderer Anleger-Gesellschafter und Gesellschaftsgläubiger seinen Schaden abwickeln dürfen soll.[88]

---

82 OLG Schleswig ZIP 2003, 74 (77); OLG Schleswig ZIP 2003, 121 (125).

83 OLG Jena ZIP 2003, 1444; OLG Rostock WM 2001, 1413 = WuB IV D. § 1 HWiG 1.01 *Mankowski.*

84 *Kindler* ZGR 2006, 167 (174); *Carsten Schäfer* JZ 2002, 249; allgemein zur Anwendung der Lehre von der fehlerhaften Gesellschaft auf die Fälle arglistiger Täuschung: MünchKommBGB/*Ulmer*, § 705, Rn. 340.

85 *Kiethe* DStR 2005, 1904 (1905); *Doehner/Hoffmann* ZIP 2004, 1884 (1889).

86 *Zimmer/Cloppenburg* ZHR 171 (2007), 519 (526 ff.).

87 *Wagner* NZG 2005, 499 (502) („Windhundrennenprinzip").

88 *Blaurock* WuB II H. § 230 HGB 1.05; *Wagner* NZG 2005, 499 (502); *Armbrüster/Joos* ZIP 2004, 189 (197 f.).

Es sei auf den für die Anlagepraxis entscheidenden Unterschied zur Lösung bei den Publikumspersonengesellschaften (KG, GbR) hingewiesen. Dort ist das Gesellschaftsvermögen vor dem Zugriff getäuschter Anlegergesellschafter durch die Anwendung der Lehre von der fehlerhaften Gesellschaft stärker geschützt. Schadenersatzansprüche aus c.i.c. wegen Aufklärungsverschuldens schlagen gegen dieses Vermögen nicht durch. Bei der stillen Gesellschaft hingegen wird zwar kein eigenes Gesellschaftsvermögen gebildet, jedoch befinden sich die Einlagen der zahlreichen stillen Gesellschafter im Vermögen des (einen) Hauptbeteiligten (§ 230 I HGB), mit dem diese Anleger jeweils ihren Vertrag zur Begründung einer zweigliedrigen stillen Gesellschaft abgeschlossen haben. Ansprüche gegen dieses Vermögen in Höhe der ursprünglichen Einlage werden nun zugelassen. Somit wird im einen Fall die Vermögensmasse, die die Anlegereinlagen enthält, voll belastet, im anderen Fall nicht.

III. Zusammenfassende Problembeschreibung

Bei der Frage der Abwicklung fehlerhafter Beteiligungen in der Aktiengesellschaft ist der Konflikt zur gesellschaftsrechtlichen Kapitalsicherung bereits vor hundert Jahren erkannt worden. Rechtsprechung und hL im Schrifttum lösen ihn zumindest für den praktisch häufigsten Fall des derivativen Erwerbs zu Gunsten des Anlegers: Der beim Erwerb einer Aktie getäuschte Anleger darf seinen Schaden ungeschmälert bei der Gesellschaft abwickeln. Die Interessen von Gläubigern und Mitgesellschaftern müssen hingegen zurücktreten.

Dem an einer Publikums-KG oder -GbR beteiligten Anleger wird demgegenüber die Abwicklung seines vollen Schadens bei der Gesellschaft versagt. Zum einen ist eine Rückabwicklung des Gesellschaftsanteils wegen Ex-tunc-Nichtigkeit des Gesellschaftsbeitritts nicht möglich, weil dem die Grundsätze der fehlerhaften Gesellschaft entgegenstehen. Eine Abwicklung der Beteiligung bei der Gesellschaft ergibt sich jedoch auch nicht aus Schadenersatzansprüchen. Letztere scheitern nach Ansicht des BGH zum einen an der mangelnden Zurechenbarkeit der anspruchsbegründenden Voraussetzungen und zum anderen daran, dass wiederum die Grundsätze der fehlerhaften Gesellschaft entgegenstehen.

Bei der stillen Gesellschaft mangelt es an einem Gesellschaftsvermögen. Dennoch gibt es selbstredend eine Vermögensmasse, in der die Einlagen der zahlreichen Anleger enthalten sind. Es handelt sich dabei um das Vermögen des Hauptbeteiligten (Unternehmergesellschafters). Der BGH hat bisher Fälle entschieden, in denen ein Hauptbeteiligter mit einer Vielzahl von Anlegern Verträge zur Gründung jeweils voneinander unabhängiger zweigliedriger stiller Gesellschaften geschlossen hatte. Dem Inhaber einer solchen Beteiligung wird nun die Abwicklung ermöglicht. Zwar ist wegen der Grundsätze der fehlerhaften Gesellschaft keine Rückabwicklung gem. §§ 812 ff. BGB nach erfolgter Anfechtung bzw. gem. § 357 BGB i.V.m. §§ 346 ff. BGB nach ausgeübtem Haustürwiderruf möglich, doch kann sich die ungeschmälerte Abwicklung der ursprünglichen Beteiligung aus dem (die Einlagen zahlreicher weiterer Anleger enthaltenden) Vermögen des Hauptbeteiligten aus Schadenersatzansprüchen ergeben.

IV. Untersuchungsplan

Ausgangspunkt der in dieser Arbeit nachzugehenden Überlegungen soll sein, dass der Anleger einer fehlerhaften Gesellschaftsbeteiligung grundsätzlich ein Interesse daran hat, das ursprünglich für diese Einlage gezahlte Geld wieder zurück zu erhalten oder anders gesagt seine Beteiligung abzuwickeln. Es wird ihm ebenfalls daran gelegen sein, die Beteiligung gerade bei der Gesellschaft abzuwickeln, sei es, weil bei anderen Verantwortlichen (Vorständen, Fondsinitiatoren etc.) wenig Haftungsmasse zur Verfügung steht, sei es um des schlichten Vorteils eines zusätzlichen Schuldners wegen. Auf der anderen Seite besteht ein Interesse von Gläubigern und Mitgesellschaftern daran, dass das Gesellschaftsvermögen möglichst unangetastet bleibt.

Parallel hierzu ist ein Interesse des Beteiligten in einer stillen Gesellschaft zu erkennen, seine Einlage aus der Vermögensmasse des Geschäftsinhabers (§ 230 HGB) zurückzuerhalten, in die sie ursprünglich geleistet worden ist. Auch einem solchen Interesse stehen Gläubiger und andere stille Gesellschafter gegenüber, denen an dem ungeschmälerten Erhalt eben dieser Vermögensmasse gelegen ist.

Es soll daher zum einen eine Auseinandersetzung mit den Vorschriften stattfinden, die zum Schutz des Anlegers eine Rückzahlung seiner geleisteten Beiträge vorsehen (*Teil 1*). Zum anderen sind die Regelungen zu untersuchen, deren Zielrichtung es ist, dass das Gesellschaftsvermögen (bzw. im Falle der stillen Gesellschaft das Vermögen des Geschäftsinhabers i. S. von § 230 HGB) von den Gesellschaftern unangetastet bleibt (*Teil 2*). Es wird dadurch der Konflikt sichtbar werden, der sich im Einzelnen aus der Reichweite der Kapitalmarktinformationshaftung auf der einen und den gesellschaftsrechtlichen Schutzinstrumenten auf der anderen Seite ergibt. Eine Lösung soll zuerst in der stärkeren Gewichtung des Anlegerschutzes in diesem Konfliktfall gesucht werden (*Teil 3*). Weil sich kein befriedigendes Ergebnis herausstellt, soll auf gesellschaftsrechtlicher Seite nach einer rechtsformunabhängigen Lösung mit Hilfe der Grundsätze der fehlerhaften Gesellschaft gesucht werden (*Teil 4*).

Ausgespart bleibt der Bereich des Investmentrechts, das zwar ebenfalls Ansprüche durch fehlerhafte Informationen geschädigter Anleger gegen die Anlagegesellschaft kennt (vgl. § 127 InvG).[89] Kapitalanlagegesellschaften (KAG) sind zudem meist in der Rechtsform einer GmbH organisiert,[90] so dass sich im Grundsatz das Problem einer möglichen Kollision von Ansprüchen informationsgeschädigter Anleger und gesellschaftsrechtlichem Kapitalschutz auch hier stellt. Deshalb kann für den Bereich des Investmentrechts sicherlich auf hier erarbeitete Grundlagen zurückgegriffen werden. Im Einzelnen ist das Investmentrecht jedoch eine in weiten Teilen verselbständigte Materie.[91] Eine Einbeziehung würde den Diversifikationsgrad für dieses Vorhaben übermäßig erhöhen und seinen Rahmen sprengen.

---

89 Hierzu Assmann/Schütze/*Assmann*, § 6, Rn. 288 ff.; *Frank A. Schäfer* ZGR 2006, 40 (61 ff.).

90 Assmann/Schütze/*Baur*, § 20, Rn. 201; möglich ist jedoch auch die Wahl der Rechtsform einer AG, § 6 I 2 InvG.

91 Zum Ganzen Assmann/Schütze/*Baur*, § 20.

Teil 1: Die Haftung der Gesellschaft für Fehlinformationen

Der erste Teil dieser Abhandlung soll eine Bestandsaufnahme bieten, wie im geltenden Recht die Interessen eines Anlegers, der als Investition eine gesellschaftsrechtliche Beteiligung gewählt hat, durch Haftung für Fehlinformationen geschützt werden. Relevant für das Verhältnis dieses Interessenschutzes zu den gesellschaftsrechtlichen Instituten der Kapitalerhaltung und der Lehre von der fehlerhaften Gesellschaft sind in erster Linie die Vorgaben, die einen Eingriff in das Gesellschaftsvermögen vorsehen. Hierauf wird sich die Bestandsaufnahme daher beschränken.

§ 2 Die kapitalmarktrechtliche Haftung der Aktiengesellschaft

Die Frage nach dem Verhältnis von Anlegerschutz und Kapitalerhaltung stellt sich immer dann, wenn anlegerschützende Normen eine Abwicklung der fehlerhaften Beteiligung bei der Anlagegesellschaft zulassen. Eine solche Haftung ergibt sich für Aktiengesellschaften aus den verschiedenen Tatbeständen der Kapitalmarktinformationshaftung. Gemeinsame Ausgangsüberlegung der einzelnen Regelungen ist, dass die Weitergabe richtiger Informationen an das Publikum unerlässlich für eine effiziente Preisbildung und damit für die allokative Funktionsfähigkeit des Kapitalmarkts ist.[92] Zur Gewährleistung der zutreffenden und vollständigen Informationsweitergabe an die Marktteilnehmer bedienen sich Gesetzgeber und Rechtsprechung der Schadensersatzhaftung. So werden auf der einen Seite Informationspflichten begründet, an deren Verletzung sich Haftungsfolgen knüpfen.[93]

I. Europarechtliche Vorgaben

Entscheidende Vorgaben zu den kapitalmarkrechtlichen Informationsregimen sind im europäischen Recht zu finden.[94] Die Grundlagen bilden die Marktmissbrauchsrichtlinie[95], die Prospektrichtlinie[96] und die Transparenzrichtlinie.[97] Hin-

---

92 *Mülbert/Steup* in Habersack/Mülbert/Schlitt, § 26, Rn. 1.
93 *Mülbert/Steup* in Habersack/Mülbert/Schlitt, § 26, Rn. 1.
94 Überblick bei Schulze/Zuleeg/*Möllers*, § 18, Rn. 92 ff.; *Veil* ZBB 2006, 162 ff.
95 RL 2003/6/EG des Europäischen Parlamentes und des Rates v. 28. 1. 2003 über Insidergeschäfte und Marktmanipulation (Marktmißbrauch), ABl. 2003 Nr. L 96/16.

zufügen ließe sich die Richtlinie für Märkte für Finanzinstrumente.[98] Letztere statuiert allerdings die Pflicht von Wertpapierfirmen (Art. 1 I, Art. 4 I), bestimmte Wohlverhaltensregeln einzuhalten.[99] Weil dadurch nicht das Verhältnis zwischen Anleger und Anlagegesellschaft berührt ist, kann sie aus der folgenden Betrachtung ausscheiden.

Die europäischen Vorgaben zur Haftung für Kapitalmarktinformationen sind jedoch wenig speziell, eine Harmonisierung hat bisher nicht stattgefunden.[100] Die Marktmissbrauchsrichtlinie[101] hat die Gewährleistung von Marktintegrität durch Verhinderung von Marktmissbrauch in Gestalt von Insidergeschäften und Marktmanipulation zum Inhalt. Sie ersetzt mit ihrem Art. 6 die vorher in der Börsenzulassungsrichtlinie (dort: Art. 20 I) vorhandenen Bestimmungen zur Ad-hoc-Publizität. Ihr Art. 14 I bestimmt lediglich, dass die Mitgliedstaaten bei Verstößen gegen die Vorschriften der Richtlinie gegen die verantwortlichen Personen geeignete Verwaltungsmaßnahmen zu ergreifen haben oder im Verwaltungsverfahren zu erlassende Sanktionen verhängt werden können. Die Maßnahmen müssen wiederum wirksam, verhältnismäßig und abschreckend sein.[102] Die Marktmissbrauchsrichtlinie enthält damit keine Vorgaben zu einer zivilrechtlichen Haftung.[103]

---

96 RL 2003/71/EG des Europäischen Parlaments und des Rates v. 4. 11. 2003 betreffend den Prospekt, der beim öffentlichen Angebot von Wertpapieren oder bei deren Zulassung zum Handel zu veröffentlichen ist, ABl. 2003 Nr. L 345/64.

97 RL 2004/109/EG des Europäischen Parlamentes und des Rates v. 15. 12. 2004 zur Hamonisierung der Transparenzanforderungen in Bezug auf Informationen über Emittenten, deren Wertpapiere zum Handel auf eifnem geregelten Markt zugelassen sind, und zur Änderung der Richtlinie 2001/34/EG, ABl. 2004 Nr. L 390/38.

98 RL 2004/39/EG des Europäischen Parlamentes und des Rates v. 21. 4. 2004 über Märkte für Finanzinstrumente, zur Änderung der Richtlinien 85/611/EWG und 93/6/EWG des Rates und der Richtlinie 2000/12/EG des Europäischen Parlaments und des Rates und zur Aufhebung der Richtlinie 93/22/EWG des Rates, ABl. 2004 Nr. L 145/01.

99 *Veil* ZBB 2006, 162 (169 ff.).

100 Kritisch deswegen *Teichmann* in Bachmann/Casper/Carsten Schäfer/Veil, S. 149 (160 f.); *Grundmann* Europäisches GesR, Rn. 687; *Weber* NZG 2004, 360 (366); *Kunold/Schlitt* BB 2004, 501 (511).

101 RL 2003/6/EG v. 28. 1. 2003 über Insidergeschäfte und Marktmanipulation (Marktmißbrauch), ABl. 2003 Nr. L 96/16.

102 Vgl. Erwägungsgrund (38).

103 Assmann/Schneider/*Sethe* WpHG, §§ 37b, 37c, Rn. 32; *Veil* FS Priester, S. 799 (809); *ders.* ZBB 2006, 162 (165).

Die Prospektrichtlinie enthält in Art. 6 zumindest die Vorgabe, dass eine zivilrechtliche Haftung vorzusehen ist.[104] Nach Art. 6 I haben die Mitgliedstaaten sicherzustellen, dass zumindest der Emittent oder dessen Organe, der Anbieter, die Person, die die Zulassung beim Handel an einem geregelten Markt beantragt, oder der Garantiegeber für die Prospektangaben haftet. Daraus lässt sich jedoch allenfalls die Verpflichtung ablesen, dass – wohl kumulativ – jedenfalls eine Person aus dem Emittentenlager und eine Person aus dem Lager der Emissionshelfer haften müssen,[105] nicht aber eine zwingende Emittentenhaftung.[106]

Ähnliche Vorgaben zur Haftung lassen sich in der Transparenzrichtlinie[107] finden. Sie bezweckt einen Ausbau der Regelpublizität und Änderungen der anlassbezogenen Publizität in Details und sorgt damit insgesamt für eine erhebliche Ausweitung der Publizität.[108] Die Verantwortung für die Regelpublizität (Jahres-, Halbjahres- und Zwischenberichte, Art. 4 bis 6) und bestimmte Zusatzangaben (Art. 16) ist nach Art. 7 dem Emittenten oder dessen Organen aufzuerlegen. Korrespondierend hierzu soll auch den Emittenten oder dessen Organe eine entsprechende Haftung treffen. Allerdings soll nach Erwägungsgrund (17) der Richtlinie das Ausmaß der Haftung wiederum von den Mitgliedstaaten zu bestimmen sein. In der Haftungsregelung der Transparenzrichtlinie liegt möglicherweise ein Paradigmenwechsel der EG hin zur Harmonisierung europäischer Kapitalmarkthaftungsregeln, obschon die Entwicklung abzuwarten bleibt.[109] Einstweilen erscheint auch hieraus eine Haftung der AG als Emittentin nicht zwingend geboten.

II. §§ 44 f. BörsG

Die Haftung für fehlerhafte Kapitalmarktinformationen hat in den letzten Jahren eine stürmische Entwicklung bedingt durch gesetzgeberische Aktivitäten und eine Reihe zum Teil zeitgleicher Verfahren vor Oberlandesgerichten und Bundesgerichtshof erfahren. Auf der anderen Seite gibt es bereits seit über hundert

---

104 Hierzu *Weber* NZG 2004, 360 (366); *Kunold/Schlitt* BB 2004, 501 (511).

105 *Grundmann* Europäisches GesR, Rn. 687.

106 Zur möglicherweise gebotenen Haftung der AG als Emittentin wegen des Gebots des effet utile (Art. 10 II EG) siehe unten, S. 190 ff.

107 RL 2004/109/EG des Europäischen Parlamentes und des Rates v. 15. 12. 2004 zur Harmonisierung der Transparenzanforderungen in Bezug auf Informationen über Emittenten, deren Wertpapiere zum Handel auf einem geregelten Markt zugelassen sind, und zur Änderung der Richtlinie 2001/34/EG, ABl. 2004 Nr. L 390/38.

108 *Veil* ZBB 2006, 162 (167).

109 Assmann/Schneider/*Sethe* WpHG §§ 37b, 37c, Rn. 32; *Brellochs*, S. 96 f.

Jahren eine spezialgesetzlich verankerte Haftung für fehlerhafte Börsenprospekte mit (dem heutigen) § 44 BörsG.[110] Nach Abs. 1 S. 1 Nr. 1 dieser Vorschrift haften für fehlerhafte Börsenprospekte diejenigen, die für den Prospekt die Verantwortung übernommen haben. Damit ist die Haftung der (börsennotierten) Aktiengesellschaft gesetzlich festgeschrieben, denn sie übernimmt mit Unterzeichnung des Zulassungsantrags zum amtlichen Markt (§ 30 II BörsG i. V. mit § 5 III 2 WpPG) bzw. des Unternehmensberichts bei der Zulassung zum geregelten Markt (§ 51 I Nr. 2 BörsG) nach außen erkennbar ebendiese Verantwortung.[111] Der Schadensersatzanspruch des § 44 BörsG ist auf das negative Interesse gerichtet.[112] Zum einen ist ein Anspruch auf Übernahme der Wertpapiere durch den Haftungsadressaten Zug um Zug gegen Erstattung des Erwerbspreises gegeben. Ist der Erwerber nicht mehr Inhaber, kann er als Schadensersatz die Zahlung des Unterschiedsbetrages zwischen dem von ihm entrichteten Erwerbspreis und dem von ihm erzielten Veräußerungspreis verlangen (§ 44 II 1 BörsG). Der Höhe nach ist der Anspruch auf den ersten Ausgabebetrag begrenzt: War der Erwerbspreis höher als der erste Ausgabebetrag, so ist der Ausgabepreis maßgeblich.

Hat die Börsenprospekthaftung auch eine lange Rechtstradition vorzuweisen, so ist ihre praktische Bedeutung, was die Haftung des Emittenten angeht, bisher gering. GEBAUER hat bereits nachgewiesen, dass sich für die Zeit zwischen dem Erlass des Börsengesetzes im Jahre 1896 bis einschließlich 1996 nur drei gerichtliche Verfahren zur Emittentenhaftung ausfindig machen lassen.[113] Zwar wird erwartet, dass sich die praktische Bedeutung der Börsenprospekthaftung stark erhöhen wird,[114] für die Fälle der Emittentenhaftung ist indes nur eine leichte Zunahme von Verfahren zu beobachten. Auch weiterhin ist, soweit ersichtlich, keine auf § 44 BörsG (bzw. dessen Vorgängernorm § 45 BörsG a. F.) gestützte Klage gegen einen Aktienemittenten vor dem BGH verhandelt worden. In Verfahren vor Oberlandes- und Landgerichten wurde seit 1997 soweit ersichtlich nur viermal ein entsprechender Anspruch gewährt.[115] Zweimal war ein ent-

---

110 Europarechtliche Vorgabe ist Art. 6 der Prospektrichtlinie (oben, Fn. 96); zur historischen Entwicklung siehe *Frank A. Schäfer* ZGR 2006, 40 ff.

111 *Groß* Kapitalmarktrecht, § 45 BörsG, Rn. 31.

112 *Mülbert/Steup* in Habersack/Mülbert/Schlitt, § 26, Rn. 88.

113 *Gebauer*, S. 26. Die betreffenden Entscheidungen sind RGZ 46, 86 ff.; RGZ 71, 97 ff.; RGZ 88, 271 ff.

114 Schwark/*Schwark*, § 45 BörsG, Rn. 4.

115 OLG Frankfurt AG 2005, 851; OLG Frankfurt NZG 2004, 483; OLG Frankfurt ZIP 1999, 1005; LG Frankfurt/Main ZIP 1998, 641.

sprechender Anspruch nur dem Grunde nach gegeben.[116] Abzuwarten sind in diesem Zusammenhang die ca. 16.000 Verfahren zur Prospekthaftung der *Deutschen Telekom AG* bei der dritten Tranche ihres Börsenganges im Jahr 2000.[117]

Es bleibt zunächst dabei, dass die Haftung (des Emittenten) für fehlerhafte Börsenprospekte nach § 44 BörsG kein alltäglicher Vorgang im Leben einer AG ist.[118] Ein Grund hierfür ist sicherlich das Erfordernis der Sechs-Monats-Frist, in der der Erwerb nach erstmaliger Einführung der Wertpapiere abgeschlossen worden sein muss (§ 44 I 1 BörsG).[119]

Die relativ geringe praktische Bedeutung der Haftung einer AG nach § 44 BörsG wird wiederum eine Rolle im Zusammenhang mit der Frage spielen, ob für den Konflikt zwischen Kapitalmarktinformationshaftung und Kapitalerhaltung auf Gesetzesbegründungen zur Börsenprospekthaftung ohne weiteres zurückgegriffen werden kann.[120]

III. § 12 WpÜG

Eng an die Regelung der §§ 44 f. BörsG angelehnt ist die Haftung für fehlerhafte Angebotsunterlagen gem. § 12 WpÜG.[121] Diese Vorschrift gewährt demjenigen, der wegen einer unrichtigen oder unvollständigen Angebotsunterlage bei der Annahme eines Übernahmeangebots Schäden erleidet, einen Ersatzanspruch. Haftungsadressaten sind gem. § 12 I Nr. 1 u. Nr. 2 WpÜG diejenigen, die für die Angebotsunterlage die Verantwortung übernommen haben sowie diejenigen, von denen der Erlass der Angebotsunterlage ausgeht. Zu den Verantwortlichen gehört regelmäßig der die Angebotsunterlage unterzeichnende Bieter (§ 11 I 5 WpÜG). Zu denen, von denen der Erlass ausgeht, zählen die sog. „Hintermänner“ und die Mitglieder der „Leitungsgruppe“ des Bieters.[122] Der Bieter kann (und wird oftmals) eine Aktiengesellschaft sein, vgl. § 2 IV WpÜG. Der Berechtigte kann den Ersatz des ihm aus der Annahme des Angebots oder Übertragung

---

116 OLG Frankfurt BKR 2005, 75; OLG Frankfurt NZG 2003, 329.

117 Im April 2008 finden erstmals mündliche Verhandlungen am OLG Frankfurt zu dem dazu geführten Musterverfahren nach dem Kapitalanleger-Musterverfahrensgesetz (siehe ausführlicher unten, S. 53 f.) statt, Financial Times Deutschland v. 21. 12. 2007 (www.ftd.de).

118 *Langenbucher* ZIP 2005, 239.

119 Daran scheiterte der Anspruch etwa in OLG Frankfurt BKR 2005, 75 und OLG Frankfurt v. 7. 3. 2006 (Az. 5 U 146/04) (juris).

120 Dazu unten, S. 184 f.

121 *Assmann* in Assmann/Pötzsch/Schneider WpÜG, § 12 Rn. 3.

122 Näheres bei *Assmann* in Assmann/Pötzsch/Schneider WpÜG, § 12 Rn. 35 ff.

der Aktien entstandenen Schadens verlangen. Dies bedeutet in erster Linie, dass er bei richtiger Information das Angebot nicht angenommen hätte und es nicht zum Austausch gekommen wäre. Er kann daher nach dem Grundsatz der Naturalrestitution die Rückgabe der dem Bieter übertragenen Wertpapiere Zug um Zug gegen Erstattung der von diesem erbrachten Gegenleistung verlangen.[123]

Zu einem Konflikt mit den Regeln der Kapitalerhaltung kann es nicht kommen, soweit der Wertpapierinhaber der Zielgesellschaft vom Bieter ein Barangebot annimmt. Er wird dann nicht Aktionär der Bietergesellschaft und hat daher nur Ansprüche wie ein außenstehender Fremdgläubiger.[124] Es ist aber auch möglich, dass der Aktionär der Zielgesellschaft anstelle einer Barzahlung Aktien an der Bietergesellschaft zum Tausch gegen die eigenen Aktien erhält. In einem solchen Fall wird der Aktionär Gesellschafter der Bietergesellschaft. Will er das Geschäft bei der Bietergesellschaft rückabwickeln, richtet sich sein Anspruch gegen das Vermögen der nunmehr eigenen Gesellschaft und es tritt der Konflikt mit den Vorschriften der Kapitalerhaltung (§§ 57, 71 AktG) auf.[125]

IV. §§ 37b, 37c WpHG

1. Haftung für unterlassene und fehlerhafte Veröffentlichung von Insiderinformationen

Ein im Vergleich zur Börsenprospekthaftung im Hinblick auf die praktische Relevanz möglicherweise gesteigertes Konfliktpotential zwischen kapitalmarktrechtlicher Haftung und gesellschaftsrechtlicher Kapitalerhaltung ergibt sich aus §§ 37b, 37c WpHG, die im Jahr 2002 durch das Vierte Finanzmarktförderungsgesetz[126] als Haftungstatbestände für unterlassene und fehlerhafte Ad-hoc-Mitteilungen eingeführt wurden. Die Vorschriften sind bereits im Jahr 2004 mit dem Anlegerschutzverbesserungsgesetz[127] geändert worden. Nunmehr ist in ihnen eine Haftung für die unterlassene Veröffentlichung von Insiderinformationen bzw. die Veröffentlichung unwahrer Insiderinformationen normiert. Insiderinformationen sind gem. § 13 I 1 WpHG konkrete Informationen über nicht öf-

---

[123] *Assmann* in Assmann/Pötzsch/Schneider WpÜG, § 12 Rn. 58 m.w.N.

[124] KölnKommWpÜG/*Möllers*, § 12, Rn. 94.

[125] KölnKommWpüG/*Möllers*, § 12, Rn. 95; *ders.* ZGR 2002, 664 (683).

[126] Gesetz zur weiteren Fortentwicklung des Finanzplatzes Deutschland (Viertes Finanzmarktförderungsgesetz) v. 21. 6. 2002, BGBl. I 2002, S. 2010, berichtigt S. 2316.

[127] Art. 1 Nr. 18 des Gesetzes zur Verbesserung des Anlegerschutzes (Anlegerschutzverbesserungsgesetz – AnSVG) v. 28. 10. 2004, BGBl. I 2004, S. 2630; modifiziert durch Prospektrichtlinie-Umsetzungsgesetz v. 22. 6. 2005, BGBl. I 2005, S. 1698.

fentlich bekannte Umstände, die sich auf einen oder mehrere Emittenten von Insiderpapieren oder auf die Insiderpapiere selbst beziehen und die geeignet sind, im Falle ihres öffentlichen Bekanntwerdens den Börsen- oder Marktpreis der Insiderpapiere erheblich zu beeinflussen. Nach neuer europarechtlich präformierter Rechtslage ist eine Haftung auch für Werturteile, Empfehlungen und Prognosen,[128] außerdem auch für Mitteilungen über zukünftige, hinreichend wahrscheinliche Ereignisse möglich.[129] Es muss sich auch nicht mehr zwingend um „neue" Tatsachen handeln, vielmehr reicht ein unmittelbarer Bezug zum Emittenten aus.[130] Das Anlegerschutzgesetz hat somit insgesamt die zu veröffentlichenden Tatsachen (§ 15 WpHG) und die damit korrespondierende Haftung deutlich ausgeweitet.[131]

Nach §§ 37b, 37c WpHG haftet nur die emittierende Aktiengesellschaft. Ein direkter Anspruch gegen deren Organmitglieder ist ausgeschlossen.[132]

2. Ersatzfähiger Schaden

Im Gegensatz zu § 44 BörsG ist die Schadensfeststellung in §§ 37b, 37c WpHG nicht ausdrücklich geregelt. Der Umfang des zu ersetzenden Schadens ist daher umstritten. Zu unterscheiden ist zunächst zwischen positivem und negativem Interesse. Das positive Interesse bezeichnet das Interesse an der Erfüllung einer vertraglichen Pflicht.[133] Der Emittent schuldet dem Anleger aber nicht „Erfüllung" der informationspflichtigen Tatsachen. Der Anleger kann daher keinesfalls verlangen, vermögensmäßig so gestellt zu werden, als sei die unwahre positive Tatsache wahr.[134] Unstreitig ist somit, dass als Schadensersatz nicht das positive Interesse geschuldet wird.[135]

Ist demnach nur das negative Interesse zu ersetzen, so ist allerdings dessen Bestimmung umstritten. Im Zentrum steht dabei die Frage, ob der Anspruchsbe-

---

128 Richtlinie 2003/124/EG der Kommission vom 22. 12. 2003 zur Durchführung der Richtlinie 2003/6/EG des Europäischen Parlaments und des Rates betreffend die Begriffsbestimmung und die Veröffentlichung von Insider-Informationen und die Begriffsbestimmung der Marktmanipulation, ABl. 2003 Nr. L 339/70.

129 Dazu OLG Stuttgart NZG 2007, 352 (356 ff.); *Fleischer* NZG 2007, 401 (404 ff.); *Spindler* NJW 2004, 3449 (3450).

130 *Langenbucher* ZIP 2005, 239 (240); *Bürgers* BKR 2004, 424 (426).

131 *Brandi/Süßmann* AG 2004, 642 (648); *Tollkühn* ZIP 2004, 2215 (2220).

132 Assmann/Schneider/*Sethe* WpHG, §§ 37b, 37c, Rn. 34.

133 *Möllers/Leisch* BKR 2002, 1071 (1072); Palandt/*Heinrichs*, Vorb v § 249, Rn. 16.

134 *Möllers/Leisch* BKR 2002, 1071 (1072).

135 Assmann/Schneider/*Sethe* WpHG, §§ 37b, 37c, Rn. 71.

rechtigte den Vertragsabschluss als Schaden vortragen kann und ihm deshalb die Rückabwicklung des Aktienerwerbs beim Emittenten zusteht oder ob ihm nur ein Anspruch auf den sog. Kursdifferenzschaden zustehen soll. Der Kursdifferenzschaden besteht in dem Unterschiedsbetrag zwischen dem tatsächlichen Transaktionspreis und dem Preis, der sich bei pflichtgemäßem Publizitätsverhalten gebildet hätte.[136] Der Anleger wäre also nur davor geschützt, dass er das Wertpapier „zu teuer“ gekauft oder „zu billig“ verkauft hat.[137] Dem Wortlaut der §§ 37b, 37c WpHG ist die Bestimmung des Schadensersatzes nicht eindeutig zu entnehmen.[138] Zum Teil wird auf die Regierungsbegründung verwiesen, in der das Ansinnen des Gesetzgebers zur Ersatzfähigkeit nur des Kursdifferenzschadens zum Ausdruck komme.[139] Es findet sich darin bezogen auf den jeweiligen Absatz 1 Nr. 1 der §§ 37b, 37c WpHG die Aussage, der Anleger hätte in Kenntnis der ordnungsgemäß publizierten Tatsache die Wertpapiere nicht zu dem von ihm entrichteten Preis erworben; er habe die Wertpapiere also „zu teuer gekauft“; er sei so zu stellen, als ob der Emittent seine Pflichten ordnungsgemäß erfüllt habe.[140] Im Gesetzeswortlaut taucht dieser Passus freilich nicht auf. Dort findet sich die Bestimmung, der Emittent sei zum Ersatze „des durch die Unterlassung entstandenen Schadens verpflichtet“ (§ 37b I WpHG) bzw. zum Ersatz des Schadens, der dadurch entstehe, dass der Dritte „auf die Richtigkeit der Informationen vertraut“ (§ 37c I WpHG). Damit sind freilich vom Wortsinn auch die Fälle umfasst, in denen der Anleger bei zutreffender Information die Wertpapiere gar nicht gekauft hätte.[141]

Im Streit um die Bestimmung des zu ersetzenden Schadens wird entscheidendes Gewicht dem Schutzzweck der Insiderpublizität (§ 15 WpHG) und der damit korrelierenden Schadensersatznormen beigemessen.[142] Zum Teil wird darauf

---

136 *Fleischer* BB 2002, 1869 (1870). Zur Berechnung dieses Schadens *Carsten Schäfer/Weber/Wolf* ZIP 2008, 197 ff; *Escher-Weingart/Lägeler/Eppinger* WM 2004, 1845 ff; *Fleischer* BB 2002, 1869 (1872 ff.).

137 *Hopt/Voigt*, S. 128 f.

138 *Veil* ZHR 167 (2003), 365 (388); entgegen *Mülbert/Steup* in Habersack/Mülbert/Schlitt, § 26, Rn. 151 taucht in §§ 37b, 37c WpHG der Passus „zu teuer gekauft“ nicht auf. Er findet sich lediglich in der Gesetzesbegründung, dazu sogleich.

139 Schwark/*Zimmer*, §§ 37b, 37c WpHG, Rn. 87; *Fleischer* BB 2002, 1869 (1871); wohl auch *Mülbert/Steup* in Habersack/Mülbert/Schlitt, § 26, Rn. 151.

140 Begr. RegE Viertes Finanzmarktförderungsgesetz, BT-Drs. 14/8017, S. 93 u. 94.

141 *Veil* ZHR 167 (2003), 365 (388); *Möllers/Leisch* BKR 2002, 1071; KölnKommWpHG/*dies.*, §§ 37b, c, Rn. 247 ff.; *Rössner/Bolkart* ZIP 2002, 1471 (1475).

142 Assmann/Schneider/*Sethe* WpHG, §§ 37b, 37c, Rn. 73; *Hopt/Voigt*, S. 130; *Möllers/Leisch* BKR 2002, 1071 (1074).

hingewiesen, die Insiderpublizität schütze (auch) die freie Willenentscheidung des einzelnen Anlegers und deshalb müsse ein Schadensersatz gewährt werden, der die Rückabwicklung des wegen mangelhafter Veröffentlichung von Insiderinformationen nicht gewollten Aktienerwerbes erlaube.[143] Dafür spreche die Aussage aus der Regierungsbegründung zur Neufassung des § 15 WpHG, nach der die Ad-hoc-Publizität dazu beitragen solle, dass Marktteilnehmer frühzeitig über marktrelevante Informationen verfügen, um sachgerechte Anlageentscheidungen treffen zu können.[144] Dagegen ließe sich auch nicht einwenden, bei § 15 WpHG stehe die Funktionsfähigkeit des Kapitalmarktes im Vordergrund.[145] Selbst wenn man die Aufgabe der Publizitätspflicht vorrangig darin sehe, durch Fehlinformationen verursachte unangemessene Marktpreise zu verhindern,[146] sei der Schutz der individuellen Willensbildung erforderlich.[147] Denn die Preisbildung funktioniere nach dem Mechanismus der Börse durch Steigerung von Kaufs- und Verkaufsordern, also durch die jeweils individuellen Entscheidungen der einzelnen Investoren zu kaufen oder zu verkaufen. Deshalb müsse mit einem anvisierten Funktionenschutz der Preisbildung gerade die individuelle Anlegerentscheidung geschützt werden.[148]

Zwar ist die Grundannahme eines Zusammenhangs zwischen individuellem Anlegerschutz und Funktionenschutz des Kapitalmarktes nicht zu bestreiten.[149] Auch ist richtig, dass die Preisbildung am Ende von Kaufs- und Verkaufsordern abhängt. Dennoch kann man daraus nicht folgern, dass für den Funktionenschutz des Kapitalmarkts zwingend der Schutz der Willensbildung des einzelnen Anlegers durch die Tatbestände der Haftung für fehlerhafte Insiderpublizität gewährleistet werden muss. Wenn die Publizität auch dazu dienen soll, eine fundierte Kaufs- oder Verkaufsentscheidung zu treffen, so richten sich die jeweiligen Informationen gleichwohl nicht an den einzelnen Anleger, sondern an die Gesamtheit der Kapitalmarktakteure, zu denen insbesondere professionelle Informationsintermediäre (Analysten, Ratingagenturen), Anlageberater u.a. gehö-

---

143 *Möllers/Leisch* BKR 2002, 1071 (1074 f.) KölnKommWpHG/*dies.*, §§ 37 b, 37 c, Rn. 258 ff.; *Leisch* ZIP 2004, 1573 (1578 f.); *Möllers* JZ 2005, 75 (78 f.).

144 Begr. RegE Viertes Finanzmarktförderungsgesetz, BT-Drs. 14/8017, S. 87.

145 So die Beschlußempfehlung und Bericht des Finanzausschusses zum Regierungsentwurf des Zweiten Finanzmarktförderungsgesetz, BT-Drs. 12/7918, S. 102.

146 So Beschlußempfehlung und Bericht des Finanzausschusses zum Regierungsentwurf des Zweiten Finanzmarktförderungsgesetz, BT-Drs. 12/7918, S. 96.

147 *Möllers/Leisch* BKR 2002, 1071 (1074).

148 *Möllers/Leisch* BKR 2002, 1071 (1074 f.).

149 Siehe nur *Hopt* ZHR 159 (1995), 135 (159) („zwei Seiten derselben Medaille").

ren.[150] Man geht davon aus, dass die derart verarbeiteten Informationen Eingang in die Preisbildung finden.[151] Der einzelne Anleger trifft nach dieser Vorstellung seine Entscheidung jedoch im Regelfall nicht aufgrund der konkreten Insider-Mitteilung, sondern weil er im Allgemeinen auf den durch zutreffende Informationen gebildeten Preis vertraut.[152] Hier zeigt sich auch der Gegensatz zur Börsenprospekthaftung, bei der davon ausgegangen wird, dass der Prospekt in der Regel Grundlage der individuellen Anlegerentscheidung ist.[153] Hingegen soll im Rahmen der Haftung für fehlerhafte Insiderpublizität auch der Anleger profitieren, der die Fehlinformation überhaupt nicht kennt, da eben sein Vertrauen in die korrekte Marktpreisbildung geschützt ist. Eine solche Vorstellung vom Schutz des Anlegers vor fehlerhafter Marktpreisbildung kommt jedoch in der bereits erwähnten Regierungsbegründung[154] zum Ausdruck, anspruchsberechtigt sei, wer „zu teuer" gekauft bzw. „zu billig" verkauft habe. Demnach spricht mehr dafür, dass mit §§ 37b, 37c WpHG ein Schutz vor unzutreffender Marktpreisbildung bezweckt und folgerichtig nur der Kursdifferenzschaden ersatzfähig gemacht werden sollte, auch wenn der Gesetzeswortlaut freilich für andere Deutungen offen ist.

Der entscheidende Punkt, der für dieses Ergebnis und gegen die Rückabwicklung des Erwerbsgeschäfts beim Emittenten spricht, ist jedoch der Aspekt der sachgerechten Risikoverteilung zwischen Anleger und Emittent.[155] Würde man dem Anleger die Rückabwicklung des Aktienerwerbs zu den ursprünglichen Konditionen gestatten, so hätte der Emittent das Risiko allgemeiner Kursbewegungen zu tragen. Man würde ihm die Rolle des Versicherers gegen schlechte Markttrends aufbürden. Dies lässt sich jedoch mit dem Charakter des Wertpapiers als Risikopapier nicht in Einklang bringen. Deshalb darf dem Anleger nur das Risiko der Irreführung, nicht aber das Risiko der allgemeinen Marktentwicklung abgenommen werden.[156] Als dogmatische Fundierung dieser Risikoverteilung wird auf die Adäquanz- bzw. Schutzzwecklehre verwiesen.[157] Die Schäden

---

150 *Hopt/Voigt*, S. 131; Assmann/Schneider/*Sethe* WpHG, §§ 37b, 37c, Rn. 12.

151 Assmann/Schneider/*Sethe* WpHG, §§ 37b, 37c, Rn. 12.

152 Schwark/*Zimmer*, §§ 37b, 37c WpHG, Rn. 87; *Hopt/Voigt*, S. 131; Assmann/Schneider/*Sethe*, WpHG, §§ 37b, 37c, Rn. 12.

153 Zu diesem Unterschied Assmann/Schneider/*Sethe* WpHG, §§ 37b, 37c, Rn. 12;

154 Siehe oben, Fn. 140.

155 Deutlich *Fleischer* BB 2002, 1869 (1871).

156 *Fleischer* BB 2002, 1869 (1871); *Hopt/Voigt*, S. 132; Schwark/*Zimmer*, §§ 37b, 37c WpHG, Rn. 89; *Fuchs/Dühn* BKR 2002, 1063 (1069); *Steinhauer*, S. 273 f.

157 *Fleischer* BB 2002, 1869 (1871); *Steinhauer*, S. 273 f.

müssten in einem adäquaten Zusammenhang mit dem schädigenden Ereignis stehen. Dies setzt allerdings wiederum voraus, dass man als schädigendes Ereignis den durch Täuschungen falsch gebildeten Marktpreis ansieht. Es muss also einmal mehr auf den gerade erörterten Schutzzweck der Insiderpublizität abgestellt werden, bei dem jedoch wegen des deutungsoffenen Wortlauts immerhin Zweifel verbleiben könnten.[158]

Dennoch ist die beschriebene Risikozuweisung richtig, und zwar unter einem bisher in diesem Zusammenhang nicht diskutierten Aspekt. Man kann sich dem Kern des Problems nähern, wenn man sich vor Augen führt, dass eine (nicht sachgerechte) Zuweisung des Marktpreisrisikos an den Emittenten auch die Interessen der Gläubiger des Emittenten und der übrigen beim Emittenten als Gesellschafter organisierten Anleger in Mitleidenschaft ziehen würde. Das Risiko würde am Ende diese Personen treffen. Dieser Aspekt droht bei einer rein kapitalmarktrechtlichen Sichtweise übersehen zu werden. Er ist jedoch im Gesellschaftsrecht tief verwurzelt und wird dort unter den Begriffen Verkehrs- und Bestandsschutz behandelt. Er kommt insbesondere in der Lehre von der fehlerhaften Gesellschaft zum Ausdruck.[159] Nach dieser Lehre ist es auch dem individuell getäuschten Gesellschafter nicht möglich, sich auf die Unwirksamkeit seiner Beteiligung ex tunc zu berufen und damit das Risiko der Beteiligung für die Vergangenheit auf die Gesellschaft überzuwälzen.[160] Wenn für §§ 37b, 37c WpHG gefordert wird, es könne nur der Kursdifferenzschaden ersetzt werden, hingegen sei die Rückabwicklung ausgeschlossen, so lässt sich dieses Ergebnis, wie hier zunächst nur angesprochen werden soll, später aber noch genau zu prüfen sein wird,[161] am besten aus dem Gedanken der Lehre von der fehlerhaften Gesellschaft und der möglichst schonenden Vereinbarung kapitalmarktrechtlicher Vorgaben mit gesellschaftsrechtlichen Prinzipien begründen.

V. Kapitalmarktinformationsdeliktshaftung

1. Heute anerkannte Haftung der Gesellschaft

Ein weiterer Baustein in der Haftung für fehlerhafte Kapitalmarktinformationen hat sich parallel zu den gesetzgeberischen Aktivitäten durch Rückgriff auf all-

---

[158] Vgl. KölnKommWpHG/*Möllers/Leisch*, §§ 37 b, c WpHG, Rn. 266 ff.

[159] BGH 13, 320; BGH 55, 5 (8); *Goette* DStR 1996, 266 f.; *Wiedemann* GesR II, § 2 V 2 (S. 154).

[160] *Wiedemann* GesR II, § 2 V 3 f.

[161] Siehe unten, S. 207 ff., S. 265 ff.

gemeine deliktsrechtliche Vorschriften entwickelt. Durch mehrere höchstinstanzliche Urteile[162] haben sich mittlerweile eigenständige „Konturen der kapitalmarkrechtlichen Informationsdeliktshaftung“[163] herausgebildet. Es ging in den Fällen jeweils um die Haftung für fehlerhafte Ad-hoc-Mitteilungen am Kapitalmarkt. § 826 BGB steht als normative Grundlage dieser Haftung im Zentrum. Doch kommen auch § 823 II BGB i.V.m. § 400 AktG oder § 263 StGB, § 264a StGB in Betracht.[164]

Der BGH musste sich im Rahmen der richterrechtlichen Kapitalmarktinformationshaftung zunächst nicht mit der Frage nach dem Verhältnis von Anlegerschutz und Kapitalerhaltung auseinandersetzen. Denn in den vor dem BGH verhandelten Infomatec-Fällen vom 19. 7. 2004 ging es jeweils um die persönliche Haftung von Vorstandsmitgliedern,[165] eine zunächst verfolgte Klage gegen die AG wurde alsbald wieder zurückgenommen, nachdem am 1. 7. 2001 über das Vermögen der Gesellschaft das Insolvenzverfahren eröffnet wurde.[166]

Um die Haftung des Emittenten (neben der Vorstandshaftung) geht es hingegen in den Urteilen des BGH im Fall EM.TV[167] und in den Fällen ComROAD[168]. Die Haftung der Gesellschaft ergibt sich dabei aus der Zurechnung des Fehlverhaltens der Vorstände gem. § 31 BGB analog. Die Anleger können nach Ansicht des BGH Naturalrestitution in Form der Rückabwicklung (Rückerstattung des Kaufpreises gegen Rückgabe der erworbenen Aktien bzw. Anrechnung des zwischenzeitlich erzielten Verkaufserlöses) verlangen oder auch den Differenzschaden in Höhe des Unterschiedsbetrages zwischen dem tatsächlichen Transaktionspreis und dem Preis, der sich bei pflichtgemäßem Publizitätsverhalten gebildet hätte.[169]

---

162 BGHZ 160, 134 (Infomatec); BGHZ 160, 149 (Infomatec); BGH ZIP 2005, 1270 (EM.TV); BGH NZG 2007, 345 (ComROAD I); BGH NZG 2007, 269 (ComROAD III); BGH NZG 2007, 708 (ComROAD IV); BGH NZG 2007, 711 (ComROAD V); BGH ZIP 2008, 407 (ComROAD VI); BGH ZIP 2008, 410 (ComROAD VII).

163 *Fleischer* ZIP 2005, 1805.

164 Siehe zu möglichen Schutzgesetzen ausführlich BGH NZG 2004, 811 (812 f.) unter II.

165 BGHZ 160, 134; BGHZ 160, 149.

166 BGHZ 160, 149.

167 BGH ZIP 2005, 1270 (1271 f.).

168 BGH NZG 2007, 345; BGH NZG 2007, 269; BGH NZG 2007, 708; BGH NZG 2007, 711; BGH ZIP 2008, 407; BGH ZIP 2008, 410.

169 BGH ZIP 2005, 1270 (1271 f.); zuletzt bestätigt in BGH ZIP 2008, 407 (408); BGH ZIP 2008, 410 (411).

Insoweit steht ihnen, anders als es die wohl h.M. zu §§ 37b, 37c WpHG vertritt,[170] ein Wahlrecht hinsichtlich der Form des Schadensausgleichs zu.[171]

In der Literatur wurde davor zum Teil die Möglichkeit der Rückabwicklung des Aktienerwerbsgeschäfts bei der Aktiengesellschaft abgelehnt.[172] Mit der Übertragung der Aktien an die schädigende Aktiengesellschaft werde ein völlig neuer Zustand geschaffen, der nicht demjenigen vor dem Zeitpunkt des schädigenden Ereignisses entspreche, wie es § 249 I BGB erfordere. Denn ohne das schädigende Ereignis wäre die Anlage beim Aktienverkäufer, nicht hingegen bei der Aktiengesellschaft verblieben. Allerdings muss man dem aus dem Blickwinkel des Schadensrechts entgegen halten, dass der mit § 249 I BGB verfolgte Zweck nur die Wiederherstellung des Zustands beim Geschädigten nicht hingegen beim Schädiger erfordert.[173] Die Rückabwicklung des Erwerbsgeschäfts bei der Aktiengesellschaft ist freilich aus gesellschaftsrechtlicher Sicht problematisch, weil damit der Aktiengesellschaft rückwirkend das Vermögensrisiko auferlegt wird.[174]

2. Die Problematik der Zurechnung gem. § 31 BGB

Die Überleitung der Haftung auf die AG gem. § 31 BGB analog wird in den jüngeren Fällen der Kapitalmarktinformationshaftung zumeist ohne größeren Begründungsaufwand angenommen.[175] Dennoch liegt möglicherweise bereits hierin eine entscheidende Weichenstellung für die Lösung des Konflikts zwischen Kapitalmarkthaftung und gesellschaftsrechtlicher Kapitalerhaltung. Denn die Überleitung der Haftung gem. § 31 BGB ist unabdingbare Voraussetzung für den Zugriff auf das Vermögen der Gesellschaft. Dieser Zugriff ist aber geeignet, schützenswerte Interessen der Gesellschaftsgläubiger zu verletzen. Mit Blick auf diese Interessen wurde daher verschiedentlich einer Anwendung des § 31 BGB entgegengetreten.[176] So haben sich *Mertens* und *Wiedemann* in der Diskussion des Schadensersatzes für die Verletzung von Mitgliedschaftsrechten gegen die Überleitung der Haftung auf die Gesellschaft ausgesprochen, um nicht die Interessen der Gläubiger an der Erhaltung der Kapitalgrundlage zu beeinträchti-

---

170 Dazu oben, S. 43 ff.
171 *Fleischer* ZIP 2005, 1805 (1808 f.).
172 *Geibel*, S. 113 (118 f.); *Stern*, S. 82 f; *Fuchs/Dühn* BKR 2002, 1063 (1068).
173 *Leisch* ZIP 2004, 1573 (1575).
174 Zur dementsprechend gesellschaftsrechtlichen Lösung siehe unten, S. 207 ff.
175 Siehe nur BGH ZIP 2005, 1270.
176 Siehe aus der älteren Literatur bereits *Sievers* DJZ 1903, 85 (88 f.).

gen.[177] Die Problematik ist eine allgemeine, sie ist nicht auf die Haftung für fehlerhafte Kapitalmarktinformationen oder eine Haftung für die Verletzung von Mitgliedschaftsrechten beschränkt, sondern sie tritt immer auf, wenn ein Mitglied Schadensersatzansprüche gegen den eigenen Verband geltend macht und eine solche Haftung des Verbandes selbst erst mit der Anwendung des § 31 erreicht werden kann.[178]

Nach dem Wortlaut des § 31 BGB („einem Dritten") könnte zweifelhaft sein, ob zu Gunsten des eigenen Gesellschafters eine Haftungsüberleitung überhaupt möglich ist. Indes geht die ganz herrschende Meinung von der generellen Anwendbarkeit des § 31 BGB auch auf Mitglieder des Vereins bzw. Gesellschafter aus.[179] Dabei wird jedoch einschränkend auf die bereits erwähnte Rechtsprechung des Reichsgerichts[180] hingewiesen, die eine Haftung der AG für Schäden, die der (spätere) Aktionär durch seinen Beitritt erleidet, als nicht mit den Grundsätzen der Kapitalsicherung vereinbar ansieht.[181] Eine Zurechnung soll demnach nur vorzunehmen sein, wenn nicht die Regeln der Kapitalerhaltung entgegen stehen. Anders gewendet geht es darum, wegen entgegenstehender gesellschaftsrechtlicher Vorgaben die Zurechnung nach § 31 BGB unter Umständen nicht vorzunehmen.[182] Methodisch soll es sich dabei um eine einschränkende Auslegung des Begriffs „Dritter" i.S.d. § 31 BGB handeln, so dass Mitglieder des haftenden Verbandes nicht darunter fallen.[183]

Es ist jedoch fraglich, ob die einer Schmälerung des Gesellschaftsvermögens entgegenstehenden Interessen bereits die Überleitung der Haftung verhindern können, indem die Vorgaben der spezialgesetzlichen Kapitalerhaltung zur Auslegung des Begriffs des Dritten im Sinne von § 31 BGB herangezogen werden.

---

177 *Mertens* FS Robert Fischer, S. 461 (470); *Wiedemann* GesR I, § 4 IV 2 b.

178 *Habersack* Die Mitgliedschaft, S. 210.

179 BGHZ 110, 323 (327 f.); Staudinger/*Weick*, § 31, Rn. 12; MünchKommBGB/*Reuter*, § 31, Rn. 41; Palandt/*Heinrichs*, § 31, Rn. 12; *Karsten Schmidt* JZ 1991, 157 (161); *ders.* GesR § 10 IV 4 c (S. 280 f.).

180 RGZ 54, 128; 62, 29; 72, 291; siehe bereits oben, S. 24 f.

181 Staudinger/*Weick*, § 31, Rn. 22; *Martens* ZGR 1972, 254 (283 ff.); *Habersack* Die Mitgliedschaft, S. 213 f.

182 Deutlich insoweit *Mertens* FS Robert Fischer, S. 461 (470): „Dass der Anwendungsbereich der §§ 31, 831 BGB durch spezifisch gesellschaftsrechtliche Gesichtspunkte eingeschränkt werden kann, ist unproblematisch."; *Grunewald* Die Gesellschafterklage, S. 103; *Habersack* Die Mitgliedschaft, S. 210; zur ähnlichen Vorgehensweise des BGH bei der Zurechung in Publikumspersonengesellschaften siehe unten, S. 74 ff.

183 *Habersack* Die Mitgliedschaft, S. 210; zu der gleichgelagerten Problematik, zwischen Aktionär und „Drittem" i.S.d. § 57 AktG zu unterscheiden, siehe unten, S. 173 ff.

Dabei erscheint zwar keinesfalls die Berücksichtigung betroffener und gesellschaftsrechtlich abgesicherter Interessen an sich fragwürdig, sondern lediglich die dogmatisch richtige Verortung der Problemlösung. Stellt sich etwa heraus, dass gesellschaftsrechtliche Vorgaben die Interessen der Gläubiger am Erhalt des Gesellschaftsvermögens nicht absolut setzen, sondern ihnen nur den Erhalt eines bestimmten Vermögens, etwa des Grundkapitals und gesetzlicher Rücklagen, zusichern, so müsste man zu einer „teilweise Zurechnung" gelangen.[184] Dies mag im Ergebnis, jedoch nicht dogmatisch überzeugen. Anderenfalls müsste man, um eine derartige „teilweise Zurechnung" zu vermeiden, sich im Sinne einer Schwarz-Weiß-Lösung für oder gegen die Haftung des Emittenten entscheiden.[185] Indes wird man den rechtlichen Zusammenhängen eher gerecht, wenn man die Haftungsüberleitung unter Hinweis auf die grundsätzlich mögliche Subsumtion des Aktionärs unter den Begriff des Dritten in § 31 BGB[186] annimmt und die betroffenen Interessen im Weiteren nach den gesellschaftsrechtlichen Vorgaben, insbesondere mittels dem Konzept der abgestuften Vermögensbindung[187] und dem Institut der fehlerhaften Gesellschaft[188] miteinander in Ausgleich bringt. Insofern sollen gesellschaftsrechtliche Vorgaben und die von einer Antastung des Gesellschaftsvermögens betroffenen Interessen zwar nicht der Anwendung des § 31 BGB entgegen stehen, sie müssen aber im Folgenden strikt beachtet werden.

Es ist also dem BGH[189] und der allgemein in der Literatur vertretenen Meinung[190] darin zu folgen, dass die AG grundsätzlich nach allgemeinen deliktsrechtlichen Normen i.V.m. § 31 BGB analog haftet.

VI. Entwicklungen

1. Materiellrechtliche Entwicklungen

Die Kapitalmarktpublizität und die damit korrespondierende Haftung ist ein Rechtsgebiet in steter Bewegung.[191] Es steht zu erwarten, dass sich die Haftung der Aktiengesellschaft ausweiten wird. Abzusehen ist dies für den Bereich der

---

[184] So wohl *Habersack* Die Mitgliedschaft, S. 218 ff.
[185] So *Mertens* FS Robert Fischer, S. 461 (469).
[186] Siehe nur *Karsten Schmidt* GesR, § 10 IV 4 c (S. 280 f.).
[187] Dazu unten S. 91 ff.
[188] Dazu unten, S. 207 ff.
[189] BGH ZIP 2005, 1270 (1273).
[190] *Fleischer* ZIP 2005, 1805 (1810).
[191] Allgemein Assmann/Schütze/*Fleischer*, § 7, Rn. 1 ff.

fehlerhaften Regelpublizität. Denn wie bereits beschrieben gibt Art. 7 der Transparenzrichtlinie, deren Umsetzungsfrist am 31. Januar 2007 abgelaufen ist, den Mitgliedstaaten auf, eine zivilrechtliche Verantwortlichkeit und Haftung für fehlerhafte Jahres-, Halbjahres- und Zwischenberichte vorzusehen.[192] Die Verantwortlichkeit des Emittenten für die Regelpublizität wurde durch das Transparenzrichtlinie-Umsetzungsgesetz vom 5. 1. 2007 (TUG)[193] im deutschen Recht in den §§ 37v ff. WpHG verankert. Allerdings lässt das TUG die Schaffung eines weiteren Spezialtatbestandes zu einer korrespondierenden Haftung vermissen. Es bleibt somit Wissenschaft und Rechtsprechung nichts anderes übrig, als im Rahmen der bestehenden rechtlichen Möglichkeiten das Kapitalmarktinformationshaftungsrecht fortzuentwickeln. Für die fehlerhafte Regelpublizität kommt nach allgemeiner Auffassung ganz nach dem Vorbild der Haftung für fehlerhafte oder unterlassene Ad-hoc-Mitteilungen als Grundlage § 826 BGB in Betracht;[194] ebenso kann von einer Haftung gem. § 823 II BGB i.V.m. § 400 I 1 AktG oder § 331 HGB ausgegangen werden.[195] Diese letzteren auf fehlerhafte Regelpublizität zugeschnittenen, der Natur nach strafrechtlichen Vorschriften stellen nach allgemeiner Ansicht Schutzgesetze dar.[196] Eine derartige auf allgemeinen deliktischen Tatbeständen basierende Haftung lässt sich als bisher kleinster gemeinsamer Nenner in der aktuellen Diskussion um die Ausweitung der Kapitalmarktinformationshaftung verstehen. Sie wird zum Teil als grundsätzlich ausreichende Basis zur Lösung sämtlicher Fälle auf diesem Gebiet betrachtet.[197] Allerdings ist damit nur eine Haftung nur für vorsätzliches Verhalten erfasst.[198]

Darüber hinaus gibt es bisher, auch in Ermangelung höchstrichterlicher Rechtsprechung, keinen gesicherten Bestand über eine mögliche Ausweitung der Kapitalmarktinformationshaftung. Zum Teil wird behauptet, die europäischen Vorgaben (der Transparenzrichtlinie) erforderten eine Haftung auch für grob fahrlässiges Verhalten.[199] Angesichts des Erwägungsgrundes (17) der

---

192 Siehe oben, S. 37 ff.

193 BGBl. I 2007, S. 10.

194 *Möllers* AcP 208 (2008), 1 (27).

195 *Mülbert/Steup* WM 2005, 1633 (1645); Assmann/Schütze/*Fleischer*, § 7, Rn. 59 ff.; *Bachmann* in Bachmann/Casper/Carsten Schäfer/Veil, S. 93 (128 ff.).

196 Baumbach/Hopt/*Merkt*, § 331, Rn. 1; *Mülbert/Steup* WM 2005, 1633 (1645) m.w.N.

197 *Sester* ZGR 2006, 1 (18 ff.); *Ekkenga* ZIP 2004, 781 ff.

198 *Veil* ZBB 2006, 62 (168); anders *Bachmann* in Bachmann/Casper/Carsten Schäfer/Veil, S. 93 (118 ff.; 128 ff.) mit ausdehnender Interpretation der §§ 823 II und 826 BGB.

199 *Veil* ZBB 2006, 162 (168); *ders.* FS Priester, S. 799 (810).

Transparenzrichtlinie, der die Bestimmung des Ausmaßes der Haftung ins freie Ermessen der Mitgliedstaaten stellt, muss man dies allerdings bezweifeln. Die Umsetzung einer derartigen Vorgabe ist jedenfalls höchst umstritten. Zur Diskussion stehen etwa eine Anerkennung weiterer Normen als Schutzgesetze i.S.d. § 823 II BGB[200] und die Ausdehnung des § 826 BGB,[201] aber auch die analoge Anwendung der §§ 37b, 37c WpHG[202]. Des Weiteren sind Rufe nach der Schaffung eines allgemeinen Tatbestandes für fehlerhafte Kapitalmarktpublizität, verbunden mit entsprechenden Vorschlägen, zahlreich.[203]

2. Prozessuale Entwicklungen

Einer Ausweitung der Haftung für fehlerhafte Kapitalmarktinformationen in tatsächlicher Hinsicht wird möglicherweise durch das mit dem neuen Kapitalanleger-Musterverfahrensgesetz (KapMuG)[204] eingeführte prozessuale Instrumentarium Vorschub geleistet. Ziel eines Musterverfahrens nach KapMuG ist es, eine in mehreren Prozessen streitige, typisierbare Anspruchsvoraussetzung in tatsächlicher oder rechtlicher Hinsicht einheitlich und zugleich mit Bindungswirkung für die Parteien sowie den Richter des Ausgangsverfahrens festzustellen.[205] Wird in einem erstinstanzlichen Verfahren ein Schadensersatzanspruch wegen falscher, irreführender oder unterlassener öffentlicher Kapitalmarktinformation[206] geltend gemacht, so kann die Feststellung des Vorliegens oder Nichtvor-

---

200 *Bachmann* in Bachmann/Casper/Carsten Schäfer/Veil, S. 93 (118 ff.); *Ekkenga* ZIP 2004, 781 ff.

201 *Bachmann* in Bachmann/Casper/Carsten Schäfer/Veil, S. 93 (128 ff); *Casper* BKR 2005, 83 (90).

202 *Mülbert/Steup* WM 2005, 1633 (1651 f.)

203 Siehe den Vorschlag zur Fassung des § 37 a WpHG im wieder zurückgezogen Diskussionsentwurf eines Gesetzes zur Verbesserung der Haftung für falsche Kapitalmarktinformationen (Kapitalmarktinformationshaftungsgesetz - KapInHaG) des Bundesfinanzministeriums, abgedruckt in NZG 2004, 1042 f.; *Möllers* AcP 208 (2008), 1 (30 f.); *Teichmann* in Bachmann/Casper/Carsten Schäfer/Veil, S. 149 (160); *Bachmann* in dies., S. 93 (97 f.); Assmann/Schneider/*Sethe* WpHG, §§ 37b, 37c, Rn. 28; *Hopt/Voigt*, S. 1 ff.; *Fleischer* DB 2004, 2031 (2036); *Baums* ZHR 167 (2003), 139 (192); bereits *Baums* (Hg.) Bericht der Regierungskommission Corporate Governance, Rn. 182.

204 Gesetz über Musterverfahren in kapitalmarktrechtlichen Streitigkeiten (Kapitalanleger-Musterverfahrensgesetz – KapMuG) v. 16. 12. 2005, BGBl. I 2005, S. 2437, zuletzt geändert am 5. 1. 2007, BGBl. I 2007, S. 10.

205 Begr. RegE KapMuG, BT-Drs. 15/5091, S. 17.

206 Ein Musterverfahren ist auch im Bereich der Prospekthaftung auf dem grauen Kapitalmarkt (dazu unten, S. 82 ff.) möglich, § 1 I 4 Nr. 2 i.V.m. §§ 8f, 13, 13a VerkProspG; *Möllers/Weichert* NJW 2005, 2737 (2738).

liegens anspruchsbegründender oder anspruchsausschließender Voraussetzungen oder die Klärung von Rechtsfragen begehrt werden, wenn die Entscheidung des Rechtsstreits hiervon abhängt, § 1 I Nr. 1 KapMuG. Es kann im Musterverfahren dagegen nicht über individuelle Fragen wie etwa den Kausalverlauf oder den im Einzelnen erlittenen Schaden entschieden werden.[207] Das Musterverfahren setzt also weiterhin die individuelle gerichtliche Verfolgung des Schadensersatzanspruches voraus, die Ausgangsverfahren werden lediglich unterbrochen, § 3 KapMuG.[208]

Regelmäßig steht bei fehlerhaften Kapitalmarktinformationen einem Schädiger eine Vielzahl von Geschädigten mit Schäden in jeweils geringer Höhe gegenüber (sog. „Streuschäden“). Für den einzelnen Geschädigten ist dann das mit einer Klage verbundene Kostenrisiko oft zu hoch, da in derartigen Prozessen häufig kostenintensive Sachverständigengutachten erforderlich sind.[209] Die Verteilung solcher Kosten auf zahlreiche sich am Prozess beteiligenden Anleger hat demgegenüber den Vorteil wirtschaftlicherer Prozessführung.[210] Es soll somit eine Verbesserung des effektiven Rechtsschutzes für die Anleger erreicht werden.[211] Dies soll wiederum positive Auswirkungen auf die Steuerungsfunktion des Haftungsrechts[212] zeitigen.[213]

In welchem Maße durch das KapMuG in tatsächlicher Hinsicht eine verstärkte Haftung für fehlerhafte Kapitalmarktinformationen stattfindet, bleibt abzuwarten. Jedenfalls wird von dem Gesetz in der Praxis bereits Gebrauch gemacht. Bisher sind über hundert Musterfeststellungsanträge bei Landgerichten gestellt worden.[214] Bislang ist erst in einem Musterverfahren ein Musterentscheid (§ 14 KapMuG) ergangen,[215] gegen den jedoch der BGH die Rechtsbeschwerde wegen fehlerhafter Beweisaufnahme mit der Folge zugelassen hat, dass nach erneuter mündlicher Verhandlung nochmals in der Sache zu entscheiden ist.[216]

---

207 *Vollkommer* NJW 2007, 3094 (3096).

208 Vorwerk/Wolf/*Wolf/Lange* KapMuG, Einleitung, Rn. 6.

209 *Möllers/Weichert* NJW 2005, 2738.

210 Zu diesem und weiteren möglchen Vorteilen Begr. RegE KapMuG, BT-Drs. 15/5091, S. 16 f.; Vorwerk/Wolf/*Vorwerk* KapMuG, § 1, Rn. 3 f. mit Hinweisen auch auf mögliche Nachteile, etwa einer erschwerten Handhabbarkeit des Verfahrens.

211 Begr. RegE KapMuG, BT-Drs. 15/5091, S. 16 f.

212 Dazu bereits oben, S. 21 ff. (bei Fn. 11).

213 Begr. RegE KapMuG, BT-Drs. 15/5091, S. 16.

214 Siehe das Klageregister beim elektronischen Bundesanzeiger (www.ebundesanzeiger.de).

215 OLG Stuttgart NZG 2007, 352.

216 BGH, Beschluss v. 28. 2. 2008, II ZB 9/07 (bisher unveröffentlicht).

VII. Zusammenfassung

Die kapitalmarktrechtlichen Informationsregime sind durch europäische Richtlinien vorgeprägt. Jedoch lässt sich aus diesen Vorgaben für sich genommen nicht zwingend eine Haftung der Aktiengesellschaft ableiten.

Im nationalen Recht hingegen sehen §§ 44 f. BörsG eine Haftung der AG vor. In der Rechtspraxis spielt diese Haftung bisher keine große Rolle. Ausnahme sind massenhaft anhängige Verfahren gegen die Deutsche Telekom AG, deren Ausgang abzuwarten bleibt. Eine Haftung nach § 12 WpÜG ruft in der Konstellation Konfliktpotential zur Kapitalerhaltung hervor, wenn ein Aktionär der Zielgesellschaft bei der Übernahme Aktien der Bietergesellschaft erhält und der Aktionär später diese Beteiligungen bei der Bietergesellschaft rückabwickeln will. §§ 37b, 37c WpHG bestimmen bei der Haftung für fehlerhafte Insiderinformationen als Haftungsadressaten allein die emittierende Aktiengesellschaft. Streitig ist dabei der ersatzfähige Schaden. Während der Schutzzweck der Adhoc-Publizität auf den Ersatz nur des Differenzschadens hindeutet, lässt der Gesetzeswortlaut auch eine Rückabwicklung des Erwerbsgeschäftes zum Schutz der individuellen Willensentscheidung zu. Entscheidend für den alleinigen Ersatz des Differenzschadens dürften Verkehrs- und Bestandsschutzinteressen sprechen, die es erfordern, das allgemeine Marktpreisrisiko der Wertpapiere beim Anleger zu belassen. Auf diesen Punkt wird noch genauer einzugehen sein. Eine Haftung der AG ergibt sich auch aus allgemeinen deliktsrechtlichen Vorschriften, wobei schädigendes Verhalten der Organe gem. § 31 BGB analog der Gesellschaft zuzurechnen ist. Bedenken an einer solchen Zurechnung aus Gründen des Gläubigerschutzes tragen nicht; derartige Erwägungen werden unter den gesellschaftsrechtlichen Instituten der Kapitalerhaltung und der Lehre von der fehlerhaften Gesellschaft zu diskutieren sein.

Die Haftung der AG für fehlerhafte Kapitalmarktinformationen wird sich möglicherweise ausdehnen. In materieller Hinsicht wird die Ausweitung der Haftung für fehlerhafte Regelpublizität diskutiert. Das neu geschaffene prozessuale Instrument des KapMuG könnte wegen einer aus Anlegersicht erleichterten Durchsetzbarkeit kapitalmarktrechtlicher Ansprüche zu einer Zunahme der Haftungsfälle in der Praxis führen.

§ 3 Haftung von Publikumspersonengesellschaften

Nachdem die Situationen aufgezeigt worden sind, in denen die Abwicklung fehlerhafter Beteiligungen bei der Aktiengesellschaft in Betracht kommt, soll nun der Frage nachgegangen werden, wann eine solche Abwicklung bei der Publikumspersonengesellschaft relevant wird. Diese Frage stellt sich in der Praxis entweder beim täuschungsbedingten Beitritt zu einer solchen Gesellschaft oder (in neuerer Zeit) bei der Anwendung moderner Verbraucherschutzbestimmungen (insbesondere des Haustürwiderrufsrechts) auf den Beitrittsvertrag.

I. Bereicherungsrechtliche Ansprüche auf Rückabwicklung

Ist ein Gesellschafter bei dem Abschluss des Beitrittsvertrages zur Gesellschaft arglistig getäuscht worden, so wird er versucht sein, seine Beitrittserklärung anzufechten (§ 123 BGB). Nach allgemeinen Regeln wäre Rechtsfolge die Nichtigkeit des Gesellschaftsbeitritts von Anfang an (§ 142 I BGB). Für die Leistung der Einlage bestünde kein Rechtsgrund und der Anleger könnte sie zurückfordern, § 812 I 1 Alt. 1 BGB. Einer solchen Rückabwicklung der Einlage stehen indes die Regeln der fehlerhaften Gesellschaft entgegen. Diese Grundsätze führen nach ständiger und anerkannter Rechtsprechung im Fall einer Publikumsgesellschaft dazu, dass der fehlerhaft Beigetretene seine Beteiligung am Gesellschaftsverhältnis für die Zukunft fristlos kündigen kann.[217]

Erforderlich ist ein wichtiger Grund für die fristlose Kündigung, wobei eine arglistige Täuschung stets einen solchen darstellt.[218] Unter dieser Prämisse hat der BGH in wiederholter Rechtsprechung den Austritt von Gesellschaftern aus Publikumspersonengesellschaften akzeptiert. Er ist dabei davon ausgegangen, dass auch einer zunächst ausdrücklich vorgenommenen Anfechtung im Zweifel der Wunsch zur (hilfsweisen) fristlosen Kündigung entnommen werden kann.[219] Die Erklärung soll etwa gegenüber dem persönlich haftenden Gesellschafter (einer Publikums-KG) abgegeben werden können, sofern dieser nach dem Gesell-

---

[217] BGHZ 63, 338 (345 f.); BGH NJW 1975, 1700 f.; BGH NJW 1976, 894; BGHZ 156, 46 (52 f.); MünchKommHGB/*Grunewald*, § 161, Rn. 134; *Bayer/Riedel* NJW 2003, 2567 (2569); *Lenenbach* WM 2004, 501 f.

[218] BGHZ 3, 285 (292); BGHZ 63, 338 (346); BGH NJW 1975, 1700 (1701).

[219] BGHZ 63, 338 (344 f.).

schaftsvertrag ermächtigt ist, mit Wirkung gegenüber den Mitgesellschaftern die Beitrittserklärungen neuer Kommanditisten anzunehmen.[220]

Die Richtigkeit der oben geschilderten Vorgehensweise ist jedoch gerade in jüngerer Zeit angezweifelt worden. So geht *WESTERMANN* davon aus, dass die Beitrittserklärung des Anlegers nur unter den Voraussetzungen des § 123 II BGB anfechtbar sei und mithin die Angaben des Täuschenden der Gesellschaft bzw. den Gesellschaftern zurechenbar sein müssten. Eine derartige Zurechnung von Fehlverhalten etwa eines vertretungsberechtigten Mitgesellschafters, die, wie er bemerkt, auch zu einem Schadensersatzanspruch aus culpa in contrahendo führen könne, verneint er sodann. Seine Argumentation verläuft dabei ergebnisorientiert: Anderenfalls sei die Gefahr eines Wettlaufs zum Schadensersatz berechtigter Gesellschafter gegeben, sodass auf Kosten der unter Umständen ebenfalls getäuschten Mitgesellschafter und der Gläubiger einige (schnelle) Anleger als erstes die Anfechtung erklären könnten.[221] Nach dieser Ansicht dürfte entgegen der vom BGH verfolgten Lösung der arglistig getäuschte Gesellschafter seine Gesellschaftsbeteiligung auch nicht kündigen, denn mangels Anfechtungsrecht würde hierzu der wichtige Grund fehlen.[222]

Ob im Rahmen des Beitrittsvertrages zur Gesellschaft § 123 II BGB Anwendung findet, hängt indessen davon ab, ob der oder die Verhandlungsführer als „Dritte" im Sinne dieser Vorschrift anzusehen sind. Sind sie „Dritte", kommt es im Folgenden auf die Kenntnis oder das Kennenmüssen des Vertragspartners[223] von der Täuschung beim Gesellschaftsbeitritt an. Sind sie hingegen als „Nicht-

---

220 BGH NJW 1975, 1700, 1701; BGH NJW 1976, 894 (895). Diese vom BGH akzeptierte Kündigungsmöglichkeit ist im Ergebnis zustimmungswürdig. Jedoch bedürfte es zur Kündigung des Gesellschaftsverhältnisses eines der Gesellschaft zurechenbaren Grundes (dazu sogleich), den der BGH wiederum in der parallelen Problematik des dem Anleger möglicherweise zustehenden c.i.c.-Amspruches verneint. Auf diesen Widerspruch und eine parallele Lösung für Anfechtung/Kündigung und c.i.c. wird einzugehen sein; siehe hierzu die ausführliche Diskussion zu c.i.c.-Ansprüchen der Anleger, unten S. 62 ff.

221 *Westermann* ZIP 2002, 240 (245); ähnlich *Kübler/Assmann* GesR, § 21 III. 2 (S. 343 ff.). Das Problem des Wettlaufs der getäuschten Anleger-Gesellschafter tritt dann auf, wenn das vorhandene Gesellschaftsvermögen nicht zur Befriedigung aller geschädigten Anleger ausreicht.

222 Vgl. *Schwab* ZGR 2004, 861 (865); folgerichtig sollen nach *Westermann* ZIP 2002, 240 (246) die Grundsätze der fehlerhaften Gesellschaft nur greifen, wenn ausnahmsweise doch ein Anfechtungsrecht im Ausgangspunkt besteht.

223 Zur Bestimmung des Vertragspartners beim Beitritt zur Publikumspersonengesellschaft siehe unten, S. 64 ff.

Dritte" zu qualifizieren, so ist die Anfechtung ihnen gegenüber möglich, freilich mit der Folge, dass sodann die Grundsätze der fehlerhaften Gesellschaft greifen.

Die Gesetzesmaterialien zum BGB weisen zunächst als Dritten etwas unbestimmt nur einen am Geschäft Unbeteiligten aus.[224] Das Reichsgericht vertrat in dieser Frage sodann eine weite Interpretation des Begriffs „Dritter" und gelangte dadurch zu einem restriktiven Anfechtungsrecht. Dritter sollte grundsätzlich jeder sein, der nicht Empfänger der Willenserklärung war.[225] Als Nicht-Dritte galten damit jedoch immerhin ohne Zweifel die (mit Vollmacht ausgestatteten) Stellvertreter.[226] Die Lehre[227] und der BGH[228] haben sich alsbald für eine demgegenüber erweiterte Anfechtungsmöglichkeit ausgesprochen. Bis jetzt hat sich zwar noch keine einheitliche Auffassung zur Abgrenzung der Kriterien gefunden.[229] Häufig wird jedoch die Formel verwendet, dass als Nicht-Dritter gelten kann, wer auf der Seite des Erklärungsgegners steht und maßgeblich an dem Zustandekommen des Geschäfts mitwirkt.[230]

Der Beitritt zu einer Personengesellschaft vollzieht sich regelmäßig in der Weise, dass die Altgesellschafter einen Aufnahmevertrag mit dem Neugesellschafter abschließen.[231] Dies gilt nach überwiegender Auffassung ebenso für den Beitritt zu einer Publikumsgesellschaft, jedoch werden die zahlreichen Altgesellschafter in diesem Fall für gewöhnlich durch Verhandlungsführer (z.B. Geschäftsführer der GmbH einer Publikums-GmbH & Co. KG, Gründungsgesellschafter oder ähnliche) vertreten.[232] Demnach müssten die Verhandlungsführer der Beitrittsverträge zu Publikumspersonengesellschaften unter den Begriff des Nicht-Dritten i.S.d. § 123 II BGB zu subsumieren sein.[233] Denn beim Abschluss neuer Verträge mit Mitgesellschaftern haben sie Vertretungsmacht. Mögen sie auch die von ihnen nun vertretenen Mitgesellschafter in ähnlicher Weise bereits

---

224 *Mugdan* Motive I 206.

225 RGZ 61, 207 (212); RGZ 72, 133 (135 ff.).

226 RGZ 76, 107 (109).

227 MünchKommBGB/*Kramer*, § 123, Rn. 22; *Schubert* AcP 168 (1968), 470 (474) jeweils m.w.N.

228 BGHZ 47, 224 (230 f.); BGH NJW 1996, 1051.

229 Staudinger/*Singer*/v. *Finckenstein*, § 123, Rn. 46 f.

230 Palandt/*Heinrichs*, § 123, Rn. 13; Staudinger/*Singer*/v. *Finckenstein*, § 123, Rn. 47; Soergel/*Hefermehl*, § 123 Rn. 32; *Hopt* FS Stimpel, S. 266 (269).

231 RGZ 128, 172 (176); BGHZ 26, 333; BGHZ 76, 160 (164); Baumbach/Hopt/*Hopt*, § 105, Rn. 67; MünchKommHGB/*Karsten Schmidt*, § 105, Rn. 206.

232 BGH BB 1976, 154; Baumbach/Hopt/*Hopt*, Anh § 177a, Rn. 57, str. Siehe ausführlich zur Dogmatik der Beitrittsverträge zur Publikumspersonengesellschaft unten, S. 64 ff.

233 So auch, jedoch im Ergebnis ablehnend Staudinger/*Singer*/v. *Finckenstein*, § 123, Rn. 55.

vorher getäuscht haben, so stehen sie doch formal als Vertreter auf ihrer Seite. Ferner wirken sie maßgeblich (sogar allein) an dem Zustandekommen der Beitrittsverträge mit.

Dennoch sieht ein großer Teil des Schrifttums den Fall des Gesellschaftsbeitritts zur Personengesellschaft im Allgemeinen und zur Publikumspersonengesellschaft im Besonderen anders. Hier soll die Täuschung des einen Gesellschafters, durch den ein Anleger zum Beitritt bewogen wurde, den anderen nicht zurechenbar sein, da jeder Gesellschafter nur für sich den anderen Gesellschaftern gegenüber stehe und keinem Gesellschafter anzulasten sei, für den Abschluss des Gesellschaftsvertrages Hüter seiner Mitgesellschafter zu sein.[234] Dahinter steht, wie bei der bereits angeführten Argumentation von *WESTERMANN*[235], das erkennbare Bemühen, im Ergebnis eine Haftung der vertretenen Mitgesellschafter zu vermeiden. Die Anfechtung dürfe nicht zu Lasten der nicht minder schutzwürdigen Mitgesellschafter gehen und es gebe keinen sachlichen Grund, einzelne Beitretende zu bevorzugen.[236]

Dieser Argumentation kann jedoch nicht gefolgt werden. Unter Berücksichtigung des Ausnahmecharakters der Anfechtungsversagung (Regel in § 123 I BGB, Ausnahme in § 123 II BGB)[237] und unter Hinweis auf die bisher herausgearbeiteten Grundsätze zur Bestimmung des „Nicht-Dritten", insbesondere des Stellvertreters als solchen, muss von einer Zurechnung ausgegangen werden. Die Frage einer etwaigen Benachteiligung von Mitgesellschaftern durch die Abwicklung fehlerhafter Beteiligungen mittels Bereicherungsansprüchen sollte hingegen im Rahmen des Instituts der fehlerhaften Gesellschaft angegangen werden.[238] Eine ähnliche Erkenntnis findet sich auch bei *FLUME*. Zwar spricht dieser sich zunächst gegen eine Zurechung täuschenden Verhaltens im Rahmen des Beitritts zu einer Publikumspersonengesellschaft aus, weil für den Abschluss des Gesellschaftsvertrages kein Gesellschafter Hüter seines Mitgesellschafters sei. Doch gibt er weiter zu, dass die Problematik entfalle, wenn man in den Fällen der arglistigen Täuschung oder Drohung nur die Auflösungs- oder Über-

---

234 Staudinger/*Singer*/v. *Finckenstein*, § 123, Rn. 55; MünchKommBGB/*Kramer*, § 123, Rn. 23; *Flume* I/1, § 2 III (S. 25).

235 Siehe oben gleicher Abschnitt.

236 Staudinger/*Singer*/v. *Finckenstein*, § 123, Rn. 55; *Kübler/Assmann* GesR, § 21 III. 2 (S. 343 ff.).

237 *Stephan Lorenz* Der Schutz vor dem unerwünschten Vertrag, S. 324.

238 Ebenso *Schwab* ZGR 2004, 861 (867).

nahmeklage zulasse bzw. bei der mehrgliedrigen Gesellschaft die Kündigung aus wichtigem Grund.[239]

II. Haustürwiderruf

In den letzten Jahren waren die Gerichte aller Instanzen sehr häufig mit Fällen befasst, in denen Anleger Rückzahlungsansprüche nach Ausübung eines Haustürwiderrufsrechts geltend machten.[240] Denn oftmals wurden Beitrittsverträge zu einer Publikumsgesellschaft in Haustürsituationen ausgehandelt.[241] Zwar handelt es sich bei daraus entstehenden Ansprüchen nicht um Ersatzansprüche getäuschter Anleger. Dennoch soll die rechtliche Aufarbeitung des Themenfeldes Ansprüche des Anlegers gegen die Anlagegesellschaft nach Widerruf hier Beachtung finden, da sie geeignet ist, Argumentationsmuster und Lösungsmöglichkeiten für den Konflikt zwischen modernem Verbraucher- und Anlegerschutz auf der einen und klassischen gesellschaftsrechtlichen Instituten auf der anderen Seite zu verdeutlichen.

Das Merkmal „Vertrag über eine entgeltliche Leistung“ (§ 1 I HWiG a.F., § 312 I BGB n.F.) ist nach mittlerweile mehrfach bestätigter, wenn auch in der Literatur nicht unbestrittener[242] Rechtsprechung erfüllt, wenn der Zweck des Gesellschaftsbeitritts die Anlage von Kapital im Gegensatz zum Interesse an der Mitgliedschaft an sich ist.[243] Der Verbraucher[244] hat in diesem Fall grundsätzlich gem. § 312 BGB i.V.m. § 355 BGB ein zweiwöchiges Widerrufsrecht. Allerdings beginnt die Frist erst mit dem Zeitpunkt zu laufen, zu dem der Verbraucher eine deutliche gestaltete Belehrung über dieses Widerrufsrecht in Textform

---

239 *Flume* I/1, § 25 III (S. 25).

240 Hierzu *Armbrüster* ZIP 2006, 406; *Schubert* WM 2006, 1328; *Westermann* ZIP 2002, 189.

241 Bsp.: BGH ZIP 2004, 1402 (1405 unter 3.); BGHZ 148, 201; BGH NZG 2005, 35; *Westermann* ZIP 2002, 189 ff.

242 Nachweise zur Literatur bei *Armbrüster* ZIP 2006, 406 (408 ff.).

243 BGHZ 133, 254 (261 ff.); BGHZ 148, 201 (203); BGH NZG 2005, 35; ZIP 2004, 1402 (1405); NZG 2005, 261. In jüngster Zeit hat der BGH jedoch Zweifel an der Vereinbarkeit einer solchen Auslegung mit den Vorgaben der sog. Haustürwiderrufsrichtlinie (RL 85/577/EWG des Rates v. 20. 12. 1985 betreffend den Verbraucherschutz im Falle von außerhalb von Geschäftsräumen geschlossenen Verträgen, ABl. 1985 Nr. L 372/31) geäußert und die Frage mit Beschluss v. 5.5.2008 (II ZR 292/06) dem EuGH zur Entscheidung vorgelegt, BGH ZIP 2008, 1018. Beim EuGH wird das Verfahren unter dem Aktenzeichen Rs. C-215/08 geführt.

244 Der Verbrauchereigenschaft stehen die ebenfalls gegebenen Eigenschaften als Kapitalanleger und Gesellschafter nicht entgegen, *Armbrüster* ZIP 2006, 406 (407) m.w.N.

erhalten hat, § 355 II 1 BGB. Da eine solche Belehrung in der früheren Vertragspraxis oftmals unterblieben ist, wurden Ansprüche oftmals erst Jahre nach Vertragsschluss geltend gemacht.[245] Eine obere zeitliche Grenze für den Widerruf wurde erwogen,[246] jedoch darf der nationale Gesetzgeber nach dem Verständnis des EuGH von Art. 4 III i.V.m. Art. 5 I der Haustürwiderrufsrichtlinie[247] das Widerrufsrecht nach unterbliebener Belehrung nicht rein zeitlich begrenzen.[248] Die Reaktion des deutschen Gesetzgebers erfolgte mit der Neufassung des § 355 III BGB, nach dem bei unterbliebener Widerrufsbelehrung das Widerrufsrecht nicht erlischt. Eine Begrenzung ist ebenfalls nicht aus Gesetzesanalogien begründbar[249] und auch eine Verwirkung scheidet bei unterbliebener Widerrufsbelehrung aus.[250]

Der Widerruf muss nach dem BGH gegenüber der Anlagegesellschaft erfolgen.[251] Dies gilt auch für den Fall, dass nur ein Vertrag zwischen Anleger und einer Treuhandgesellschaft besteht, aber letztere die Anteile des Anlegers an der Publikumsgesellschaft (treuhändisch für der Anleger) hält, denn dann ist wirtschaftliche Vertragspartnerin des Anlegers dennoch die Publikumsgesellschaft.[252]

Die Ausübung des Haustürwiderrufsrechts gegenüber der Anlagegesellschaft ist heute allgemein anerkannt. Der BGH ist zwar früher in Übereinstimmung mit der obergerichtlichen Rechtsprechung und großen Teilen der Literatur davon ausgegangen, dass die Haustürsituation, in der ein widerrufener Vertrag zustande gekommen ist, dem Widerrufsgegner zurechenbar sein muss. Das Gericht

---

245 Bsp.: BGH NZG 2005, 35 (3,5 Jahre zwischen Beitrittserklärung und Widerruf); siehe zu gängigen Sachverhalten in der Praxis *Westermann* ZIP 2002, 189 ff; ebenso die Beispiele bei *Schubert* WM 2006, 1328 (dort Fn. 2).

246 *Westermann* ZIP 2002, 189 (198); *Edelmann* DB 2001, 2434 (2435).

247 RL 85/577/EWG des Rates v. 20. 12. 1985 betreffend den Verbraucherschutz im Falle von außerhalb von Geschäftsräumen geschlossenen Verträgen, ABl. 1985 Nr. L 372/31.

248 EuGH v. 13. 12. 2001, Rs. C-481/99 („Heininger"), Slg. 2001 I 9945 (Tz. 41 ff.); nach der jüngst geäußerten Ansicht des Generalanwalts *Poiares Maduro* soll es den Mitgliedstaaten erlaubt sein, die Ausübung des Widerrufsrechts in Fällen zu begrenzen, in denen der Verbraucher das Widerrufsrecht trotz fehlender oder fehlerhafter Belehrung kannte oder hätte kennen können, EuGH GA, Schlussanträge v. 21. 11. 2007, Rs. C-412/06, Rn. 22 ff., "Hamilton" = ZIP 2007, 2306 m. Anm. *A. Maier* EWiR 2008, 91.

249 BGH NZG 2005, 35 (36).

250 BGH NZG 2005, 35 (36 f.); die Entwicklung im Hinblick auf die jüngsten Äußerungen des Generalanwalts *Poiares Maduro* (siehe oben, Fn. 248) bleibt abzuwarten.

251 BGH NZG 2005, 35; ebenso *Westermann* ZIP 2002, 189 (197).

252 BGHZ 148, 201 (205).

hatte dabei auf die Zurechnungskriterien des § 123 II BGB abgestellt.[253] Demnach würden sich dieselben Fragen wie im Zusammenhang mit der Anfechtung/Kündigung der gesellschaftsrechtlichen Beteiligung durch den Anleger stellen.[254] Diese Rechtsprechung musste jedoch geändert werden, nachdem der EuGH die europarechtlichen Vorgaben der Haustürwiderrufsrichtlinie[255] dahingehend auslegte, dass es für das Bestehen eines Widerrufsrechts nicht auf die Kenntnis des Vertragspartners von der Haustürsituation, sondern nur auf das objektive Vorliegen der Haustürsituation ankommen soll.[256]

Folge eines ausgeübten Widerrufs ist grundsätzlich, dass die ursprüngliche Leistung herausverlangt werden kann, §§ 346 I, 357 I, 355 I, 312 I BGB. Der Anspruch geht also für sich betrachtet auf Rückzahlung der geleisteten Einlage. Er ist gegen die Anlagegesellschaft gerichtet.[257] Fraglich ist auch hier eine Beschränkung des Anspruchs auf das Abfindungsguthaben des Anlegers zum Zeitpunkt des Widerrufs gemäß den Regeln der fehlerhaften Gesellschaft.

III. C.i.c.-Ansprüche des Anlegers

Dem Anleger muss bei der Anbahnung des Gesellschaftsbeitritts von der anderen Seite ein zutreffendes Bild über sämtliche Nachteile und Risiken der Anlage vermittelt worden sein.[258] Ist dies nicht geschehen, so liegt eine Aufklärungspflichtverletzung vor, deren Folge eine Haftung gem. §§ 280 I, 241 II und 311 II BGB (Verschulden bei Vertragsschluss, c.i.c.) ist. Als Verschuldensmaßstab reicht im Gegensatz zu Ansprüchen, die sich aus arglistiger Täuschung ergeben, einfache Fahrlässigkeit aus. Der Anspruch ist auf das negative Interesse gerichtet. Demnach muss der Anleger so gestellt werden, als sei er der Gesellschaft nicht beigetreten. In diesem Falle hätte er seine Einlage nicht geleistet, die er nun als Schadensersatz zurückverlangen kann. Wegen der gleichgerichteten Rechtsfolge (Rückgängigmachung des Vertrages) war umstritten, ob ein c.i.c.-

---

253 BGH ZIP 2004, 1402, 1404; BGH NJW 2003, 424 (425) jeweils m.w.N.

254 Siehe oben, S. 56 ff.

255 RL 85/577/EWG des Rates v. 20. 12. 1985 betreffend den Verbraucherschutz im Falle von außerhalb von Geschäftsräumen geschlossenen Verträgen, ABl. 1985 Nr. L 372/31.

256 EuGH v. 25. 10. 2005, Rs. C-229/04 („Crailsheimer Volksbank"), Slg. 2005 I 9273; nunmehr folgend BGH NJW 2006, 497.

257 BGH NZG 2005, 35 (37); BGHZ 148, 201 (204); wohl auch BGH ZIP 2004, 1402 (1405); *Westermann* ZIP 2002, 189 (197).

258 BGHZ 79, 337 (344); BGH NJW 1993, 2107 (2108); BGH WM 2000, 1503 (1504); BGH NZG 2005, 467 (469); *Strohn* WM 2005, 1441 (1442); *Carsten Schäfer* ZHR 170 (2006), 373 (375).

Anspruch bei bloßer Fahrlässigkeit im Falle von Täuschungen neben § 123 BGB, der Arglist voraussetzt, bestehen kann. Die hL und die Rspr. halten indes ein Nebeneinander von Anfechtung wegen arglistiger Täuschung und von auf Rückgängigmachung gerichtetem c.i.c.-Anspruch für richtig.[259] Fraglich ist indessen, gegen wen sich ein solcher Anspruch richtet.

1. Schadenersatzansprüche gegen die Gesellschaft

Der BGH geht in ständiger Rechtsprechung im Ergebnis davon aus, dass dem Anleger ein Anspruch auf Schadensersatz aus Verhandlungsverschulden nicht gegen die Gesellschaft selbst zusteht.[260] Er führt hierfür eine zweifache Begründung an: Zum einen bringe der (getäuschte) Beitrittswillige bei rein kapitalistisch organisierten Gesellschaftsbeteiligungen regelmäßig nur dem die Verhandlung führenden Vertreter der Gesellschafter, nicht aber diesen oder der Gesellschaft Vertrauen entgegen. Daher sei es gerechtfertigt, nur diesen Vertreter persönlich und nicht auch die übrigen Gesellschafter haften zu lassen.[261] Zum anderen führt der BGH an, dass sich anders eine geordnete Auseinandersetzung der Fondsgesellschaft nach dem Regelwerk über die fehlerhafte Gesellschaft bzw. den fehlerhaften Gesellschaftsbeitritt nicht durchführen ließe.[262]

Diese beiden Begründungslinien lösen die Frage jedoch auf unterschiedliche Weise: Mit der ersten Argumentation wird schon das Entstehen des Anspruchs geleugnet,[263] da die Tatbestandsvoraussetzungen nicht durch die Gesellschaft erfüllt werden und ihr das schädigende Verhalten auch nicht zugerechnet werden kann.[264] Nach der zweiten Argumentation ist ein Anspruch entstanden, aber an den Vorgaben der Lehre von der fehlerhaften Gesellschaft auszurichten.

---

259 RGZ 79, 194 (197); BGH NJW 1998, 302 (303) m.w.N.; *Stephan Lorenz* Der Schutz vor dem unerwünschten Vertrag, S. 387 ff.; *Carsten Schäfer* ZHR 170 (2006), 373 (374 bei Fn. 6) jeweils m.w.N.

260 BGH NJW 1973, 1604; BGHZ 156, 46 (51) mit Verweis auf *Westermann* ZIP 2002, 240, 243, 245 linke Spalte unten/rechte Spalte oben; im Gegensatz hierzu geht das Mitglied des zweiten Senats des BGH *Gehrlein* offenbar davon aus, dass durchaus Schadensersatzansprüche, die mit dem Nichtigkeitsgrund zusammenfallen, sich gegen die Anlagegesellschaft richten können, WM 2005, 1489 (1495).

261 BGHZ 156, 46 (51 f.); *Strohn* WM 2005, 1441 (1442).

262 BGHZ 156, 46 (52); *Strohn* WM 2005, 1441 (1442).

263 *Carsten Schäfer* ZHR 170 (2006), 372 (376).

264 Ausführlich BGH NJW 1973, 1604 (1605); BGHZ 156, 46, 52; *Westermann* ZIP 2002, 240 (245).

a) *Vertragsschluss bei der Publikumspersonengesellschaft*

Der Schadensersatz aus c.i.c. wegen Aufklärungsverschuldens ist ein (quasi-) vertraglicher. Stehen derartige Ansprüche gegen die Gesellschaft in Rede, so ist zunächst die Frage zu stellen, ob überhaupt eine Beziehung zur Gesellschaft besteht, aus der sich wiederum Pflichten für die Gesellschaft ergeben und bei deren Verletzung sie dem Anleger gegenüber haftet.

Als erstes ist zu überprüfen, ob ein Vertrag zwischen Gesellschaft und Anleger besteht, denn naheliegend ist für die Begründung einer Haftung für Aufklärungsverschulden, die entsprechend verletzten Pflichten in Vertragsverhandlungen zu einem u.U. bestehenden Beitrittsvertrag zwischen Anlagegesellschafter und Gesellschaft zu suchen.[265] Es entspricht nämlich der gesetzlichen Vorstellung, dass ein vorvertragliches Schuldverhältnis gem. § 311 II BGB regelmäßig zwischen den Parteien des in Aussicht genommenen Vertrages besteht.[266]

aa) *Traditionelle Auffassung: Vertragsmodell*

Indes vollzieht sich nach traditioneller Auffassung der Beitritt zu einer Personengesellschaft per Vertrag mit den übrigen Gesellschaftern.[267] Erst dadurch entstehe ein Rechtsverhältnis zu den anderen Mitgliedern und zur Gesellschaft selbst.[268] Nach dieser Sichtweise ist ein solcher Vertrag aus der Perspektive des neuen Gesellschafters ein Beitrittsvertrag und aus Sicht der Altgesellschafter eine Vertragsänderung.[269] Den gesetzlichen Vorschriften ist zwar zum Ein- und Austritt von Gesellschaftern wenig Explizites zu entnehmen. Jedoch ist anerkannt, dass es sich bei derartigen Angelegenheiten um Grundlagengeschäfte handelt, die eines Beschlusses aller Gesellschafter bedürfen und der Alleinentscheidung der Geschäftsführung daher entzogen sind.[270]

bb) *Verfügung und Verpflichtungsgeschäft bei Gesellschaftsbeitritt*

Demgegenüber vertritt *BÄLZ* die These, der Vertrag zur Gründung einer Gesellschaft sei ein personenrechtlicher Vertrag, der die Beteiligten zu einer uneinge-

---

265 OLG München NJW-RR 2000, 624 (625).

266 *Looschelders* SchR AT, Rn. 197; Bamberger/Roth/*Gehrlein* BGB, § 311, Rn. 114.

267 RGZ 128, 172 (176); BGHZ 26, 333; Düringer/Hachenburg/*Flechtheim* (3. Aufl. 1932), § 173, Anm. 2; MünchKommHGB/*Karsten Schmidt*, § 105, Rn. 206; Baumbach/Hopt/*Hopt*, § 105, Rn. 67.

268 Westermann/*Westermann* Hdb. Personengesellschaften I, Rn. 8.

269 MünchKommHGB/*Karsten Schmidt*, § 105, Rn. 206.

270 BGHZ 76, 160 (164); Baumbach/Hopt/*Hopt*, § 114, Rn. 3.

schränkt rechtsfähigen Außengesellschaft organisiere (Organisationsvertrag).[271] Dementsprechend ordnet er auch den Beitrittsvertrag zu einer solchen rechtsfähigen Außengesellschaft als Organisationsvertrag ein, bei dem die Gesellschaft von den schon vorhandenen Gesellschaftern repräsentiert werde.[272] Die Vorstellung vom Beitrittsvertrag als Vertrag zwischen den Altgesellschaftern und dem Neugesellschafter beruhe hingegen noch auf dem Gesamthandmodell der BGB-Gesellschaft.[273] Die Begründung von *BÄLZ* stellt mithin ersichtlich auf die nunmehr von der Rechtsprechung und Lehre anerkannte Rechtsfähigkeit der GbR[274] ab.

Darüber hinaus werde beim Beitritt aber ein zweiter „Vertrag über den Erwerb einer Gesellschaftsbeteiligung“ abgeschlossen. Dieser Vertrag sei als Geschäftsbesorgungsvertrag nach § 675 BGB und damit als vermögensrechtlicher Schuldvertrag einzuordnen. Darin verpflichte sich die Gesellschaft zur Verschaffung eines Gesellschaftsanteils durch Ermöglichung der Aufnahme des Anlegers als Mitglied der Gesellschaft. Diese Verpflichtung werde wiederum durch den genannten personenrechtlichen Vertrag erfüllt, der die Gesellschaft organisiere und die Mitgliedschaft in ihr begründe. Der Gesellschafter schulde der Gesellschaft zur Deckung der mit der Aufnahme entstehenden Einlageschuld den Einlagebetrag bereits aufgrund des schuldrechtlichen Geschäftsbesorgungsvertrages als – auf Verlangen vorschusspflichtigen – Aufwendungsersatz (§§ 669, 670).[275] Entscheidende Bedeutung erlangt die Annahme derartiger zweier Verträge dadurch, dass nur der personenrechtliche dem Regelwerk der fehlerhaften Gesellschaft unterliege, der schuldrechtliche hingegen nicht.[276]

Die Vorstellung von einem weiteren, schuldvertraglichen Geschäftsbesorgungsvertrag leuchtet indes nicht ein. Vor allem fällt es schwer, die Beitragsleistung als Aufwendungsersatz zu qualifizieren und zwar für Aufwendungen, die die Gesellschaft dadurch haben soll, dass sie die Beitragsleistungen an sich selbst erbringt.[277] Denn die Pflicht zur Beitragsleistung ergibt sich bereits aus § 705 BGB und richtet sich gegen den Gesellschafter.[278]

---

271 MünchenerHdb. GesR I/*Bälz*, § 100, Rn. 129.
272 *Bälz* FS Raiser, S. 615 (622).
273 *Bälz* FS Raiser, S. 615 (622).
274 BGHZ 146, 341.
275 *Bälz* FS Raiser, S. 615 (624).
276 Dazu unten, S. 121 ff.
277 So aber *Bälz* FS Raiser, S. 615 (624).
278 *Carsten Schäfer* ZHR 170 (2006), 373 (389).

cc) *Organisationsrechtlicher Vertrag mit der Gesellschaft*

Die Anerkennung der Rechtsfähigkeit der GbR hat dennoch Bedeutung für die vorliegende Frage. Sie ist nämlich der (vorläufige) Schlussstein in der Fortentwicklung, die das Recht der Personengesellschaften durch Rechtsprechung und Literatur im Laufe der Zeit erfahren hat. *WIEDEMANN* zeigt diese Entwicklung vom Vertragsmodell hin zu mehr und mehr gesellschaftlichen Elementen auf und nennt als Stationen hierfür: Namensgebung und Anerkennung der Rechtsfähigkeit der OHG/KG im ADHGB, Einführung eines gesamthänderischen Sondervermögens der Gesellschaft im BGB, Zulassung der Übertragung von Gesellschaftsanteilen in der Rechtsprechung sowie schließlich vielfache Abweichungen vom Vertragsmodell, z.B. bei der Beschlussfassung, bei der actio pro socio, bei der Passivlegitimation der Gesellschaft für Streitigkeiten rund um den Gesellschaftsvertrag usw.[279]

Die von *WIEDEMANN*[280] aufgezeigte Entwicklung zeigt die Offenheit des Rechts der Personengesellschaften für die Verschiebung schuldrechtlicher Lösungsansätze hin zu gesellschaftsrechtlicher Beurteilung. Die Zugehörigkeit zu einer Personengesellschaft wird mehr auf das Verhältnis der Gesellschafter zur Gesellschaft im Sinne einer Mitgliedschaft bezogen denn auf ein Verhältnis der einzelnen Gesellschafter zueinander.[281] Freilich kann daraus allein noch keine endgültige Aussage zu einem Vertragsschluss abgeleitet werden, der einem solchen im Recht der Körperschaften ähnelt. Hinzukommen muss ein entsprechender Wille der Gesellschafter, der es nahelegt, die Verhältnisse gerade mehr organisationsrechtlich als schuldrechtlich zu beurteilen.

Die Offenheit des Personengesellschaftsrechts für organisationsrechtliche Elemente, die eine Abweichung vom Vertragsmodell mit sich führt, zeigt sich des Weiteren bei der Übertragung der Mitgliedschaft und hier in dem heutigen Verständnis der Einzelrechtsnachfolge, also der Übertragung des Gesellschaftsbeteiligung unter Lebenden.[282] Auch hier herrschte ursprünglich das Vertragsdenken vor, das ferner eng mit dem herkömmlichen Erscheinungsbild der Personengesellschaft als Arbeits- und Haftungsgemeinschaft, bei der der Einsatz individueller Fähigkeiten und Kenntnisse und die Bildung persönlichen Vertrauens als we-

---

279 *Wiedemann* GesR II, § 1 VI 1 (S. 84 f.); *ders.* ZGR 1996, 286.
280 *Wiedemann* GesR II, § 1 VI 1 (S. 84 f.); *ders.* ZGR 1996, 286.
281 Vgl. *Beuthien* AG 2002, 266 (268); *Lutter* AcP 180 (1980), 84 (97 f.).
282 *Wiedemann* GesR II, § 5 II 1 (S. 422 f.) zeigt hierzu drei relevante Arten auf: Übertragung zum Vollzug von Kaufverträgen, Schenkungen als vorweggenommene Erbfolge und Sicherungsübertragungen.

sensbildend angesehen wurden, verknüpft war. Wegen dieses herkömmlichen Verständnisses des Gesetzgebers halten die jeweiligen Regelungswerke auch keine Vorschrift zur Übertragung des Gesellschaftsanteils im Wege der Einzelrechtsnachfolge bereit, denn sie wäre mit dem geschilderten Leitbild unvereinbar gewesen.[283] Lediglich eine vertragliche Kombination von Ein- und Austritt unter jeweiliger vertraglicher Einbeziehung der Mitgesellschafter wurde für allgemein zulässig erachtet.[284] Daneben sieht das Gesetz die Übertragung einzelner sich aus der Mitgliedschaft ergebender Vermögensrechte vor, § 717 S. 2 BGB.

Abweichend von dieser ursprünglichen Vorstellung ist die vollständige Übertragung der Gesellschaftsbeteiligung heute anerkannt.[285] Der Wechsel der Mitgliedschaft vollzieht sich in einem zuordnungsrechtlichen Vertrag zwischen Alt- und Neugesellschafter.[286] Der Vorteil dieser Lösung gegenüber einer jeweiligen vertraglichen Einbeziehung der übrigen Gesellschafter bei Aus- und Eintritt liegt in der einfacheren Handhabung vor allem dann, wenn Vertragsmängel auftreten.[287] Mit Recht wird also bei der Übertragung der Mitgliedschaft davon ausgegangen, dass ein Mitgliederwechsel nicht unbedingt einen neuen Gesellschaftsvertrag unter Beteiligung aller bisherigen Gesellschafter erforderlich macht. Dann ist aber auch nicht ersichtlich, wieso bei Eintritt eines Neugesellschafters zwingend eine Änderung des Gesellschaftsvertrages unter vertraglicher Mitwirkung aller Altgesellschafter erforderlich sein soll, zumal wenn die Gesellschaft ersichtlich auf die Aufnahme einer Vielzahl von Mitgliedern ausgerichtet ist. Gerade im Hinblick auf derartige Publikumspersonengesellschaften wirkt die Annahme ständig neu abgeschlossener Gesellschaftsverträge konstruiert.

Das Recht der Personengesellschaften ist offen für organisationsrechtliche Lösungen, die sich dann anbieten, wenn die Gestaltung der jeweiligen Gesellschaft vom herkömmlichen Erscheinungsbild des Zusammenschlusses auf rein individuell – vertraulicher Basis abweicht und insbesondere kapitalistische Prägung erfährt. Die Rechtspraxis hat gezeigt, dass ein Bedürfnis bestehen kann, die Verhältnisse solchermaßen abweichend von der herkömmlichen Herangehensweise zu regeln. So wird in der Praxis der Publikumspersonengesellschaftern nicht ein Gesellschaftsvertrag individuell zwischen allen beteiligten Mitge-

---

283 *Wiedemann* GesR II, § 5 II 1 (S. 422).

284 RGZ 83, 312 (315); RG LZ 1914, Sp. 1380; KG JW 1934, 2699 (2700).

285 BGHZ 13, 179 (185 f.); BGHZ 24, 106 (114); BGHZ 44, 229 (231); *Karsten Schmidt* GesR § 45 III 2 b (S. 1322 f.); *Wiedemann* GesR II, § 5 II 1 a (S. 423).

286 *Wiedemann* GesR II, § 5 II 1 a (S. 424).

287 Hierzu *Wiedemann* GesR II, § 5 II 1 a (S. 424).

sellschaftern ausgehandelt, vielmehr werden Werbung neuer Mitglieder und anschließender Vertragsschluss zumeist an eine weitere Person, etwa den Hauptgesellschafter bzw. Gründungsinitiator (z.B. Komplementär-GmbH), einen Treuhänder[288] o. ä. delegiert. Dieser Vertragsschluss kann dann als Geschäft interpretiert werden, bei dem durch diese eine Person die übrigen Gesellschafter vertreten werden.[289] Der BGH hat es jedoch auch für zulässig erachtet, dass die Gesellschafter die Gesellschaft selbst ermächtigen, statt namens der Gesellschafter im eigenen Namen neue Mitglieder aufzunehmen, so dass die Gesellschaft selbst, wiederum vertreten durch ausgewählte Verhandlungsführer, den Vertrag in eigenem Namen abschließt.[290]

Hieran ist kritisiert worden, dass der BGH ohne weitere Begründung eine Verpflichtungsermächtigung annehme.[291] In der Tat wird eine Verpflichtungsermächtigung, mittels derer eine Person durch einen im eigenen Namen abgeschlossenen Vertrag einen Dritten verpflichten könnte, von der ganz herrschenden Meinung abgelehnt. Denn ein solches Institut würde dem Offenkundigkeitsprinzip, das der Stellvertretung zugrunde liegt, widersprechen und eine unzulässige Benachteiligung des Gläubigers darstellen, der schließlich wissen soll, wem gegenüber er sich schuldrechtlich verpflichtet.[292] Doch geht es bei dem Beitrittsvertrag zu einer Publikumspersonengesellschaft nicht um die Ermächtigung der Gesellschaft, einen schuldrechtlichen Vertrag mit Wirkung für die Mitgesellschafter abzuschließen, sondern um die Möglichkeit, den Beitritt im Wege eines organisationsrechtlich einzustufenden Aufnahmevertrages, ähnlich einem Aufnahmevertrag bei Kapitalgesellschaften, auszugestalten.[293]

CARSTEN SCHÄFER geht davon aus, dass bei Publikumsgesellschaften sogar regelmäßig ein solcher Vertrag zwischen beitretendem Anleger und Gesellschaft

---

288 BGH NJW 1982, 877.

289 So BGHZ 63, 338 (345).

290 So BGH NJW 1978, 1000; BGH WM 1983, 118 (120); die Möglichkeit eines Beitrittsvertrages zwischen Beitretendem und Gesellschaft anerkennend: Ebenroth/Boujong/Joost/Strohn/ *Henze* HGB, § 177 a Anh. B, Rn. 12; *Strohn* WM 2005, 1441 (1442); *Wiedemann* GesR II, § 5 I 1 a; *ders.* ZGR 1996, 286 (296 f.); *Carsten Schäfer* Die Lehre vom fehlerhaften Verband, S. 323; *ders.* ZHR 206 (2006), 373 (384); ausdrücklich ablehnend MünchKommHGB/*Grunewald*, § 161, Rn. 132.

291 Staub/*Schilling* (4. Aufl. 1987), Anh. § 161 Rn. 10.

292 *Larenz/Wolf*, § 46, Rn. 53; *Bork* AT BGB, Rn. 1737 m.w.N.

293 *Wiedemann* GesR II, § 5 I 1 a; *Carsten Schäfer* ZHR 170 (2006), 373 (383 f.); *Beuthien* AG 2002, 266 (268, Fn. 8); *Bälz* FS Raiser, S. 615 (622); vgl. auch *Schubert* WM 2006, 1328 (1333); a.A. MünchKommHGB/*Grunewald*, § 161, Rn. 135, die die Erklärungen immer als im Namen der Gesellschafter abgegeben sehen will.

besteht.[294] Dem ist zuzustimmen. Für eine solche Annahme sprechen insbesondere die auf organisationsrechtlicher Ebene zu lösenden Probleme der Abwicklung von Schadensersatzansprüchen, die im Zusammenhang mit dem Beitritt zur Gesellschaft bestehen und die im weiteren Verlauf noch auszuführen sind.[295] Zudem sind die sich im Weiteren ergebenden Lösungen stimmiger in Parallele zu den Rechtsfolgen des Haustürwiderrufs. Es ist nämlich anerkannt, dass im Falle einer fehlerhaften oder unterbliebenen Widerrufsbelehrung der Anleger den Beitrittsvertrag der Gesellschaft gegenüber widerrufen kann, um sodann von ihr die Rückzahlung der Einlageleistung zu verlangen.[296] Als Begrenzung des Anspruchs kommt dann die Lehre von der fehlerhaften Gesellschaft in Betracht. Ein solcher Widerruf mit der aufgezeigten Folge ist richtig, sofern man einen Beitrittsvertrag als mit der Gesellschaft geschlossen betrachtet. Nimmt man dagegen einen Vertrag zwischen den Gesellschaftern an, so müsste die Abwicklung vorrangig im Verhältnis der Mitgesellschafter oder aber der Verhandlungsführer zum Anleger stattfinden. Es ist dann nicht recht einsehbar, wieso die nach dieser Ansicht am Beitrittsvertrag nicht beteiligte Gesellschaft die Folgen des Widerrufs treffen sollten. Wenn der BGH und die wohl hL dennoch im Falle des Widerrufs zu einem solchen Ergebnis gelangen, so geschieht dies ohne Begründung.

Ebenso verhält es sich letztlich mit der Kündigung wegen arglistiger Täuschung. Sind die Beitrittserklärungen weder Gesellschaft noch Gesellschaftern zurechenbar, so muss man die Frage stellen, aus welchem Grund der Gesellschafter gegenüber seiner Gesellschaft oder den Mitgesellschaftern die Gesellschaftsbeteiligung kündigen können sollte. Die auch vom BGH verfolgte, im Ergebnis zustimmungswürdige Lösung, nach der sich ein arglistig getäuschter Gesellschafter von seiner Beteiligung für die Zukunft durch Kündigung lösen kann,[297] rechtfertigt sich vor allem, wenn man einen Beitrittsvertrag mit der Gesellschaft annimmt.

Ob der Beitrittsvertrag im oben genannten Sinne mit der Gesellschaft geschlossen wird, hängt jedoch davon ab, ob bereits eine Gesellschaft mit den konstituierenden Merkmalen des jeweiligen Typs vorliegt. Verläuft die Gründung in

---

[294] *Carsten Schäfer* ZHR 170 (2006), 373 (384).

[295] C.i.c.-Ansprüche gegen die einzelnen Mitgesellschafter würden die Anwendung der Lehre von der fehlerhaften Gesellschaft in Frage stellen, für die aber aus Verkehrs- und Bestandsschutzgründen ein Bedürfnis besteht, siehe unten, S. 121 ff.

[296] BGHZ 148, 201 (204 ff.); BGH NZG 2005, 35 (37), siehe bereits oben, S. 60 ff.

[297] BGHZ 156, 46 (52); siehe bereits oben S. 56 ff.

der Weise, dass die Gründergesellschafter (Initiatoren) zunächst eine Vielzahl von Anlegern werben, um erst dann die Gesellschaft überhaupt zu gründen, so ist von einem Gründungsvertrag unter den Gesellschaftern auszugehen.[298] Denn in diesem Fall besteht noch keine Gesellschaft, mit der ein Vertrag geschlossen werden könnte.

Der Regelfall dürfte jedoch anders aussehen, denn zumeist findet in Publikumspersonengesellschaften gerade kein individueller, interessenausgleichender Vertragsschluss zwischen allen Gesellschaftern statt, vielmehr gibt ein kleiner Kreis von Initiatoren den Gesellschaftsvertrag vor, gründet die Gesellschaft und der Anleger kann später lediglich der bereits bestehenden Gesellschaft beitreten.[299] Und dann ist auch unerheblich, wie die Ausgestaltung des Vertragswortlauts im Einzelfall gewählt wird: Der BGH hat einerseits entschieden, dass ein Beitrittsvertrag, den der persönlich haftende Gesellschafter „im Namen der KG" mit dem Anleger abschließt, auch als Vertrag im Namen der Gesellschafter eingeordnet werden kann. Denn es komme insoweit auf den objektiven Inhalt der Erklärung an, wobei die Vorschrift des § 164 I 2 BGB auch im Hinblick auf die Person des Vertretenen gelte.[300] Dann spricht jedoch auch nichts gegen die „umgekehrte" Lösung: Konstruktiv ist es möglich, einen Beitrittsvertrag, den der Verhandlungsführer mit dem Anleger „im Namen der Mitgesellschafter" abschließt, nach dem objektiven Erklärungswert als Vertragschluss im Namen der Publikumsgesellschaft anzusehen[301] bzw. das Handeln des Verhandlungsführers auf einer ersten Stufe als Handeln im Namen der Mitgesellschafter einzuordnen, um die Mitgesellschafter sodann in ihrer Funktion als beschlussfassendes Gesellschaftsorgan einzustufen, dessen Handeln letztlich wieder der Gesellschaft zuzurechnen wäre.[302]

Kommt also ein Vertrag zwischen Gesellschaft und Beitretendem in Betracht, so treffen in einem solchen Fall Aufklärungspflichten in Bezug auf den Ver-

---

298 Vgl. allgemein *Beuthien* AG 2002, 266 (268, Fn. 8).

299 *Karsten Schmidt* GesR, § 57 (S. 1665 ff.). Eine rasche Gründung der Gesellschaft bietet sich vor allem an, damit die Gesellschaft selbst schon in der Phase der Werbung von Anlegern Verträge mit Dritten bezüglich der Anlageobjekte abschließen kann.

300 BGH BB 1976, 154.

301 So auch *Bälz* FS Raiser, S. 615 (623).

302 *Mülbert/Gramse* WM 2002, 2085 (2090) gehen von der dogmatischen Zulässigkeit von gesellschaftsvertragsändernden organschaftlichen Beschlüssen eines Organs „Gesellschaftergesamtheit" aus. Des Weiteren sei bei Publikumspersonengesellschaften regelmäßig das organschaftliche anstelle eines vertraglichen Beschlussmodells von den Gesellschaftern gewollt, aaO. S. 2092.

tragsinhalt die Gesellschaft selber. Im Falle deren Verletzung liegt dann auch ihre eigene Haftung nahe.[303]

b) Zurechnung und Relevanz des Anlegervertrauens

Der BGH geht jedoch in ständiger Rechtsprechung davon aus, dass bei dem Beitritt zu einer Publikumspersonengesellschaft nur den am Vertragsschluss unmittelbar beteiligten Personen Vertrauen entgegen gebracht wird, nicht jedoch den Mitgesellschaftern oder der Anlagegesellschaft, denen deshalb im Rahmen von Beitrittsverhandlungen verübte Täuschungen nicht zugerechnet werden könnten.[304]

Dem folgten bisher große Teile der Literatur.[305] Hiergegen sind indes gewichtige Bedenken vorgebracht worden. So stellt *BÄLZ* die Frage, auf wen anders als in aller erster Linie die Fondsgesellschaft denn der Erwerber einer Beteiligung an der Gesellschaft sein Vertrauen in die Werthaltigkeit der Anlage setzen solle.[306] Aus Anlegersicht gebe es ein gewachsenes Bedürfnis der Inanspruchnahme der Gesellschaft selber. Die Erklärung hierfür sei, dass sämtliche anderen in Betracht kommenden Haftungsadressaten nach heute gängiger Organisation der Publikumspersonengesellschaften entweder gar nicht mehr selbst der Gesellschaft angehören oder zumindest in der Haftung beschränkt seien. Vor allem aber könne der Anleger den vollen Ersatz seines Schadens durch die ungeschmälerte Erstattung seiner Einlage jedenfalls grundsätzlich nur von der Gesellschaft selbst erwarten, an welche die Einlage auch geflossen sei.[307]

Bezeichnenderweise setzt sich im Kapitalmarktrecht dann auch die Auffassung durch, eine Haftung der emittierenden Gesellschaft sei am effektivsten. So hat der Gesetzgeber in §§ 37b, 37c WpHG als Adressaten für die Haftung für unterlassene oder fehlerhafte Insiderinformationen ausschließlich den Emittenten bestimmt.[308] Diese Entwicklung schlägt sich neuerdings aber auch auf den von Personengesellschaften dominierten Grauen Kapitalmarkt nieder, in dem

---

303 Zur erforderlichen Zurechnung sogleich.

304 BGHZ 156, 46 (51 f.); BGHZ 71, 284 (286); BGH NJW 1985, 380; BGH ZIP 1987, 912; BGH ZIP 1991, 441.

305 MünchKommHGB/*Grunewald*, § 161, Rn. 139, 141; *Geibel* BB 2005, 1009 (1013 ff.); *Westermann* ZIP 2002, 240 (245); Staub/*Schilling* (4. Aufl. 1987), Anh. § 161, Rn. 12.

306 *Bälz* FS Raiser, S. 615 (619).

307 *Bälz* FS Raiser, S. 615 (619 f.).

308 Siehe bereits oben, S. 42 ff.

nunmehr ebenfalls mit §§ 13, 13a VerkProspG i.V.m. §§ 44 f. BörsG die Haftung der Gesellschaft angeordnet wird.[309]

Indes dürfte schwer zu entscheiden sein, auf wen Anleger bei ihrer Beitrittsentscheidung im Einzelnen vertrauen. Die Frage ist vielmehr, ob es überhaupt auf ein konkretes Vertrauen ankommt. Ob die c.i.c.-Haftung, deren Unterfall die Haftung für Aufklärungsverschulden darstellt, eine Vertrauenshaftung ist,[310] bleibt wohl umstritten und soll hier nicht geklärt werden.[311] Doch selbst wenn man im Vertrauen den alleinigen Haftungsgrund erblickt, lässt sich der Fall des täuschungsbedingten Beitritts zur Gesellschaft nicht ohne weiteres in der vom BGH vorgenommenen Weise lösen, denn die Frage, wann und auf was im Rechtsverkehr vertraut werden darf, kann ihrerseits nicht aus dem Vertrauensgrundsatz selbst erschlossen werden.[312] Vielmehr schafft der Eintritt in Vertragsverhandlungen für sich ein gesteigertes Vertrauensverhältnis.[313]

aa) *Vertrauensaspekt zur Haftungsausweitung*

Die Frage nach dem Vertrauen wird allenfalls relevant bei der Entscheidung, ob auch ein Nicht-Vertragspartner im Rahmen des Instituts der c.i.c. haften kann. Nach Ansicht des BGH sind beim Beitritt zu einer Publikumspersonengesellschaft Vertragspartner die Mitgesellschafter, vorvertragliche Aufklärungspflichten sollen jedoch nur die Verhandlungsführer der Beitrittsverträge treffen.[314]

Dass auch Dritte, die nicht Vertragspartei werden sollen, in das vorvertragliche Schuldverhältnis einbezogen werden können, ist seit langem anerkannt. Der maßgebliche Grund für eine solche Haftung Dritter soll in der Inanspruchnahme

---

309 Dazu unten, S. 82 ff.

310 So auch eine stark vertretene Ansicht in der Literatur auf der Grundlage von *Ballerstedt* AcP 151 (1951), 501 (507); *Canaris* JZ 1965, 475 ff.; *ders.* Vertrauenshaftung, S. 532 ff.

311 Möglicherweise ist eine generelle Qualifikation der c.i.c.-Haftung wegen ihrer Vielschichtigkeit nicht möglich, vgl. nur MünchKommBGB/*Emmerich*, § 311, Rn. 64.

312 *Canaris* Vertrauenshaftung, S. 504; vgl. auch *Stephan Lorenz* Der Schutz vor dem unerwünschten Vertrag, S. 405 m. w. N.; *Medicus* SchR AT, § 14, Rn. 112.

313 Vgl. auch die Gesetzesbegründung zum Schuldrechtsmodernisierungsgesetz aus 2001 (BT-Drs. 14/6040, S. 163): „Das erste und klassische Vertrauensverhältnis dieser Art ist das ‚Rechtsverhältnis der Vertragsverhandlungen' (Stoll), das dem Rechtsinstitut seinen Namen gegeben hat [...]“. Dass der Anlagegesellschaft vielleicht nicht persönliches, aber typisiertes Vertrauen entgegen gebracht wird, belegt die nunmehr vom Gesetzgeber angeordnete Haftung der Gesellschaft nach Börsenprospekthaftung (§§ 13, 13a VerkProspG).

314 BGHZ 156, 46 (51 f.).

und Gewährung von Vertrauen liegen.[315] So haben sich in der höchstrichterlichen Judikatur Fallgruppen herausgebildet, die eine Eigenhaftung von Vertretern, Verhandlungsgehilfen und Sachwaltern vorsehen, sofern sie besonderes Vertrauen für sich in Anspruch nehmen oder ein eigenes unmittelbares wirtschaftliches Interesse verfolgen.[316] Diese Dritthaftung ist mittlerweile in § 311 III BGB gesetzlich kodifiziert. S. 2 der Vorschrift geht von einem selbständigen Schuldverhältnis mit Haftungsfolgen für Nicht-Vertragspartner „insbesondere" bei der Inanspruchnahme persönlichen Vertrauens in besonderem Maße und der kausalen erheblichen Beeinflussung von Vertragsverhandlungen und Vertragsschluss aus. Gemäß der Begründung des Gesetzgebers sollten mit § 311 III BGB die in Fallgruppen etablierten Grundsätze zum einen kodifiziert werden, jedoch (mit der allgemein gehaltenen Formulierung von S. 1) auch Raum für eine weitere Entwicklungen gelassen werden. Der Vertrauensaspekt führt also zu einer Ausweitung der Haftung (auf weitere Personen) und nicht zu deren Einschränkung.

Sieht man in der Inanspruchnahme besonderen persönlichen Vertrauens den Grund für die Haftung des Nichtvertragspartners, so ist im Rahmen der vorliegenden Untersuchung also in der Tat danach zu fragen, welche Personen im Falle der Beitrittsverhandlungen zu Publikumspersonengesellschaften das Vertrauen auf sich ziehen. Der BGH geht davon aus, dass es nur die jeweiligen Verhandlungsführer, nicht jedoch die übrigen Mitgesellschafter oder die Gesellschaft selbst sind.[317] Daran ist bemerkenswert, dass die Falllösung damit in genau umgekehrter Richtung angegangen wird, als dies in der bisherigen Entwicklung zur Dritthaftung geschehen ist. Der unter dem Blickwinkel des späteren Beitrittsvertrages zu bezeichnende Dritte wird unter der Annahme, er nehme allein das Vertrauen bei den Vertragsverhandlungen in Anspruch, zum alleinigen Adressaten der vorvertraglichen Aufklärungspflichten und zum alleinigen Haftungsschuldner. Demgegenüber wird im Allgemeinen davon ausgegangen, dass vorvertragliche Aufklärungspflichten den späteren Vertragspartner treffen, danach wird zusätzlich eine Verpflichtung des Dritten gesondert und als Ausnahme begründet. Bei Verträgen mit Gesellschaften (die nicht Publikumspersonengesellschaften sind) wird dementsprechend danach gefragt, ob ausnahmsweise Vertreter oder Verhandlungsführer aus c.i.c. haften. Im Falle fehlerhafter Beitrit-

---

315 *Ballerstedt* AcP 151 (1950), 501; *Canaris* JZ 1965, 475 (476); *Neuner* JZ 1999, 126 (135).

316 BGHZ 56, 81 (83); BGHZ 87, 27 (32).

317 BGHZ 156, 46 (51 f.).

te zu Publikumspersonengesellschaften hingegen werden als Vertragspartner zwar regelmäßig die Mitgesellschafter oder (in der Rechtsprechung bisher seltener) die Gesellschaft angesehen, vorvertragliche Aufklärungspflichten sollen jedoch nach BGH nicht sie treffen, sondern nur die Verhandlungsführer.[318] Es muss in Zweifel gestellt werden, ob ein solcher Systembruch gerechtfertigt ist. Ansonsten sollte es dabei bleiben, dass Aufklärungspflichten dem späteren Vertragspartner des Anlegers, nach hier vertretener Ansicht also der Anlagegesellschaft selbst, zumindest aber den Mitgesellschaftern, auferlegt bleiben.

bb) ***Zurechnungsmaßstäbe für Verhandlungsverschulden***

Wenn man davon ausgeht, dass der Vertragspartner des Anlegers beim Beitrittsvertrag Aufklärungspflichten hat, so ist eine weitere Voraussetzung für eine Haftung aus c.i.c., dass diese Pflichten verletzt wurden und diese Verletzung wiederum ihm zurechenbar ist. Für die Zurechnung kommen zweierlei Normen in Betracht: § 278 BGB, sofern den Mitgesellschaftern zugerechnet werden soll; § 278 BGB oder § 31 BGB, sofern der Gesellschaft zugerechnet werden soll.[319]

Problematisch ist, dass der BGH die Begründung für die mangelnde Zurechnung eines Aufklärungsverschuldens mit seiner Annahme stützt, bei Publikumsgesellschaften werde weder der Anlagegesellschaft noch den Gesellschaftern Vertrauen entgegen gebracht.[320]

Die Zurechnung ist jedoch nicht abhängig von der Schaffung eines Vertrauenstatbestandes.[321] Es geht bei der Zurechnung nämlich eher um die Frage, in welchem Interesse Vertragsverhandlungen geführt werden. *LARENZ* sei zitiert: „Wer als Vertreter im Namen eines anderen Verhandlungen führt, begründet für diesen, wenn er [...] wenigstens Verhandlungsvollmacht hat, das Rechtsverhältnis der Vertragsverhandlungen." So wie der Vertragsschuldner gem. § 278 BGB für das Verschulden seines „Erfüllungsgehilfen" haftet, so haftet der Vertretene

---

318 Grundlegend BGH NJW 1973, 1604 (1605); BGHZ 156, 46 (51 f.).

319 Die Anwendung des § 31 BGB im Rahmen von vertraglichen und quasivertraglichen Haftungstatbeständen ist stark umstritten. Nach der wohl herrschenden Organtheorie wird § 31 BGB jedoch angewendet, so BGHZ 90, 92, (95); 109, 327 (330 ff.); Palandt/*Heinrichs* § 31, Rn. 2; a.A. für eine Anwendung des § 278 BGB (Vertretertheorie) Staudinger/*Weick* § 31, Rn. 3; HK-BGB/*Dörner* § 31, Rn. 1.

320 Gegen die Zurechnung der BGH in st. Rspr., BGHZ 71, 284 (286); BGHZ 156, 46 (51 f.); zustimmend *Westermann* ZIP 2002, 240 (245); *ders.* Hdb. Personengesellschaften I, Rn. 178 a; *Armbrüster/Joos* ZIP 2004, 189 (198); *Doehner/Hoffmann* ZIP 2004, 1884 (1886 f.); *Geibel* BB 2005, 1009 (1014).

321 *Carsten Schäfer* ZHR 170 (2006), 373 (385); *Wiedemann/Schmitz* ZGR 1980, 129, 137.

bei Vertragsverhandlungen für seinen Verhandlungsgehilfen entsprechend § 278 BGB.[322]

Es ist anerkannt, dass bereits mit der Aufnahme von Vertragsverhandlungen ein vorvertragliches Schuldverhältnis zwischen den Beteiligten des Vertrages entsteht. So tritt etwa eine AG mit Aufnahme der Vertragsverhandlungen in ein solches vorvertragliches Schuldverhältnis ein. Wenn der Vorstand oder sonst ein Verhandlungsführer Pflichten hieraus verletzt, haftet die AG, weil ihr dieses Verhalten zugerechnet wird. Man würde wohl kaum auf die Idee kommen, darauf abzustellen, dass der Vertragspartner nur auf die Verhandlungsführer und nicht auch auf die AG oder die Aktionäre vertraut und deshalb nur erstere haften. Des Weiteren wäre eine Haftung von Kindern oder Betreuten nach c.i.c. nicht möglich, denn auch hier würde man dem Vertragspartner vorhalten müssen, er vertraue nur auf die Eltern bzw. den Betreuer als jeweils gesetzlichen Vertreter. Demnach spielt es auch keine Rolle, dass die vertretenen Mitgesellschafter beim Beitritt einer Publikumsgesellschaft keinen Einfluss auf die Vertragsverhandlungen mit den beitrittswilligen Anlegern haben. Um bei den angeführten Beispielen zu bleiben: Aktionäre, Kinder und Betreute haben diesen Einfluss oftmals auch nicht. Deshalb ist auch bei den Vertragsverhandlungen für die Beitrittsverträge zu Publikumspersonengesellschaften das Verschulden der Verhandlungsführer nach vorzugswürdiger Ansicht der Gesellschaft, sofern man diese als am Vertragsschluss beteiligt betrachtet, oder zumindest den Mitgesellschaftern gem. § 278 BGB zuzurechnen.

Bereits an dieser Stelle sei bemerkt, dass der mangelnde Einfluss der Mitgesellschafter auf die Vertragsverhandlungen dennoch an anderer Stelle Berücksichtigung finden kann. Taugt er zwar nicht zur sachwidrigen Verneinung der Zurechnung, so ist er unter dem Aspekt zu berücksichtigen, dass die Interessen der an den Vertragsverhandlungen unbeteiligten Mitgesellschaftern dort Berücksichtigung finden, wo das Gesetz oder allgemeine Grundsätze Raum für eine Interessenabwägung lassen, so etwa bei der Frage nach dem Verhältnis von Anleger- und Verbraucherschutz als möglicherweise höherrangiges Interesse im Rahmen der Grundsätze der fehlerhaften Gesellschaft.[323]

Die hier vorgeschlagene Lösung entspricht auch der sonstigen Rechtsprechung des BGH, dass bei dem Beitritt zu einer (nicht auf die Aufnahme einer unbestimmten Vielzahl von Gesellschaftern angelegten) Personengesellschaft

---

[322] *Larenz* SchR AT I, § 9 I 4 (S. 114).
[323] Siehe hierzu unten, S. 131 ff.

die Täuschung eines Gründungsgesellschafters beim Vertragsschluss den anderen Gründungsgesellschaftern gem. § 278 BGB zugerechnet wird, sofern ersterer als Vertreter letzterer fungiert.[324] In diesem Fall verweist der BGH auf die allgemeinen Grundsätze, nach denen die Verpflichtungen aus dem durch die Anbahnung von Vertragsverhandlungen eines Vertreters begründeten Schuldverhältnisses grundsätzlich den Vertretenen träfen. Letzterem bringe der Verhandlungspartner in erster Linie sein Verhandlungsvertrauen entgegen.[325]

Sieht man den Beitrittsvertrag als organisationsrechtlichen Vertrag zwischen Publikumsgesellschaft und Anleger an, so kommt als Zurechnungsnorm § 31 BGB analog in Betracht.[326] Die analoge Anwendung des § 31 BGB führt in der parallelen Problematik der Kapitalmarktinformationshaftung der Aktiengesellschaften zur Haftung der Gesellschaft.[327]

Es ist allgemein anerkannt, dass § 31 BGB analog angewendet auch für eine Zurechnung bei Personengesellschaften herangezogen werden kann.[328] Stark umstritten ist hingegen die Anwendung der Vorschrift zur Zurechnung im Rahmen bestehender Sonderverbindungen. Richtigerweise kann man mit dem BGH[329] und der wohl hL[330] nach der Organtheorie die Anwendung annehmen. Für das Ergebnis, d.h. auf die Frage, ob eine Zurechnung zur Gesellschaft stattfinden kann, ist dem Streit ohnehin keine entscheidende Relevanz beizumessen.[331]

---

324 BGH WM 1987, 1336 (1. Ls. und 1337) (BGB-Gesellschaft); Baumbach/Hopt/*Hopt*, § 105, Rn. 51.

325 BGH WM 1987, 1336.

326 Dafür *Carsten Schäfer* ZHR 170 (2006), 373 (386); *Wiedemann* ZGR 1996, 286 (298); wohl auch *Schwab* ZGR 2004, 861 (866), der auf die „Amtsstellung" des die Täuschung verübenden Initiators abstelt; anders *Bayer/Riedel* NJW 2003, 2567 (2569), die ein Aufklärungsverschulden der Gesellschaft gem. § 278 BGB zurechnen.

327 Vgl. *Carsten Schäfer* ZHR 170 (2006), 373 (388), der im Zusammenhang des täuschungsbedingten Beitritts zur Personengesellschaft auf diese parallele Situation der Haftung von Aktiengesellschaften verweist.

328 RGZ 76, 35 (48); BGH NJW 1952, 537 (538); für die BGB-Gesellschaft erst später BGHZ 154, 88 (93 ff.); BGHZ 155, 205 (210); Palandt/*Heinrichs*, § 31, Rn. 3.

329 BGHZ 90, 92, (95); 109, 327 (330 ff.) jeweils ohne ausführliche Begründung.

330 Palandt/*Heinrichs* § 31, Rn. 2.

331 Die Gegenauffassung (sog. „Vertretertheorie") will bei Sonderverbindungen § 278 BGB zur Zurechnung heranziehen. Praktische Konsequenzen ergeben sich allenfalls im Hinblick auf die Möglichkeit der Freizeichnung nach § 278 S. 2 BGB, vgl. Staudinger/*Weick*, § 31, Rn. 2 f. m.w.N.

Um ein schädigendes Verhalten im Zusammenhang mit den Verhandlungen zum Beitrittsvertrag gem. § 31 BGB zurechnen zu können, müsste es sich personell um einen „verfassungsmäßig berufenen Vertreter“ der Gesellschaft handeln. Zum einen sind darunter Vertreter zu verstehen, die in der Satzung mit Vertretungsmacht ausgestattet sind (§ 30 BGB).[332] Dies trifft auf zahlreiche Fälle in der Praxis zu. Oftmals ist im Gesellschaftsvertrag der jeweiligen Publikumsgesellschaft bereits bestimmt, wer bei dem Abschluss neuer Beitrittsverträge als Vertreter fungieren soll.[333] Rechtsprechung und Lehre haben außerdem den Begriff des verfassungsmäßig berufenen Vertreters im Laufe der Zeit zunehmend ausgedehnt.[334] Demnach muss seine Tätigkeit nicht unbedingt in der Satzung (bzw. Gesellschaftsvertrag) vorgesehen sein. Vielmehr genügt es, dass ihm durch allgemeine Betriebsregelung und Handhabung bedeutsame wesensmäßige Funktionen der juristischen Person zur selbständigen, eigenverantwortlichen Erfüllung zugewiesen sind und er die juristische Person insoweit repräsentiert.[335] Dann lassen sich aber all jene Personen darunter subsumieren, die gewöhnlich mit dem Abschluss neuer Beitrittsverträge für die Publikumsgesellschaft betraut sind, seien sie Gesellschafter (z.B. Gründungsgesellschafter) oder nicht (z.B. außenstehende Vermittler etc.), sei ihre Vertretungsmacht im Gesellschaftsvertrag festgelegt oder nicht, weil sie sich z.B. aus den jeweiligen Beitrittsverträgen neuer Mitglieder ergibt. Denn für gewöhnlich ist bei den auf die Aufnahme einer Vielzahl von Gesellschaftern angelegten Gesellschaften den einzelnen Mitgliedern der Einfluss auf die Aufnahme neuer Mitglieder komplett entzogen, dieses eminent wichtige Aufgabenfeld liegt von vornherein in der Hand weniger Repräsentanten.

Die schädigende Handlung muss in Ausführung der zustehenden Verrichtung begangen worden sein. Es muss ein sachlicher Zusammenhang mit dem Aufgabenkreis bestehen. In den relevanten Fällen der Aufklärungspflichtverletzungen handeln die Verhandlungsführer innerhalb des ihnen jeweils zugewiesenen Aufgabenkreises, nämlich Verhandlung und Abschluss neuer Beitrittsverträge. Aus Sicht der Gesellschaft geht es nämlich schlicht um die Akquise von Eigenkapital.[336]

---

332 Palandt/*Heinrichs*, § 31, Rn. 5.
333 *Karsten Schmidt* GesR, § 57 II 1 a; Ebenroth/Boujong/Joost/Strohn/*Henze* HGB, § 177a Anh. B, Rn. 10 ff.
334 BGHZ 49, 19 (21) m.w.N.
335 BGHZ 49, 19 (21); NJW 1972, 334; 98, 1854 (1856).
336 *Schwab* ZGR 2004, 861 (866 f.).

cc) *Zwischenergebnis und Kontrollüberlegungen*

Wirft man einen Blick auf die bisherigen Ergebnisse, die die vom BGH verfolgte Lösung bei Publikumspersonengesellschaften hervorbringt, so wird sein Ansinnen deutlich, in jedem Falle eine Haftung der Gesellschaft oder der Mitgesellschafter auf die Rückerstattung des vollen ursprünglichen Einlagebetrags zu verhindern:[337] Eine Anfechtung des Vertrags im Verhältnis zur Gesellschaft lässt er dem Grunde nach zu, einen Haustürwiderruf ebenfalls. Die sich daraus ergebenden Rechtsfolgen begrenzt er sodann über die Regeln von der fehlerhaften Gesellschaft. Für c.i.c.-Ansprüche hingegen verweist er an erster Stelle auf die mangelnde Zurechenbarkeit und an zweiter Stelle auf die Grundsätze der fehlerhaften Gesellschaft. Fehlerhafte Gesellschaft und mangelnde Zurechnung dienen somit einer „doppelten Absicherung“ zur Verhinderung von Ansprüchen gegen Gesellschaft und Mitgesellschafter.[338] Die damit sehr ergebnisorientierte Lösung wirkt jedoch unscharf. Sie führt die im Ausgangspunkt organisationsrechtliche Problematik von den dafür vorgesehenen Instrumentarien weg und versperrt einen Blick auf die in Wirklichkeit gegebene Parallelität der Problematik zu anderen Fällen der zur Kapitalanlage gehaltenen Gesellschaftsbeteiligungen, nämlich Aktien und stillen Beteiligungen. Ein Vergleich ähnlicher Interessenlagen wird erschwert, da der parallele Ausgangspunkt (Ansprüche gegen das Gesellschaftsvermögen) letztlich sachwidrig in Verschiedenartigkeit aufgelöst wird.

Die Vorstellung des Vertragsschlusses mit der Personengesellschaft und Zurechnung des Aufklärungsverschuldens mit dem Ergebnis, dass die Gesellschaft selbst zunächst Haftungsadressatin wird, steht demgegenüber auch in sachgemäßer Parallele zur nunmehr durch §§ 13, 13a VerkProspG angeordneten Haftung der Publikumsgesellschaft.[339] Denn spätestens mit Blick auf diese neuen Regeln lässt sich das Ansinnen des BGH, die Haftung der Gesellschaft von vornherein auf der Ebene von Vertragsschluss und Zurechnung zu verneinen, schwerlich aufrecht erhalten.[340]

---

337 Vgl. *Doehner/Hoffmann* ZIP 2004, 1884 (1886 f.).

338 Deutlich wird auch die Parallele zu den früheren Bedenken gegen eine Zurechnung schädigenden Verhaltens im Rahmen von Schadensersatzansprüchen gegen die Aktiengesellschaft. Dort hat sich jedoch die Ansicht, die Zurechnung aufgrund von Bestandsschutzinteressen und Kapitalerhaltungsvorgaben nicht vorzunehmen, zu Recht nicht durchgesetzt. Siehe oben, S. 49 ff.

339 Dazu sogleich, S. 82 ff.

340 MünchKommBGB/*Emmerich*, § 311, Rn. 192.

Eine Parallele wird ebenfalls zur Haftung der AG für Täuschungen, die im Zusammenhang mit dem Erwerb der Mitgliedschaft geschehen, deutlich. Auch diese Parallele ist sachgerecht, denn aus Anlegersicht liegt in beiden Fällen ein Beitritt zu einer Gesellschaft, die ihm als reine Anlage dient, vor.

Schließlich ergibt sich auch eine sachgerechte Parallele zur Anfechtung/Kündigung der Gesellschaftsbeteiligung wegen arglistiger Täuschung.[341] Auch dort muss die Täuschung mindestens den Gesellschaftern, besser aber der Gesellschaft zugerechnet werden, um dem Anleger ein Kündigungsrecht einräumen zu können. Wenn der BGH aber eine solche Kündigung wegen arglistiger Täuschung zulässt, so erscheint es nicht folgerichtig, die Zurechnung bei dem Anspruch aus Verhandlungsverschulden zu versagen.[342] Dahinter steckt die Überlegung, dass auch ein Kündigungsgrund, sofern er gegenüber der Gesellschaft angeführt wird, auf irgendeinem der Gesellschaft zurechenbaren Verhalten beruhen muss. Anderenfalls muss man Frage zu stellen, weshalb die Gesellschaft ansonsten eine Kündigung zu akzeptieren hätte.

c) Zwischenergebnis

Vertragsverhandlungen für einen Beitritt zur Publikumspersonengesellschaft begründen ein vorvertragliches Schuldverhältnis, aus dem die Publikumsgesellschaft gem. § 311 II, 241 II BGB zur Aufklärung des Anlegers verpflichtet wird. Die im Rahmen der Beitrittsverhandlungen von den zuständigen natürlichen Personen verübten Täuschungen sind der Publikumspersonengesellschaft zuzurechnen. Auf das (konkrete) Vertrauen der Anleger in die Publikumspersonengesellschaft kommt es insoweit nicht an. Somit kann die Publikumspersonengesellschaft im Grundsatz Ansprüchen getäuschter Anleger wegen Aufklärungspflichtverletzungen gem. §§ 280 I, 311 II, 241 II BGB i.V.m. § 31 BGB analog ausgesetzt sein.

Lediglich in Fällen, in denen vorerst keine Gesellschaft besteht und die zahlreichen geworbenen Anleger die Gesellschaft erst gründen, käme kein Beitrittsvertrag mit einer Gesellschaft, sondern unter den Gesellschaftern zustande. Lassen sich in einem solchen Fall die Gesellschafter wiederum vertreten, so müssten sie letztlich gegenseitig für die Täuschungen ihrer Vertreter gem. § 278 BGB einstehen. Im Ausgangspunkt bestünden daher zahlreiche Ansprüche aus c.i.c. der Anleger jeweils gegen ihre Mitgesellschafter, aus denen sie zur Befreiung

---

341 Siehe hierzu nochmals oben, S. 56 ff.
342 Ebenso *Schwab* ZGR 2004, 861 (867).

von den gesellschaftlichen Verpflichtungen und Erstattung der damit zusammenhängenden Kosten Zug um Zug gegen Übertragung der Beteiligung berechtigt aber auch verpflichtet wären.

2. Schadensumfang bei c.i.c.-Ansprüchen

Sind die Voraussetzungen eines Schadensersatzsatzanspruchs aus Verschulden bei Vertragsverhandlungen gegen die Gesellschaft oder die Mitgesellschafter dem Grunde nach gegeben, so ist in einem weiteren Schritt zu fragen, worauf sich dieser Anspruch richtet. Nach der grundsätzlich anwendbaren Regel des § 249 I BGB ist der Zustand herzustellen, der ohne das schädigende Verhalten bestünde. In den Fällen der Verletzung von Aufklärungspflichten hätte der Anleger den Vertrag dann regelmäßig nicht abgeschlossen. Der Anspruch ist daher nach h.M. auf die (jeweils synonym verwandte) Auflösung[343] bzw. Aufhebung[344], der BGH spricht von Rückgängigmachung des Vertrages,[345] gerichtet.[346]

Umstritten ist, ob Voraussetzung für einen solchen Anspruch ein Vermögensschaden ist, wie es der BGH fordert.[347] Die Frage kann an dieser Stelle jedoch offen bleiben, denn auch nach dem BGH soll es nicht in jedem Fall auf den gegenwärtigen Stand des Vermögens ankommen, auch sonstige, ungünstige Vertragsmodalitäten (z.B. ungünstige Entnahmemöglichkeiten, langfristige Vertragsbindung, unbestimmte und widersprüchliche Anlagestrategie), die der Anleger bei ordnungsgemäßer Aufklärung nicht gewählt hätte, stellen bereits einen Schaden dar.[348]

Aus der Pflicht zur Leistung von Schadensersatz resultiert die schuldrechtliche Verpflichtung, die Folgen des unerwünschten Vertrages rückgängig zu ma-

---

343 *Medicus* SchR AT, § 14, Rn. 109.

344 *Canaris* AcP 200 (2000), 273 (305); MünchKommBGB/*Emmerich*, § 311, Rn. 117.

345 BGH NJW 1998, 302 (304); auch Staudinger/*Löwisch*, § 311, Rn. 142; *Fikentscher/Heinemann*, § 19 III 4 (Rn. 95).

346 *Stephan Lorenz* Der Schutz vor dem unerwünschten Vertrag, S. 387 ff.; *ders.* ZIP 1998, 1053 f.; Bernd Mertens AcP 203 (2003), 818 (844 ff.); MünchKommBGB/Kramer, § 123, Rn. 35a; Looschelders SchR AT, Rn. 194; a.A. *Lieb* FS Rechtswissenschaftliche Fakultät der Univ. Köln, S. 251 ff.; *ders.* FS Medicus, S. 337 ff. (nur Anspr. auf Geldersatz).

347 BGH NJW 1998, 302; zust. *Paefgen*, S. 19 ff. m.w.N.; a.A. Staudinger/*Löwisch* § 311, Rn. 143; *Fikentscher/Heinemann*, § 19 III 4 (Rn. 96); MünchKommBGB/*Emmerich*, § 311, Rn. 120.

348 BGH NZG 2004, 961.

chen.[349] Der ursprünglich abgeschlossene Vertrag (hier der Gesellschaftsvertrag) wird also im Grundsatz nicht ex tunc nichtig, sondern die Folgen können nur ex nunc beseitigt werden.[350] Die finanzielle Abwicklung kann man den neueren Urteilen des BGH zu fehlerhaften zweigliedrigen stillen Gesellschaften entnehmen. Hier bestimmt der BGH zur Schadensabwicklung im Rahmen von c.i.c.-Ansprüchen, dass jeweils Ansprüche auf Rückzahlung in Höhe der auf die Einlagen gezahlten Beiträge bestehen.[351]

Wenn man wie hier[352] den Beitrittsvertrag grundsätzlich als zwischen Anleger und Gesellschaft geschlossen ansieht, wird sich der c.i.c.-Anspruch gegen die Gesellschaft richten. Der Anleger kann also von der Gesellschaft Rückgängigmachung des Vertrages verlangen und damit auch die Rückzahlung der auf die Einlageverpflichtung geleisteten Beiträge. Es wird noch zu diskutieren sein, inwieweit einer solchen Lösung Verkehrs- und Bestandsschutzinteressen entgegen stehen und die Anwendung der Lehre von der fehlerhaften Gesellschaft erforderlich machen.[353]

Ungleich komplizierter gestaltet sich die Lösung, sofern man den Beitrittsvertrag als Vertrag zwischen den Gesellschaftern ansieht: Ausgangslage ist, dass der Anleger einen c.i.c.-Anspruch gegen jeden einzelnen Mitgesellschafter hat, der vor ihm Mitglied der Gesellschaft gewesen ist. Denn die Täuschung, die den Anleger zum Gesellschaftsbeitritt verleitete, wäre den (Alt-) Gesellschaftern gem. § 278 BGB zuzurechnen.

Problematisch ist in diesem Zusammenhang die Aufhebung bzw. Rückgängigmachung des Vertrages. Im Grundsatz hätte der Anleger einen Anspruch auf Abschluss eines Aufhebungsvertrages. Ein solcher wird jedoch in vielen Fällen nicht weiterführen, da auch die zeitlich nachfolgenden Mitgesellschafter, denen die Täuschung nicht zugerechnet werden kann, über einen solchen Aufhebungsvertrag mitentscheiden müssten. Denn die Aufhebung des Beitrittsvertrages stellt als actus contrarius zur Aufnahme ein Grundlagengeschäft dar, über das die Gesellschafterversammlung beschließen muss.[354] Gegen die zeitlich nach dem getäuschten Anleger beigetretenen Mitgesellschafter besteht aber mangels Zurechnung des Aufklärungsverschuldens gerade kein Anspruch aus c.i.c. Auch

---

[349] *Geibel* BB 2005, 1009 (1013).
[350] *Geibel* BB 2005, 1009 (1013).
[351] BGH NZG 2004, 961; NZG 2005, 261; NZG 2006, 57 (58).
[352] Siehe oben, S. 66 ff.
[353] Dazu unten, S. 121 ff.
[354] Vgl. Baumbach/Hopt/*Hopt*, § 114, Rn. 3.

die in den Publikumsgesellschaften regelmäßig gegebene Vollmacht bzw. Ermächtigung der Initiatoren, Geschäftsführer oder sonstigen Verhandlungsführer zur Aufnahme neuer Mitglieder[355] hilft nicht darüber hinweg, denn sie verschafft keine Berechtigung zum Ausschluss von Mitgliedern.

Bei der Schadensabwicklung böte sich eine Lösung wie im Falle der c.i.c.-Haftung Dritter (§ 311 III BGB) an: Hier ist dem Geschädigten Befreiung von der vertraglichen Verbindlichkeit oder Ersatz der aufgewandten Kosten Zug um Zug gegen Übertragung des erworbenen Gegenstandes zu leisten.[356] Jeder dieser Mitgesellschafter müsste den Anleger also so stellen, als sei dieser ihrer Gesellschaft nicht beigetreten. Jeder müsste ihm seine bereits auf die Einlage geleisteten Zahlungen erstatten und ihn von seinen aus dem Gesellschaftsvertrag erwachsenden Pflichten (insbesondere der Verlusttragungspflicht) freistellen.

Aber auch ein auf die Zahlung des Geldbetrages in Höhe der ursprünglich geleisteten Einlage gerichteter c.i.c.-Anspruch führt zu technischen Abwicklungsschwierigkeiten (insbesondere bilanzieller Art) für die häufigen Fälle, in denen es massenweise zu Täuschungen gekommen ist.

IV. Ansprüche aus Delikt

In Betracht kommen auch deliktische Ansprüche des Anlegers aus § 823 II BGB i.V.m. einem Schutzgesetz oder aus § 826 BGB. Rechnet man das schädigende Verhalten der für die Gesellschaft handelnden Personen im Rahmen von quasivertraglichen Ansprüchen der Gesellschaft gem. § 31 BGB analog zu, so muss auch bei deliktischen Ansprüchen eine Zurechnung nach § 31 BGB analog erfolgen. Der die Beitrittsverhandlungen Führende handelt in der Regel „in Ausführung der ihm zustehenden Verrichtungen" (§ 31 BGB), wenn er neue Mitglieder für die Publikumsgesellschaft akquiriert.[357]

V. §§ 13, 13a VerkProspG

Durch das Anlegerschutzverbesserungsgesetz (AnSVG)[358] ist die Prospektpflicht nunmehr auch auf den Vertrieb von nicht wertpapiermäßig verbrieften Vermögensanlagen (sog. Grauer Kapitalmarkt) ausgeweitet worden. Es sind insbesondere zwei Instrumente eingeführt worden, nämlich die Prospektpflicht für

---

355 *Karsten Schmidt* GesR, § 57 II 1 a (S. 1671).
356 Vgl. BGHZ 115, 213 (221 f.); *Canaris* AcP 200 (2000), 273 (318).
357 Siehe oben, S. 74 ff.
358 Gesetz zur Verbesserung des Anlegerschutzes v. 28. 10. 2004, BGBl. I 2004, S. 2630.

derartige Anlagen (§ 8f VerkProspG) sowie die spezialgesetzlich geregelte Prospekthaftung, die auf die bisherige Börsenprospekthaftung (§§ 44 ff. BörsG) verweist (§§ 13, 13a VerkProspG).[359]

§ 8 I 1 VerkProspG statuiert eine Prospektpflicht für sämtliche im Inland öffentlich angebotenen, nicht in Wertpapieren i.S.v. § 2 Nr. 1 WpPG verbrieften Anteile, „die eine Beteiligung am Ergebnis eines Unternehmens gewähren, für Anteile an einem Vermögen, das der Emittent oder ein Dritter im eigenen Namen für fremde Rechnung hält oder verwaltet (Treuhandvermögen) sowie für Anteile an sonstigen geschlossenen Fonds". Die Beteiligungen am Ergebnis eines Unternehmens umfassen laut Regierungsbegründung Anteile an Personenhandelsgesellschaften, GmbH-Anteile, Anteile an BGB-Gesellschaften, Genossenschaftsanteile sowie stille Beteiligungen an sämtlichen vorgenannten Gesellschaften.[360] Mit den Anteilen an Treuhandvermögen werden die Konstruktionen erfasst, in denen der Gesellschaftsanteil nicht direkt vom Anleger, sondern von einer Treuhandgesellschaft für den Anleger gehalten wird.[361] Mit der Formulierung „Anteile an sonstigen geschlossenen Fonds" wird ein den Anlagezweck bezeichnender umgangssprachlicher und auslegungsbedürftiger Begriff verwendet, durch den kautelarjuristische Vermeidungsstrategien von vornherein begrenzt werden sollen.[362]

Als Korrelat zur Prospektpflicht ist eine Haftung für unrichtige und unvollständige Angaben (§ 13 I VerkProspG) und für die Fälle des fehlenden Prospekts (§ 13a VerkProspG) vorgesehen.

Der Kreis der Haftungsadressaten bestimmt sich nach § 13 I Nr. 3 VerkProspG i.V.m. § 44 I 1 BörsG bzw. § 13a VerkProspG. Danach haften für den Fall unrichtiger oder unvollständiger Prospektangaben gesamtschuldnerisch diejenigen, die für den Prospekt die Verantwortung übernommen haben (§ 44 I Nr. 1 BörsG) und diejenigen, von denen der Erlass des Prospektes ausgeht (§ 44 I Nr. 2 BörsG). Die sich bisher herausgebildete ganz überwiegende Meinung geht davon aus, dass damit auch die Anlagegesellschaft selbst als Haf-

---

[359] *Fleischer* BKR 2004, 339. Dem Anleger steht damit auch hier das neue prozessuale Instrument des Kapitalanleger-Musterverfahrensgesetzes (KapMuG) zu, § 1 I 4 Nr. 2 KapMuG, dazu oben, S. 53 f.

[360] Begr. RegE Anlgerschutzverbesserungsgesetz, BT-Drucks. 15/3174, S. 42.

[361] Vgl. *Frank A. Schäfer* ZGR 2006, 40 (72); Bsp. für treuhänderisch gehaltene GbR-Anteile: BGHZ 148, 201.

[362] *Frank A. Schäfer* ZGR 2006, 40 (72).

tungsadressat bestimmt wird.[363] Dies ergebe sich daraus, dass die Anlagegesellschaft zumeist selbst als Prospektherausgeber auftrete[364] bzw. die Verantwortung hierfür übernehme.[365] Zum anderen bestimmt § 13a I VerkProspG als Haftungsadressaten ausdrücklich den Emittenten. Emittent ist derjenige, der für seine Rechnung die Vermögensanlage erstmals auf den Markt bringt oder durch Dritte öffentlich zum Erwerb anbietet, d.h. die Fondgesellschaft selbst.[366] Es ist aber kein Grund ersichtlich, warum die Anlagegesellschaft als Emittentin nur für fehlende, nicht aber für fehlerhafte oder unvollständige Prospekte haften sollte.

Die Publikumspersonengesellschaft kann also aus Prospekthaftung grundsätzlich verpflichtet sein, ihrem Anlegergesellschafter den Erwerbspreis gegen Übernahme seiner Gesellschaftsbeteiligung[367] zu erstatten, § 13 I VerkProspG i.V.m. § 44 I BörsG; § 13a I VerkProspG.

VI. Sonderfall: Stille Gesellschaft

Die stille Gesellschaft ist stets eine reine Innengesellschaft.[368] Es wird kein ihr als solcher zustehendes Gesellschaftsvermögen gebildet.[369] Die Einlagen werden in das Vermögen des Geschäftsinhabers (Inhaber des Handelsgewerbes gem. § 230 HGB) geleistet. Eine Abwicklung der stillen Beteiligung bei der Gesell-

---

363 *Zimmer/Cloppenburg* ZHR 171 (2007), 519 (527); MünchKommBGB/*Emmerich*, § 311, Rn. 192; MünchKommHGB/*Grunewald* § 161, Rn. 180; *Benecke* BB 2006, 2597 (2598); *Frank A. Schäfer* ZGR 2006, 40 (75); *Bohlken/Lange* DB 2005, 1259 (1260 f.); *Fleischer* BKR 2004, 339 (345, Fn. 109); *Ziegler* DStR 2005, 30 (32); *Madaus* Jura 2006, 881 (886 f.); *Lüdicke/Arndt*, S. 130; a.A. *Geibel* BB 2005, 1009 (1014); unentschieden *Mülbert/Steup* WM 2005, 1633 (1647).

364 So *Benecke* BB 2006, 2597 (2598); MünchKommHGB/*Grunewald*, § 161, Rn. 180; vgl. zur ungeschriebenen Prospekthaftung „im engeren Sinne" auch OLG München NJW-RR 2000, 624: Einstufung der beklagten Anlage-KG als Prospektherausgeberin; a.A. *Geibel* BB 2005, 1009 (1014).

365 MünchKommBGB/*Emmerich*, § 311, Rn. 192; *Bohlken/Lange* DB 2005, 1259 (1260); früher bereits Münchener Hdb. GesR II/*Gummert*, § 69, Rn. 32; Beispiel für eine Fondsgesellschaft, die selbst in einem Prospekt die Verantwortung für die Richtigkeit und Vollständigkeit der Angaben übernommen hatte: BGH ZIP 2007, 1993 (1996); a.A. *Geibel* BB 2005, 1009 (1014).

366 *Bohlken/Lange* DB 2005, 1259 (1261).

367 Der Gesellschaftsanteil ist die „Vermögensanlage" i.S.d. § 13 I Nr. 3 lit. a VerkProspG. Zu den dogmatischen Schwierigkeiten, die eine derartige Rechtsfolge mit sich bringt siehe unten, S. 141 ff.

368 Baumbach/Hopt/*Hopt*, § 230, Rn. 2; *Blaurock* Hdb. StG, 4.10 ff.

369 *Blaurock* Hdb. StG, 4.11.

schaft selbst kommt also von vornherein nicht in Betracht.[370] Jedoch werden auch im Falle fehlerhafter stiller Beteiligungen Ansprüche auf Rückgewähr der ursprünglich geleisteten Einlage gegen die Vermögensmasse gerichtet, in der sich die Einlagen zahlreicher stiller Gesellschafter befinden. Es handelt sich dabei um das Vermögen des Geschäftsinhabers.

Grundsätzlich kommen die gleichen Ansprüche wie in den Fällen fehlerhafter Beteiligungen an Publikumspersonengesellschaften in Form von Kommanditgesellschaften oder BGB-Gesellschaften in Betracht, also zunächst bereicherungsrechtliche Ansprüche nach Anfechtung des Vertrags zur Begründung einer stillen Beteiligung oder Ansprüche auf Rückgewähr der ursprünglich geleisteten Einlage nach ausgeübtem Haustürwiderruf (§§ 346, 312, 355 BGB).[371]

Ist der stille Gesellschafter bei seiner Beteiligung getäuscht worden, so kommen ebenfalls Schadensersatzansprüche, insbesondere solche wegen Aufklärungsverschuldens (c.i.c., §§ 280 I, 311 II, 241 II BGB) in Betracht, die auf die Rückzahlung der ursprünglich geleisteten Einlage gehen. Ebenso wie die bereicherungsrechtlichen Ansprüche oder die Ansprüche nach ausgeübtem Haustürwiderruf richten sich diese gegen den Inhaber des Handelsgewerbes.[372] Die im Zusammenhang mit den Publikumspersonengesellschaften in Form von KG oder GbR diskutierte Problematik der Zurechung des Aufklärungsverschuldens zur Gesellschaft entfällt von vornherein, da es mangels Gesellschaftsvermögens keine Ansprüche gegen die stille Gesellschaft selbst geben kann.[373]

Es stellt sich indes auch bei den stillen Gesellschaften die Frage, ob und wie weitgehend die Möglichkeiten des Anlegers zur Abwicklung seiner stillen Beteiligung durch die Lehre von der fehlerhaften Gesellschaft beschränkt ist.

---

370 Die stille Gesellschaft könnte mangels Parteifähigkeit nicht verklagt werden, *Blaurock* Hdb. StG, 4.12.

371 Siehe oben, S. 56 ff.

372 BGH NZG 2004, 961 (962).

373 Davon zu unterscheiden ist die Frage, ob für den (praktisch häufigen) Fall, dass der Inhaber des Handelsgewerbes selbst in Form einer Gesellschaft (z. B. AG) organisiert ist, das haftungsbegründende Verhalten dieser Gesellschaft zuzurechnen ist. Dies bejaht mit Verweis auf § 31 BGB und § 278 BGB ohne weitere Begründung BGH NZG 2004, 961 (962).

§ 4 Zusammenfassung von Teil 1

Teil 1 soll zunächst einen Aspekt der Ausgangslage verdeutlichen: Das Vermögen, in dem ursprünglich die Einlagen zahlreicher Anleger, die eine gesellschaftsrechtliche Beteiligung als Anlage gewählt haben, gebündelt sind, kann zahlreichen unterschiedlichen Haftungsansprüchen der Anleger ausgesetzt sein. Des Weiteren wird deutlich, dass diese Ausgangslage parallel in allen hier untersuchten Gesellschaftsformen besteht.

Eine Aktiengesellschaft sieht sich durch die gesetzlichen Regelungen der Börsenprospekthaftung, in bestimmten Fällen der übernahmerechtlichen Haftung für Angebotsunterlagen, durch die Haftung für unterlassene oder fehlerhafte Veröffentlichung von Insiderinformationen und vor allem durch die neuere Rechtsprechung des BGH zur kapitalmarktrechtlichen Informationsdeliktshaftung auf der Grundlage von § 826 BGB oder § 823 II BGB i.V.m. einem Schutzgesetz Ansprüchen ihrer eigenen Gesellschafter ausgesetzt.

Parallel hierzu haften ebenso die Publikumspersonengesellschaften in Form von KG und GbR ihren Gesellschaftern. Allerdings ist das Entstehen derartiger Ansprüche komplizierter und gelingt widerspruchsfrei nur unter der teilweisen Abwendung von Rechtsprechung und hL. Eine Haftung der Anlagegesellschaft nach Bereicherungsrecht kommt im Ausgangspunkt nur in Betracht, wenn man in den relevanten Fällen der arglistigen Täuschung die Anfechtung des Gesellschaftsbeitritts gegenüber der Anlagegesellschaft selbst zulässt. Hierzu ist es erforderlich, die an den Beitrittsverhandlungen beteiligten und täuschenden Verhandlungsführer als „Nicht-Dritte" i. S. von § 123 II BGB zu qualifizieren. Eine solche Lösung entspricht den hergebrachten Grundsätzen, die Rechtsprechung und Lehre zum Begriff des „Nicht-Dritten" entwickelt haben.

Ansprüche gegen die Gesellschaft auf Erstattung der auf die Einlage gezahlten Beiträge können sich des Weiteren aus §§ 312, 355, 357, 346 ff. BGB nach ausgeübtem Haustürwiderruf ergeben.

Darüber hinaus kommt eine Haftung der Anlagegesellschaft aus Verschulden bei Vertragsverhandlungen (§§ 280 I, 311 II, 241 II BGB) in Betracht. Problematisch bei einem solchen Anspruch ist das Bestehen eines Aufklärungspflichten begründenden vorvertraglichen Schuldverhältnisses zwischen Anleger und Gesellschaft und die Zurechnung von Verhandlungsverschulden zur Gesellschaft. Ein Schuldverhältnis zur Gesellschaft entsteht dadurch, dass diese im Hinblick auf einen späteren Beitrittsvertrag Vertragsverhandlungen zum Anleger aufnimmt. Entgegen der hL ist von einem solchen Beitrittsvertrag zwischen Anleger und Gesellschaft regelmäßig auszugehen. Es handelt sich hierbei um einen organisationsrechtlichen Vertrag, der Antwort auf typische organisationsrechtliche Probleme ist. Diese erwachsen daraus, dass sich zahlreiche anonyme Anleger in einer Gesellschaft zusammenschließen. Die von den die Verhandlungen zum Beitrittsvertrag führenden Personen verübten und verschuldeten Aufklärungspflichtverletzungen sind der Gesellschaft analog § 31 BGB zuzurechnen. Auf das Vertrauen der Anleger in die Gesellschaft oder die Mitgesellschafter kommt es hierbei nicht an. Gelangt man so zu einem c.i.c.-Anspruch gegen die Gesellschaft, haftet diese auf das negative Interesse, d.h. sie muss den Beitrittsvertrag mit dem Anleger wieder aufheben und ihm finanziell seine auf die Einlage geleisteten Beiträge zurückerstatten.

Genauso kommen Ansprüche gegen die Publikumspersonengesellschaft aus § 826 i.V.m. § 31 BGB analog in Betracht. Schließlich haftet die Gesellschaft auch nach der neueren spezialgesetzlichen Prospekthaftung, §§ 13, 13a VerkProspG.

Im Falle der stillen Gesellschaften existieren keine Ansprüche gegen die Gesellschaft, da diese nicht Trägerin eines Gesellschaftsvermögens ist. Es kommen jedoch Ansprüche gegen das Vermögen des Inhabers des Handelsgewerbes in Betracht. Dies ist das Vermögen, in dem sich die Einlagen der anderen stillen Gesellschafter befinden. Es handelt sich um die gleichen Ansprüche wie im Falle der Publikumspersonengesellschaften in Form von KG oder GbR.

Teil 2: Gesellschaftsrechtliche Vermögenssicherung

In *TEIL 1* wurde vorausgesetzt, dass die getäuschten Anleger grundsätzlich ein Interesse daran haben, ihren Schaden bei der Anlagegesellschaft abzuwickeln. Es wurde daraufhin eine Bestandsaufnahme der Haftungsnormen gemacht, die dieses Interesse verfolgen.

Im Gegensatz dazu muss nun davon ausgegangen werden, dass Gläubiger und Mitgesellschafter des getäuschten Anlegers ein Interesse am Erhalt des Gesellschaftsvermögens haben. Wiederum sind die rechtlichen Vorgaben herauszustellen, die diese Interessen sichern. Es sollen dabei (wie für *TEIL 1*) zunächst die Sicherungsmechanismen je nach der Rechtsform der verschiedenen Anlagegesellschaften untersucht werden.

§ 5 Kapitalerhaltung in der Aktiengesellschaft

Der Grundsatz der Kapitalerhaltung gewährleistet, zusammen mit der Kapitalaufbringung, die Sicherung des Vermögens der Aktiengesellschaft.[374] Er ist nicht nur im deutschen, sondern auch im europäischen Recht durch die zweite gesellschaftsrechtliche Richtlinie (auch: Kapitalrichtlinie)[375] verankert.[376] Im Aktiengesetz ist er in einer Reihe von Vorschriften verkörpert, in deren Zentrum § 57 AktG steht. Nach dieser Bestimmung dürfen an die Gesellschafter keine Einlagen zurückgewährt werden (§ 57 I 1 AktG), es darf unter ihnen nur der Bilanzgewinn verteilt werden (§ 57 III AktG).

---

374 MünchenerHdb. GesR IV/*Wiesner*, § 16, Rn. 1.

375 Zweite Richtlinie des Rates v. 13. 12. 1976 zur Koordinierung der Schutzbestimmungen, die in den Mitgliedstaaten den Gesellschaften im Sinne des Artikels 58 Absatz 2 des Vertrages im Interesse der Gesellschafter sowie Dritter für die Gründung der Aktiengesellschaft sowie für die Erhaltung und Änderung ihres Kapitals vorgeschrieben sind, um diese Bestimmungen gleichwertig zu gestalten (77/91/EWG), ABl. 1977 Nr. L 26/1, geändert durch RL 2006/68/EG des Europäischen Parlamentes und des Rates v. 6. 9. 2006 zur Änderung der Richtlinie 77/91 EWG des Rates in Bezug auf die Gründung von Aktiengesellschaften und die Erhaltung und Änderung ihres Kapitals, ABl. 2006 Nr. L 264/32.

376 Derzeit werden Alternativen zu der in dem in der Kapitalrichtlinie angelegten System der Kapitalerhaltung diskutiert, die auf lange Sicht zu einem Systemwechsel führen könnten, siehe hierzu den Aktionsplan der EG-Kommission ‚Modernisierung des Gesellschaftsrechts und Verbesserung der Corporate Governance in der Europäischen Union v. 21. 5. 2003, KOM (2003) 284 endg. (abgedruckt in NZG 2003, Sonderbeilage zu Heft 13); zum gegenwärtigen Stand der Diskussion siehe *Lanfermann/Victoria Röhricht* BB 2007, Beilage Nr. 005, 8 ff.

Die Kapitalerhaltung ist (zusammen mit der Kapitalaufbringung) das Korrelat zur Rechtspersönlichkeit der AG (§ 1 I AktG) und der durch § 1 I 2 AktG gezogenen Grenze zwischen dem Vermögen der AG und dem Aktionärsvermögen.[377] Sie kennzeichnet insoweit auch das „Wesen der AG" (§§ 1, 241 Nr. 3 AktG).[378]

Als Zweck der Kapitalerhaltung wird vor allem der Gläubigerschutz angeführt.[379] Weil den Gläubigern nur die Aktiengesellschaft selber, nicht jedoch der einzelne Aktionär haftet (§ 1 I 2 AktG), sind sie grundsätzlich stärker gefährdet als bei Personengesellschaften. Durch die Kapitalerhaltung soll ihnen haftendes Kapital als Zugriffsmasse gesichert werden.

Die zum Teil etwas kurzformelartige Rückführung des Zwecks der Kapitalerhaltung auf den Gläubigerschutz ist jedoch nicht abschließend. Es hat sich zurückgehend auf *BALLERSTEDT* eine vierfache Schutzrichtung der Kapitalerhaltung durchgesetzt.[380] Neben dem Gläubigerschutz ist ebenso der Schutz der Mitaktionäre intendiert,[381] indem Sonderzuwendungen an einzelne Gesellschafter unter Verstoß gegen den Gleichbehandlungsgrundsatz untersagt werden.[382] Ferner dient die Kapitalerhaltung der Zuständigkeitsabgrenzung der Gesellschaftsorgane: Sie schützt das Recht der Hauptversammlung, über den Bilanzgewinn zu beschließen (§ 174 AktG). Schließlich wird die bilanzielle Gewinnausweisung geschützt, die nicht durch Vorabführungen an Aktionäre verschoben werden soll. Diese vierfache Schutzrichtung ist großen Teils anerkannt,[383] mögen die Zwecke auch nicht immer vollständig aufgezählt werden.

I. Reichweite der Kapitalerhaltung im deutschen Aktienrecht

1. Konzept der umfassenden Vermögensbindung

Nach traditionellem Verständnis ist die aktienrechtliche Kapitalerhaltung vom Konzept der umfassenden Vermögensbindung geprägt.[384] Diesem Konzept liegt die Anschauung zu Grunde, dass gem. §§ 57 I 1, III, 58 IV AktG grundsätzlich

---

377 GroßkommAktG/*Henze*, § 57, Rn. 5.

378 *Raiser/Veil* Kapitalgesellschaften, § 19, Rn. 1.

379 *Hueck/Windbichler* GesR, § 25, Rn. 5.

380 *Ballerstedt* Kapital, S. 132 ff.

381 Mit Nachdruck *Bitter* ZHR 2004, 302 (304 ff.).

382 *Raiser/Veil* Kapitalgesellschaften, § 19, Rn. 1.

383 Vgl. MünchKommAktG/*Bayer*, § 57, Rn. 1 ff.; GroßkommAktG/*Henze*, § 57, Rn. 7; *Hüffer* AktG, § 57, Rn. 1; *Schön* FS Röhricht, S. 559 (560 ff.); a.A. Schmidt/Lutter/*Fleischer*, § 57, Rn. 3.

384 Siehe insbesondere KölnKommAktG/*Lutter*, § 57, Rn. 5; *Wild*, S. 7 ff.

jede Leistung an einen Aktionär aus dem Vermögen der Aktiengesellschaft unzulässig ist, wenn sie außerhalb der ordnungsgemäßen Ausschüttung des Bilanzgewinns erfolgt. Derartige Leistungen können nur erlaubt sein, wenn sie im Rahmen einer zulässigen Abschlagzahlung (§ 59 AktG) erfolgen oder ausnahmsweise aufgrund einer speziellen gesetzlichen Regelung zugelassen sind oder sogenannte neutrale Drittgeschäfte darstellen.[385]

Das Konzept der umfassenden Vermögensbindung konkretisiert die Reichweite des in § 57 I 1 AktG enthaltenen Verbots der Einlagenrückgewähr. Es sind nicht nur Rückzahlungen aus Vermögen verboten, das zur Deckung der Grundkapitalziffer erforderlich ist. Auch Leistungen, die gesetzliche oder sogar freie Rücklagen angreifen, sind verboten, sofern nicht ein wirksamer Ausschüttungsbeschluss hierfür besteht.[386] In diesem Zusammenhang wird auf den Unterschied zur Kapitalerhaltung im GmbH-Recht hingewiesen, wo nur das zur Deckung der Stammkapitalziffer benötigte Vermögen vor dem Zugriff der Gesellschafter geschützt ist (vgl. § 30 I GmbHG). Es geht des Weiteren nicht um die gegenständliche Bindung der Einlagen, wie sie gem. § 54 AktG geleistet wurden. Auf Stoffgleichheit zwischen ursprünglicher Einlage und Leistung kommt es mithin nicht an, es wird vielmehr ein wertmäßiger Vermögensschutz postuliert.[387]

Das Konzept der umfassenden Vermögensbindung ist nach herrschender Ansicht gesetzlich bereits in dem in § 57 I 1 AktG niedergelegten Verbot der Einlagenrückgewähr verankert. § 57 III AktG wird dementsprechend als Wiederholung angesehen.[388] Pointiert hat es *LUTTER* in dem Satz zusammengefasst „Was nicht Verteilung von Bilanzgewinn (oder Ausnahmefall) ist, ist Einlagenrückgewähr: Tertium non datur."[389]

2. Konzept der abgestuften Vermögensbindung im Aktienrecht

Gerade in jüngerer Zeit ist wieder verstärkt untersucht worden, ob nicht ein differenzierteres Bild des aktienrechtlichen Vermögensschutzes entworfen werden muss.[390] Diese Überlegungen werden insbesondere im Zusammenhang mit der

---

385 *Hüffer* AktG, § 57, Rn. 1 ff.
386 *Hüffer* AktG, § 57, Rn. 2.
387 *Hüffer* AktG, § 57, Rn. 2.
388 *Hüffer* AktG, § 57, Rn. 22.
389 KölnKommAktG/*Lutter*, § 57, Rn. 5.
390 *Henze* AG 2004, 405 ff.; *ders.* NZG 2005, 115 ff; *Schön* in FS Röhricht, S. 559 ff.; *Habersack* Die Mitgliedschaft, S. 217 f.; siehe jedoch ähnliche Erwägungen in der älteren Literatur *Flechtheim* JW 1916, 937 ff.; *Müller-Erzbach*, S. 133 f.

Problematik der Schadensersatzpflicht der Aktiengesellschaft wegen Täuschungen beim Anteilserwerb diskutiert. Bereits eingangs wurde darauf hingewiesen, dass die Frage des Verhältnisses von anlegerschützender Emittentenhaftung und aktienrechtlicher Kapitalerhaltung von einer Reihe von Autoren nicht i. S. einer Alles-oder-Nichts-Lösung, sondern differenzierend beantwortet wird.[391] Im Folgenden soll dargestellt werden, in welcher Weise das gesellschaftsrechtliche Aktienrecht ein solch differenziertes Bild der Kapitalerhaltung zulässt.

a) Begründungsansätze in der jüngeren Literatur

Das Konzept der abgestuften Vermögensbindung[392] wurde in der jüngeren Literatur mit Bezug zum Konflikt zwischen kapitalmarktrechtlicher Haftung der Aktiengesellschaft und den Vorgaben der Kapitalerhaltung in Beiträgen *SCHÖNS*[393] und *HENZES*[394] herausgearbeitet.[395] Es erschließt sich aus einer historischen, systematischen und teleologischen, anhand von Schutzzwecken geführten Argumentation. Dabei wird nachgewiesen, dass der Schutz des Vermögens, das zur Abdeckung der Grundkapitalziffer und der gesetzlichen Rücklagen (§ 150 AktG) benötigt wird, und der Schutz des darüber hinaus vorhandenen Vermögens nicht dieselbe Intensität aufweisen.

Aus dem in § 57 I AktG statuierten Verbot der Einlagenrückgewähr ergebe sich zunächst nur, dass das zur Deckung der Grundkapitalziffer erforderliche Vermögen an die Aktionäre nur nach Auflösung der Gesellschaft unter Beachtung der Vorschriften über das Abwicklungsverfahren zurückgelangen dürfe.[396]

Zusätzlich zum Grundkapital sind gesetzliche Rücklagen zu bilden, die zusammen mit der zu bildenden Kapitalrücklage zehn Prozent des Grundkapitals oder einen in der Satzung bestimmten höheren Teil erreichen müssen (§ 150 I, II

---

391 Siehe oben, S. 27 ff.

392 Der Begriff ist an den von *Schön* FS Röhricht, S. 559 gebrauchten Begriff vom „abgestuften Vermögensschutz" angelehnt.

393 *Schön* FS Röhricht, S. 559 ff.

394 *Henze* NZG 2005, 115 ff.

395 Ansätze, die Befriedigung von Ansprüchen getäuschter Anleger aus dem Vermögen der AG nicht wegen der Kapitalerhaltung gänzlich zu untersagen, finden sich bereits in der älteren Literatur, vgl. *Breit* ZHR 76 (1915), 415 (446 ff.); *Flechtheim* JW 1916, 837 (939). Aus der jüngeren Literatur weisen *Zöllner/Winter* ZHR 158 (1994), 59 (78) darauf hin. Mit den Beiträgen *Schöns* (Fn. 393) und *Henzes* (Fn. 394) liegen jedoch, soweit ersichtlich, zum ersten Mal ausführliche Begründungen für ein solches Vorgehen unter den Vorgaben des § 57 AktG (1965) vor.

396 *Henze* NZG 2005, 115 (118).

AktG). Diese Rücklagen dürfen ferner nur zu bestimmten, im Gesetz bezeichneten Zwecken aufgelöst werden, nämlich (grob gesprochen) zur Deckung von Fehl- und Verlustbeträgen (§ 150 III, IV AktG). Daraus verdeutlicht sich ihre Zielsetzung, nämlich als Pufferzone dem Grundkapital vorgelagert zu sein, damit dieses im Fall von Verlusten nicht so schnell aufgezehrt wird.[397] Indem sie der vorzeitigen Aufzehrung des im Interesse der Gläubiger zu erhaltenden Grundkapitals vorbeugen, dienen sie somit auch selbst mittelbar dem Gläubigerschutz.[398]

Darüber hinausgehendes Vermögen kann durch Gewinnverwendungsbeschluss an die Aktionäre verteilt werden (§ 174 AktG), aber auch innerhalb gewisser Grenzen in anderen Gewinnrücklagen durch die zuständigen Organe gebunden werden (§§ 58 I-III, 254 I AktG).

Es besteht ein deutlicher Unterschied zwischen den gesetzlichen Rücklagen i. S. von § 150 AktG und den anderen Gewinnrücklagen. Letztere dienen dazu, der Gesellschaft eine hohe Selbstfinanzierungsrate zu schaffen und dadurch die Risiken einer anderenfalls notwendigen Fremdfinanzierung zu vermeiden.[399] Damit tragen sie zwar auch zur Kapitalsicherung bei. Jedoch behandeln die Regeln über die Bildung der anderen Gewinnrücklagen im AktG vornehmlich den (sehr alten) Konflikt zwischen dem Interesse der Gesellschaft und ihren Organen, durch Rücklagenbildung Vermögen zur weiteren Verwendung in der Gesellschaft zu belassen, auf der einen Seite und dem Interesse der anlageorientierten Aktionäre an möglichst hohen Ausschüttungen auf der anderen Seite.[400] Den Organen wird in diesem Sinne durch Kompetenz- und Verfahrensregeln[401] (§ 58 I-III AktG) ihr Recht zur Rücklagenbildung verbürgt und gleichzeitig im Interesse der Aktionäre begrenzt (§§ 58 IV, 254 I AktG). Die Regelung des § 57 III AktG, wonach an die Aktionäre nur der Bilanzgewinn zu verteilen ist, steht historisch nachweisbar in einem engen systematischen Zusammenhang mit denjenigen Regeln, die das Recht der Organe auf Rücklagenbildung absichern.[402] Es wird damit vor allem verdeutlicht, dass Ausschüttungen an die Aktionäre nicht das grundsätzliche Recht der Organe, unter Wahrung von Kompe-

---

397 *Henze* NZG 2005, 115 (119); *Hüffer* AktG, § 150, Rn. 1.

398 *Henze* NZG 2005, 115 (119); *Hüffer* AktG, § 150, Rn. 1.

399 *Henze* NZG 2005, 115 (119).

400 Vgl. *Henze* NZG 2005, 115 (119); *Schön* FS Röhricht, S. 559 (562); *Hüffer* AktG, § 58 Rn. 1.

401 *Hüffer* AktG, § 58, Rn. 5.

402 Ausführlicher mit Nachweisen zur Normgeschichte und Systematik *Henze* NZG 2005, 115 (120).

tenz und Verfahren sowie gewissen materiellen Grenzen weitere Rücklagen zu bilden, unterlaufen sollen.[403] Umgekehrt wird somit aber sichtbar, dass die Bildung anderer Gewinnrücklagen nicht den Gläubigerschutz zum Zweck hat, sondern dass der Gläubigerschutz hier allenfalls „Rechtsreflex" ist.[404]

Nach der Ansicht von *Schön* und *Henze* spricht letztlich mehr dafür, dass Schadensersatzleistungen an Aktionäre aus dem freien Vermögen (Bilanzgewinn und andere Gewinnrücklagen) nicht von den aktienrechtlichen Regeln zur Kapitalerhaltung blockiert werden, da derartige Leistungen eben kein gesetzliches Gläubigerinteresse verletzen würden.[405] Auf eine derart schwächere Bindung des Vermögens oberhalb von Grundkapitalziffer und gesetzlicher Rücklagen wird auch sonst in der Literatur hingewiesen. Nichts hindere die Gesellschaft daran, Gewinnrücklagen im Sinne des § 58 II und III AktG aufzulösen und sie damit dem Bilanzgewinn zuzuführen und sodann im Wege eines ordnungsgemäßen Gewinnverwendungsbeschlusses zur Ausschüttung an die Aktionäre zu bringen.[406] Da es nur um die Erfüllung gesetzlicher Verbindlichkeiten geht, erscheint es allerdings nicht erforderlich, vor der Befriedigung der Schadensersatzansprüche aus freiem Vermögen die verwendbaren Rücklagen förmlich umzuwidmen.[407]

Aber auch mit den übrigen Schutzzwecken der Kapitalerhaltung ist die Leistung von Schadensersatz an getäuschte Gesellschafter aus dem freien Vermögen vereinbar. So wird dadurch auch nicht das zwingend zu wahrende Recht der Gesellschaftsorgane auf Rücklagenbildung unterlaufen, weil für den Fall, dass gesetzliche Schadensersatzansprüche bestehen, gar keine Entscheidungsfreiheit der Organe im Raume steht.[408] Das die Kompetenzverteilung zwischen den Organen sichernde Element der Kapitalerhaltung hat die Funktion, den Vorstand gegenüber der Hauptversammlung in seinem Recht auf Rücklagenbildung nach unternehmerischen Gesichtspunkten zu schützen bzw. (andersherum) die Hauptversammlung gegenüber dem Vorstand in ihrem Recht, über die Verteilung von

---

403 *Henze* NZG 2005, 115 (121); *Schön* FS Röhricht, S. 559 (563); auch *Gebauer*, S. 94 bei Fn. 324.

404 *Schön* FS Röhricht, S. 559 (562).

405 *Schön* FS Röhricht, S. 559 (567 ff.); *Henze* NZG 2005, 115 (121); im Ergebnis ebenso MünchKommAktG/*Bayer*, § 57, Rn. 24; *Raiser/Veil* Kapitalgesellschaften, § 19, Rn. 4; *Veil* ZHR 167 (2003), 365 (394 f.); *Schwark* FS Raisch, S. 269 (288).

406 *Hopt/Voigt*, S. 117; *Baums* ZHR 167 (2003), 139 (170); *Habersack* Die Mitgliedschaft, S. 217 f.

407 *Habersack* Die Mitgliedschaft, S. 217 f.

408 *Schön* FS Röhricht, S. 559 (565).

Gewinn zu beschließen. Es geht hingegen nicht darum, beide Organe zur Abwehr gesetzlicher Verbindlichkeiten zu ermächtigen.

Fraglich ist, ob sich eine Haftung der AG mit ihrem freien Vermögen mit dem durch die Vermögensbindung ebenfalls intendierten Schutz der Mitgesellschafter verträgt. Dieser Schutz hängt indes nach ganz herrschender Ansicht eng mit dem Gebot der Gleichbehandlung der Aktionäre (§ 53a AktG) zusammen.[409] Es sollen nicht einzelne Aktionäre letztlich auf Kosten der anderen Zuwendungen aus dem Gesellschaftsvermögen erhalten. Daraus folgert *SCHÖN*, die Frage nach der Gleichbehandlung der Mitgesellschafter erübrige sich, wenn und soweit der Gesetzgeber die kapitalmarktrechtliche Haftung zugunsten von Investoren bewusst angeordnet habe.[410] Dies ist zunächst folgerichtig, denn wenn das Gebot der Gleichbehandlung erfordert, dass Aktionäre „unter gleichen Voraussetzungen" gleich zu behandeln sind (§ 53a AktG), so ist eine Gleichbehandlung von getäuschten und nicht getäuschten Aktionären gerade nicht angezeigt. Bedenken ergeben sich jedoch möglicherweise mit Blick auf ebenfalls getäuschte Mitgesellschafter, deren Ansprüche noch nicht rechtskräftig festgestellt sind. Auch kann man möglicherweise berücksichtigen, dass den Mitgesellschaftern die von den Vorständen vorgenommenen Täuschungen nicht persönlich zuzurechnen sind. Letztlich geht es dann darum, ob nicht gesellschaftsrechtliche Vorgaben existieren, nach denen die (mindestens nachvollziehbaren) Interessen der Mitgesellschafter berücksichtigt werden können. Diese Bedenken sollen bereits angemeldet werden, über ihr Durchgreifen (oder ihre Verwerfung) muss aber einstweilen noch nicht entschieden werden.[411] Denn zumindest verlangt der Schutz der Mitgesellschafter, wenn man dieses Interesse mitberücksichtigen wollte, keine umfassende Vermögensbindung zu Lasten getäuschter Aktionäre. Das freie Vermögen kann in jedem Fall zur Befriedigung der Schadensersatzansprüche herangezogen werden, denn ansonsten käme es, wie schon *FLECHTHEIM* bemerkt hat, zu der nicht tragbaren Situation, dass die Gesellschaft zu Lasten der geschädigten Gesellschafter weiterhin an die übrigen Aktionäre Gewinne ausschütten könnte.[412]

---

409 *Schön* FS Röhricht, S. 559 (564 f.); *Raiser/Veil* Kapitalgesellschaften, § 19, Rn. 1; *Bitter* ZHR 168 (2004), 302 (308 ff.); MünchKommAktG/*Bayer*, § 57, Rn. 2; GroßkommAktG/*Henze*, § 57, Rn. 7.

410 *Schön* FS Röhricht, S. 559 (568).

411 Dazu unten, S. 224 ff., S. 227 ff.

412 *Flechtheim* JW 1916, 937 (939); *Zöllner/Winter* ZHR 158 (1994), 54 (78).

b) Praktische Abwicklung

Der Vorschlag, die Befriedigung von Schadensersatzansprüchen aus dem das Grundkapital und die gesetzlichen Rücklagen übersteigenden Vermögen zuzulassen, sieht sich dem Vorwurf weiterer Probleme bei der praktischen Durchführbarkeit ausgesetzt.[413]

Gewichtig ist zunächst der rechtsökonomische Einwand, dass jeweils vor der Befriedigung von Schadensersatzansprüchen eine Zwischenbilanz aufgestellt werden müsste.[414] Andererseits ist eine solche Bilanz für verschiedene Situationen durchaus vorgesehen. So statuiert Art. 15 II lit. a der zweiten gesellschaftsrechtlichen Richtlinie[415] die Pflicht zur Aufstellung einer Zwischenbilanz bei Abschlagszahlungen auf Dividenden. § 299 II, III HGB sehen einen Zwischenabschluss für konzernverbundene Unternehmen vor, der unter Umständen für die Erstellung des Konzernabschlusses erforderlich ist. Im Unterschied zu diesen beiden Anwendungsbereichen ist der Zeitpunkt für Schadensersatzleistungen freilich nicht kalkulierbar. Auch würde die Zahl der zu erstellenden Abschlüsse im Jahresverlauf von der Zahl der aus Anlegersicht gewonnenen Schadensersatzprozesse abhängen, mitunter sehr hoch sein. Insoweit erscheint der Einwand der mangelnden Rechtsökonomie im Hinblick auf dieses Vorgehen nicht von der Hand zu weisen. Dem hat jedoch *SCHWARK* entgegen gehalten, angesichts des heutigen Rechnungswesens, das (interne) Bilanzen in kurzen Zeitabständen beinahe zur Regel gemacht habe und jederzeit die Aufstellung einer Bilanz zulasse, dürften solche Bedenken hintanzustellen sein.[416]

Lehnt man die Aufstellung einer Zwischenbilanz dennoch ab, bliebe die Möglichkeit der Befriedigung der Ansprüche auf der Grundlage der (regulären) Jahresbilanz. Abzulehnen ist allerdings die Überlegung, die Anlegeransprüche schlicht zu kürzen, wenn sie Gewinne und freie Rücklagen überschreiten wür-

---

413 OLG Frankfurt NZG 2005, 516 (518) mit Verweis auf RGZ 88, 187 (189); *Langenbucher* ZIP 2005, 239 (243); *Casper* Der Konzern 2006, 32 (37); *Möllers* BB 2005, 1637 (1640).

414 KölnKommWpHG/*Möllers/Leisch*, §§ 37 b, c, Rn. 39; *Casper* Der Konzern 2006, 32 (37); *Möllers* BB 2005, 1637 (1641); ebenso bereits *Breit* ZHR 76 (1915), 415 (451) „Der Richter wird der Gesellschaft nicht zumuten, lediglich zu den Zwecken des Prozesses eine neue Bilanz aufzustellen."

415 RL 77/91/EWG v. 13. 12. 1976, ABl. 1977 Nr. L 26/1, geändert durch RL 2006/68/EG v. 6. 9. 2006, ABl. 2006 Nr. L 264/32 (Fn. 375).

416 *Schwark* FS Raisch, S. 269 (289).

den.[417] Vorzugswürdig ist hingegen die Überlegung, die Ansprüche insoweit zu befriedigen, wie es die in der Jahresbilanz ausgewiesenen freien Rücklagen und Gewinne zulassen. So gelangt man zu einem teilweise Erlöschen der Ansprüche, wobei die noch nicht erloschenen Forderungen im Folgejahr (ggf. in den Folgejahren) zu befriedigen wären.[418] Doch sind auch hiergegen gewichtige Bedenken wegen der Schwierigkeit der Durchführung bereits durch das Reichsgericht in einer Entscheidung zur täuschungsbedingten Beteiligung an einer GmbH[419] formuliert worden. Die Feststellung, ob ein Gewinn erzielt worden ist, könne auf mancherlei Art der Nachprüfung entzogen werden, und vor Auflösung der Gesellschaft bzw. sogar vor Beendigung der Liquidation sei gar nicht mit Sicherheit erkennbar, ob nicht doch die übrigen Geschäftsgläubiger durch Entschädigung des Betrogenen beeinträchtigt würden.[420] Zu letzterem ist jedoch anzumerken, dass die Gläubiger ohnehin nur Schutz durch ordnungsgemäße Bilanzen erfahren können. Sofern andererseits Kapital angegriffen wird, das nicht zu ihrem Schutz bestimmt ist, weil es sich dabei etwa um bilanzmäßig ausgewiesenen Gewinn handelt oder um Rücklagen, die jederzeit aufgelöst werden können, können die Gläubiger eben keinen Schutz beanspruchen. Das weitere Argument der fehlenden Nachprüfbarkeit der Bilanz ist ebenfalls nicht durchgreifend. Schließlich gibt es mehrfach Situationen, in denen nach dem Gesetz Entscheidungen nur unter Rückgriff auf die Bilanz getroffen werden können, so etwa der Gewinnverwendungsbeschluss auf der Grundlage des festgestellten Jahresabschlusses (§ 174 I 2 AktG).[421]

c) Bilanz- und insolvenzrechtliche Konsequenzen

LANGENBUCHER weist darauf hin, dass nach den allgemeinen Bewertungsvorschriften des HGB, wonach der vollständige Ausweis aller am Bilanzstichtag vorhandenen oder erkennbaren Verbindlichkeiten verlangt sei, die Schadensersatzverpflichtung bereits im Jahr der erstmaligen Geltendmachung vollständig zu bilanzieren wäre. Dies könne aber im konkreten Fall zum Ausweis eines Ver-

---

417 *Langenbucher* ZIP 2005, 239 (243); ebenso wendet sich *Habersack* Die Mitgliedschaft, S. 219 gegen ein dauerhaftes Leistungsverweigerungsrecht der Gesellschaft; *Müller-Erzbach*, S. 134.

418 Hierfür bereits *Breit* ZHR 76 (1915), 415 (451 f.) und *Habersack* Die Mitgliedschaft - subjektives und ‚sonstiges' Recht, S. 219; *Langenbucher* ZIP 2005, 239 (243) stellt diese Möglichkeit heraus, hat jedoch Bedenken hiergegen.

419 RGZ 88, 187 (189).

420 RGZ 88, 187 (189), zustimmend *Flechtheim* JW 1916, 937 (939).

421 *Müller-Erzbach*, S. 134.

lustes, unter Umständen sogar zur Überschuldung führen.[422] Die mögliche Folge der Ausweisung eines Verlustes ist nicht zu leugnen. Jedoch ist ein derartiger Verlustausweis gerade im Interesse der getäuschten Anleger notwendig und deswegen hinzunehmen. Denn gerade dadurch wird gewährleistet, dass kein Gewinn- oder Abfindungsanspruch der übrigen Gesellschafter entsteht, auch wenn das Haftkapital an sich wieder durch entsprechende Aktiva gedeckt ist.[423]

Ob eine solche Vorgehensweise im Weiteren zur Überschuldung führen kann, wie *LANGENBUCHER* behauptet,[424] bedarf indes noch näherer Betrachtung. Jedenfalls folgt aus einem Verlustausweis in der Handelsbilanz an sich keinesfalls die Überschuldung. Denn zur Feststellung der Überschuldung ist eigens eine Überschuldungsbilanz aufzustellen. Die Grundlage hierfür stellt jedoch nicht die Handelsbilanz dar, letztere hat vielmehr nur indizielle Bedeutung.[425] Es muss also gesondert überprüft werden, ob die Schadensersatzansprüche getäuschter Gesellschafter überhaupt in der Überschuldungsbilanz zu passivieren wären.

Es besteht hier eine Parallele zur Frage der Bilanzierung eigenkapitalersetzender Gesellschafterdarlehen. Darlehen, die ein Gesellschafter seiner GmbH in der Krise gewährt, wandeln sich in sog. funktionales Eigenkapital um, so dass der Darlehensrückzahlungsanspruch analog §§ 30, 31 GmbHG der Kapitalerhaltung unterliegt.[426] Der Gesellschafter kann die Darlehenssumme also in der Krise der Gesellschaft nicht zurückfordern. In der Insolvenz ist die Forderung nachrangig im Verhältnis zu Fremdgläubigerforderungen, § 32a GmbHG. Daraus folgern Teile in der Literatur, derartige Darlehensschulden seien nicht in die Überschuldungsbilanz aufzunehmen. Denn für die Frage der Überschuldung könne es nur darauf ankommen, ob die Verbindlichkeit in Konkurrenz zu den übrigen Gesellschaftsgläubigern geltend gemacht werden kann.[427] Die herrschende Ansicht spricht sich indes bisher dagegen aus.[428] Danach sind auch Ansprüche aus eigenkapitalersetzenden Darlehen in der Überschuldungsbilanz grundsätzlich zu passivieren, es sei denn, der Gesellschafter hat einen Rangrücktritt derart erklärt, er wolle wegen der bezeichneten Forderung für die Dauer der Krise erst nach Befriedigung sämtlicher Gesellschaftsgläubiger und auch nicht

---

[422] *Langenbucher* ZIP 2005, 239 (243).
[423] *Habersack* Die Mitgliedschaft, S. 219.
[424] *Langenbucher* ZIP 2005, 239 (243).
[425] BGHZ 146, 264 (268); Gottwald/*Uhlenbruck*, § 6, Rn. 21, 27.
[426] BGHZ 90, 370; *Raiser/Veil* Kapitalgesellschaften, § 38, Rn. 56 f.
[427] Baumbach/Hueck/*Schulze-Osterloh* GmbHG, § 64, Rn. 24; GroßKommAktG/*Henze*, § 57, Rn. 155 jeweils m.w.N.
[428] BGHZ 146, 264; Roth/Altmeppen/*Altmeppen* GmbHG, § 64, Rn. 28 ff. m.w.N.

vor, sondern nur zugleich mit den Einlagerückgewähransprüchen seiner Mitgesellschafter berücksichtigt, also so behandelt werden, als handele es sich bei seiner Gesellschafterleistung um statutarisches Eigenkapital.[429] Die hierfür maßgebliche Begründung liegt darin, dass auch eigenkapitalersetzende Darlehen ihren Charakter als Verbindlichkeiten der Gesellschaft nicht verlieren.[430] Weil eigenkapitalersetzende Darlehen somit nicht automatisch statutarisches Eigenkapital werden, hat der Gesellschafter in der Insolvenz die Möglichkeit, zwar im Range nach den Gläubigern befriedigt zu werden, jedoch vor den Einlageforderungen der Mitgesellschafter. Mit der Passivierung der Forderungen in der Überschuldungsbilanz kann der berechtigten Hoffnung des Gesellschafters entgegen gekommen werden, in der Insolvenz als nachrangiger Gläubiger immerhin noch einen Teilbetrag der Darlehenssumme zurück zu erhalten.[431] Er muss nicht abwarten, bis die Forderungen der übrigen Gläubiger für sich genommen zur Überschuldung führen und dann am Ende nichts für ihn übrig bleibt.

Dem Konzept der abgestuften Vermögensbindung liegt nun die Idee zu Grunde, dass Schadensersatzleistungen an Aktionäre nicht auf Kosten der durch die Kapitalerhaltungsvorschriften gesicherten Gläubigerinteressen erfolgen und deswegen nur aus freiem Vermögen erfolgen dürften. Wenn deswegen die Gesellschaft bereits bei drohender Auszehrung des gebundenen Kapitals stets eine Einrede gegen derartige Forderungen erheben kann, so muss dies wertungsmäßig erst recht in der Insolvenz gelten. Andererseits verdienen die Mitgesellschafter, sofern ihnen nicht ebenso Schadensersatzansprüche zustehen, keinen Schutz durch die Vorgaben der Kapitalerhaltung. Denn Mitgesellschafter können durch diese Vorgaben nur im Zusammenhang mit dem Gleichbehandlungsgebot der Aktionäre (§ 53a AktG) Schutz beanspruchen. Sind sie nicht selbst zum Schadensersatz berechtigt, so befinden sie sich jedoch nicht „unter den gleichen Voraussetzungen".[432] Man kommt also zu dem Ergebnis, dass die Forderungen der getäuschten Aktionäre zwar nachrangig gegenüber den Forderungen der Gläubiger, jedoch vor den Ansprüchen der nicht getäuschten Mitgesellschafter zu befriedigen sind. Deshalb müssen die Forderungen getäuschter Kapitalanleger, soweit die Kapitalerhaltungsregeln in der hier vorgestellten Form, also als Auszahlungsbegrenzung bis zur Ausschöpfung des freien Vermögens, anwendbar sind, insolvenzrechtlich analog § 31 I Nr. 5 InsO eingeordnet werden. In ent-

---

429 BGHZ 146, 264 (271 f.), jüngst bestätigt in BGH ZIP 2008, 2217 (2219).
430 BGHZ 146, 264 (272).
431 BGHZ 146, 264 (272 f.).
432 *Schön* FS Röhricht, S. 559 (564 f., 567 ff.); siehe bereits oben, S. 92 ff.

sprechender Anwendung der Grundsätze zur Bilanzierung von Rückzahlungsansprüchen aus eigenkapitalersetzenden Darlehen wären also auch die Forderungen getäuschter Anleger in die Überschuldungsbilanz aufzunehmen.

Insofern ist *LANGENBUCHERS* Annahme, die Schadensersatzansprüche gegen die Gesellschaft könnten zur Überschuldung führen,[433] im Ausgangspunkt richtig. Sofern man Schadensersatzleistungen eben nur nicht zu Lasten vorrangiger Gläubigerinteressen, ansonsten aber durchaus befriedigen will, liegt damit jedoch ein sachlich nicht zu beanstandendes Ergebnis vor.[434] Im Übrigen ist anzumerken, dass *LANGENBUCHERS* eigener Vorschlag, die Ansprüche getäuschter Anleger ungeachtet der Regeln der Kapitalerhaltung vollständig zu befriedigen, aber in der Insolvenz nachrangig i.S.v. § 39 I InsO zu behandeln,[435] in der Frage der Überschuldung zu demselben Ergebnis gelangen würde. Denn auch in einem solchen Fall wären die Forderungen der getäuschten Gläubiger ungeachtet der Tatsache, dass sie in der Insolvenz nachrangig gegenüber den Fremdgläubigern, jedoch vor den Einlageansprüchen der nicht getäuschten Mitglieder zu befriedigen wären, in die Überschuldungsbilanz aufzunehmen. Vorläufig bleibt festzuhalten, dass Verlustausweis und (möglicherweise) Überschuldung also keine Argumente speziell gegen das Konzept der abgestuften Vermögensbindung darstellen.

d) Begrenzte Aussagekraft des Konzepts

Dem vorgestellten Konzept der nach Schutzzwecken abgestuften Vermögensbindung lässt sich indes keine umfassende Lösung für das Spannungsfeld von Kapitalmarktinformationshaftung und aktienrechtlicher Kapitalerhaltung abgewinnen. Gesagt werden könnte allenfalls, dass die aktienrechtliche Kapitalerhaltung jedenfalls einer Befriedigung aus Kapital oberhalb von Grundkapitalziffer und gesetzlichen Rücklagen nicht entgegen steht. Ob aber darüber hinaus auch Zahlungen erfolgen dürfen, lässt sich nur in einer Bewertung des Verhältnisses der zwei widerstreitenden Regelungskomplexe des Kapitalmarkt- und Gesellschaftsrechts gewinnen.

Mit der Erkenntnis, dass die aktienrechtlichen Kapitalerhaltungsvorschriften bei Schadensersatzforderungen des Aktionärs Leistungen aus dem freien Ver-

---

433 *Langenbucher* ZIP 2005, 239 (243).

434 Zum Teil wird die Bedeutung des Insolvenzantrags als Instrument zum Schutz getäuschter Gesellschafter untereinder vor einem Wettlauf um den schnellsten Prozess hervorgehoben, *Baums* ZHR 167 (2003), 139 (137); dazu ausführlich unten, S. 198 ff.

435 *Langenbucher* ZIP 2005, 239 (244).

mögen jedenfalls nicht entgegen stehen, wird aber bereits das Argument entkräftet, die Kapitalerhaltung könne dem Schadensersatzbegehren überhaupt nicht entgegenstehen, da nicht anzunehmen sei, dass der Gesetzgeber mit §§ 37b, 37c WpHG Ansprüche normiert habe, die wegen des Vorranges der Kapitalerhaltung im Ergebnis leer liefen.[436] Dieses Argument leidet an der Verkennung der abgestuften aktienrechtlichen Vermögensbindung. Denn danach laufen die Ansprüche des Kapitalanlegers nicht leer. Sie sind aus freiem Vermögen zu befriedigen, Gewinn darf vor ihrer Befriedigung nicht ausgeschüttet werden.

3. Bilanzielle Neutralität von Schadensersatzzahlungen

Man könnte sich auf den Standpunkt stellen, dass der Tatbestand des § 57 AktG bei Schadensersatzleistungen der Gesellschaft an ihre Aktionäre wegen der bilanziellen Neutralität nicht erfüllt ist, weil die Aktiengesellschaft im Gegenzug Rückgriffsansprüche bzw. eigene Schadensersatzansprüche gegen die handelnden Verwaltungsorgane hat.[437] Für derartige Rückgriffsansprüche kommen verschiedene Grundlagen in Betracht. Zum einen bestehen sie in Fallkonstellationen, in denen eine parallele Haftung von Verwaltungsorganen und Gesellschaft wahrscheinlich ist, so etwa bei der Börsenprospekthaftung, wenn gem. § 44 I Nr. 2 BörsG Vorstands- oder Aufsichtsratsmitglieder als Prospekterlasser haften.[438] Die verschiedenen Adressaten haften dann „als Gesamtschuldner" (§ 44 I 1 BörsG) und die Gesellschaft kann von den täuschenden Personen nach § 426 II BGB i.V.m. §§ 44 f BörsG bzw. § 426 I BGB Ausgleich verlangen.

Doch auch bei der deliktischen Haftung für fehlerhafte Kapitalmarktinformationen, die in der jüngeren Rechtsprechung des BGH eine Rolle gespielt hat, haften Gesellschaft und Vorstand oftmals parallel.[439] Dies erklärt sich damit, dass die maßgeblichen Tatbestände des Deliktsrechts (§§ 826 BGB bzw. 823 II BGB i.V.m. einem Schutzgesetz) von natürlichen Personen verwirklicht werden und sodann eine Zurechnung gem. § 31 BGB zur AG erfolgt. Auch in diesen Fällen sind die Haftungsschuldner Gesamtschuldner (§ 840 BGB), wobei im In-

---

[436] So aber Assmann/Schütze/*Fleischer*, § 7, Rn. 58; Schäfer/Hamann/*Hamann*, §§ 44, 45 BörsG, Rn. 82; *Möllers* BB 2005, 1637 (1640).

[437] *Gebauer*, S. 193 ff.

[438] Eine derartige Haftung ist freilich nicht immer gegeben, es kommt auf ein „eigenes geschäftliches Interesse an der Emission" (Begr. RegE Drittes Finanzmarktförderungsgesetz, BT-Drs. 13/8933, S. 54 (78)) an, um als Prospekterlasser qualifiziert werden zu können, vgl. *Groß* Kapitalmarktrecht, § 45 BörsG, Rn. 35.

[439] BGH ZIP 2005, 1270.

nenverhältnis jedoch wie im Falle bei fehlerhaften Börsenprospekten die natürlichen Personen gem. § 426 BGB haften.[440]

Lediglich die Haftungsnormen für fehlerhafte oder unterlassene Insiderinformationen gem. §§ 37b, 37c WpHG sehen keine Organaußenhaftung vor. Jedoch hat auch hier im Innenverhältnis die AG Ansprüche gegen die handelnden (bzw. unterlassenden) natürlichen Personen. Denn die fehlerhafte oder pflichtwidrig unterlassene Veröffentlichung von Insiderinformationen, durch die sich die AG gegenüber Anlegern schadensersatzpflichtig macht, stellt in der Regel einen auf einem Sorgfaltspflichtverstoß beruhenden Schaden dar, der der Aktiengesellschaft von den Verwaltungsorganen gem. §§ 93, 116 AktG zu ersetzen ist.[441] Ein solcher Anspruch kann ferner nicht von vornherein individualvertraglich abbedungen werden, §§ 37b VI, 37c VI WpHG.

Dass die beschriebenen parallel entstehenden Ansprüche jedoch einen bilanzrechtlich neutralen Vorgang darstellen sollen, der zu einer unproblematischen Durchsetzung der Ansprüche gegen den Emittenten im Hinblick auf die Kapitalerhaltung führt, ist kritisch zu beurteilen. Entscheidend dürfte sein, dass Zahlungen aus dem Gesellschaftsvermögen an Gesellschafter grundsätzlich auch bei bilanzrechtlicher Neutralität nach dessen Sinn und Zweck den Tatbestand der verbotenen Einlagenrückgewähr erfüllen können. Es kann eine Parallele zur Rechtsprechung des BGH zur Kreditgewährung an GmbH-Gesellschafter gezogen werden. Der BGH hat hier die Hingabe von Darlehen, die das Stammkapital der GmbH in seinem Wert rechnerisch antasten, auch dann für unzulässig erklärt, wenn der Rückzahlungsanspruch als gegen den auf Dauer solventen und kreditwürdigen Darlehensnehmer vollwertig und angemessen verzinst sein sollte.[442] Denn bei § 30 I GmbHG greife eine allein bilanzielle Betrachtungsweise zu kurz, vielmehr gebiete der dort verankerte Vermögensschutz die Erhaltung einer die Stammkapitalziffer deckenden Haftungsmasse.[443] Es widerspreche dem Ziel des Gläubigerschutzes, wenn im Austausch gegen das fortgegebene reale

---

[440] *Gebauer*, S. 193 f.

[441] Schwark/*Zimmer* §§ 37b, 37c WpHG, Rn. 120; deswegen dürfte ein Anspruch gem. §§ 93, 116 AktG der Gesellschaft ebenso im Falle der Prospekthaftung oder allgemeiner deliktischer Haftung in der Regel zustehen.

[442] BGHZ 157, 72 (Ls. und 75 ff.); a.A. *Karsten Schmidt* GesR, § 37 III c (S. 1132).

[443] BGHZ 157, 72 (75).

Vermögen nur ein zeitlich hinausgeschobener schuldrechtlicher Rückzahlungsanspruch verbliebe.[444]

Dieser Gedanke ist entsprechend auf die Aktiengesellschaft und die dort strengere Kapitalerhaltungsvorschrift des § 57 AktG zu übertragen. Zwar handelt es sich bei dem Problem der Schadensersatzzahlungen an Gesellschafter und damit einhergehenden der Gesellschaft zustehenden Regressansprüchen nicht um zeitlich hinausgeschobene Ansprüche wie bei der Darlehenshingabe. Dennoch würde die AG und damit auch deren Gläubiger bis zur Durchsetzung das Insolvenzrisiko des im Innenverhältnis haftenden Verwaltungsorgans zunächst tragen. Zusätzlich muss man (zumindest fallbezogen) an der Werthaltigkeit der Ansprüche zweifeln.[445] Unter Umständen sind eine Vielzahl von Anlegern getäuscht worden, so dass das Vermögen der täuschenden Verwaltungsmitglieder nicht zur Erfüllung der Regressansprüche gegenüber der Aktiengesellschaft ausreicht. Auch D & O-Versicherungen bieten keinen ausreichenden Schutz.[446] Hier ist von Bedeutung, dass zumindest vorsätzliches Handeln nicht versichert werden kann.[447] Schadensersatzansprüche der Anleger erwachsen aber, wie die große praktische Bedeutung der Informationsdelikthaftung auf der Grundlage von § 826 BGB[448] zeigt, oftmals aus vorsätzlichem Handeln. Als weiteres Argument lässt sich die zunehmende Risikopräzisierung durch entsprechende Risikoausschlüsse in den Versicherungsbedingungen anführen.[449] Damit sind die Ansprüche der AG gegen die persönlich verantwortlichen Vorstände u.U. bereits als nicht vollwertig gem. § 253 III HGB abzuschreiben.[450] Jedenfalls

---

444 BGHZ 157, 72 (75); jüngst hat der Gesetzgeber indes entschieden, im Bereich des GmbH-Rechts zur bilanziellen Betrachtungsweise zurückzukehren, § 30 I 2 n. F. GmbHG (eingeführt durch Art. 1 Gesetz zur Modernisierung des GmbH-Rechts u. zur Bekämpfung von Missbräuchen v. 23.10.2008, BGBl. I 2008, S. 2026 (MoMiG)).

445 *Ziegler* DStR 2005, 301 (303); *ders.* NZG 2005, 301 (303); *Casper* BKR 2005, 83 (88 m.w.N. bei Fn. 73).

446 Als Beispiel seien die Schwierigkeiten aus der keineswegs abgeschlossenen juristischen Aufarbeitung des EM.TV-Falles angeführt. Derzeit läuft ein Prozess, in dem EM.TV von seinen ehemaligen Vorständen Thomas und Florian Haffa 200 Millionen Euro für Management-Fehler fordert, die bestehende Manager-Haftpflichtversicherung deckt hingegen nur fahrlässig verursachte Schäden bis zu 100 Millionen Euro ab, *Kuhr* Süddeutsche Zeitung vom 20. 10. 2007, S. 38.

447 *Spindler* DStR 2002, 1576 (1580).

448 Siehe oben, S. 47 ff.

449 *Spindler* DStR 2002, 1576 (1580)

450 Siehe zur parallelen Problematik der Bilanzierung der Ansprüche im Rahmen der Überschuldungsprüfung unten, S. 199 ff.

hätte aber in Parallele zu der angeführten Rechtsprechung des BGH[451] selbst eine bilanzielle Neutralität der Zahlungen an getäuschte Anleger nicht zur Folge, dass der Tatbestand des § 57 AktG nicht erfüllt ist.

4. Verbot des Erwerbs eigener Aktien

Im Zuge der Haftung für fehlerhafte Kapitalmarktinformationen kann die Aktiengesellschaft gezwungen sein, ihre eigenen Aktien vom Anleger gegen Erstattung des ursprünglich gezahlten Erwerbspreises zu übernehmen.[452] Jedoch ist der Erwerb eigener Aktien grundsätzlich verboten. Dies folgt wiederum zunächst aus § 57 I 1 AktG, denn die Zahlung des Erwerbspreises an den Aktionär ist als Einlagenrückgewähr im Sinne dieser Vorschrift aufzufassen.[453]

Zulässig ist der Erwerb eigener Aktien gem. §§ 57 I 2, 71 bis 71e AktG nur bei Vorliegen bestimmter Ausnahmetatbestände. Einen solchen Ausnahmetatbestand hält das deutsche Recht im Hinblick auf die Erfüllung von Schadensersatzverbindlichkeiten durch die Aktiengesellschaft jedoch nicht bereit.[454] Insbesondere kann man nicht den jeweiligen Haftungstatbestand selbst als Ausnahmetatbestand neben § 71 I Nr. 1-8 AktG begreifen.[455] Dem steht der Wortlaut des § 71 I 1 AktG („nur") sowie der abschließende Charakter dieser Vorschrift entgegen.[456] Dieses „nur" bezieht sich auch nicht nur auf aktienrechtliche Ausnahmetatbestände,[457] wie § 71 I 1 Nr. 3 AktG mit seinem Verweis auf Vorgaben aus dem Umwandlungsgesetz zeigt. Vielmehr ist von einer Regelungstechnik auszugehen, die bisher alle Ausnahmen in § 71 AktG vereint.[458]

Zunächst stellt sich deshalb die Frage, ob das Konzept der abgestuften Vermögensbindung auch im Zusammenhang mit dem Verbot des Erwerbs eigener Aktien gilt. Kann also die Aktiengesellschaft (zumindest) dann eigene Aktien erwerben, wenn sie mit dem dafür bezahlten Entgelt nicht das Grundkapital und gesetzliche Rücklagen, sondern darüber hinausgehendes freies Vermögen ver-

---

451 Fn. 442.
452 Vgl. oben, S. 37 ff.; lediglich §§ 37b, 37c WpHG sehen nach überwiegender Ansicht nicht die Möglichkeit der Rückgabe der Aktien durch den Anleger vor.
453 Begr. RegE Aktiengesetz 1965 in *Kropff*, S. 90; *Hüffer* AktG, § 71, Rn. 1; *Raiser/Veil* Kapitalgesellschaften, § 19, Rn. 13.
454 Anders die Vorgaben der Kapitalrichtlinie, Art. 20 I lit. d; dazu unten, S. 109 ff.
455 So jedoch *Veil* ZHR 167 (2003), 365 (389, Fn. 122); Schäfer/Hamann/*Hamann*, §§ 44, 45 BörsG, Rn. 84.
456 *Dühn*, S. 91.
457 So jedoch Schäfer/Hamann/*Hamann*, §§ 44, 45 BörsG, Rn. 84.
458 Wie hier *Vokuhl*, S. 103.

wendet? Man könnte die Frage unter Hinweis auf den inneren Zusammenhang zwischen Einlagenrückgewähr und Erwerbsverbot bejahen. Man muss dann darauf abstellen, dass der Erwerb eigener Aktien, wie bereits gesehen, (nur) deshalb verboten ist, weil es sich dabei grundsätzlich um eine Einlagenrückgewähr i.S.d. § 57 I 1 AktG handeln würde und ansonsten unproblematisch wäre. Von einer solchen Sichtweise ist auch der BGH geleitet, wenn er darauf abstellt, die eigentliche Belastung des Vermögens gehe durch die Pflicht zur Erstattung des vom Anleger aufgewendeten Kaufpreises aus, der wiederum das Verbot der Einlagenrückgewähr des § 57 AktG nicht entgegenstehe.[459]

Diese Konnexität von dem Verbot der Einlagenrückgewähr und dem Verbot des Erwerbs eigener Aktien zeigt sich aber auch in der Regelung zu den Rechtsfolgen eines zulässigen Erwerbs. Hier bestimmt § 71 II 2 AktG, dass für den Fall eines zulässigen Erwerbs für die erworbenen Aktien eine Rücklage gem. § 272 IV HGB zu bilden ist, ohne das Grundkapital oder die nach Gesetz oder Satzung zu bildenden Rücklagen zu mindern, die nicht zu Zahlungen an Aktionäre verwendet werden dürfen. Es dürfen also neben dem Grundkapital keine Rücklagen im Sinne des § 150 AktG angetastet werden.[460] Das heißt umgekehrt, dass, dem Konzept der abgestuften Vermögensbindung konform, darüber hinausgehendes Vermögen zum Erwerb eigener Aktien und zur Bildung der vorgeschriebenen Rücklage verwendet werden darf.[461]

Hiergegen muss man indes einwenden, dass das Gesetz in § 71 II 2 AktG von vornherein nur von einem zulässigen Erwerb eigener Anteile bei Vorliegen einschlägiger normierter Tatbestände ausgeht. Daraus kann gefolgert werden, dass schlicht immer ein verbotener Erwerb eigener Anteile gegeben ist, sofern nicht ein durch § 71 AktG gegebener Ausnahmetatbestand erfüllt ist, und zwar unabhängig von einer möglichen Verletzung des § 57 AktG. Denn mit der Vorschrift des § 71 II 2 AktG wird deutlich gemacht, dass der Schutz des Grundkapitals und der gesetzlichen und satzungsmäßigen Rücklagen bereits bei der Ausnahme des zulässigen Erwerbs eigener Aktien zu beachten ist. Mit Blick auf diese Regelungssystematik kann man schwerlich vertreten, dass ein Erwerb immer zuläs-

---

459 BGH ZIP 2005, 1270 (1273); zur europarechtlichen Kritik hieran siehe unten, S. 109 ff.

460 *Henze* NZG 2005, 115 (120).

461 *Henze* NZG 2005, 115 (120 ff.); Zahlungen werden so allerdings erschwert, denn § 71 II 2 AktG hat zur Folge, dass die AG zum einen wegen des für die eigenen Aktien gezahlten Erwerbspreises einen Abgang von Aktiva bzw. eine Begründung von Passiva auszeichnen muss und zusätzlich die Bildung der Rücklage nach § 272 IV AktG möglich sein muss. Für die Aktengesellschaft stellt sich der Erwerb somit (zunächst) als bilanzieller Verlust dar, MünchKommAktG/*Oechsler*, § 71, Rn. 273.

sig sein soll, wenn er aus freien Rücklagen und Gewinn heraus erfolgt und die Rücklage nach § 71 II 2, 272 IV AktG gebildet werden kann.

Als vorläufiges Ergebnis lässt sich also zunächst festhalten, dass die Rücknahme eigener Aktien durch die Gesellschaft aufgrund zu erfüllender Schadensersatzverbindlichkeiten allein aus der Perspektive des deutschen Aktienrechts unzulässig erscheint.[462]

II. Reichweite der Kapitalerhaltung im Europäischen Recht

Wie gesehen, steht der Grundsatz der Kapitalerhaltung im deutschen Recht für sich der Befriedigung von Ersatzansprüchen getäuschter Aktionäre jedenfalls dann nicht entgegen, soweit dafür nur freies Vermögen angetastet wird. Im Folgenden ist zu klären, ob und wo die auf europarechtlichen Normen basierende Kapitalerhaltung entsprechende Grenzen zieht.

1. Ausschüttungsverbot nach Art. 15 der Kapitalrichtlinie

Das Europäische Gesellschaftsrecht kennt ebenfalls den Grundsatz der Kapitalerhaltung; er ist sekundärrechtlich in den Art. 15 ff. der zweiten gesellschaftsrechtlichen Richtlinie (auch: Kapitalrichtlinie)[463] geregelt. Als Zweck der Kapitalerhaltung wird im zweiten Erwägungsgrund der Richtlinie der Gläubiger- und Aktionärsschutz angeführt.[464] Auch hier wird die Kapitalerhaltung zum Schutz der Gläubiger als das Korrelat für eine Marktteilnahme mit beschränkter Haftung angesehen.[465] Die Aktionäre werden geschützt, indem ihnen Mitverwaltungsrechte eingeräumt werden und ihre Gleichbehandlung durch Verbote von Sonderzuwendungen an einzelne sichergestellt werden soll.[466]

---

462 Abhilfe kann möglicherweise eine Kapitalherabsetzung durch Einziehung (§§ 71 I Nr. 6, 237 AktG) als Folge der Anwendung der Grundsätze der fehlerhaften Gesellschaft schaffen. Siehe hierzu die Diskussion unten, S. 236 ff.

463 RL 77/91/EWG v. 13. 12. 1976, ABl. 1977 Nr. L 26/1, geändert durch RL 2006/68/EG v. 6. 9. 2006, ABl. 2006 Nr. L 264/32 (Fn. 375).

464 Dazu *Veil* in Lutter (Hg.) Das Kapital der Aktiengesellschaft in Europa, S. 91 (93) m. w. N.

465 *Grundmann* Europäisches GesR, Rn. 318.

466 *Grundmann* Europäisches GesR, Rn. 319.

a) Begriff der Ausschüttung

Art. 15 der Kapitalrichtlinie statuiert ein Ausschüttungsverbot an Aktionäre.[467] Zum Teil wird allerdings in Frage gestellt, ob es sich bei Schadensersatzleistungen an getäuschte Aktionäre um eine „Ausschüttung" im Sinne dieser Vorschrift handelt.[468]

Der Begriff „Ausschüttung" ist jedoch in der Kapitalrichtlinie nicht definiert. Es wird lediglich festgehalten, dass damit „insbesondere" Zahlungen von Dividenden und von Zinsen für Aktien erfasst sind, Art. 15 I lit. d. Es sind daher grundsätzlich auch weitere Leistungen umfasst.[469] Ebenso wenig wie aus dem Wortlaut lässt sich aus einer systematischen Betrachtung eine eindeutige Antwort auf die Frage nach der Qualifikation von Schadensersatzleistungen unter den Vorgaben des Art. 15 der Kapitalrichtlinie finden.[470] Entscheidend kommt es daher auf eine teleologische Interpretation unter Berücksichtigung des mit der Richtlinie verfolgten Schutzzweckes an. Hierbei geht es vor allem darum, das unter den Vorgaben der Richtlinie einmal aufgebrachte Kapital zum Schutze Dritter zu erhalten.[471] Aus dem Blickwinkel des Gläubigerschutzes ist es aber unerheblich, ob ein Abfluss von Kapital gerade durch die Befriedigung von Schadensersatzleistungen stattfindet.

Nach Sinn und Zweck des Art. 15 und von seinem Wortlaut gedeckt fallen daher Schadensersatzleitungen an Aktionäre unter den Begriff der Ausschüttung in Art. 15 Kapitalrichtlinie.[472]

b) Abgestufter Vermögensschutz

Art. 15 I lit. a besagt, dass eine Ausschüttung grundsätzlich nur erfolgen darf, wenn das im Jahresabschluss ausgewiesene Nettoaktivvermögen den Betrag des gezeichneten Kapitals zuzüglich gesetzlicher oder nach Satzung gebildeter Rücklagen nicht unterschreiten würde. Damit wird das zu erhaltende Kapital durch Bilanzpositionen umschrieben.[473] Darüber hinaus konkretisiert Art. 15 I

---

467 Zur Reichweite siehe unten, S. 107 f.

468 *Fleischer* ZIP 2005, 1805 (1811); *Langenbucher* ZIP 2005, 239 (242); *Möllers* BB 2005, 1337 (1341 f.).

469 *Vokuhl*, S. 49 f.

470 Dazu ausführlich bereits *Vokuhl*, S. 50 ff.

471 Vgl. Erwägungsgründe 2 und 4 der Kapitalrichtlinie; *Habersack* Europäisches GesR, § 6, Rn. 3; *Vokuhl*, S. 66 f., mit weiteren Nachweisen zu den erwähnten Schutzzwecken aus den historischen Materialien zur Richtlinie auf S. 64 ff.

472 Ebenso *Vokuhl*, S. 69.

473 *Grundmann* Europäisches GesR, Rn. 342.

lit. c das zu erhaltende Kapital mittels Positionen aus der Gewinn- und Verlustrechnung: Der Betrag einer Ausschüttung darf den Ergebnisbetrag des letzten Geschäftsjahres, zuzüglich des Gewinnvortrags und der Entnahmen aus hierfür verfügbaren Rücklagen, jedoch vermindert um die Verluste aus früheren Geschäftsjahren sowie um Beträge, die nach Gesetz oder Satzung in Rücklagen eingestellt worden sind, nicht überschreiten. Art. 15 lit. c wird bisweilen pointiert so zusammengefasst, dass an die Aktionäre nur der Gewinn ausgeschüttet werden darf.[474]

Fraglich ist, inwieweit sich das Konzept der abgestuften Vermögensbindung des deutschen Rechts mit den Vorgaben der europäischen Richtlinie vereinbaren lässt. Die Argumentation *SCHÖNS* und *HENZES* zu diesem Konzept[475] ist auf die europäische Ebene nicht einfach zu übertragen. Insbesondere versagt die anhand von Schutzzwecken geführte Argumentation für das europäische Recht. Kann man im Hinblick auf das deutsche Aktienrecht aufzeigen, dass der Schutz des Kapitals oberhalb der Grundkapitalziffer und der gesetzlichen Rücklagen vor allem das Recht der zuständigen Organe auf Entscheidung über die Gewinnverteilung sichert,[476] so ist der Kapitalrichtlinie eine solche Schutzfunktion nicht zu entnehmen.[477] Vielmehr beschränkt sich der verfolgte Zweck auf den Gläubiger- und Aktionärsschutz.

Das Konzept der abgestuften Vermögensbindung mit der Folge, dass Schadensersatzleistungen an Aktionäre, soweit sie aus dem freien Vermögen erfolgen, zulässig sind, ist dennoch mit den Vorgaben der Richtlinie vereinbar.[478] Denn Art. 15 I lit. c lässt sich die Aussage entnehmen, dass Rücklagen, die nach Gesetz oder Satzung nicht zwingend sind,[479] aufgelöst sein müssen, um entsprechende Beträge auszuschütten.[480] Damit steht einer Befriedigung von Schadensersatzansprüchen getäuschter Aktionäre aus dem freien Vermögen kein geschütztes Gläubigerinteresse gegenüber. Auch die durch die Kapitalerhaltungsvorschriften geschützten, mit dem Grundsatz der Gleichbehandlung verknüpften Interessen der Mitgesellschafter stehen derartigen Zahlungen nicht entgegen. Ebenso wie im deutschen Recht kann auch hier auf eine förmliche Umwidmung

---

474 *Fleischer* in Lutter (Hg.) Das Kapital der Aktiengesellschaft in Europa, S. 114 (118); *Schwarz* Europäisches GesR, Rn. 596; *Baldamus*, S. 16.
475 Siehe oben, S. 91 ff.
476 Siehe oben, S. 92 ff.
477 So selbst *Schön* FS Kropff, S. 285 (294).
478 Ebenso V*okuhl*, S. 85 ff.
479 Dies sind im deutschen Recht die „anderen Gewinnrücklagen“ gem. § 58 AktG.
480 *Grundmann* Europäisches GesR, Rn. 342; *Habersack* Europäisches GesR, § 6, Rn. 33.

der Rücklagen verzichtet werden, da es sich um die Erfüllung gesetzlicher Verbindlichkeiten handelt.[481]

2. Verbot des Erwerbs eigener Aktien nach der Kapitalrichtlinie

Die zweite gesellschaftsrechtliche Richtlinie (Kapitalrichtlinie)[482] enthält auch Vorgaben zum Erwerb eigener Aktien. Grundregel ist dabei Art. 19, nach dem die Hauptversammlung über den Erwerb im Voraus entscheiden und hierfür genaue Vorgaben machen muss.[483] Dieser Tatbestand ist durch eine Änderungsrichtlinie aus September 2006[484] reformiert worden, womit Erleichterungen für den Rückerwerb einhergehen.[485] Mit der veränderten Regelung des Art. 19 sollte einem Bedürfnis der Gesellschaften nach größerer Flexibilität im Hinblick auf den Erwerb eigener Aktien entsprochen werden. Auch Art. 19 enthält wie der deutsche § 71 II 2 AktG einen deutlichen Bezug zum Ausschüttungsverbot (Art. 15). Der Erwerb eigener Aktien kann überhaupt nur stattfinden, wenn dadurch nicht geschütztes Kapital (Art. 15 I lit. a, b) vermindert wird, Art. 19 I lit. b. Allerdings ist weitere grundsätzliche Voraussetzung für den Erwerb die Genehmigung durch die Hauptversammlung (Art. 19 I lit. a). Auch hier verträgt es sich deshalb nicht mit der Systematik der Richtlinie, von einer generellen Erwerbsmöglichkeit auszugehen, wenn dadurch nur nicht das Grundkapital und nicht zwecks Verteilung auflösbare Rücklagen angegriffen werden.[486]

Diese Vorgaben gelten nicht, wenn einer der Ausnahmetatbestände des Art. 20 greift. Auch dieser Ausnahmetatbestand enthält wiederum eine Begrenzung im Hinblick auf das bilanziell gesicherte Kapital. Die erworbenen Aktien müssen innerhalb von drei Jahren weiterveräußert werden, sofern ihr Nennwert 10 % des Grundkapitals überschreitet (Art. 20 II). Wird die Frist nicht eingehal-

---

481 Für das deutsche Recht *Habersack* Die Mitgliedschaft, S. 217 f.

482 RL 77/91/EWG v. 13. 12. 1976, ABl. 1977 L 26/1, geändert durch RL 2006/68/EG v. 6. 9. 2006, ABl. 2006 L 264/32 (Fn. 375).

483 *Grundmann* Europäisches GesR, Rn. 348.

484 RL 2006/68/EG, ABl. Nr. L 264/32 (Fn. 375), die RL ist bis zum 15. April 2008 umzusetzen, Art. 2 I.

485 Die Genehmigung des Erwerbs eigener Aktien durch Hauptversammlungsbeschluss kann für fünf Jahre im Voraus erteilt werden, Art. 19 I lit. a n.F., gegenüber lediglich 18 Monaten gem. Art. 19 I lit. a a.F.; der Erwerb eigener Aktien steht nach europäischem Recht nicht mehr zwingend unter der Bedingung, dass der Wert der erworbenen Aktien insgesamt nur 10 % des Grundkapitals betragen darf (so bisher, Art. 19 I lit. b a.F.), die 10 %-Grenze können die Mitgliedstaaten, müssen sie aber nicht mehr vorschreiben, Art. 19 I UA II-i n.F.; hierzu *Oechsler* ZHR 170 (2006), 72 (73 ff.).

486 *Vokuhl*, S. 96 ff.

ten, so müssen sie für nichtig erklärt werden und es hat zwingend eine Kapitalherabsetzung zu erfolgen, sofern wegen des Erwerbs der eigenen Aktien das Nettoaktivvermögen Grundkapital und nicht verteilungsfähige Rücklagen unterschreitet (Art. 20 III i.V.m. Art. 15 I lit. a).

Relevant für den Fall des Aktienerwerbs als Folge einer Schadensersatzverpflichtung ist möglicherweise Art. 20 I lit. d. Danach brauchen die Mitgliedstaaten Art. 19 nicht anzuwenden „auf Aktien, die auf Grund einer gesetzlichen Verpflichtung oder einer gerichtlichen Entscheidung zum Schutz der Minderheitsaktionäre, [...] erworben werden." Umstritten ist, ob diese Vorschrift für den Fall des Erwerbs eigener Aktien als Folge der Erfüllung von Schadensersatzverbindlichkeiten einschlägig ist. Dies hängt davon ab, ob der Erwerb auch in der Variante „gesetzliche Verpflichtung" oder nur in der Variante „gerichtliche Entscheidung" zum Schutz der Minderheitsaktionäre geschehen muss. Spricht man sich dafür aus, so ist der Ausnahmetatbestand bei kapitalmarktrechtlichen Schadensersatzverbindlichkeiten nicht einschlägig, da letztere nicht Minderheitenschutz, sondern Anlegerschutz und Funktionsfähigkeit des Kapitalmarktes zum Ziel haben.[487] Der Wortlaut lässt jedenfalls auch eine Interpretation zu, die den Erwerb allein zum Zwecke der Erfüllung einer gesetzlichen Verbindlichkeit gestattet, sodass der Erwerb als Folge der Erfüllung von Schadensersatzverbindlichkeiten erfasst ist.[488]

Allerdings hat gerade der Ausnahmetatbestand des Art. 20 I lit. d im deutschen Recht keine Umsetzung gefunden. Zwar ist bereits daran gedacht worden, die jeweiligen Kapitalmarktinformationshaftungstatbestände i.V.m. § 249 BGB als gesetzliche Erwerbsverpflichtung zu begreifen, durch die Art. 20 I lit. d eine Umsetzung erfahren hat.[489] Dies ist jedoch insoweit problematisch, als bisher die Ausnahmen vom Erwerbsverbot eigener Aktien in eigens dafür vorgesehenen Tatbeständen geregelt sind (§ 71 AktG).[490] Des Weiteren wären Art. 20 II u. III zu beachten. Sie regeln das weitere Vorgehen in Folge eines zulässigen Erwerbs. Die Aktien müssen dann unter Umständen weiterveräußert oder für nichtig er-

---

[487] *Vokuhl*, S. 101 ff.

[488] *Groß* Kapitalmarktrecht, § 45 BörsG, Rn. 10; *Ziegler* NZG 2005, 301 (302).

[489] In diese Richtung *Veil* ZHR 167 (2003), 365 (389, Fn. 122).

[490] So hat der Gesetzgeber etwa bemerkt, dass Abfindungen an Gesellschafter, die im Zusammenhang mit Beherrschungsverträgen oder Umwandlungen erfolgen, mit dem Verbot des Rückerwerbs eigener Aktien kollidieren können und daher § 71 I 1 Nr. 3 AktG geschaffen, siehe *Grunewald* FS Claussen, S. 103 (107). Eine derartige Norm wäre jedoch überflüssig, wenn bereits die zur Abfindung berechtigenden Vorschriften als Ausnahmetatbestand im Hinblick auf § 71 AktG genügen würden.

klärt werden. Dieser Regelung entspricht im deutschen Recht § 71c AktG, der explizit nur die Folgen eines nach § 71 AktG erfolgten Aktienerwerbs regelt. Auch die sich insoweit auftuende Lücke spricht deutlich gegen die Annahme einer Umsetzung durch Kapitalmarktinformationshaftungstatbestände i.V.m. § 249 BGB. Anderenfalls müsste man § 71c AktG analog anwenden, um Art. 20 II u III der Kapitalrichtlinie gerecht zu werden.[491] Eine solche Umsetzung dem geltenden Recht zu entnehmen, erscheint jedoch als konstruiert und wird vor allem dem Ausnahmecharakter der bisherigen Erlaubnistatbestände (§ 71 AktG „nur") nicht gerecht.[492]

Nach dem bisher Gesagten hängt also die Zulässigkeit des Erwerbs eigener Aktien aufgrund von Schadensersatzverpflichtungen nach einer gemeinschaftsrechtskonformen Auslegung des deutschen Rechts davon ab, ob ein Ausnahmetatbestand hierfür vorgesehen ist. Insoweit ist nach geltendem Recht der Rückerwerb eigener Aktien in den Fällen der Kapitalmarktinformationshaftung unzulässig.[493] Diese Erwägung muss auch gegen die Ansicht des BGH ins Feld geführt werden, bei der Übernahme eigener Aktien durch die Aktiengesellschaft als Folge eines vom Anleger geltend gemachten Schadensersatzanspruches handele es sich nicht um einen „Erwerb" im Sinne des § 71 AktG, sondern um einen sich aus dem Grundsatz der Naturalrestitution ergebenden Rechtsreflex.[494] Dass gerade auch die Übernahme eigener Aktien infolge einer Schadensersatzverbindlichkeit grundsätzlich unter das europarechtlich präformierte Verbot des Erwerbs eigener Aktien fällt, zeigt eben der Ausnahmetatbestand des Art. 20 I lit. d.

Des Weiteren lässt sich aus der Existenz des Art. 20 I lit. d eine soweit ersichtlich bisher nicht erörterte allgemeinere Aussage zum Verhältnis von Schadensersatzleistungen an Aktionäre und Vermögensbindung ziehen. Wenn durch diese Ausnahmevorschrift die Rückerwerbsmöglichkeit der Aktien zum Zwecke der Erfüllung gesetzlicher Verbindlichkeiten einerseits generell eröffnet wird, im Weiteren jedoch von der Beachtung bilanzieller Kapitalgrenzen abhängig gemacht wird (Art. 20 II, III), so ist mit Blick auf die eng verknüpften jeweiligen Schutzrichtungen des Erwerbsverbotes eigener Aktien und des Ausschüt-

---

491 Für eine analoge Anwendung des § 71c I AktG Baumbach/Hopt/*Hopt*, § 44 BörsG, Rn. 5.
492 Siehe bereits oben, S. 104 ff.
493 *Vokuhl*, S. 103; *Ziegler* NZG 2005, 301 (302 f.); *Gebauer*, S. 205 f.
494 BGH ZIP 2005, 1270 (1273).

tungsverbotes[495] kaum vorstellbar, dass in den anderen Fällen der Erfüllung gesetzlicher Verbindlichkeiten, in denen es nicht zum Rückerwerb eigener Anteile kommt, der Schutz des Kapitals gar keine Rolle spielen soll. Es ist vielmehr davon auszugehen, dass Schadensersatzleistungen grundsätzlich an den Vorgaben der Kapitalerhaltung zu messen sind. Genaue Grenzen lassen sich freilich aus Art. 20 II, III für die Fälle, in denen es zu keinem Rückerwerb eigener Anteile kommt, nicht ziehen, da die Vorschrift eben nur auf den Rückerwerb und in diesem Zusammenhang an den Gesellschafter geflossenen Leistungen zugeschnitten ist. Es liegt jedoch nahe, es bei der Begrenzung von Schadensersatzleistungen aus dem freien Vermögen zu belassen, weil damit jedenfalls die Vorgaben des Art. 15 gewahrt bleiben.[496]

III. Zusammenfassung

Nach dem Konzept der abgestuften Vermögensbindung im Aktienrecht ist das Gesellschaftsvermögen vor Mittelabflüssen an Gesellschafter je nach Rechtsgrund der Zahlung und betroffenem Schutzzweck der Kapitalerhaltung in unterschiedlicher Intensität geschützt. Sowohl das aktienrechtliche Verbot der Einlagenrückgewähr (§ 57AktG) als auch das entsprechende Ausschüttungsverbot der Kapitalrichtlinie (Art. 15) stehen einer Befriedigung der getäuschten Aktionären zustehenden Schadensersatzverbindlichkeiten, sofern dafür Vermögen verwendet wird, das Grundkapitalziffer und gesetzliche Rücklagen überschreitet, nicht entgegen.

Einer Begrenzung der Befriedigung von Schadensersatzansprüchen durch das freie Vermögen stehen keine durchgreifenden bilanzrechtlichen Bedenken entgegen. Steht der AG nicht genügend freies Vermögen zur Befriedigung eines Schadensersatzanspruches zur Verfügung, so ist der Anspruch des Aktionärs zunächst nur in Höhe des verfügbaren freien Vermögens zu befriedigen. Der Anspruch ist als Verbindlichkeit voll zu bilanzieren. Entsteht eine Unterbilanz, so hat dies die gewollte Folge, dass die AG so lange keine Gewinne ausschütten darf, bis der Schadenseratzanspruch befriedigt ist. Insolvenzrechtlich sind Kapitalmarktinformationshaftungsansprüche als nachrangig gegenüber Fremdgläubi-

---

[495] Hervorzuheben ist das Ziel des Gläubigerschutzes, der in den Bestimmungen zum Rückerwerb eigener Aktien, vor allem auch in der Rückkopplung an die bilanziellen Grenzen zum Ausschüttungsverbot im Falle des erlaubten Erwerbs zum Tragen kommt, siehe *Habersack* Europäisches GesR, § 6, Rn. 53; *Bayer/Hoffmann/Weinmann* ZGR 2007, 457 (475 ff.).

[496] Siehe bereits oben, S. 106 ff.

geransprüchen (§ 39 I Nr. 5 InsO analog) einzuordnen. Sie sind in der Überschuldungsbilanz zu passivieren.

Einer Übernahme der Aktien durch die Gesellschaft als Folge der Erfüllung von Schadensersatzverbindlichkeiten steht nach bisheriger Erkenntnis § 71 AktG entgegen. Art. 19, 20 der Kapitalrichtlinie halten einen Ausnahmetatbestand für den Rückerwerb eigener Aktien zur Erfüllung von Schadensersatzverbindlichkeiten zwar bereit, jedoch ist die Tatbestand bisher im deutschen Recht nicht umgesetzt worden.

§ 6 Vermögenssicherung in Publikumspersonengesellschaften

I. Vermögenssicherung in der Personengesellschaft

Im vorangegangenen § 5 wurde anhand der Regeln der aktienrechtlichen Kapitalerhaltung die Frage nach den rechtlichen Vorgaben gestellt, die zur Sicherung des Vermögens der Gesellschaft vor Zugriffen (getäuschter) Aktionäre bestehen. Eine parallele Diskussion für den Bereich der Publikumspersonengesellschaften soll jedoch nicht unter dem Begriff der Kapitalerhaltung geführt werden. Denn dieser Begriff wird dort im Allgemeinen allenfalls im Zusammenhang mit der Kapitaleinlage des Kommanditisten gebraucht.[497] Vor allem entbehren Personengesellschaften des Schutzes eines bilanziell festgelegten und zu erhaltenden Nennkapitals. Dennoch stellt sich auch bei diesen Gesellschaftsformen die Frage, ob es nicht und in welchen Situationen von Rechts wegen geboten ist, dass ein bestimmtes Vermögen in der Gesellschaft verbleiben muss und eben nicht an die Gesellschafter zurückfließen darf.

In neuerer Zeit ist das Blickfeld vermehrt auf diese Frage gelenkt worden. So geht etwa *WIEDEMANN* davon aus, das es „offensichtlich im Interesse der *Mitgesellschafter* [liege], daß keine offenen oder verdeckten Vermögensverlagerungen in das Privatvermögen einzelner Gesellschafter erfolgen dürfen, durch die das Gesellschaftsvermögen vertragswidrig geschmälert wird."[498] Laut *SCHÖN* ergeben sich Ausschüttungs- und Entnahmesperren aus der Bindung des Gesellschaftsvermögens an den Gesellschaftszweck.[499] Und *BITTER* behauptet, im Interesse der Mitgesellschafter gäbe es eine umfassende Vermögensbindung als Teilaspekt der Kapitalerhaltung und sie gelte für jede Rechtsperson.[500]

Doch auch im Hinblick auf den Gläubigerschutz spielt die Vermögensbindung im Personengesellschaftsrecht eine Rolle. Sie ist nur nicht von derart zentraler Bedeutung wie bei den Kapitalgesellschaften, in denen Vermögensaufbringung und Kapitalerhaltung das Korrelat der beschränkten persönlichen Haftung der Gesellschafter darstellt. Ein anerkennenswertes Interesse der Gläubiger von Personengesellschaften besteht jedoch deshalb, weil das Gesellschaftsvermögen Gesellschafts- von Privatgläubigern trennt. Letztere haben nämlich grundsätz-

---

497 *Wiedemann* GesR II, § 4 III 5 b.
498 *Wiedemann* GesR II, § 4 III 5 b.
499 *Schön* ZHR 168 (2004), 268 (277 ff.).
500 *Bitter* ZHR 168 (2004), 302 (306).

lich keinen Zugriff auf das Gesellschaftsvermögen (Ausnahme: § 725 BGB; § 135 HGB) und konkurrieren somit nicht mit den Gesellschaftsgläubigern.[501]

Hinzukommen soll ein weiterer Gedanke. Eine Vermögenssicherung wird in den Personengesellschaften auch durch die Lehre von der fehlerhaften Gesellschaft erreicht. Zwar verfolgt dieses Institut nicht nur einen vermögensrechtlichen, sondern einen umfassenden Lösungsansatz. Damit verbunden sind jedoch auch Vorgaben für den Erhalt eines bestimmten Vermögens in der Gesellschaft. Ein Gesellschafter kann im Falle eines fehlerhaften Beitritts keinesfalls ein beliebiges Vermögen, jedoch auch nicht ein solches in Höhe seiner Einlage zurückverlangen. Er ist auf den Wert verwiesen, der aktuell seiner Beteiligungsquote entspricht.

Die Vermögenssicherungsfunktion der Lehre von der fehlerhaften Gesellschaft hat der BGH bereits 1976 in einem Urteil zum fehlerhaften Beitritt zu einer Genossenschaft betont.[502] Kapitalkraft und Kreditwürdigkeit hingen von der Rechtsbeständigkeit der Beitrittserklärungen seiner Mitglieder entscheidend ab und hierin sei zugleich eine unerlässliche Grundlage für das Auftreten des Verbandes im Rechtsverkehr wie für sein inneres Leben zu sehen. Auch bei Fehlen eines festen Garantiekapitals bildeten die Einlagen der Mitglieder eine Kapitalgrundlage, die das Gesetz durch zwingende Vorschriften zu sichern suche. Diese vermögensmäßige Grundlage soll nach der richtigen Ansicht des BGH nicht durch rückwirkende Anfechtung der Beitrittserklärungen beeinträchtigt werden.

II. Die Lehre von der fehlerhaften Gesellschaft

Es ist im Folgenden die Wirkung der Lehre von der fehlerhaften Gesellschaft (LfG) im Hinblick auf die Kapitalmarktinformationshaftung der Publikumsgesellschaft[503] zu untersuchen. Dabei ist zunächst die Reichweite des Tatbestandes der LfG (1.) unter Rückgriff auf die dogmatischen Grundlagen (2.) zu klären um festzustellen, ob die einzelnen Kapitalmarktinformationshaftungsnormen überhaupt den Tatbestand der LfG erfüllen (3.-5.). Schließlich ist zu überprüfen, welche Rechtsfolgen sich aus der Anwendung der LfG im Hinblick auf die Kapitalmarktinformationshaftung ergeben (6.).

---

501 *Wiedemann* GesR II, § 4 III 1 a (S. 360).

502 BGH WM 1976, 475 (476); vgl. auch *Carsten Schäfer* NZG 2005, 985 (989).

503 Ausgeklammert bleibt zunächst die stille Publikumsgesellschaft, ihr ist ein eigener Abschnitt vorbehalten, siehe unten, S. 154 ff.

1. Allgemeine Grundlagen und Tatbestand

Die LfG hat sich als „gesicherter Bestandteil des Gesellschaftsrechts“ etabliert.[504] Sie ist ein Produkt richterlicher Rechtsfortbildung, begleitet von einer stets lebhaften wissenschaftlichen Diskussion.[505]

Der Tatbestand der fehlerhaften Gesellschaft verlangt zum einen, dass ein Gesellschaftsvertrag wirksam errichtet wurde, der nach allgemeinen Grundsätzen anfänglich unwirksam oder anfechtbar ist.[506] Die Gesellschaft muss zweitens in Vollzug gesetzt worden sein und es dürfen drittens keine vorrangigen Interessen der Allgemeinheit oder einzelner schutzwürdiger Personen einer Anwendung des Instituts entgegenstehen.[507]

Rechtsfolge der Anwendung der LfG ist, dass zwar ein fehlerhafter Gesellschaftsvertrag besteht, die Gesellschaft an sich jedoch rechtswirksam entstanden ist[508] und zunächst fortbesteht.[509] Das wirksame Rechtsverhältnis kann jedoch für die Zukunft gelöst werden.[510] Hierzu stehen entweder die außerordentliche Kündigung bei der BGB-Gesellschaft (§ 723 I 2 BGB) oder die Auflösungsklage bei Handelspersonengesellschaften[511] oder der GmbH (§ 133 HGB, § 61 GmbHG) zur Verfügung.[512]

Auch der Beitritt zu einer Gesellschaft unterliegt den Regeln der LfG.[513] Erforderlich ist auch dafür ein, wenn auch fehlerhaftes, rechtsgeschäftliches Handeln auf Seiten der Vertragspartner.[514] Handelt es sich um den fehlerhaften Beitritt zu einer Publikumsgesellschaft, so ist als Rechtsfolge die Erhebung einer Auflösungsklage regelmäßig nicht erforderlich. So spricht der BGH in ständiger Rechtsprechung den arglistig getäuschten Anleger-Gesellschaftern einer Mas-

---

504 BGHZ 55, 5 (8); grundsätzlich kritisch *Canaris* Die Vertrauenshaftung, S. 120 ff.

505 *Wiedemann* GesR II, § 2 V.

506 *Karsten Schmidt* AcP 186 (1986), 421 (440); *ders.* GesR, § 6 III 1 (S. 147).

507 BGHZ 3, 285 (288); BGHZ 26, 330 (335); BGHZ 55, 5 (9); *Karsten Schmidt* AcP 186, 440 ff.; *Wiedemann* GesR II, § 2 V 3.

508 *Karsten Schmidt* AcP 186 (1986), 421 (441); *ders.* GesR, § 6 III 2.

509 *Wiedemann* GesR II, § 2 V 4 (S. 158).

510 *Wiedemann* GesR II, § 2 V 4 (S. 159).

511 Grundlegend RGZ 165, 193 (206).

512 *Karsten Schmidt* GesR, § 6 III 2.

513 BGHZ 44, 235; MünchKommBGB/*Ulmer*, § 705, Rn. 366; *Wiedemann* GesR II, § 2 V 3; *Carsten Schäfer* Die Lehre vom fehlerhaften Verband, S. 302 ff.; *Karsten Schmidt* AcP 186 (1986), 421 (435).

514 MünchKommBGB/*Ulmer*, § 705, Rn. 366.

sengesellschaft (PublikumsKG) ein Kündigungsrecht aus wichtigem Grund zu.[515]

2. Dogmatische Grundlagen

Über die dogmatischen Grundlagen der LfG herrscht noch keine Einigkeit. Der Bundesgerichtshof hat bisher in verschiedenen Fällen eine Interessenabwägung vorgenommen und stellt jeweils auf die Notwendigkeit der Beachtung des Verkehrsschutzes und/oder des Bestandsschutzes ab.[516] Weil darin keine (genügende) rechtsdogmatische Grundlage zu erblicken ist, denn die Zwecke Verkehrs- und Bestandsschutz könnten unter Umständen durch verschiedene Instrumente gewährleistet werden,[517] bemüht sich die Literatur bis heute um die Erklärung dieser dogmatischen Grundlage.[518]

Dabei hat man zunächst darauf abgestellt, die Rechtsordnung könne eine tatsächlich bestehende, in Vollzug gesetzte Gesellschaft nicht ignorieren. Diese so genannte Lehre von der faktischen Gesellschaft,[519] die nur an tatsächliche Gegebenheiten anknüpft, trägt jedoch dem Grundsatz der Privatautonomie (Art. 2 I GG) nicht hinreichend Rechnung. Denn danach reichen als Grundlage rechtlicher Bindung nicht faktische Gegebenheiten aus, vielmehr müssen Willenserklärungen vorhanden sein, seien sie auch fehlerhaft.[520] Zu Recht wird diese Lehre deshalb heute nicht mehr vertreten.

Demgegenüber stellt die Lehre von der Beschränkung der Nichtigkeitsfolgen[521] darauf ab, dass die Abwicklung nichtiger, aber über einen langen Zeitraum vollzogener Gesellschaften große Schwierigkeiten bereiten würde. Dem soll mittels teleologischer Reduktion der allgemeinen Nichtigkeitsfolgen und stattdessen Anwendung gesellschaftsrechtlicher Regeln Abhilfe geschaffen werden. Dieser Ansicht wird entgegen gehalten, sie vermöge die durch die LfG vor-

---

515 BGHZ 63, 338; BGH NJW 1973, 1604.

516 Exemplarisch BGHZ 13, 320; BGHZ 55, 5 (8 ff); Übersicht bei *Goette* DStR 1996, 266 ff.

517 MünchKommAktG/*Hüffer AktG* § 275, Rn. 6.

518 Soergel/*Hadding*, § 705, Rn. 88; umfangreiche Behandlung auch in Monographien, exemplarisch seien die Werke von *Wiesner* Die Lehre von der fehlerhaften Gesellschaft (1980) und zuletzt *Carsten Schäfer* Die Lehre vom fehlerhaften Verband (2002) angeführt.

519 Zu den Vertretern (im weiteren Sinne) zählen *Haupt* FS Siber, S. 1 ff.; *Siebert* FS Hedemann, S. 266 (287 f.); *Simitis* Die faktischen Vertragsverhältnisse, S. 261 f.

520 Heute allg. Meinung, siehe nur Soergel/*Hadding*, § 705 Rn. 85.

521 Staub/*Robert Fischer* (3. Aufl. 1973), § 105, Rn. 75 ff (m.w.N.).

gegebene spezifische Rechtsfolge der vollen rechtlichen Wirksamkeit der Gesellschaft im Zeitraum zwischen Vollzug des Vertrages und Geltendmachung des Fehlers nicht zu begründen.[522] Auch sei das pragmatische Abstellen auf Rückabwicklungsschwierigkeiten nicht geeignet, das Merkmal des Vollzugs zu begründen.[523]

Unter der Bezeichnung „gesetzestreue Ansichten" kann man Autoren zusammenfassen, die mit unterschiedlichen Begründungen das Institut der fehlerhaften Gesellschaft im Grunde ablehnen. Dabei wird vor allem die Notwendigkeit dieser Lehre bestritten. Die Abwicklung des Innenverhältnisses soll mittels Bereicherungsrecht (§ 818 BGB) gelöst werden, während für das Außenverhältnis Rechtsscheinsgrundsätze zum Tragen kämen.[524] Diesen bisher Mindermeinung gebliebenen Ansichten kann man vor allem entgegenhalten, dass sich mittels Rechtsscheinsgrundsätzen nicht die Existenz von Gesamthandsvermögen erklären lässt.[525]

Modernere Literaturstimmen gehen von einem organisationsrechtlichen Ansatz aus.[526] Zunächst wurde in diesem Zusammenhang auf die Doppelnatur des Gesellschaftsvertrages als Schuld- aber auch Organisationsvertrag verwiesen.[527] Damit verwandte, neuere Ansichten stützen sich auf ein allgemeines verbandsrechtliches Prinzip, das Personen- und Kapitalgesellschaften gleichermaßen zu Grunde liegen soll.[528]

Die letztgenannte Ansicht ist vorzugswürdig. Als Ausgangspunkt der Überlegungen sei nochmals darauf hingewiesen, dass die Ziele des Verkehrs- und Bestandsschutzes für sich genommen keine dogmatische Grundlage liefern und daher nicht eine Abweichung der gesetzlich kodifizierten, allgemeinen Regelungen rechtfertigen können.[529] Indes stoßen die allgemeinen Bestimmungen in Be-

---

522 MünchKommBGB/*Ulmer*, § 705, Rn. 350; *Wiesner*, S. 54 f.

523 Soergel/*Hadding*, § 705, Rn. 86.

524 Vgl. vor allem *Canaris* Vertrauenshaftung, S. 447 (451).

525 Soergel/*Hadding*, § 705, Rn. 87; MünchKommBGB/*Ulmer*, § 705, Rn. 353.

526 *Flume* I/1, § 2 III (S. 13 ff.); *Ulmer* FS Flume II, S. 301 (308 ff.); MünchKommBGB/*ders.* § 705, Rn. 356; Soergel/*Hadding*, § 705, Rn. 88; *Carsten Schäfer* Die Lehre vom fehlerhaften Verband, S. 113 ff., 120 ff.; *Wiesner*, S. 81 ff.; *Karsten Schmidt* AcP 186 (1986), 421 (425 f.); MünchKommHGB/*ders.* § 105, Rn. 232; *Hüffer* AktG, § 275, Rn. 3.

527 *Flume* I/1, § 2 III (S. 13 ff.); *Ulmer* FS Flume II, S. 301 (308 ff.).

528 *Karsten Schmidt* AcP 186 (1986), 421 (425 f.); *Carsten Schäfer* Die Lehre vom fehlerhaften Verband, S. 137 ff.

529 *Karsten Schmidt* AcP 186 (1986), 421 (425).

zug auf organisationsrechtliche Verhältnisse an ihre Grenzen, denn sie sind nicht darauf zugeschnitten.[530] Dies wird deutlich anhand der Rückabwicklungsschwierigkeiten, die auftreten, beurteilte man ein organisationsrechtliches Gebilde, das bereits im Rechtsverkehr aufgetreten ist und Beziehungen zu seinen Mitgliedern und zu Außenstehenden etabliert hat, als nichtig oder rückwirkend anfechtbar. Als deutlichste dieser Rückabwicklungsschwierigkeiten seien genannt:[531] Das Gesellschaftsvermögen verlöre mit Feststellung der Nichtigkeit der Organisation sein Zuordnungssubjekt. Sämtliche mit außenstehenden Gläubigern geschlossenen Verträge wären mit einer inexistenten Gesellschaft abgeschlossen worden. Auch getroffene Beschlüsse aller Art müssten als nichtig oder zumindest anfechtbar beurteilt werden. Plastisch formuliert lassen sich fehlerhafte Verfügungs- und Verpflichtungsgeschäfte rückabwickeln, die Mitgliedschaft hingegen nicht.[532]

Die beschriebenen Schwierigkeiten treten bei Aktiengesellschaften (jedenfalls) auf, soweit die Registereintragung als konstituierender Akt für das organisationsrechtliche Gebilde erfolgt ist. Das Gesetz berücksichtigt diesen Umstand und lässt die rückwirkende Vernichtung der Gesellschaft überhaupt nicht, eine Nichtigkeitsklage nur mit der Folge der Ex-nunc-Abwicklung gestützt auf festgelegte Gründe zu (§§ 275 ff. AktG). Die LfG ist damit im Aktienrecht kodifiziert.[533] Die Schwierigkeiten sind jedoch ebenso vorhanden, soweit im Falle der Personengesellschaften eine gesellschaftsrechtliche Organisation mit der Bildung der Gesamthand, die im Rechtsverkehr als selbständiges Zuordnungsobjekt von Rechten und Pflichten auftritt, entstanden ist. Entscheidend für das Vorhandensein eines derartigen organisationsrechtlichen Gebildes ist der Vollzug, also jede Maßnahme, die die Gesamthand im Innen- oder Außenverhältnis festigt oder fortentwickelt.[534]

Diese Parallelen bei Kapital- und Personengesellschaften, die sich aus den organisationsrechtlichen Eigenheiten ergeben, sind Grundlage für ein allgemeines verbandrechtliches Prinzip, das die rückwirkende Anfechtung und Nichtigkeit

---

530 *Karsten Schmidt* AcP 186 (1986), 421 (426).

531 Ausführlich *Carsten Schäfer* Die Lehre vom fehlerhaften Verband, S. 62 ff. (Kapitalgesellschaft), S. 71 ff. (Personengesellschaft).

532 So *Karsten Schmidt* AcP 186 (1986), 421 (426).

533 *Hüffer AktG* § 275, Rn. 3; zur rechtshistorischen Entwicklung *Carsten Schäfer* Die Lehre vom fehlerhaften Verband, S. 63 ff.

534 Soergel/*Hadding*, § 705, Rn. 88; ausführlicher MünchKommHGB/*Karsten Schmidt*, § 105, Rn. 236.

des einmal ins Rechtsleben eingetretenen Verbandes verbietet.[535] Diese Herangehensweise ist Ausdruck dafür, dass sich das Gesellschaftsrecht als Personen- und Organisationsrecht stark verselbständigt und von der allgemeinen Vertragslehre abgesetzt hat.[536]

3. Die Fehlerhaftigkeit des Gesellschaftsbeitritts

BGH und hL wenden die LfG in den Fällen des Erwerbs von Personengesellschaftsanteilen zur Kapitalanlage sowohl auf Rückabwicklungsansprüche nach erfolgter Anfechtung (Kündigung) als auch Rückerstattungsansprüche nach erfolgtem Haustürwiderruf[537] und c.i.c.-Ansprüche[538] an. Anders wird im Hinblick auf stille Gesellschaften entschieden. Eine Anfechtung der gesellschaftlichen Beteiligung wegen arglistiger Täuschung soll hier ebenso wie die nicht am aktuellen Abfindungsguthaben bemessene Rückforderung der geleisteten Einlage nach den Grundsätzen der fehlerhaften Gesellschaft nicht möglich sein, c.i.c.-Ansprüche gegen den täuschenden Unternehmergesellschafter, die sich auf Rückerstattung des ursprünglichen Einlagebetrages richten, sollen hingegen (zumindest wenn die Gesellschaftsverhältnisse zweigliedrig ausgestaltet sind)[539] durchgreifen.[540]

Eine Gleichbehandlung der verschiedenen Rechtsbehelfe und Anspruchsgrundlagen hinsichtlich Beschränkungen durch die LfG, die zur Abwicklung der gesellschaftsrechtlichen Beteiligung bei der Gesellschaft führen, liegt aber nicht von vornherein auf der Hand. Es muss deshalb untersucht werden, inwieweit das Tatbestandsmerkmal der Fehlerhaftigkeit die einzelnen zur Abwicklung führenden Rechtsgrundlagen erfasst.

---

535 *Carsten Schäfer* Die Lehre vom fehlerhaften Verband, S. 137 ff.; *Karsten Schmidt* AcP 186 (1986), 421 (426).

536 *Wiedemann* GesR II, § 2 V (S. 148).

537 BGHZ 148, 201 (205); MünchKommBGB/*Habersack* § 358, Rn. 14; *Wiedemann* GesR II, § 2 V 1; *Carsten Schäfer* JZ 2002, 249; *Edelmann* DB 2001, 2434 (2436); *Krohn/Carsten Schäfer* WM 2000, 112 (116 ff.); zweifelnd Staudinger/*Kessal-Wulf*, § 358 Rn. 46; wohl ebenso, jedoch zurückhaltend *Bayer/Riedel* NJW 2003, 2567 (2569).

538 BGHZ 156, 46, 51 f.

539 BGH NZG 2005, 261 (262) m. Anm. *Blaurock* WuB II H. § 230 HGB 1.05.

540 BGH NZG 2004, 961; NZG 2005, 261 m. Anm. *Blaurock* WuB II H. § 230 HGB 1.05; BGH NZG 2005, 467; BGH NZG 2006, 57.

a) Der Begriff der Fehlerhaftigkeit

Der Begriff der Fehlerhaftigkeit ist nicht gesetzlich verankert.[541] Nach bisher gesicherter Erkenntnis liegt sie bei nichtigen, unwirksamen und anfechtbaren Rechtsgeschäften vor.[542] Nichtigkeit und Unwirksamkeit weisen im bürgerlichen und im Gesellschaftsrecht grundsätzlich denselben Gehalt auf.[543] Die Anfechtung unterscheidet sich dadurch, dass sie erst im Nachhinein, aber mit rückwirkender Kraft zur Nichtigkeit führt und auch nur, wenn der Berechtigte sich zu ihr entschließt.[544] Doch kann man hierin zugleich die große Ähnlichkeit in der Rechtsfolge erkennen. Es geht darum, dass dem Rechtsgeschäft die Wirksamkeit vollständig versagt wird.[545]

CARSTEN SCHÄFER definiert darauf basierend die Fehlerhaftigkeit folgendermaßen: „Von der Rechtsfolge her betrachtet, lassen sich als Fehler all diejenigen Mängel des Rechtsgeschäfts verstehen, die nach dem Gesetz zur Folge haben, dass dem Geschäft, sei es eo ipso oder als Folge der Ausübung eines Gestaltungsrechts, welches die Fehlerhaftigkeit voraussetzt, die (vollständige) Wirksamkeit versagt bleibt, mithin die bestimmungsgemäßen Rechtsfolgen, ganz oder teilweise, nicht eintreten."[546]

Unzweifelhaft liegen somit fehlerhafte Beteiligungen im Sinne der Lehre von der fehlerhaften Gesellschaft vor, soweit Anleger bei ihrem Beitritt arglistig getäuscht worden sind oder die Beitrittsverträge unter ein gesetzliches Verbot (§ 134 BGB) fallen.

b) Schadensersatzansprüche i.V.m. § 249 S. 1 BGB als Fehler[547]

Der Anspruch aus c.i.c (§§ 280 I, 311 II, 241 II BGB) i.V.m. § 249 S. 1 BGB ist auf Wiederherstellung des Zustandes gerichtet, wie er ohne das schädigende Ereignis bestanden hätte.[548] Ebenso verhält es sich mit deliktischen Ansprüchen

---

541 *Carsten Schäfer* Die Lehre vom fehlerhaften Verband, S. 9.

542 BGHZ 11, 190; *Karsten Schmidt* AcP 186 (1986), 421 (440); *ders.* GesR, § 6 III 1. (S. 147); MünchenerHdb. GesR I/*Bälz*, § 100, Rn. 135 ff.; MünchKommBGB/*Ulmer* § 705, Rn. 328.

543 *Carsten Schäfer* Die Lehre vom fehlerhaften Verband, S. 10 ff.

544 *Carsten Schäfer* Die Lehre vom fehlerhaften Verband, S. 20.

545 *Carsten Schäfer* Die Lehre vom fehlerhaften Verband, S. 20.

546 *Carsten Schäfer* Die Lehre vom fehlerhaften Verband, S. 9.

547 In diesem Abschnitt werden Schadensersatzansprüche, die u.U. gegen den Geschäftsinhaber einer stillen Beteiligung bestehen, ausgeblendet. Sie sollen in einem späteren Abschnitt gesondert behandelt werden, siehe unten S. 154 ff.

548 Siehe oben, S. 80 ff.

aus §§ 826, 249 S. 1 BGB oder § 823 II BGB i.V.m. § 263 StGB, § 249 S. 1 BGB.

Hat der Geschädigte und Berechtigte des c.i.c.-Anspruchs einen nachteiligen Vertrag etwa infolge einer Aufklärungspflichtverletzung abgeschlossen, so kann er jedenfalls den Ersatz des vermögensmäßigen Schadens verlangen, der ihm aus dem nachteiligen Vertrag erwachsen ist. Es entspricht nach umfangreicher wissenschaftlicher Diskussion[549] mittlerweile jedoch der herrschenden Ansicht, dass der Schadensersatzanspruch gem. § 249 BGB auch auf Rückgängigmachung des Vertrages gerichtet werden kann.[550] Mit der Schuldrechtsreform ist ebenfalls deutlich geworden, dass der Anspruch aus §§ 280 I, 311 II, 241 II BGB auch die rechtsgeschäftliche Entscheidungsfreiheit an sich schützt.[551] Auch dies spricht für einen Anspruch nicht nur auf Geldersatz, sondern Rückgängigmachung des Vertrages. Für einen solchen Anspruch stellt sich die Frage nach einer Beschränkung durch die Regeln der fehlerhaften Gesellschaft.

Die Linie des BGH bei der Behandlung von c.i.c.-Ansprüchen des Anlegers ist nicht eindeutig. Im Ergebnis sollen getäuschte Anleger einer Publikumspersonengesellschaft in Form einer GbR jedenfalls keinen Anspruch auf Beträge haben, die summenmäßig ihr aktuelles Abfindungsguthaben überschreiten und die damit zwischenzeitlich entstandene Verluste unberücksichtigt lassen würden.[552] Zum einen erreicht der BGH dieses Ergebnis bereits dadurch, dass er der Gesellschaft (aber auch den Mitgesellschaftern) das täuschende Verhalten der auf Seiten der Anlagegesellschaft tätigen Personen nicht zurechnet,[553] indem freilich von den herkömmlichen Grundsätzen der Zurechnung abgewichen wird.[554] Der zivilrechtlichen Dogmatik folgend könnte man es bei dieser Begründung bewenden lassen, denn c.i.c.-Ansprüche gegen die Gesellschaft entstünden so erst gar nicht.[555] Es wurde bereits gezeigt, dass dieser Ansatz nicht

[549] Siehe nur *Canaris* AcP 200 (2000), 273 (304 ff.) m.w.N.; dabei drehte es sich um die Frage, ob nicht § 123 BGB wegen der kürzeren Frist (§ 124 BGB) und des Vorsatzerfordernisses (Arglist) eine Anwendung der c.i.c. mit wirtschaftlich gleichgerichteter Rechtsfolge ausschließe.

[550] Siehe bereits oben, S. 80 ff.

[551] Begr. Entwurf Schuldrechtsmodernisierungsgesetz, BT-Drs. 14/6040, S. 163 (linke Spalte); hierzu auch *Bernd Mertens* AcP 203 (2003), 818 (844) m.w.N.

[552] BGHZ 156, 46 (51); BGH ZIP 2004, 1402 (1406); BGH DStR 2006, 1091 (1093).

[553] BGHZ 156, 46 (51 f.); für die Zurechnung bei arglistiger Täuschung nach § 123 II BGB ebenso bereits BGH NJW 1973, 1604 (1605 f.); BGHZ 63, 338 (348); BGH NJW 1975, 894 (895).

[554] Siehe bereits oben, S. 74 ff.

[555] *Carsten Schäfer* ZHR 170 (2006), 373 (376).

trägt.[556] Der BGH sieht jedoch auch einen Zusammenhang mit der LfG, die eine vollständige Rückzahlung der Einlage ebenfalls nicht zuließe[557] bzw. die isolierte Geltendmachung eines solchen Anspruchs vor einer auf sofortige Abwicklung gerichteten Kündigung der Gesellschaftsbeteiligung verhindere.[558] Anders urteilt er nur in Bezug auf Schadensersatzansprüche, mittels derer ein Anleger die Rückzahlung der ursprünglichen Einlageleistung vom Unternehmergesellschafter einer (zweigliedrigen) stillen Gesellschaft verlangt.[559]

Die Literatur wendet sich z. T. jedoch gegen eine Beschränkung von Schadensersatzansprüchen durch die LfG.[560] Hierzu wird angeführt, Schadensersatzansprüche hätten insgesamt einen anderen, weitergehenden Inhalt als Bereicherungsansprüche, zu deren Einschränkung die LfG entwickelt worden sei.[561] Dies wird damit begründet, dass durch Schadenersatzansprüche keine Ex-tunc-Wirkung herbeigeführt werden könne.[562]

Der Hinweis auf den unterschiedlichen Inhalt von Schadensersatzansprüchen und Anfechtung wegen arglistiger Täuschung geht indes fehl. Zwar hatte der BGH in seiner früheren Rechtsprechung zur Begründung der parallelen Anwendung von c.i.c. und Anfechtung gem. § 123 BGB einen solchen Unterschied darin ausgemacht, dass die Anfechtung „dinglich", also auch gegen Dritte wirke,[563] während der Schadensersatzanspruch schuldrechtlich auf Wiederherstellung des ursprünglichen Zustandes gehe.[564] Der BGH hat jedoch später selbst unter Forderung bzw. Zustimmung der Literatur eingestanden, dass der so ausgemachte

---

556 Siehe oben, S. 71 ff.

557 BGHZ 156, 46 (52); BGH ZIP 2004, 1402 (1406); dem folgend auch der für Fälle des fremdfinanzierten Anteilserwerbs (wieder) allein zuständige XI. Zivilsenat, BGH DStR 2006, 1091 (1093).

558 BGH NJW 2000, 3558 (3560).

559 Hierzu siehe unten, S. 166 ff.

560 *Geibel* BB 2005, 1009 (1014); *Gehrlein* WM 2005, 1489 (1495 f.); kritisch auch *Bälz* FS Raiser, S. 615 (626) mit jeweils unterschiedlichen Lösungsansätzen.

561 *Geibel* BB 2005, 1009 (1013).

562 *Geibel* BB 2005, 1009 (1013); von einer Ex-tunc-Wirkung ausgehend offenbar *Schwab* ZGR 2004, 861 (863).

563 Mit „dinglicher Wirkung" ist in diesem Zusammenhang nicht die Frage nach der Anfechtbarkeit des sachenrechtlichen Erfüllungsgeschäftes gemeint, sondern die Wirkung der Anfechtung gegenüber Dritten (Klarstellung durch BGH NJW 1998, 302 (304), zuvor schon *Medicus* JuS 1965, 209 (212)).

564 BGH NJW 1962, 1196 (1198).

Unterschied eher konstruktiver Natur sei.[565] Tatsächlich muss man davon ausgehen, dass die Folgen von c.i.c.-Ansprüchen und einer auf § 123 BGB beruhenden Täuschung bei zweiseitigen Austauschverhältnissen weitgehend identisch sind.[566]

Andererseits lässt sich mit dem schlichten Hinweis auf die weitgehende Identität der Rechtsfolgen von Täuschungsanfechtung und c.i.c. die Anwendung der LfG auf c.i.c-Ansprüche im organisationsrechtlichen Bereich nicht rechtfertigen.[567] Denn bezogen auf den Bestand des organisationsrechtlichen Gebildes Gesellschaft ergeben sich dennoch Unterschiede. Ein Blick auf die typischerweise bei der Organisation auftretenden Rückabwicklungsschwierigkeiten, die bei Anwendung der auf Organisationsverhältnisse nicht zugeschnittenen, ex tunc wirkenden Rechtsbehelfe des allgemeinen Zivilrechts auftreten würden, verdeutlicht dies. Bei rückwirkender Anfechtung des Gesellschaftsvertrages würde die Organisation rückwirkend vernichtet, das Gesellschaftsvermögen hätte sein Zurechnungssubjekt verloren, in der Folge wären alle Verträge mit außenstehenden Gläubigern als Verträge mit einer nicht existenten Gesellschaft zu beurteilen. Des Weiteren wären sämtliche in der Vergangenheit liegenden Gesellschafterbeschlüsse nichtig oder zumindest anfechtbar.[568] Bei c.i.c.-Ansprüchen treten diese Schwierigkeiten freilich nicht auf. Auch wenn die c.i.c. auf eine Rückgängigmachung des Vertrages[569] gerichtet ist, die sich mittels schuldrechtlicher Verpflichtung zum Abschluss eines Aufhebungsvertrages vollzieht, ist dadurch nicht die Gesellschaft mit den genannten Konsequenzen für Gesellschaftsvermögen, Außenrechtsbeziehungen und Gesellschafterbeschlüsse für die Vergangenheit vernichtbar. Ein c.i.c.-Anspruch würde zwar vermögensmäßig den Ex-tunc-Zustand

---

565 BGH NJW 1998, 302 (303); *Canaris* AcP 200 (2000), 273 (305); *Werner Schubert* AcP 168 (1968), 470 (505); *Medicus* JuS 1965, 211 ff.

566 *Medicus* JuS 1965, 209 (212); *Werner Schubert* AcP 168 (1968), 470 (505).

567 So jedoch *Schwab* ZGR 2004, 861 (863 f.).

568 Zu den Rückabwicklungsschwierigkeiten bei Personengesellschaften siehe ausführlicher *Carsten Schäfer* Die Lehre vom fehlerhaften Verband, S. 71 ff.

569 Bisher ist nicht abschließend geklärt, wie dies technisch geschehen soll. So ist auch die Terminologie unterschiedlich. Gleichermaßen werden die Begriffe „Rückgängigmachung“ und „Rückabwicklung“ (BGH NJW 1998, 302 (304)), „Vertragsaufhebung“ (etwa *Canaris* AcP 200 (2000), 273 (304); *Medicus* SchR AT, § 14, Rn. 109) oder auch „Befreiung von der Vertragspflicht“ (MünchKommBGB/*Kramer*, § 123, Rn. 35a) gebraucht. Konkreter ist die Ansicht, dass dem Geschädigten aus § 249 BGB ein Anspruch auf Abschluss eines Aufhebungsvertrages gegenüber dem Schädiger erwachse (*Medicus* JuS 1965, 209 (212); *Stephan Lorenz* ZIP 1998, 1053 (1054)). Im Zentrum steht das Bemühen, den Schuldner so zu stellen, als habe er den Vertrag nicht abgeschlossen.

wieder herstellen, aber nicht sämtliche durch die Organisation geschaffenen Rechtsbeziehungen für inexistent erklären können.

Entscheidend aber ist, dass eine Personengesellschaft, deren rechtliche Grundlagen zwar durch die LfG intakt gehalten würden, deren Gesellschaftsvermögen aber durch einzelne Gesellschafter vollständig aufgezehrt werden könnte, weder Bestandsschutz im Interesse der Mitgesellschafter noch Verkehrschutz im Interesse der Gläubiger gewähren könnte. Die Funktion der LfG, nämlich der Gesellschaft im Interesse des Verkehrs- und Bestandsschutzes vollständige Wirksamkeit zu verleihen, würde durch die Zulassung von c.i.c.-Ansprüchen, die vermögensmäßig auf die Erstattung der ursprünglichen Einlage gehen, regelmäßig verfehlt.[570] Die LfG berücksichtigt als allgemeines verbandsrechtliches Prinzip den Umstand, dass in einem auf Dauer angelegten organisationsrechtlichen Gebilde die mitgliedschaftlichen Elemente nicht rückabgewickelt werden können.[571] Wenn ein Gesellschafter mitgliedschaftliche Rechte ausgeübt hat, so ist diese Tatsache aus der Geschichte der Gesellschaft schwerlich rückgängig zu machen. Eine isolierte Rückabwicklung der vermögensmäßigen Einlage würde aber den Zusammenhang zwischen vermögens- und mitgliedschaftlichen Elementen, die die Gesellschaft und die einzelne Mitgliedschaft als rechtliches Gebilde vereint und die Anleger zu einer Risikogemeinschaft im Gegensatz zu schuldrechtlich beteiligten Fremdgläubigern vereint, außer Acht lassen.

Gerade unter der Prämisse, dass Täuschungsanfechtung und c.i.c. parallel anwendbar sind, würden Wertungswidersprüche auftreten, ließe man die rückwirkende Anfechtung des Gesellschaftsbeitritts nicht zu, die c.i.c.-Haftung aber doch.[572] Deshalb müssen auch auf c.i.c.-Ansprüche des Anlegers die Grundsätze der fehlerhaften Gesellschaft angewendet werden.[573] Dies wird evident in dem Fall, in dem der Gesellschafter infolge arglistiger Täuschung beigetreten ist. Versagt man ihm die rückwirkende Anfechtung und Auszahlung der ursprünglichen Einlageleistung mittels Bereicherungsrecht, so liefen Verkehrs- und Bestandsschutz leer, wenn man ihm die Auszahlung der Einlage aufgrund regelmäßig parallel gegebener Ansprüche aus c.i.c. oder § 826 i.V.m. § 249 BGB

---

570 *Carsten Schäfer* ZHR 2006, 373 (392); *Schwab* ZGR 2004, 861 (864).

571 Siehe oben, Teil 2:§ 6II.2.

572 *Michalski/Schulenberg* NZG 2000, 538.

573 Ebenso OLG Hamburg NZG 2000, 536 (538); OLG München NJW-RR 2000, 624 (625); OLG Hamm ZIP 2003, 1151 (1154) (stille Gesellschaft); *Lenenbach* WM 2004, 501; *ders.* WuB II H. § 230 HGB 2.05; *Schwab* ZGR 2004, 861 (863 f.); *Carsten Schäfer* ZHR 170 (2006), 373 (391 ff.).

gewähren würde. Aber auch der nur fahrlässig Getäuschte darf dann nicht seine Einlage zurückerhalten. Denn wertungsmäßig wäre es kaum verständlich, dass er zu Lasten von Mitgesellschaftern und Fremdgläubigern größeren Schutz verdienen sollte als der arglistig Getäuschte.[574] Deshalb ist die LfG immer anzuwenden, wenn der Anleger gegen seine Gesellschaft Schadensersatzansprüche geltend macht, deren Grund Täuschungen im Zusammenhang mit dem Beitrittsvertrag darstellen.

Diesem Ergebnis sollte auch nicht widersprochen werden, indem man mit *BÄLZ* zunächst von einem doppelten Vertragsschluss bei der Aufnahme in Personengesellschaften ausgeht, nämlich einem personenrechtlichen Aufnahmevertrag und einem schuldrechtlichen Geschäftsbesorgungsvertrag, der die Pflicht zur Verschaffung der Mitgliedschaft beinhalten soll, um sodann die Grundsätze von der fehlerhaften Gesellschaft nicht auf Ansprüche, die im Zusammenhang mit dem Schuldvertrag stehen, anzuwenden.[575] Denn zum einen ist die von Bälz entworfene Konstruktion schon im Grundsatz abzulehnen,[576] zum anderen würden damit die Funktionen der fehlerhaften Gesellschaft und der damit bezweckte Interessenschutz wiederum leerlaufen.

Der Gleichlauf in den Rechtsfolgen von Nichtigkeits- und Anfechtungsgründen einerseits und Schadensersatzansprüchen, die auf denselben Gründen beruhen, andererseits unter dem Gesichtspunkt der LfG muss auch der Ansicht *GEHRLEINS*[577] entgegen gehalten werden. *GEHRLEIN* geht davon aus, dass Schadensersatzansprüche, die mit dem Nichtigkeitsgrund zusammenfallen, durchaus bestehen können[578] und auch keine Beschränkung durch die Regeln von der fehlerhaften Gesellschaft erführen. Vielmehr würden sie im Falle einer gleichzeitigen Kündigung durch den Anleger Bestandteil der Abschichtungsbilanz und könnten dennoch wahlweise unabhängig von dem Verfahren zur Aufstellung einer solchen Bilanz gesondert geltend gemacht werden. Es verdiene keine Billigung, den fehlerhaft beigetretenen Gesellschafter, der infolge seines Beitritts einen Schadensersatzanspruch erlangt habe, bei der Auseinandersetzung wie ei-

---

574 *Carsten Schäfer* ZHR 170 (2006), 373 (392); OLG Stutgart ZIP 2003, 763 (stille Gesellschaft).

575 *Bälz* FS Raiser, S. 615 (621 ff., 627); siehe dazu bereits oben, S. 64 f.

576 Siehe bereits oben, S. 64 f.

577 *Gehrlein* WM 2005, 1489 (1495 f.).

578 Es wird jedoch bei *Gehrlein* nicht deutlich, unter welchen Umständen derartige Ansprüche gegen die Gesellschaft entstehen können, denn auch er verweist auf die BGH-Rechtsprechung, nach der etwa Täuschungen weder der Gesellschaft noch Mitgesellschaftern zugerechnet werden könnten, WM 2005, 1489 (1492, 1495).

nen wirksam beigetretenen Gesellschafter zu behandeln. Das Anlagerisiko hätten nur ohne Vertragsmangel beigetretene Gesellschafter in voller Höhe zu tragen. Es wäre auch mit Art. 3 GG unvereinbar, dieses Risiko zu Lasten solcher Anleger zu „vergesellschaften“, die sich über den Vertragsmangel hinaus auf einen Schadensersatzanspruch berufen könnten.

Dem muss man jedoch erwidern, dass gerade in dem praktisch relevanten Fall der arglistigen Täuschung bei Vertragsschluss immer auch der bereits mit einfacher Fahrlässigkeit erfüllte Tatbestand der c.i.c. vorliegt. Insofern ist es irreführend, von einem Schadensersatzanspruch „darüber hinaus“ zu sprechen, so als handele es sich um eine außergewöhnliche Situation. Vielmehr kann es nur um die grundsätzliche Frage gehen, ob die LfG auch zu Lasten des arglistig Getäuschten anwendbar ist. Dies ist allerdings seit langem anerkannt, obschon sicherlich die Frage zu stellen ist, ob Gesichtspunkte des Anleger- oder Verbraucherschutzes ein anderes rechtfertigen.[579] Gestattet man jedoch dem arglistig Getäuschten mit der ganz herrschenden Ansicht nicht die rückwirkende Anfechtung seiner Beteiligung mit Hinweis auf die LfG, so liegt bereits darin die Entscheidung, dass auch dieser Gesellschafter das Anlagerisiko für die Zeit bis zur Kündigung zu tragen hat. Eine unterschiedliche Behandlung von Nichtigkeits- bzw. Anfechtungsgründen und Schadensersatzansprüchen, die auf denselben Gründen beruhen (Täuschung im Zusammenhang mit dem Beitritt), ist nicht angezeigt.[580]

Hinzuzufügen ist allerdings, dass (selbstverständlich) die Grundsätze der LfG dann nicht auf c.i.c.-Ansprüche anzuwenden sind, wenn der Anteil an der Anlagegesellschaft erhalten bleibt, weil ein Dritter (z.B. eine fremdfinanzierende Bank) verpflichtet ist, den Anteil des Anlegers zu übernehmen. Dann ist wiederum das Gesellschaftsvermögen nicht betroffen, mangels Betroffenheit von Verkehrs- und Bestandsschutz bleibt kein Raum für die LfG.[581]

c) Die gem. §§ 312, 355 BGB widerrufene Willenserklärung als Fehler

Das Widerrufsrecht der früheren §§ 1, 3 HWiG wurde in seiner Rechtswirkung von der überwiegenden Auffassung so verstanden, dass die widerrufene Willenserklärung erst mit Ablauf der Widerrufsfrist als wirksam, vorher somit als

---

579 Siehe hierzu unten S. 131 ff.
580 *Carsten Schäfer* ZHR 170 (2006), 370 (391 f.).
581 Vgl. nur BGH DStR 2006, 1093 (1095); *Michalski/Schulenberg* NZG 2000, 538.

schwebend unwirksam klassifiziert werden sollte.[582] Davon ausgehend hat das LG Bonn in einer Entscheidung die Grundsätze der fehlerhaften Gesellschaft im Falle des widerrufenen Gesellschaftsbeitritts nicht angewendet.[583] Mangels wirksamer Willenserklärung liege kein zurechenbar veranlasster Rechtsschein vor, der es dem Rechtsverkehr erlaube, auf den Gesellschaftsbeitritt zu vertrauen.

Die Entscheidung des LG Bonn ist indessen in der Rechtsprechung soweit ersichtlich[584] vereinzelt geblieben. Ihr wurde richtigerweise entgegnet, für die Anwendung der LfG sei zwischen dem Tatbestand des Gesellschaftsvertrages und dessen weiteren Wirksamkeitsvoraussetzungen zu unterscheiden.[585] Der Tatbestand des Gesellschafsvertrages (oder des Beitrittsvertrages) müsse vorliegen, da sonst nicht einmal eine fehlerhafte, sondern gar keine Gesellschaft vorliege. Die früher vertretene Vorstellung vom Bestehen einer faktischen Gesellschaft,[586] zu deren Gründung es überhaupt keines (auch nicht fehlerhaften) Willensaktes bedürfen sollte, gilt zu Recht als überholt und wurde bereits abgelehnt.[587] Für einen widerrufbaren Beitrittsvertrag stellt sich somit die Frage, ob ein solcher Vertrag, genauer die darauf gerichteten Willenserklärungen, tatbestandlich bereits erfüllt sind. Jedoch muss man davon ausgehen, dass während der Widerrufbarkeit der Willenserklärung lediglich ein Wirksamkeitsdefizit besteht, während tatbestandlich bereits eine Willenserklärung vorliegt.[588] Eine Willenserklärung ist mit ihrer objektiven Äußerung, subjektiv zu Grunde liegendem Handlungswillen und unter Umständen erforderlichem Erklärungsbewusstsein tatbestandlich erfüllt.[589] Die Widerrufbarkeit der Erklärung ändert daran nichts.

---

582 MünchKommBGB/*Ulmer* Bd. 3, 3. Aufl. (1995), § 1 HausTWG Rn. 6; BGHZ 129, 371, 374 ff.; LG Bonn MDR 1997, 337 (338); a.A. *Medicus* AT, 6. Aufl. 1994, Rn. 304 f.

583 LG Bonn MDR 1998, 337.

584 Vereinzelt wurde die LfG auf auf den Haustürwiderruf aus anderen Gründen, nämlich wegen Vorrangs von Verbraucherschutzinteressen, nicht angewendet, dazu unten, S. 131 ff.

585 *Krohn/Carsten Schäfer* WM 2000, 112 (116 f.); *Carsten Schäfer* Die Lehre vom fehlerhaften Verband, S. 213.

586 *Haupt* FS Siber, S. 1; *Siebert* FS Hedemann, S. 266 (287 f.); *Simitis* Die faktischen Vertragsverhältnisse, S. 261 f.

587 Siehe oben, S. 117.

588 *Krohn/Carsten Schäfer* WM 2000, 112 (117).

589 Palandt/*Heinrichs* Einf v § 116, Rn. 1 ff.

Die h.M. wendet die Grundsätze der fehlerhaften Gesellschaft auf den nach HWiG a.F. (heute §§ 312, 355 ff. BGB) widerrufenen Beitrittsvertrag an.[590] Für die nach dem Haustürwiderrufsgesetz beendete Mitgliedschaft in einer Publikumsgesellschaft könne nichts anderes gelten als im Fall des auf arglistiger Täuschung beruhenden Beitritts.[591] Nach Ansicht des BGH sind zum einen die Gläubiger der in Vollzug gesetzten Gesellschaft zu schützen, zum anderen dürften die Mitgesellschafter nicht schlechter als der widerrufende Gesellschafter behandelt werden.[592]

Das dogmatische Verständnis des Haustürwiderrufs hat sich jedoch inzwischen geändert. Mit der Formulierung des heutigen § 355 BGB, nach der der Verbraucher mit dem fristgerechten Widerruf an seine Willenserklärung „nicht mehr" gebunden ist, ist von einem zunächst wirksamen Vertragsschluss auszugehen, der sich per Gestaltungsrecht ex nunc in ein Rückgewährschuldverhältnis, ähnlich dem Rücktrittsrecht, umwandelt.[593] Die Fehlerhaftigkeit, die nach herkömmlichem Verständnis bei einer anfänglich unwirksamen oder anfechtbaren Willenserklärung gegeben ist,[594] liegt hier somit nicht auf der Hand.[595] Zwar sind auch nach neuer Rechtslage tatbestandlich eine Willenserklärung und auch (zunächst) ein Beitrittsvertrag gegeben. Jedoch ist dieser Beitrittsvertrag wirksam und bleibt es auch – es fehlt umgekehrt an einem Wirksamkeitsdefizit.

Die Anwendung der LfG erklärt sich jedoch aus den Rechtsfolgen des Haustürwiderrufs, wobei dieselben Erwägungen Platz greifen, die für Schadensersatzansprüche aufgrund Täuschung herangezogen werden müssen. Die Rechtsfolgen der Ausübung des Haustürwiderrufs sind in § 357 BGB geregelt. Nach

---

590 BGHZ 148, 201 (207); BGH NZG 2005, 35 (37); BGH ZIP 2006, 1388; *Gehrlein* WM 2005, 1489. Zu neuerlichen Zweifeln wegen der Vereinbarkeit mit europarechtlichen Vorgaben siehe unten, S. 137 ff.

591 BGHZ 148, 201 (207).

592 BGHZ 148, 201 (207).

593 Staudinger/*Kaiser*, § 355, Rn. 18, 21; MünchKommBGB/*Ulmer*, § 355, Rn. 2, 33; Palandt/*Grüneberg*, § 355, Rn. 3; HK-BGB/*Schulze*, § 355, Rn. 1; Jauernig/*Stadler*, § 355, Rn. 3; Bamberger/Roth/*Grothe*, § 355, Rn. 3; *Bork* AT BGB, Rn. 1814; so bereits zur alten Rechtslage (§ 1 HWiG) *Medicus* AT, 6. Aufl. 1994, Rn. 304 ff.; anders *Reiner* AcP 203 (2003), 1 (27), der im Widerruf ein anfechtungsähnliches Gestaltungsrecht sieht.

594 *Karsten Schmidt* AcP 186 (1986), 421 (440); *ders.* GesR, § 6 III 1 (S. 147); MünchenerHdb. GesR I/*Bälz* § 100, Rn. 135 ff.

595 *Armbrüster* Gesellschaftsrecht und Verbraucherschutz, S. 33; MünchKommBGB/*Ulmer*, § 705, Rn. 329; zweifelnd im Hinblick auf die Anwendung der LfG beim Rücktritt auch Westermann/*Westermann* Hdb. Personengesellschaften I, Rn. 174; *Geibel* BB 2004, 1009, 1013 (bei Fn. 64).

dessen Abs. 1 S. 1 finden die Vorschriften über den gesetzlichen Rücktritt entsprechende Anwendung. Dort bestimmt wiederum § 346 I BGB, dass „die empfangenen Leistungen zurückzugewähren“ sind. Damit wird das ursprüngliche Schuldverhältnis nach heutigem Verständnis nicht aufgehoben, sondern inhaltlich in ein Abwicklungs- und Rückgewährschuldverhältnis[596] mit dem Ziel, den ursprünglichen Zustand oder zumindest einen dem ursprünglichen Zustand wirtschaftlich gleichwertigen Zustand wieder herzustellen, umgewandelt.[597] Damit erlöschen unerfüllte Leistungsansprüche („Befreiungswirkung“ des Rücktritts) und hinsichtlich bereits erbrachter Leistungen entsteht eine Pflicht zur Rückgewähr und zur Herausgabe gezogener Nutzungen.[598] So wird das Vertragsverhältnis zwar einerseits mit Wirkung für die Zukunft beendet, doch hat der Rücktritt auch eine retrospektive Dimension, indem die Rückabwicklung nämlich die in der Vergangenheit liegenden Leistungen erfasst.[599] Insoweit wirken die §§ 346 ff. BGB mit der zwar ex nunc eingreifenden, aber auf Rückgewähr der ursprünglichen Einlage gerichteten Rechtsfolge auch deutlich anders als eine Kündigung.[600] Diese retrospektive Dimension macht es erforderlich, den Haustürwiderruf mit seinen Rechtsfolgen unter den Tatbestand der LfG zu subsumieren.[601] Denn ebenso wie im Falle des Anlegerschadensersatzes aufgrund Täuschung wäre es verfehlt, die gesellschaftsrechtliche Beteiligung vermögensmäßig rückabzuwickeln und den Zusammenhang der Mitgliedschaft in der Leistungs- und Risikogemeinschaft, die eine Gesellschaft darstellt, außer Betracht zu lassen.[602] Erkennt man mit dem BGH[603] für den Fall der widerrufenen

---

596 BGH NJW 1998, 3268; a.A. *Canaris* NJW 1982, 305 (310).

597 In den Vorschriften des HWiG a.F. fand sich zwar kein Verweis auf das Rücktrittsrecht, dennoch sollten die Folgen gleich sein: § 1 HWiG wurde als einseitig vernichtendes Gestaltungsrecht des Kunden verstanden, bei schon erbrachten Leistungen sollte sich das Schuldverhältnis gem. § 3 HWiG in ein Rückgewährschuldverhältnis umwandeln, MünchKommBGB/*Ulmer*, Bd. 3, 3. Aufl. (1995), § 1 HWiG, Rn. 3.

598 HK-BGB/*Schulze*, § 346, Rn. 9.

599 HK-BGB/*Schulze*, § 346, Rn. 10.

600 So aber Westermann/*Westermann* Hdb. Personengesellschaften I, Rn. 174.

601 Ebenso *Armbrüster* Gesellschaftsrecht und Verbraucherschutz, S. 32 ff.; schon früh hat der BGH einen Rücktritt infolge eines Wegfalles der Geschäftsgrundlage den Regeln der fehlerhaften Gesellschaft unterworfen, BGHZ 10, 44 (51); ebenso bereits RGZ 165, 193; doch bedurfte es dazu keiner besonderen Begründung, da nach damaligem Verständnis der Rücktritt den gesamten Vertrag ex tunc aufheben und an dessen Stelle das gesetzliche Rückabwicklungsverhältnis treten sollte, hierzu Bamberger/Roth/*Grothe*, § 346, Rn. 9 m.w.N.

602 Vgl. oben, S. 121 ff.

603 BGHZ 148, 201 (207).

Beitrittserklärung das Interesse der Gläubiger und Mitgesellschafter an dem Bestand der einmal vollzogenen Gesellschaft als schützenswert an, so ist dieses Interesse im gleichen Maße unabhängig davon betroffen, ob man den Haustürwiderruf als Beendigung einer schwebend unwirksamen Rechtslage oder als besonders ausgestaltetes Rücktrittsrecht ansieht.

d) Schadensersatzansprüche gem. §§ 13, 13a VerkProspG n. F. als Fehler

Ansprüche gem. §§ 13, 13a VerkProspG i.V.m. §§ 44 ff. BörsG verpflichten die Anlagegesellschaft, gegen Rückerstattung des ursprünglich gezahlten Erwerbspreises den Gesellschaftsanteil des schadensersatzberechtigten Anlegers zu übernehmen.[604] Auch hier geht es technisch gesprochen nicht um die Vernichtung des Gesellschaftsbeitritts ex tunc. In ihren vermögensmäßigen Auswirkungen auf die Gesellschaft kommt diese Rechtsfolge aber einer derartigen rückwirkenden Vernichtung mit bereicherungsrechtlicher Rückabwicklung der Einlage gleich. Ebenso wie im Falle eines gegen die Gesellschaft gerichteten Schadensersatzanspruchs i.V.m. § 249 BGB würde damit aber die Zielsetzung der fehlerhaften Gesellschaft, die Mitgliedschaft als ganzes, also auch in ihrer vermögensmäßigen Dimension, im Interesse des Verkehrs- und Bestandsschutzes zu erhalten, verfehlt.[605] Der Schadensersatzanspruch gem. §§ 13, 13a VerkProspG stellt daher ebenfalls einen Fehler i.S.d. LfG dar.

4. Vollzug

Keine besonderen Probleme bereitet das Tatbestandsmerkmal des Vollzugs. Hierfür ist nach verbreiteter Ansicht erforderlich, dass die Einlage, sei es auch nur teilweise, geleistet worden ist. Denn damit hat sich die Teilhabe des Anlegers an der Leistungs- und Risikogemeinschaft materialisiert.[606]

5. Kein Entgegenstehen höherrangiger Interessen

Die Regeln von der fehlerhaften Gesellschaft finden nach ständiger und anerkannter Rechtsprechung keine Anwendung, wenn höherwertige und überwie-

---

604 Siehe bereits oben, S. 82 ff.

605 Siehe die ausführliche Begründung zur Haftung der Gesellschaft gem. § 249 BGB, oben S. 121 ff.

606 BGH NJW 1992, 1501 (1502); *Armbrüster* Gesellschaftsrecht und Verbraucherschutz, S. 34; zum Teil wird der Vollzug schon zu einem früheren Zeitpunkt als gegeben betrachtet, Einzelheiten bei MünchKommBGB/*Ulmer*, § 705, Rn. 367.

gende Interessen der Allgemeinheit oder einzelner schutzwürdiger Personen entgegen stehen.[607] Nach ganz herrschender Meinung sind die Grundsätze daher nicht anzuwenden bei Gesamtnichtigkeit des Gesellschaftsvertrages nach §§ 134, 138 BGB sowie bei Eingreifen von Schutzvorschriften zugunsten nicht voll Geschäftsfähiger.[608] Mit Blick auf die in der Rechtspraxis überwiegend verhandelten Fälle zur fehlerhaften Beteiligung in Anlagegesellschaften stellt sich die Frage nach einem Vorrang der Interessen arglistig getäuschter oder ein verbraucherschützendes Widerrufsrecht ausübender Gesellschafter.

Mit dem Dogma der fehlerhaften Gesellschaft wird die Wirkung von rechtlichen Mängeln des Gesellschaftsverhältnisses im Interesse nicht nur der außenstehenden Dritten, sondern auch der Gesellschafter selbst auf die Zukunft beschränkt. Andererseits liegen den gesetzlichen Bestimmungen, die die rückwirkende Nichtigkeit oder Vernichtbarkeit von Rechtsgeschäften vorsehen, ebenfalls anerkennenswerte rechtspolitische Zwecke zu Grunde. Durch die LfG wird dem Schutz der Gläubiger und Gesellschafter grundsätzlich der Vorrang eingeräumt. Dieser Vorrang muss jedoch auch im Einzelfall begründbar sein.[609] Es ist daher eine Abwägung der beteiligten Interessen vorzunehmen.[610]

a) Meinungsbild

In früheren obiter dicta hatte der BGH ausgesprochen, dass die Grundsätze der fehlerhaften Gesellschaft nicht zu Lasten arglistig getäuschter oder widerrechtlich bedrohter Personen gelten solle, wenn sich der Täuschende durch die Täuschung einen überaus günstigen Liquidationsanteil habe versprechen lassen und ein in die Auseinandersetzung einzustellender Schadensersatzanspruch dem Betrogenen oder Bedrohten keinen genügenden Ausgleich bieten könne.[611] Diese Auffassung ist indes seit langem nicht wiederholt worden. Vielmehr ist mittlerweile anerkannt, dass der Fall des arglistig getäuschten Gesellschafters keine

607 BGHZ 3, 285 (288); BGHZ 55, 5 (9).

608 MünchKommBGB/*Ulmer*, § 705, Rn. 332 ff.

609 *Kübler/Assmann* GesR, § 26 IV (S. 395 f.).

610 *Carsten Schäfer* die Lehre vom fehlerhaften Verband, S. 262; im Aufbau anders, im Ergebnis jedoch gleich nimmt *Armbrüster* Gesellschaftsrecht und Verbraucherschutz, S. 23 ff. eine breit angelegte Abwägung der beteiligten Interessen für die Fälle fehlerhafter stiller Beteiligungen vor, wobei er davon ausgeht, dass diese Abwägung bereits über die Anwendbarkeit der LfG entscheide, während die Frage nach den höherrangigen Interessen lediglich ein letztes wertendes Korrektiv bilde (S. 35).

611 BGHZ 13, 320 (323); BGHZ 55, 5 (10).

Ausnahme von der LfG rechtfertigt.[612] Dem liegt der Gedanke zu Grunde, dass die LfG auf der Anerkennung des zwar rechtsfehlerhaft, aber privatautonom geschaffenen Verbandes beruht, der aber auch im Falle der arglistigen Täuschung vorliegt.[613] Die das Institut der fehlerhaften Gesellschaft bestimmenden Funktionen Verkehrs- und Bestandsschutz der Leistungs- und Risikogemeinschaft genießen insoweit Vorrang vor dem Individualschutz.[614] Letzterem ist durch Schadens- oder Regressansprüche im Innenverhältnis (etwa gegen den persönlich täuschenden Gesellschafter) Rechnung zu tragen.[615]

Der BGH hat ebenso ein dem Gesellschafter zustehendes Haustürwiderrufsrecht nicht als vorrangig gegenüber der LfG erachtet. Nicht einmal ein durch arglistige Täuschung veranlasster Beitritt eines Anlegers zu einer Publikumspersonengesellschaft führe zur Anwendung der bürgerlich-rechtlichen Anfechtungsvorschriften mit der Folge, dass die gesellschaftsrechtliche Stellung ex tunc beendet werde und die Einlagen zurückzugewähren seien. Für die Beendigung der Mitgliedschaft in einer Publikumsgesellschaft nach dem Haustürwiderrufsgesetz könne im Grundsatz nichts anderes gelten, weil bei in Vollzug gesetzter Gesellschaft nicht nur deren Gläubiger geschützt werden müssen, sondern auch sicherzustellen sei, dass die Mitgesellschafter des das Widerrufsrecht ausübenden Gesellschafters nicht schlechter als er selbst behandelt würden.[616] Die Literatur ist größtenteils derselben Ansicht.[617] Eine Klärung auf europäischer Ebene steht freilich noch aus.[618]

---

612 BGHZ 63, 338 (345 f.); BGHZ 148, 201 (207); MünchKommBGB/*Ulmer*, § 705, Rn. 340; *Carsten Schäfer* Die Lehre vom fehlerhaften Verband, S. 279 f.; Soergel/*Hadding*, § 705, Rn. 83; Baumbach/Hopt/*Hopt*, § 105, Rn. 80; *Flume* I/1, § 2 III (S. 24); *Wiesner*, S. 134 f.

613 *Karsten Schmidt* GesR, § 6 III 3 (S. 151 f.).

614 Vgl. BGH WM 1976, 475 (476); *Carsten Schäfer* Die Lehre vom fehlerhaften Verband, S. 279 f.

615 *Karsten Schmidt* GesR, § 6 III 3 (S. 152); Siehe zu Ansprüchen gegen den persönlich täuschenden Gesellschafter unten, S. 147.

616 BGHZ 148, 201 (207), BGH ZIP 2008, 1018 (1021).

617 *Carsten Schäfer* Die Lehre vom fehlerhaften Verband, S. 280 ff.; *Westermann* ZIP 2002, 240 (244); *Blaurock* Hdb. StG, 19.43; *Schwab* ZGR 2004, 891 (894); *Lenenbach* WM 2004, 501 (503); *Schubert* WM 2006, 1328 (1329); *Wertenbruch* NJW 2005, 2823 (2824).

618 In jüngster Zeit hat der BGH Zweifel an der Vereinbarkeit seiner Lösung mit den Vorgaben der sog. Haustürwiderrufsrichtlinie (RL 85/577/EWG des Rates v. 20. 12. 1985 betreffend den Verbraucherschutz im Falle von außerhalb von Geschäftsräumen geschlossenen Verträgen, ABl. 1985 Nr. L 372/31) geäußert und die Frage mit Beschluss v.

Es finden sich jedoch auch anders lautende Stimmen. So wurde sowohl vom OLG Rostock als auch vom OLG Stuttgart vertreten, dem (im HWiG ausgedrückten) Verbraucherschutz komme bei der Interessenabwägung ein höherer Stellenwert zu als dem Interesse der Gesellschaft.[619] In der Literatur ist dem bisher nur vereinzelt zugestimmt worden.[620] Dafür wurde angeführt, in einer Publikumsgesellschaft seien weder Kapitalschutz- noch Bestandsschutzinteressen von großem Gewicht, denn bei einer regelmäßig vorhandenen Vielzahl von Gesellschaftern spiele die einzelne, nur kapitalmäßige Beteiligung keine so entscheidende Rolle, als dass im Interesse von Gläubigern oder Mitgesellschaftern eine Rückabwicklung der ursprünglichen Beteiligung verhindert werden müsse. Insbesondere der Bestand der Gesellschaft werde gerade durch das Zulassen der Kündigung des Gesellschafters bereits angetastet, so dass es widersprüchlich erscheine, die Anwendung der LfG mit Bestandsschutzerwägungen anzuwenden.[621] Dem stehe mit dem Haustürwiderruf zwingendes und auf europarechtlichen Vorgaben beruhendes Verbraucherschutzrecht gegenüber, das höher als die mit der LfG verfolgten Ziele einzustufen sei.[622]

Wurden derartige Erwägungen bisher von der ganz herrschenden Ansicht auch nicht getragen,[623] so darf man ihnen keinesfalls die Beachtung verweigern.[624] Denn dadurch offenbart sich ein Kernproblem, das letztlich auch die Beziehung von individuellen Anlegerinteressen zu den Grundsätzen der fehlerhaften Gesellschaft und der gesellschaftsrechtlichen Vermögensbindung determiniert: Es geht um das Verhältnis von modernen individualschützenden Regimen (Verbraucher- und Anlegerschutz) zum Gesellschaftsrecht.[625] Zum anderen hat sich mittlerweile der Gesetzgeber mit der von §§ 13, 13a VerkProspG gewährten Rückerstattung des ursprünglichen Erwerbspreises an den Anleger, zumindest teilweise von den bisher geltenden allgemeinen gesellschaftsrechtli-

---

5.5.2008 (II ZR 292/06) dem EuGH zur Entscheidung vorgelegt, BGH ZIP 2008, 1018. Beim EuGH wird das Verfahren derzeit unter dem Aktenzeichen Rs. C-215/08 geführt.

619 OLG Rostock ZIP 2001, 1009 (1011); OLG Stuttgart ZIP 2001, 322 (326); OLG Stuttgart OLG-Report 1999, 430 (431).

620 *Rohlfing* NZG 2003, 854 (857 f.); *Mankowski* WuB IV D. § 1 HWiG 1.01.

621 *Mankowski* WuB IV D. § 1 HWiG 1.01.

622 *Rohlfing* NZG 2003, 854 (857 f.); *Mankowski* WuB IV D. § 1 HWiG 1.01.

623 Vgl. die Nachweise oben, Fn. 616 und 617.

624 Insbesondere bleibt die Klärung auf europäischer Ebene abzuwarten, vgl. oben, Fn. 618.

625 Vgl. *Schubert* WM 2006, 1328.

chen Grundsätzen abgewendet und in Teilen einen Vorrang des Anlegerschutzes normiert.[626]

b) Interessenlagen

Ein Blick auf die Interessenlagen der bei einer fehlerhaften Gesellschaftsbeteiligung betroffenen Personen verdeutlicht die Stimmigkeit der bisher unter Anwendung der LfG verfolgten Lösung, und zwar sowohl im Hinblick auf die Fälle arglistiger Täuschung als auch ausgeübten Haustürwiderrufs. Zwar stellt in einer Publikumsgesellschaft die einzelne Beteiligung bei einer Gesamtschau eine nur geringe Größe dar. Verkehrs- und Bestandsschutz werden jedoch dann sichtbar erforderlich, wenn eine große Anzahl derartiger Beteiligungen fehlerhaft ist. Eine solche Lage ist praktisch sehr gut vorstellbar, wenn man sich verdeutlicht, dass die Vertragsanbahnung zur Werbung neuer Anleger oftmals in festgelegten Schemata verläuft, so dass etwaige Täuschungen in zahlreichen Fällen auftreten. Dann kann ein Rückabwicklungsbegehren ebenso zahlreicher Anleger in der Tat die Kapitalgrundlage der Gesellschaft erheblich beeinträchtigen und dadurch einerseits Gläubigerinteressen ernsthaft gefährden. Andererseits werden aber auch die Bestandsschutzinteressen der übrigen Gesellschafter in Mitleidenschaft gezogen. Denn mit einer schrumpfenden Kapitalgrundlage ist möglicherweise die Fortführung des von der Gesellschaft betriebenen Unternehmens gefährdet. Zahlreiche Ansprüche getäuschter Gesellschafter könnten, sofern sie ungeachtet des gegenwärtigen Ertragswertes der Gesellschaft gewährt werden, sogar zur Zahlungsunfähigkeit der Gesellschaft führen. Auf der anderen Seite soll mit dem Hinweis auf Verkehrs- und Bestandsschutzinteressen jedoch nicht bestritten werden, dass der einzelne geschädigte Anleger grundsätzlich ein billigenswertes Interesse an der vollen Restitution seines Schadens hat.

In dem bestehenden Geflecht verschiedener Interessen ist eine Gewichtung vorzunehmen. Dabei ist von entscheidender Bedeutung, dass der Erwerber eines Gesellschaftsanteiles mit seiner Entscheidung für gerade diese Form der Anlage in den Kreis der Gesellschafter eintritt. Er wird Gesamthänder und hat Mitspracherechte. Er macht sich damit die Chancen und Risiken des Verbandes zu Eigen, er wird Mitglied einer Leistungs- und Risikogemeinschaft.[627] Dieses Ver-

---

[626] Näher dazu unten, S. 141 ff.
[627] BGHZ 55, 5 (8 f.); *Konzen* FS Westermann, S. 1133 (1144).

hältnis zum eigenen Verband macht gerade den Unterschied zu Gläubigern aus, die mit dem Verband in reine Austauschbeziehungen treten.[628]

Die LfG berücksichtigt aber genau diesen Umstand. Sie trägt der Tatsache, dass der Anleger einerseits Mitglied in einer Leistungs- und Risikogemeinschaft geworden ist, dass er aber gleichzeitig als getäuschter oder strukturell unterlegener Vertragspartner zum Gläubiger der Gesellschaft wird, ausgleichend Rechnung. Im Hinblick auf die Interessen der Gesellschaft verbietet sie die nachträgliche Rückabwicklung dieser Leistungs- und Risikogemeinschaft, die künftige Lösung hiervon indes gestattet sie mit Rücksicht auf die Individualinteressen des Gesellschafters.

Diese ausgleichende Wirkung der LfG kann nicht genügend betont werden. Wenn einerseits behauptet wird, die LfG blockiere keine auf das negative Interesse gerichteten Schadensersatzansprüche, denn das Risiko hätten nur die fehlerfrei beigetretenen Gesellschafter zu tragen,[629] wird übersehen, dass die LfG eine derartige Risikoverteilung nicht gänzlich konterkariert. Mit Anwendung der Grundsätze wird gerade gewährleistet, dass für die Zukunft nur die fehlerfrei beigetretenen Gesellschafter weiterhin dieses Risiko tragen, denn die LfG gibt nur den fehlerhaft beigetretenen Gesellschaftern ein Recht zur Kündigung.[630] Dass dies für die Vergangenheit anders zu beurteilen ist, liegt an dem bis heute gewonnenen Erkenntnisstand, dass die Risikogemeinschaft für die Vergangenheit in der Regel eben nicht mittels Anwendung allgemeiner Regeln rückgängig gemacht werden kann.[631] Man kann jedoch auf der anderen Seite ebenso wenig ein Verbleiben aller Gesellschafter in der Gesellschaft verlangen, ohne den Umstand zu berücksichtigen, dass die einen fehlerfrei beigetreten, die anderen aber neben ihrer Gesellschafterstellung (auch) eine aus Schädigungen resultierende Gläubigerstellung innehaben.[632] Denn damit würde verkannt, dass das Gesellschaftsrecht[633] kein Mittel bereithält (vor allem nicht das der fehlerhaften Ge-

---

628 *Armbrüster* Gesellschaftsrecht und Verbraucherschutz, S. 26 ff.; *Ulmer/Dopfer* BB 1978, 461 (463).

629 *Gehrlein* WM 2005, 1489 (1495).

630 *Armbrüster* Gesellschaftsrecht und Verbraucherschutz, S. 28.

631 Siehe oben, S. 117 ff.; den Aspekt der im Grundsatz nicht rückabwicklelbaren Mitgliedschaft als Fundament der LfG würdigt *Armbrüster* Gesellschaftsrecht und Verbraucherschutz, S. 23 ff. nicht hinreichend, sein alleiniges Abstellen auf Interessenschutz der übrigen Anleger erscheint zu einseitig (aber im Ergebnis zustimmungswürdig).

632 So jedoch *Wagner* WM 2004, 2240 (2249).

633 Zu Schutzmechanismen außerhalb des Gesellschaftsrechts, etwa Gläubigergleichbehandlungsgebote, siehe unten, S. 195 ff.

sellschaft), um den Bestand der Gesellschaft, sei es im Interesse der Mitglieder, sie es im Interesse der Gläubiger, auch für die Zukunft auf Kosten fehlerhaft beigetretener Mitglieder zu schützen.

Die LfG in ihrer heute anerkannten Ausprägung bewirkt somit einen Interessenausgleich zwischen den Interessen fehlerhaft beigetretener Mitglieder, übrigen Mitgesellschaftern und Gesellschaftsgläubigern.[634] Dies galt bisher für den Fall der arglistigen Täuschung[635] und muss deshalb im Ansatz auch für das Haustürwiderrufsrecht gelten.[636] Denn ein Haustürwiderrufsrecht wird dem Gesellschafter aufgrund seiner strukturellen Unterlegenheit in den Beitrittsverhandlungen gewährt.[637] Seine Schutzbedürftigkeit dürfte deshalb wertungsmäßig im Ansatz geringer sein als die des arglistig Getäuschten.[638] In ihren Konsequenzen für die von einer Rückabwicklung der Einlage betroffenen Personen haben beide Rechtsbehelfe freilich die gleichen Auswirkungen. Insofern ist ein Erst-recht-Schluss vom arglistig getäuschten auf den nach Verbraucherschutzvorschriften widerrufenden Gesellschafter gerechtfertigt.[639] Der Hinweis auf den zwingenden Charakter des Haustürwiderrufsrechts (allein) spricht hier nicht für ein anderes Ergebnis, da aus gesellschaftsrechtlicher Perspektive eben nicht anders als durch andere auf zweiseitige Rechtsverhältnisse zugeschnittene Rechtsbehelfe auf Verbandsstrukturen eingewirkt würde.[640] Die LfG ist gerade für derartige Fälle konzipiert. Sie stellt insoweit spezielleres Recht dar, das die Rechtsfolgen der allgemeinen, auf bipolare Rechtsverhältnisse zugeschnittenen allgemeinen Vorschriften verdrängt.[641]

c) Verbraucherschutz als höherrangiges Recht

Eine gegenüber dem gesellschaftsrechtlichen Ausgleichsystem vorrangige Beachtung der Individualinteressen wäre allenfalls dann gerechtfertigt, wenn in der Normenhierarchie höher angesiedeltes Recht dazu verpflichten würde.

---

634 *Armbrüster* Anlegerschutz und Gesellschaftsrecht, S. 26 ff.

635 Ganz h.M.: BGHZ 63, 338 (344 f.); MünchKommBGB/*Ulmer*, § 705, Rn. 340.

636 BGHZ 148, 201 (207); *Armbrüster* Anlegerschutz und Gesellschaftsrecht, S. 28; *Carsten Schäfer* Die Lehre vom fehlerhaften Verband, S. 281.

637 Allgemein Palandt/*Heinrichs*, Einf. v. § 145, Rn. 14 ff.

638 *Armbrüster* Anlegerschutz und Gesellschaftsrecht, S. 28; *Carsten Schäfer* Die Lehre vom fehlerhaften Verband, S. 281.

639 *Carsten Schäfer* Die Lehre vom fehlerhaften Verband, S. 281.

640 *Armbrüster* Gesellschaftsrecht und Verbraucherschutz, S. 30 f.; *ders.* ZIP 2006, 406 (411).

641 *Schubert* WM 2006, 1328 (1332).

Der ausgeübte Haustürwiderruf könnte insoweit der Anwendung der LfG entgegen stehen, als er auf europarechtlichen Vorgaben beruht, an denen das deutsche Recht zu messen ist.[642] Sowohl das HWiG a.F. als auch die heutigen §§ 355, 357 BGB gelten als Umsetzung der Haustürwiderrufsrichtlinie[643]. Diese Richtlinie sieht zwar vor, dass der Verbraucher aus den Verpflichtungen des widerrufenen Vertrages zu entlassen ist, Art. 5 II. Jedoch bestimmt Art. 7 der Richtlinie, dass die Mitgliedstaaten die Rechtsfolgen des Widerrufs bestimmen, insbesondere bezüglich der Rückerstattung von Zahlungen für Waren oder Dienstleistungen und der Rückgabe empfangener Waren. Diese mitgliedstaatliche Kompetenz zur Regelung der Rechtsfolgen ist vom EuGH bestätigt worden.[644]

Diesen Erwägungen wird entgegen gehalten, die Beschränkung des Rückgewähranspruches durch die fehlerhafte Gesellschaft mache das Widerrufsrecht ineffektiv, da es den Verbraucher zumindest mittelbar an der Ausübung des Widerrufsrechts hindere.[645] Hierdurch könnte das europarechtliche Gebot des effet utile (Art. 10 EG) berührt sein. Danach sind die Mitgliedstaaten gehalten, das europäische Recht effektiv umsetzen. Auch die Gerichte haben die europarechtlichen Vorgaben bei der Auslegung nationalen Rechts zu berücksichtigen. In Rechtsstreitigkeiten unter Privaten müssen sie bei Anwendung der Bestimmungen des innerstaatlichen Rechts, die zur Umsetzung der in einer Richtlinie vorgesehenen Verpflichtungen erlassen worden sind, das gesamte nationale Recht berücksichtigen und es so weit wie möglich anhand des Wortlauts und Zwecks der Richtlinie auslegen.[646] Die LfG beschränkt das Widerrufsrecht aber nicht unmittelbar, solange man dem Anlagegesellschafter das Recht gibt, sich ex nunc von den gesellschaftsvertraglichen Verpflichtungen zu lösen.[647] Zum anderen hat der Grundsatz des effet utile dort eine Grenze, wo die Richtlinie einen Be-

---

642 Eine entsprechende Frage ist dem EuGH mittlerweile vom BGH zur Entscheidung vorgelegt worden, siehe BGH ZIP 2008, 1018 (Beschluss v. 5.5.2008, Az. II ZR 292/06). Beim EuGH wird das Verfahren derzeit unter dem Aktenzeichen Rs. C-215/08 geführt.

643 RL 85/577/EWG des Rates v. 20. 12. 1985 betreffend den Verbraucherschutz im Falle von außerhalb von Geschäftsräumen geschlossenen Verträgen, ABl. 1985 Nr. L 372/31.

644 EuGH v. 25. 10. 2005, Rs. C-350/03 („Schulte"), Slg. 2005 I 9215 (Tz. 67 ff.).

645 *Rohlfing* NZG 2003, 854 (858).

646 EuGH v. 5. 10. 2004, Rs. C-397/01 bis 403/01 („Pfeiffer"), Slg. 2004 I 8835 (Ls. 4); Callies/Ruffert/*Ruffert* EGV, Art. 249, Rn. 113 f.

647 *Schubert* WM 2006, 1328 (1330); *Armbrüster* Gesellschaftsrecht und Verbraucherschutz, S. 21.

reich bewusst ungeregelt lässt, wie es mit Art. 7 der Haustürwiderrufsrichtlinie geschehen ist.[648]

Andererseits hat der EuGH aus der Haustürwiderrufsrichtlinie etwa gefolgert, dass ein Verbraucher, der nicht ordnungsgemäß über sein Haustürwiderrufsrecht belehrt worden ist, von eingegangenen Risiken freizustellen ist, die er bei ordnungsgemäßer Widerrufsbelehrung nicht eingegangen wäre.[649] Auch dem liegt der Gedanke zu Grunde, dass dem europarechtlich eingeräumten Widerrufsrecht anderenfalls die angemessene Effektivität verwehrt bliebe. Dennoch kann man hieraus weder direkt noch mittelbar folgern, dass im Falle des widerrufenen Gesellschaftsbeitritts dem Anleger-Gesellschafter die volle ursprüngliche Einlage von seiner Gesellschaft zurückgewährt werden müsste. Das Urteil des EuGH bezog sich nämlich auf den Fall einer fremdfinanzierten Anlage, in dem es um die Frage ging, wer die Risiken zu tragen hat, die der Anleger möglicherweise kausal wegen der fehlenden Widerrufsbelehrung durch die finanzierende Bank auf sich genommen hat. Das Verhältnis eines Verbrauchers als Gesellschafter zu dessen Gesellschaft wurde indessen nicht behandelt.[650] Deshalb musste auch keine Auseinandersetzung mit der Frage nach dem Ausgleich der vielschichtigen Interessen im Falle der fehlerhaften Gesellschaftsbeteiligung getroffen werden. Es erschiene aber nicht sachgerecht, diesen Ausgleich, wie er sich aus der Anwendung der LfG ergibt, mit dem Hinweis auf effektiven Verbraucherschutz einzelner widerrufender Gesellschafter aufzugeben. Hierbei muss nämlich berücksichtigt werden, dass die übrigen Gesellschafter, deren Interessen mit der von der fehlerhaften Gesellschaft verfolgten Bestandsschutzfunktion Beachtung finden, auch Verbraucher sind.[651] Dies trifft nicht nur auf die ebenfalls ein Widerrufsrecht innehabenden Gesellschafter zu, sondern auch auf die fehlerfrei beigetretenen Gesellschafter. Auch die Interessen letzterer verdienen Berücksichtigung, da sie persönlich kein Verschulden an dem fehlerhaften Beitritt ihrer Mitgesellschafter trifft.[652]

---

648 *Schubert* WM 2006, 1328 (1330 f.); vgl. allgemein Callies/Ruffert/*Ruffert* EGV, Art. 249, Rn. 118.

649 EuGH v. 25. 10. 2005, Rs. C-350/03 („Schulte“), Slg. 2005 I 9215 (Tz. 94 ff.).

650 In diesem Sinne hält der BGH auch nach der erwähnten Rechsprechung des EuGH (Fn. 649) an der Anwendung der Lehre von der fehlerhaften Gesellschaft im Verhältnis Verbraucher/Anlagegesellschaft fest, BGH DStR 2006, 1093 (1095).

651 Zur Verbrauchereigenschaft von Anleger-Gesellschaftern siehe bereits oben, S. 60 ff.

652 Vgl. *Armbrüster* Gesellschaftsrecht und Verbraucherschutz, S. 26 ff; Schubert WM 2006, 1328 (1332 f.). Es wurde bereits an anderer Stelle darauf hingewiesen, dass die Tatsache, dass die Mitgesellschafter auf die Vertragsverhandlungen mit dem getäuschten Anleger

Ein Vorrang des Haustürwiderrufsrechts ergibt sich des Weiteren nicht aus den europarechtlichen Vorgaben zum Verbraucherschutz als Teil der europäischen Politiken, wie er in Art. 3 I lit. t, 153 EG festgelegt ist. Die Vorschriften verlangen von den Gemeinschaftsorganen, den Interessen des Verbraucherschutzes im Rahmen ihrer Politiken Rechnung zu tragen. Sie statuieren aber keinen Vorrang des Verbraucherschutzes vor anderen Gemeinschaftszielen.[653]

Auch die in Art. 2 I GG enthaltene Schutzpflicht gegenüber der in Vertragsverhandlungen strukturell unterlegenen Person[654] verlangt keine Verdrängung der Lehre von der fehlerhaften Gesellschaft. Das Schutzgebot fordert keinen optimalen Schutz der unterlegenen Partei in nicht-paritätischen Vertragverhandlungen, sondern einen angemessenen Schutz, der Mindestanforderungen genügt.[655] Dabei sind die unternehmerischen Interessen des Widerrufsgegners ebenso wie die Interessen der von einer Rückabwicklung ebenfalls betroffenen Mitgesellschafter zu beachten. Diesen per Art. 12 I GG bzw. Art. 2 I GG geschützten Interessen wird durch den mit der LfG bezweckten Bestandsschutz Rechnung getragen. Der dadurch erreichte Ausgleich zwischen den Interessen der bei einer fehlerhaften Beteiligung (potentiell) betroffenen Parteien stellt insoweit einen angemessenen Ausgleich der unterschiedlichen grundgesetzlich verbürgten Rechte dar.[656]

6. Rechtsfolgen des Instituts der fehlerhaften Gesellschaft

a) Auflösung der Gesellschaft oder Kündigung der Beteiligung

Die Anwendung der LfG hat zur Folge, dass zwar ein Gesellschaftsverhältnis zunächst wirksam begründet wurde, jedoch für die Zukunft gelöst werden kann.[657] Beteiligungen an Anlagegesellschaften können deshalb gekündigt wer-

---

keinen Einfluss haben, zwar entgegen der hM nicht die Zurechnung von Verhandlungsverschulden verhindern kann, wohl aber dort, wo das Gesetz eine Interessenabwägung zulässt, Berücksichtigung finden kann, vgl. oben, S. 74 ff.

653 *Schubert* WM 2006, 1328 (1331); v. d. Groeben/Schwarze/*Berg*, Art. 156 EG, Rn. 10; vgl. allgemeiner *Carsten Schäfer* Die Lehre vom fehlerhaften Verband, S. 281.

654 BVerfGE 89, 214 (232 ff.); *Rohlfing* NZG 2003, 854 (857); allgemein zur Schutzpflichtfunktion der Grundrechte im Privatrecht *Canaris* Grundrechte und Privatrecht, S. 37 ff.

655 Es gilt das Untermaßverbot, hierzu BVerfGE 88, 204, 254 f.; *Canaris* Grundrechte und Privatrecht, S. 86 f.; *Schubert* WM 2006, 1328 (1331).

656 *Schubert* WM 2006, 1328 (1331 f.).

657 *Wiedemann* GesR II, § 2 V 4.

den.[658] Das weitere Schicksal der Gesellschaft hängt davon ab, ob sie aufgelöst wird oder trotz Ausscheidens eines oder mehrerer Gesellschafter fortbesteht. Im ersten Fall gelangt die Gesellschaft ins Abwicklungsstadium, es gelten die Liquidationsvorschriften der §§ 730 ff. BGB.[659] Scheidet der Gesellschafter lediglich aus, so gelten für die Abwicklung seiner Beteiligung die §§ 738 ff. BGB. Gesellschaftsverträge von Publikumspersonengesellschaften sehen zumeist den Fortbestand der Gesellschaft auch für den Fall vor, dass einzelne Mitglieder ihre Beteiligung kündigen.[660] §§ 738 ff. BGB behandeln das Ausscheiden jedoch als „partielle Auseinandersetzung“ und nähern die Stellung des Ausgeschiedenen derjenigen bei Liquidation so weit wie möglich an.[661] Der Ausgeschiedene erhält einen Abfindungsanspruch, der sich summenmäßig nach dem ihm im Falle der hypothetischen Auseinandersetzung bei Liquidation der Gesellschaft zustehenden Anspruch orientiert, § 738 I S. 2 BGB. Der Anspruch entsteht zum Zeitpunkt des Ausscheidens des Gesellschafters.[662] Seine Berechnung erfolgt nach dem heute anerkannten sog. Ertragswertverfahren.[663] Erforderlich ist die Aufstellung einer Abfindungs- (oder: Abschichtungs-)bilanz.[664]

b) Abfindung als Folge von §§ 13, 13a VerkProspG

Konnte man bisher davon ausgehen, dass der getäuschte oder ein Haustürwiderrufsrecht ausübende Gesellschafter nur durch Kündigung aus der Gesellschaft ausscheiden darf und als Folge nur eine Abfindung erhält, die sich am aktuellen Wert der Beteiligung orientiert,[665] so ist ein solches Ergebnis für den Fall der gesetzlich geregelten Prospekthaftung von Publikumspersonengesellschaften schwerlich vertretbar. In den neuen §§ 13, 13a VerkProspG wird die Anlagegesellschaft selbst als Haftungsadressatin bestimmt.[666] § 13 VerkProspG verweist in seiner Rechtsfolge auf §§ 44 ff. BörsG, wonach der Haftungsadressat die Vermögensanlage des Emittenten gegen Erstattung des Erwerbspreises

---

658 Bei der PublikumsKG braucht keine Auflösungsklage (§§ 161 II, 133 HGB) erhoben zu werden, BGHZ 63, 338 (st. Rspr.); bei der GbR und der stillen Gesellschaft ist das Recht zur außerordentlichen Kündigung gesetzlich verankert, § 723 I 2 BGB und § 234 I 2 HGB i.V.m. § 723 I 2 BGB.
659 *Gehrlein* WM 2005, 1489 (1493).
660 *Karsten Schmidt* GesR, § 57 II 1.
661 MünchKommBGB/*Ulmer*, § 738, Rn. 1.
662 MünchKommBGB/*Ulmer*, § 738, Rn. 19.
663 MünchKommBGB/*Ulmer*, § 738, Rn. 24.
664 MünchKommBGB/*Ulmer*, § 738, Rn. 25.
665 BGHZ 148, 201; BGHZ 156, 46; *Westermann* ZIP 2002, 240 ff.
666 Siehe oben, S. 82 ff.

übernehmen muss (§ 44 I 1 BörsG). § 13a I 1 VerkProspG sieht als Rechtsfolge die Übernahme der Wertpapiere oder Vermögensanlagen gegen Erstattung des Erwerbspreises vor. Im Falle von Personengesellschaften würde dies bedeuten, dass der Gesellschaftsanteil (denn dieser verkörpert die Vermögensanlage) zurückgegeben werden könnte. Damit müsste die Personengesellschaft einen eigenen Anteil an sich selbst übernehmen. Das Personengesellschaftsrecht kennt jedoch im Gegensatz zum Kapitalgesellschaftsrecht nicht den Erwerb eigener Anteile. Die Abwicklung des Mitgliedsverhältnisses in einer Personengesellschaft vollzieht sich vielmehr in der Weise, dass mit einer Auseinandersetzung die einzelne Beteiligung beendet wird und die vermögensrechtliche Beteiligung des Ausscheidenden den übrigen Mitgliedern anwächst, § 738 I 1 BGB.[667]

Daraus folgern Teile der Literatur, die §§ 13, 13a VerkProspG verlangten vom Emittenten etwas Unmögliches, weshalb ein Anspruch gegen den Emittenten nicht gewährt werden könne.[668] Demgegenüber lässt sich die Rechtsfolge aber auch so interpretieren, dass dem Anleger ein Austrittsrecht unter Rückgewähr der Einlage gewährt werde, ohne dass eine Auseinandersetzung stattzufinden habe.[669] Letzterer Lösung wird entgegen gehalten, sie widerspreche dem eindeutigen Wortlaut, der eben die Übernahme der Vermögensanlage durch den Emittenten fordere.[670] Es ist jedoch anzunehmen, dass gerade die dann vorgeschlagene Lösung, die Haftung des Emittenten ganz auszuschließen, dem Wortlaut der Vorschriften widerspräche.

Es liegt innerhalb der Grenzen noch zulässiger Interpretation, die Übernahme der Anteile als ein Austrittsrecht zu begreifen. So hatte bereits die Regierungsbegründung zum Entwurf eines Gesetzes über den Vertrieb von Vermögensanlagen aus dem Jahr 1978 eine ähnliche Bestimmung als modifiziertes Rücktrittsrecht interpretiert, in der das prospektaufstellende Unternehmen dem Anleger gegenüber zur Übernahme der (eigenen) Anteile verpflichtet werden sollte.[671] Bereits damals wurde ein derartiger Wortlaut als terminologische Unschärfe betrachtet, der im Wege der Auslegung zu korrigieren sei.[672] Auch die neuen

---

667 *Wiedemann* GesR II, § 5 I 3 e (S. 414 ff.).

668 *Ziegler* DStR 2005, 30 (33); *Madaus* Jura 2006, 881 (887).

669 *Frank A. Schäfer* ZGR 2006, 40 (75).

670 *Ziegler* DStR 2005, 30 (33); *Madaus* Jura 2006, 881 (887).

671 Begr. RegE Gesetz über den Vertrieb von Vermögensanlagen, BT-Drs. 8/1405, S. 16; ebenso *Steder* AG 1978, 173 (181); in ähnlicher Weise sieht *Bennecke* BB 2006, 2597, 2601 die Rechtsfolge der §§ 13, 13a VerkProspG als Rückabwicklungsspruch, wie er sich aus einem Rücktrittsrecht ergeben könne.

672 *Ulmer/Dopfer* BB 1978, 461 (464);

§§ 13, 13a VerkProspG muss man im Wege teleologischer Auslegung so verstehen, dass der Anleger aus seiner Gesellschaft unter Rückerhalt des ursprünglichen Einlagebetrages austreten können soll, ohne dass dieser Wert durch die Berechnung seines aktuellen Guthabens zu schmälern wäre.[673] Im Blickfeld steht in erster Linie der Anleger, der sein negatives Interesse restituieren können soll, die Übernahme der Vermögensanlage von der Gesellschaft dürfte demgegenüber keine entscheidende Rolle spielen. Davon geht auch die Regierungsbegründung aus, die auf eine gerechtfertigte Risikoverteilung zu Lasten des Emittenten im Interesse eines umfassenden Anlegerschutzes abstellt.[674]

Damit brechen §§ 13, 13a VerkProspG freilich mit bisher anerkannten gesellschaftsrechtlichen Grundsätzen. Denn die das aktuelle Abfindungsguthaben unberücksichtigt lassende Auszahlung des ursprünglichen Einlagebetrages widerspricht der LfG. Die Funktionen der Lehre greifen in diesem Fall nämlich aus denselben Gründen wie bei auf das negative Interesse gerichteten Schadensersatzansprüchen oder bei Ansprüchen nach ausgeübtem Haustürwiderruf. Nur ist an dieser Stelle der eindeutige Wortlaut maßgeblich, der von einer Rückzahlung des Erwerbspreises spricht. Diese Rechtsfolge ist im bisherigen System, in dem eine Einbettung des Anlegerschadensausgleichs in gesellschaftsrechtliche Vorgaben geschieht, ein Novum, aber als Entscheidung des Gesetzgebers de lege lata nicht korrigierbar.

c) Abfindungsbilanz und Durchsetzungssperre

Die Abfindungsbilanz führt ebenso wie die Auseinandersetzungsbilanz bei Liquidation der Gesellschaft zu den in ständiger Rechtsprechung entwickelten Grundsätzen der Durchsetzungssperre.[675] Danach können während der Abwicklung einer Gesellschaft Ansprüche gegen die Gesellschaft oder gegen Mitgesellschafter, die ihre Grundlage im Gesellschaftsverhältnis haben, grundsätzlich nicht selbständig geltend gemacht werden, sondern bilden einen unselbständigen Rechnungsposten in der Auseinandersetzungsbilanz.[676] Dies gilt für BGB-Gesellschaften genauso wie für Personenhandelsgesellschaften.[677] Der Grund für

---

673 *Frank A. Schäfer* ZGR 2006, 40 (75); ähnlich *Bennecke* BB 2006, 2597.

674 Begr. RegE Anlegerschutzverbesserungsgesetz, BT-Drs. 15/3174, S. 44 (rechte Spalte a.E.).

675 MünchKommBGB/*Ulmer*, § 738, Rn. 17.

676 BGHZ 37, 299 (304 f.); Erman/*Westermann*, § 730, Rn. 11; MünchKommBGB/*Ulmer*, § 730, Rn. 49; ausführlich *Messer* FS Stimpel, S. 205 (206 ff.); *Gehrlein* WM 2005, 1489 (1493).

677 MünchKommBGB/*Ulmer*, § 730, Rn. 49 m.w.N.

diese sog. Durchsetzungssperre liegt in der Erleichterung der Abrechnung, die nicht durch ein Hin- und Herzahlen erschwert werden soll.[678]

Es gelten allerdings Ausnahmen. Ihnen liegt die Vorstellung zu Grunde, dass es in begründeten Situationen unbillig wäre, den Gesellschafter auf die Auseinandersetzungsbilanz warten zu lassen.[679] Die Durchsetzungssperre will verhindern, dass ein Gesellschafter vor Abschluss der Auseinandersetzung erhält, was er nachher unter Umständen zurückzahlen müsste. Deshalb bildet der Fall eine anerkannte Ausnahme, in dem ein Anspruch des Gesellschafters von vornherein in seiner Höhe feststeht.[680]

Zu untersuchen ist, wie sich die Durchsetzungssperre zu der Geltendmachung der dem Anleger möglicherweise zustehenden, im Zusammenhang mit dem Beitrittsvertrag stehenden Schadensersatzansprüche verhält. Hier muss zwischen Ansprüchen gegen die Gesellschaft, die nicht persönlich täuschenden Mitgesellschafter und die persönlich täuschenden Gesellschafter unterschieden werden.

aa) *Ansprüche gegen die Gesellschaft*

Sowohl *Bayer/Riedel* als auch *Gehrlein* gehen davon aus, dass Schadensersatzansprüche der Anleger gegen die Anlagegesellschaft bestehen können, die für den Fall, dass der Gesellschafter seine Beteiligung kündigt, einerseits Bestandteil der Abfindungsbilanz werden, andererseits aber vor Abschluss dieser Bilanz geltend gemacht werden könnten.[681] Auf das negative Interesse gerichtete Schadensersatzansprüche, die als Rechtsfolge vorsehen, den Anleger so zu stellen, als sei er der Gesellschaft nie beigetreten, hätten aber bei ihrer Einstellung in die Abfindungsbilanz zur Folge, dass das Abfindungsguthaben eine von vornherein unbestreitbare, bestimmte Mindesthöhe (nämlich ursprüngliche Einlageleistung ohne Berücksichtigung von Verlusten) aufweisen würde. Damit sei jedoch eine anerkannte Ausnahme von der Durchsetzungssperre gegeben und

---

678 BGH NJW 1968, 2005 (2006); BGH WM 1978, 89 ff.; Erman/*Westermann*, § 730, Rn. 11; MünchKommBGB/*Ulmer*, § 730 Rn. 49; kritisch *Messer* FS Stimpel, S. 205 (210 ff.).

679 Erman/*Westermann*, § 730, Rn. 12.

680 Für Aufwendungsersatzansprüche: BGHZ 37, 299 (305); BGH WM 1974, 749 (751); MünchKommBGB/*Ulmer*, § 730, Rn. 56.

681 *Bayer/Riedel* NJW 2003, 2567 (2570 f.); *Gehrlein* WM 2005, 1489 merkt an, dass Ansprüche normalerweise an der mangelnden Zurechnung scheitern (1492, 1495). Wenn er dann aber für Schadensersatzansprüche, die aufgrund des Nichtigkeitsgrundes bestehen, die sofortige Durchsetzbarkeit fordert (1495 f.), so wird nicht klar, unter welchen Umständen solche Ansprüche überhaupt bestehen können.

der Anleger könne den Anspruch außerhalb des Abfindungsverfahrens geltend machen.[682]

Das Liquidationsrecht sollte jedoch gar keine Rolle im Zusammenhang mit Schadensersatzansprüchen des Anlegers gegen die eigene Anlagegesellschaft spielen.[683] Weder kann man mit Liquidationsrecht Ansprüche materiell begründen, noch kann man materiell begründete Ansprüche dadurch sublimieren.[684] Im Falle der Anlegerschadensersatzansprüche gegen die Anlagegesellschaft werden die entscheidenden materiellen Gründe bei der Frage nach der Anwendbarkeit der LfG geliefert: Gerade Schadensersatzansprüche, die auf dem Nichtigkeitsgrund beruhen (bei Kündigung des Gesellschafters wegen Täuschung also bezüglich Schadensersatzansprüchen aufgrund eben dieser Täuschung) können nicht gewährt werden, ohne dass die Funktionen der LfG unterlaufen würden.[685] Deshalb sind diese Grundsätze anzuwenden, so dass dem Anleger nur noch ein Recht zur Kündigung verbleibt. Übt er dieses Recht aus, so gibt es keine weiteren Ansprüche und die Frage nach einer Einstellung in die Bilanz oder gesonderten Durchsetzbarkeit stellt sich nicht mehr.

Es sei nochmals daran erinnert, dass dieses Ergebnis wohl der zuletzt vom BGH verfolgten Lösung entspricht, auch wenn diese in ihrer Begründung fragwürdig erscheint. So ist der BGH zwar zunächst davon ausgegangen, dass die aus der Täuschung resultierenden Schadensersatzansprüche wegen Aufklärungsverschuldens wegen der LfG erst nach der Kündigung des Gesellschaftsverhältnisses geltend gemacht werden können.[686] In *BGHZ 156, 46 (51 f.)* stellt er einerseits darauf ab, dass gar keine c.i.c.-Ansprüche gegen Gesellschaft oder Mitgesellschafter mangels Vertrauen in dieselben entstünden. Er fügt allerdings hinzu, dass sich „anders […] eine geordnete Auseinandersetzung der Fondsgesellschaft nach dem Regelwerk über die fehlerhafte Gesellschaft bzw. den fehlerhaften Gesellschaftsbeitritt nicht durchführen [ließe]“. Auch in dieser doppelten Begründung lässt sich das Ansinnen erkennen, bereits das Entstehen von

---

682 *Gehrlein* WM 2005, 1489 (1493 ff.); *Bayer/Riedel* NJW 2003, 2567 (2571); *Geibel* BB 2005, 1009 (1014) lehnt die Einstellung des Schadensersatzanspruchs in die Auseinandersetzungsbilanz zwar ab, argumentiert aber „hilfsweise“ mit der beschriebenen Ausnahme der isolierten Geltendmachung bereits vorher feststehender Beträge.

683 *Carsten Schäfer* ZHR 170 (2006), 371 (390).

684 Dies ist unbestritten, *Carsten Schäfer* ZHR 170 (2006), 371 (390); *Gehrlein* WM 2005, 1489 (1494).

685 So auch *Carsten Schäfer* ZHR 170 (2006), 371 (392).

686 BGH NJW 2000, 3558 (3560); für stille Beteiligung: BGH NJW 1993, 2107 (2108).

Schadensersatzansprüchen (jedenfalls) wegen der LfG nicht zuzulassen.[687] Nur sollte dies eben nicht dadurch geschehen, dass man die Zurechnung von Verhandlungsverschulden entgegen bisheriger Grundsätze verneint, sondern indem man nur die LfG auf den entstandenen Anspruch aus c.i.c. anwendet.

Gesondert zu erwähnen sind die neu geschaffenen spezialgesetzlichen Ansprüche aus Prospekthaftung (§ 13 VerkProspG i.V.m. § 44 BörsG; § 13a VerkProspG). Begreift man die darin eindeutig angeordnete Rechtsfolge („Erstattung des Erwerbspreises") derart, dass dem Anleger ein sofortiges Recht zur Kündigung und eine Abfindung zusteht, die sich entgegen den Grundsätzen der LfG nicht am aktuellen Wert der Beteiligung orientiert,[688] so kann eine zügige Auseinandersetzung ohne die Aufstellung einer komplizierten Abschichtungsbilanz erfolgen. Der Anleger erhält schlicht den ursprünglich gezahlten Erwerbspreis. Es bedarf keines Rückgriffes auf die genannte Ausnahme.

bb) *Ansprüche gegen nicht täuschende Mitgesellschafter*

Ansprüche gegen nicht täuschende Mitgesellschafter einer Anlagegesellschaft, die auf Verschulden bei Vertragsverhandlungen im Zusammenhang mit dem Beitrittsvertrag beruhen und auf das negative Interesse gerichtet sind, dürften indes regelmäßig überhaupt nicht entstehen. Dies liegt daran, dass in der Regel der Beitrittsvertrag mit der Gesellschaft zustande kommt.[689]

Für den Fall, dass erst eine Vielzahl von Anlegern durch Initiatoren geworben werden und erst dann mit allen eine Gesellschaft gegründet wird, bestehen ebenfalls keine eigenständigen Schadensersatzansprüche. Zwar muss man entgegen dem BGH[690] im Ausgangspunkt davon ausgehen, dass die von den Initiatoren verübten Täuschungen den von ihnen vertretenen Mitgliedern gem. § 278 BGB zuzurechnen sind, jedoch können die Ansprüche wegen der LfG, die auch auf Schadensersatzansprüche i.V.m. § 249 S. 1 BGB anwendbar sind, auch dann nur zu einem Kündigungsrecht der Gesellschafter führen.[691]

§§ 13, 13a VerkProspG spielen in diesem Zusammenhang keine Rolle, da sie keine Ansprüche gegen nicht täuschende Gesellschafter gewähren.

---

[687] Vgl. *Konzen* FS Westermann, S. 1133 (1135 f.).
[688] Siehe oben, S. 141 ff.
[689] Siehe oben, S. 66 ff.
[690] BGH NJW 1973, 1604 (1605); BGHZ 63, 338 (348); BGHZ 156, 46, 51 f.
[691] Im Ergebnis ebenso BGHZ 156, 46 (52).

cc) *Ansprüche gegen persönlich täuschende Mitgesellschafter*

Es bleiben Ansprüche gegen den oder die selbst die Täuschung verübenden Gesellschafter. Bei der hier vorgeschlagenen Lösung des Beitrittsvertrags zwischen Anleger und Gesellschaft würden nämlich die beteiligten Verhandlungsführer selbst gem. § 311 III BGB haften.[692] Denn diese nehmen besonderes Vertrauen der Anleger in Anspruch und beeinflussen dadurch den Vertragsschluss erheblich (vgl. § 311 III 2 BGB).[693] Ein solcher Anspruch könnte in der Tat sofort und in voller Höhe geltend gemacht werden. Die Grundsätze der fehlerhaften Gesellschaft stehen hier nicht entgegen, denn sie vermitteln nicht dem Vermögen des persönlich täuschenden Gesellschafters Bestandsschutz.[694]

Falls der Anleger seine Beteiligung gegenüber der Gesellschaft kündigt und es zu einer Auseinandersetzungsbilanz kommt, stellt sich wiederum die Frage nach der Durchsetzbarkeit dieser Schadensersatzansprüche. Grundsätzlich werden Ansprüche gegen die Gesellschaft und Mitgesellschafter unselbständige Rechnungsposten der Abfindungsbilanz, so dass sie nicht mehr selbständig durchsetzbar sind.[695] Damit soll verhindert werden, dass Gesellschafter im Vorhinein etwas erhalten, was sie hinterher wieder zurückzahlen müssten, die Situation eines Hin- und Herzahlens wird dadurch vermieden. Deshalb sollten Schadensersatzansprüche von Anlegern gegen den persönlich täuschenden Gesellschafter nicht in die Abfindungsbilanz eingestellt werden.[696] Hier steht kein Hin- und Herzahlen zu befürchten, denn der getäuschte Gesellschafter hat einen von vornherein feststehenden Anspruch gegen den täuschenden Gesellschafter, nämlich den Ersatz des (nicht durch die LfG geschmälerten) negativen Interesses; der Getäuschte seinerseits schuldet dem täuschenden Gesellschafter hingegen regelmäßig nichts.[697]

---

692 Vgl. *Carsten Schäfer/Seeger* EWIR 2007, 69 (70).

693 Die Inanspruchnahme des Vertrauens dieser Personen entspricht auch der Auffassung des BGH und der hL, BGHZ 156, 46 (51 f.); *Westermann* ZIP 2002, 240 (243 ff.); ebenso *Carsten Schäfer* ZHR 170 (2006), 371 (390).

694 Vgl. BGHZ 13, 320 (323).

695 Siehe bereits oben, S. 143, bei Fn. 676.

696 Anders BGHZ 13, 330 (333); BGHZ 55, 5 (9 f.), die in obiter dicta von der Einstellung des Schadensersatzanspruchs in die Auseinandersetzungsbilanz ausgehen. In neueren Entscheidungen wurde ein solches obiter dictum jedoch nicht wiederholt.

697 Ebenso *Carsten Schäfer* ZHR 170 (2006), 371 (390).

d) *Akzessorische Gesellschafterhaftung*

aa) *Wiederaufleben der persönlichen Haftung*

Klärungsbedürftig ist, welche Folgen die Anwendung der Grundsätze der LfG auf die akzessorische Haftung der getäuschten Gesellschafter für Gesellschaftsverbindlichkeiten gegenüber Gläubigern hat. Die Antwort ergibt sich aus der strikten Anwendung der Grundsätze selbst. Danach ist der Gesellschafter bis zu seinem Ausscheiden vollgültiges Mitglied der Gesellschaft und zwar sowohl im Innenverhältnis zu den Mitgesellschaftern als auch im Außenverhältnis zu den Gläubigern der Gesellschaft. Deshalb wird von der h.M. folgerichtig davon ausgegangen, dass der Gesellschafter auch für die bis zu seinem Ausscheiden begründeten Verbindlichkeiten, inklusive Altverbindlichkeiten, haftet.[698]

Für die GbR ergibt sich eine solche persönliche Haftung aus einer entsprechenden Anwendung der §§ 128, 130 HGB.[699] Sie ist allerdings bei Publikumsgesellschaften regelmäßig auf die Summe der Einlageleistung des Gesellschafters beschränkt. Eine entsprechende Haftungsbegrenzung im Gesellschaftsvertrag ist bei Anlagegesellschaften zulässig, da entgegen sonstiger für Personengesellschaften geltender Grundsätze es weder dem Anlagegesellschafter zugemutet werden kann, noch der Rechtsverkehr darauf vertrauen darf, dass der einzelne Anleger für das gesamte Anlagevolumen haftet.[700] Die Haftung ist mangels Eintragungsmöglichkeit des Ausscheidens bei der GbR zeitlich auf fünf Jahre ab Kenntnis des Gläubigers vom Ausscheiden beschränkt, §§ 736 II BGB, 160 HGB.

Im Gegensatz zu Gesellschaftern einer GbR haften Publikumskommanditisten gegenüber Gläubigern nicht, sofern sie ihre Einlage geleistet haben, § 171 I Hs. 2 HGB. Wird ihnen jedoch die Einlage zurückbezahlt, so lebt ihre ursprüngliche, unmittelbare Haftung in Höhe der Einlage wieder auf, §§ 172 IV 1, 171 I HGB. Diese Haftung erstreckt sich auch auf Altverbindlichkeiten, § 173 HGB. Für getäuschte, Schadensersatz begehrende Kommanditisten stellt sich daher die Frage, ob in diesem Zusammenhang erbrachte Leistungen durch die Gesellschaft an sie eine Einlagenrückgewähr bedeuten. Der Tatbestand der Einlagenrückgewähr wird von der ganz h.M. weit ausgelegt. Unter Rückzahlung im Sinne des § 172 IV HGB ist jede Zuwendung an den Kommanditisten zu verstehen, durch

---

698 BGHZ 44, 235 (236); *Ulmer* FS Flume II, S. 301 (320); *Wiesner*, S. 150; *Flume* I/1 § 2 III (S. 19).

699 BGHZ 146, 341 (358); BGHZ 154, 370 ff.

700 BGHZ 150, 1; *Wiedemann* GesR II, § 7 III 4 (S. 662).

die dem Gesellschaftsvermögen ein Wert ohne eine entsprechende Gegenleistung entzogen wird.[701] Ob der Rechtsgrund für die Zuwendung oder Entnahme in dem Gesellschaftsverhältnis liegt, ist für § 172 IV 1 HGB ohne Bedeutung.[702] Mit diesem Verständnis wird auch die Auszahlung des Auseinandersetzungsguthabens als Einlagenrückgewähr betrachtet.[703] Ist allerdings die Abfindung durch zwischenzeitliche Verluste geringer als die ursprüngliche Einlage, so lebt die Haftung entsprechend geringer wieder auf.[704]

Im Grundsatz gilt dies für alle Abfindungen, also gerade auch solche, die sich durch die Anwendung der LfG aus Schadensersatzansprüchen getäuschter Anleger ergeben. Allerdings verlangt der Fall der Zahlungen, die aufgrund von §§ 13, 13a VerkProspG vorgenommen werden, gesonderte Betrachtung.[705]

bb) *Befriedigung getäuschter Anleger aus freiem Vermögen*

Auch hier gilt jedoch der dem Konzept der abgestuften Vermögensbindung im Aktienrecht zu Grunde liegende Gedanke, dass die Kapitalerhaltung nicht dazu führen darf, dem getäuschten Gesellschafter die Anspruchsbefriedigung zu versagen bzw. ihn der Gefahr des Wiederauflebens der persönlichen Haftung auszusetzen, während an andere Gesellschafter Gewinne ausgeschüttet werden.[706] Es darf, wenn es um die Befriedigung getäuschter Gesellschafter geht, derjenige Teil des Gesellschaftsvermögens nicht von der Kapitalerhaltung erfasst sein, den die Gesellschaft an ihre Gesellschafter ausschütten könnte, ohne dass daran aus Gründen des Gläubigerschutzes Folgen geknüpft sind. Der durch die Kapitalerhaltung ebenfalls bezweckte Schutz der Mitgesellschafter[707] ist nicht tangiert, da sich insoweit getäuschte und nicht getäuschte Gesellschafter gegenüber stehen.[708]

---

701 BGHZ 39, 319 (331); BGHZ 47, 149 (155 f.); Ebenroth/Boujong/Joost/Strohn/*Strohn* HGB, § 172, Rn. 21; MünchKommHGB/*Karsten Schmidt*, §§ 171, 172, Rn. 66; *Bitter* ZHR 168 (2004), 302 (322).

702 Ebenroth/Boujong/Joost/Strohn/*Strohn* HGB, § 172, Rn. 21.

703 BGHZ 39, 319 (331); Baumbach/Hopt/*Hopt*, § 172, Rn. 6; *Wiedemann* GesR II, § 9 III 5 (S. 810).

704 Baumbach/Hopt/*Hopt*, § 172, Rn. 6.

705 Dazu unten, S. 151 f.

706 So für die AG: *Flechtheim* JW 1916, 937 (939); *Zöllner/Winter* ZHR 158 (1994), 54 (78), zum Konzept der abgestuften Vermögensbindung im Aktienrecht siehe oben, S. 91 ff.

707 Dazu *Bitter* ZHR 168 (2004), 302 (323 ff.).

708 Siehe bereits die Argumentation zur Kapitalerhaltung in der Aktiengesellschaft, oben S. 91 ff.

Demnach ist der Gesellschafter, sofern entsprechende Mittel vorhanden sind, aus dem Vermögen zu befriedigen, das das zur Deckung der eingetragenen Kommanditeinlagen vorhandene Vermögen übersteigt. Die Einlage des Kommanditisten müsste nach seinem Ausscheiden weiterhin im festen Kapitalkonto verzeichnet bleiben, so dass einerseits die Gesellschaft weiterhin verpflichtet wäre, für die entsprechende Deckung zu sorgen, bevor Gewinne ausgeschüttet werden können, andererseits der Anleger aber nicht wegen § 172 IV 1, 171 I 1 HGB den Gläubigern persönlich zu haften hätte. Man muss also das feste Kapitalkonto mit dem Ausweis der Einlage des ausgeschiedenen (und auch als solchen im Handelsregister eingetragenen) Gesellschafters stehen lassen. Der ausgeschiedene Gesellschafter nimmt so weiterhin an Gewinn und Verlust teil, allerdings an Gewinnen immer nur soweit, bis sein Kapitalanteil gedeckt wäre, vgl. § 167 II HGB. Entnahmen sind ihm selbstverständlich nicht gestattet, vgl. § 169 I 2 Hs. 2 HGB.

Diese Vorgehensweise hat weiter zur Folge, dass der Betrag der Einlage auch weiterhin von der Gesellschaft als Eigenkapital bilanziert werden muss[709] und somit seine Gläubigerschutzfunktion erfüllen kann. Eine Löschung des die Einlage ausweisenden Kapitalkontos des ausgeschiedenen Gesellschafters muss in einem solchen Fall fünf Jahre nach dem eingetragenen Ausscheiden des getäuschten Gesellschafters erfolgen, da nach dem Gedanken der §§ 161 II, 160 HGB die Gläubiger dann keinen Anspruch mehr auf die Haftung des ausgeschiedenen Gesellschafters hätten.

Diese Lösung entspricht den der Kommanditistenhaftung zu Grunde liegenden Schutzzwecken. Die persönliche Außenhaftung gegenüber den Gläubigern soll nur dann wieder aufleben, wenn die Einlage des Kommanditisten objektiv geschmälert wird.[710] Der getäuschte Kommanditist muss aber Zahlungen aus Vermögen erhalten können, das den Gläubigern nicht als Haftungsmasse zur Verfügung steht. Die Befriedigung seines Abfindungsanspruchs aus nicht haftendem Kapital kann deshalb auch nicht als Einlagenrückgewähr im Sinne des § 172 IV 1 HGB angesehen werden. Den Gläubigern[711] kann mit dem stehen gelassenen Kapitalkonto bewiesen werden, dass die Einlagesumme weiterhin

[709] Vgl. *Wiedemann* GesR II, § 4 III 3 (S. 366).
[710] *Wiedemann* GesR II, § 9 III 5 (S. 807 f.).
[711] Gemeint sind diejenigen, die bereits vor der Eintragung des Ausscheidens des Kommanditisten Gläubiger waren, denn nur diese sind nach §§ 161 II, 160 HGB schutzwürdig.

vorrangig vor Gewinnausschüttungen gedeckt wird.[712] Natürlich hat der ausgeschiedene Gesellschafter keinen Anspruch auf Entnahmen aus diesem Konto.[713] Eine spätere Aufzehrung durch Verluste müssten die Gläubiger hinnehmen, so wie sie auch bei einem in der Gesellschaft verbliebenen Kommanditisten es hinnehmen müssten, dass dessen Einlage von Verlusten aufgezehrt würde. Sie müssen eben nur keine Entnahme durch den Kommanditisten hinnehmen.

Es ist zuzugeben, dass dem Kommanditisten diese Art der Abwicklung im Falle der finanzschwachen Kommanditgesellschaft nichts nützt, wenn also bei der Gesellschaft kein die Deckung der Kommanditeinlagen übersteigendes Vermögen vorhanden ist. In der Praxis dürfte der Kommanditist allerdings gerade oftmals in derartigen Fällen austrittswillig sein. Sein Zurückstehen gegenüber den Gläubigern in einer solchermaßen schlechten Phase ist dann aber eben Ausdruck der fehlerhaften Gesellschaft, die dem Gesellschafter für die Vergangenheit bis zu seinem Austritt das Risiko zuweist.

cc) ***Sonderfall §§ 13, 13a VerkProspG***

Begreift man Zahlungen der Gesellschaft an getäuschte Anleger, die aufgrund von Ansprüchen aus §§ 13, 13a VerkProspG geleistet werden, als Abfindungen,[714] so liegt es auch hier nahe, ein Wiederaufleben der persönlichen Haftung der Gesellschafter anzunehmen. Gegen ein solches Ergebnis wenden sich *Zimmer/Cloppenburg*. Sie führen an, bei allem Streit um die Rechtsnatur des § 44 BörsG sei immer davon ausgegangen worden, dass es sich um einen Schadensersatzanspruch handele.[715] Deshalb schlagen sie vor, nicht den Schadensersatzanspruch des § 44 BörsG durch einen Abfindungsanspruch zu „ersetzen", sondern in dem Prospekthaftungsanspruch ein Recht zum Austritt im Sinne des § 131 III HGB zu sehen und den daran geknüpften Abfindungsanspruch durch einen Schadensersatzanspruch zu ersetzen. Dahinter steht die Vorstellung, dass ein Schadensersatzberechtigter der eigenen Gesellschaft wie ein Drittgläubiger gegenüber steht und daher, wie von der herrschenden Meinung auf dem Gebiet täuschungsbedingter Beitritte zu Aktiengesellschaften vertreten, Verkehrs- und

---

712 Dies entspricht der wesentlichen Funktion des Kapitalkontos des Kommanditisten, nämlich den Gläubigern gegenüber die Haftungsverhältnisse offenzulegen, siehe *Ulrich Huber* ZGR 1988, 1 (12 ff.).

713 Ein Kommanditist dürfte ohnehin nicht Entnahmen zu Lasten des Kapitalanteiles tätigen, § 169 I 2 Hs. 2 HGB.

714 Siehe oben, S. 141 f.

715 *Zimmer/Cloppenburg* ZHR 171 (2007), 519 (528).

Bestandsschutzinteressen hintanstehen müssten.[716] Ein Schadensersatzanspruch stelle daher, anders als die Zahlung einer Abfindung, keine Einlagenrückgewähr dar.[717]

Dem muss man jedoch entgegen halten, dass die rein begrifflich formale Positionierung des Schadensersatz begehrenden Aktionärs als Drittgläubiger, der ungeachtet entgegenstehender Verkehrs- und Bestandsschutzinteressen auf das Gesellschaftsvermögen zugreifen kann, gerade fragwürdig erscheint und eben auch zu Recht bestritten wird.[718] Es kann deshalb nicht darum gehen, die Lösung schadensersatzberechtigter Personengesellschafter an dem Ziel zu orientieren, sie ebenso als Drittgläubiger einzustufen. Im Hinblick auf die seit langem gefestigten Wertungen der LfG, nach denen nicht einmal der arglistig Getäuschte seine Beteiligung rückabwickeln darf, erscheint nämlich ein Außerachtlassen von Verkehrs- und Bestandsschutzinteressen fragwürdig. Tatbestandlich sind deshalb Mängel, die im Zusammenhang mit dem Beitritt zur Gesellschaft stehen und Schadensersatzansprüche gegen die Gesellschaft begründen, von der LfG erfasst.[719]

Begreift man die auf Täuschungen beim Vertragsschluss beruhenden Schadensersatzforderungen als Anwendungsfälle der fehlerhaften Gesellschaft, so kann dem Gesellschafter im Interesse des Verkehrs- und Bestandsschutzes nur ein Austrittsrecht in Verbindung mit einem Abfindungsanspruch zustehen. Dann müsste aber konsequenterweise auch die dem getäuschten Aktionär geleistete Restitution eine Einlagenrückgewähr darstellen.[720] Die persönliche Haftung des getäuschten Gesellschafters würde also wieder aufleben.

Zustimmungswürdig ist jedoch die Vorgehensweise von *Zimmer/Cloppenburg*, die Frage nach der Einlagenrückgewähr an den Personengesellschafter in Parallele zur Situation in der Aktiengesellschaft lösen zu wollen. Etwas anderes ist mit Blick auf den gesetzlichen Verweis in § 13 VerkProspG auf § 44 BörsG schwerlich zu rechtfertigen. Auch für § 13a VerkProspG kann man vernünftigerweise nichts anderes annehmen. Zwar fehlt dort der Verweis auf § 44 BörsG, doch ist § 13a VerkProspG wiederum der Vorschrift des § 13 VerkProspG

---

716 *Zimmer/Cloppenburg* ZHR 171 (2007), 519 (525 ff., 528).
717 *Zimmer/Cloppenburg* ZHR 171 (2007), 519 (527).
718 Dazu unten, S. 173 ff.
719 Siehe ausführlich bereits oben, S. 121 ff.
720 OLG München NJW-RR 2000, 624 (625); MünchKommHGB/*Karsten Schmidt*, §§ 171, 172, Rn. 67; ebenso bereits *Ulmer/Dopfer* BB 1978, 461 (464); *Hüffer* JuS 1979, 457 (463 f.).

nachgebildet.[721] Das Verhältnis zwischen einer Haftung der Aktiengesellschaft gem. § 44 BörsG und dem Verbot der Einlagenrückgewähr gem. § 57 AktG ist insofern ebenfalls bestimmend für das Verhältnis von §§ 13, 13a VerkProspG zur Einlagerückgewähr und dem Wiederaufleben der persönlichen Haftung gem. §§ 172 IV 1, 171 I 1 HGB. Die Frage soll daher an dieser Stelle noch offen bleiben.[722]

e) Insolvenzrechtliche Einordnung

Die insolvenzrechtliche Einordnung der Forderungen getäuschter Anleger bereiten, abgesehen von den Fällen stiller Beteiligungen,[723] keine besonderen Schwierigkeiten.[724] Geht man davon aus, dass in Folge der Anwendung der Lehre von der fehlerhaften Gesellschaft dem Anleger nur ein Austrittsrecht unter Zahlung einer Abfindung zusteht, so kann er nur nach den Gläubigern und zusammen mit den übrigen Gesellschaftern bei der Schlussverteilung berücksichtigt werden, § 199 S. 2 InsO.[725]

7. Zusammenfassung

Nach der Lehre von der fehlerhaften Gesellschaft können mit Mängeln behaftete, aber vollzogene Gesellschaftsverträge nicht ex tunc vernichtet, sondern nur ex nunc gekündigt werden. Gleiches gilt für den fehlerhaften Beitritt. Grund hierfür sind Schwierigkeiten, die typischerweise bei der Rückabwicklung organisationsrechtlicher Verhältnisse auftreten würden. Deshalb wird organisationsrechtlichen Gebilden durch die LfG Bestandsschutz für die Vergangenheit gewährt.

Die Fehlerhaftigkeit eines Gesellschaftsbeitritts ist unstreitig bei Anfechtbarkeit gegeben. Schadensersatzansprüche, die darauf gerichtet sind, den Anleger so zu stellen, als sei er der Gesellschaft nie beigetreten, entfalten demgegenüber keine Ex-tunc-Wirkung. Allerdings knüpfen sie vermögensmäßig an den Zustand in der Vergangenheit an. Damit nicht ein Teilaspekt (Vermögensaspekt)

---

721 Begr. RegE Anlegerschutzverbesserungsgesetz, BT-Drs. 15/3174, S. 44.

722 Zum Ergebnis, das sich am Verhältnis § 44 BörsG/§ 57 AktG orientiert, siehe unten, S. 261 ff.

723 Siehe unten, S. 170.

724 Siehe zu der bei Schadenseratzansprüchen gegen die AG erforderlichen differenzierteren Betrachtung bereits oben, S. 97 ff.

725 Mit § 199 S. 2 InsO wird vermieden, dass sich dem Insolvenzverfahren noch eine gesellschaftsrechtliche Liquidation anschließen muss, MünchKommInsO/*Hinzen*, § 199, Rn. 2.

der Gesellschaftsbeteiligung isoliert rückabgewickelt wird, während die übrigen Aspekte der Zugehörigkeit zur Organisation unangetastet bleiben, sind auch derartige Schadensersatzansprüche an den Vorgaben der LfG zu messen. Dem Anleger stehen nur ein Recht zur Kündigung und ein Abfindungsanspruch zu, dessen Höhe sich am aktuellen Wert seiner Beteiligung orientiert. Lediglich §§ 13, 13a VerkProspG gewähren ihm die Rückzahlung der ursprünglich geleisteten Einlage.

Der Anleger muss daher bei Ansprüchen gegen die Anlagegesellschaft außer im Falle der §§ 13, 13a VerkProspG auf die Erstellung der Abfindungsbilanz warten. Ansprüche gegen die persönlich täuschenden Mitglieder sind hingegen sofort fällig, da diesbezüglich kein Hin- und Herzahlen zu befürchten steht.

Weil getäuschte Anleger wegen der LfG vollgültige Mitglieder geworden sind, haften sie mit ihrer Einlage für die Verbindlichkeiten der Gesellschaft. Die Zahlung einer Abfindung gilt grundsätzlich als Einlagenrückgewähr und lässt ihre persönliche Haftung wieder aufleben. Dies gilt jedoch nicht, sofern die Zahlung an den ausscheidenden Gesellschafter aus dem zur Deckung der Kommanditeinlagen übersteigenden Gesellschaftsvermögen möglich ist. Der Kapitalanteil des Gesellschafters muss in einem solchen Fall im festen Kapitalkonto der Bilanz für fünf Jahre ab dem Ausscheiden stehen bleiben, so dass der Gesellschaft Gewinnausschüttungen für diese Zeit nur bei Deckung des stehen gelassenen Anteils möglich sind. Lediglich für §§ 13, 13a VerkProspG gilt möglicherweise anderes.

Insolvenzrechtlich sind die Abfindungsansprüche des Anlegers allenfalls bei der Schlussverteilung (§ 199 S. 2 InsO) zu berücksichtigen.

III. Fehlerhafte stille Publikumsgesellschaften

Für stille Gesellschaften als Anlagemodelle sind die Wirkungen der LfG gesondert zu überprüfen. Dabei muss untersucht werden, inwieweit die LfG auf stille Gesellschaften im Allgemeinen (1.) und auf stille Publikumsgesellschaften im Besonderen anwendbar ist (2.). Sodann ist auf die sich daraus ergebenden Rechtsfolgen im Hinblick auf die Kapitalmarktinformationshaftung bei der stillen Gesellschaft einzugehen (3.).

1. Anwendung der LfG auf stille Gesellschaften im Allgemeinen

a) Meinungsbild

Die Funktionen Verkehrs- und Bestandsschutz sowie die dogmatischen Grundlagen der LfG werden praktisch relevant in der Diskussion um die Anwendung der Grundsätze auf stille Gesellschaften. Diese Anwendung ist sehr umstritten.[726] Einigkeit herrscht lediglich insoweit, als sie im Falle der stillen Gesellschaft nur aus Gründen des Bestandsschutzes, also im Hinblick auf die Interessen der Mitgesellschafter geschehen könnte. Der Verkehrsschutz als tragfähige Grundlage scheidet aus, da die stille Gesellschaft als reine Innengesellschaft nicht nach außen in Erscheinung tritt.[727]

Überholt sind ältere Ansichten, die der Anwendung der LfG auf atypische stille Gesellschaften zustimmen und dabei im Anschluss an BGHZ 8, 157 auf die Faktizität der gemeinsam geschaffenen Werte abstellen, die die Rechtsordnung nicht mehr ignorieren dürfe.[728] Ebenso wie die erwähnte frühere Stellungsnahme des BGH stellen sie somit das tatsächliche Element ganz in den Vordergrund. Indes ist man sich heute einig, dass zur Begründung gesellschaftsrechtlicher Pflichten keinesfalls faktische Verhältnisse ausreichen, sondern zurechenbare Willenserklärungen vorliegen müssen.[729]

Der BGH befürwortet die Anwendung der LfG auf stille Gesellschaften seit BGHZ 55, 5 ff. in mittlerweile gefestigter Rechtsprechung und zwar unabhängig davon, ob es sich um eine typische oder atypische stille Gesellschaft handelt. Ungeachtet vermehrter Kritik in der Literatur[730] und widersprechender Urteilen einiger Obergerichte[731] hält er weiter hieran fest.[732] Die rückwirkenden Nichtigkeits- und Anfechtungsfolgen würden zu unerträglichen Ergebnissen führen bei einer auf Dauer angelegten, tatsächlich vollzogenen Leistungsgemeinschaft, in der die Gesellschafter Beiträge erbracht und Werte geschaffen haben, Gewinnchancen genutzt und vor allem gemeinschaftlich das Risiko getragen haben.[733] Eine solche Gesellschaft verdiene im Interesse der Gesellschafter Bestandsschutz.[734] In diesem Sinne sei aber auch die (typische wie atypische) stille Ge-

---

[726] Übersicht bei *Blaurock* Hdb. StG, 11.6. ff.; *Karsten Schmidt* GesR, § 6 II 3 (S. 144 ff.).

[727] *Blaurock* Hdb. StG, 11.5.

[728] Siehe nur *Siebert* BB 1958, 1065.

[729] Siehe oben, S. 117 ff.

[730] MünchKommBGB/*Ulmer*, § 705, Rn. 359; *Bayer/Riedel* NJW 2003, 2567 (2571); *Carsten Schäfer* Die Lehre vom fehlerhaften Verband, S. 143 ff.; *Goette* DStR 1996, 266 (269); *Reusch*, S. 102 ff.; Soergel/*Hadding*, § 705, Rn. 92; *Wiesner*, S. 165 ff.; *Flume* I/1, § 2 III (S. 26 ff.).

[731] OLG Schleswig ZIP 2002, 1244 (1247); OLG Schleswig ZIP 2003, 74 (77) m.w.N.; OLG Jena ZIP 2003, 1444.

[732] BGH WM 1992, 1576; BGH WM 1993, 1277 (1278); BGH NZG 2005, 261; BGH NZG 2005, 467 ff., 472 ff., 476 ff; BGH NZG 2006, 57 (58).

[733] BGHZ 55, 5 (8).

[734] BGHZ 55, 5 (8).

sellschaft eine echte Risikogemeinschaft mit einer auf Dauer vereinbarten Teilung von Gewinn und Verlust und vom Mitgesellschafter erbrachten Beiträgen.[735] Als weiteres (pragmatisches) Argument für die Anwendung der LfG auch auf typische stille Gesellschaften wird die Rechtssicherheit angeführt. Es solle eben nicht in jedem Einzelfall zu prüfen sein, ob die Abweichung von den allgemeinen Regeln mehr oder weniger dringend geboten scheint.[736]

Große Teile der Literatur haben sich dieser Ansicht des BGH, dass die LfG auf stille Gesellschaft anzuwenden sei, um dem Aspekt der Leistungs- und Risikogemeinschaft Rechnung zu tragen, angeschlossen.[737] Bei einem bereicherungsrechtlichen Ausgleich hingegen erfolge die Verlustteilnahme nur insoweit, als tatsächlich gezogene Nutzungen nicht vorlägen (§ 818 I BGB). Umgekehrt erfolge die Partizipation an Gewinnen nur, wenn Nutzungen auch tatsächlich gezogen wurden.[738] Rückabwicklungsschwierigkeiten könnten sich so sehr wohl bei jahrelanger Verrechnung von Gewinnen und Verlusten ergeben.[739] Entscheidend sei auch die gegenüber bloßen Austauschverhältnissen komplexere Interessenlage. So könne insbesondere die in der atypischen stillen Gesellschaft in Form der Beteiligung des Stillen an der Geschäftsführung getroffene Vereinbarung, gemeinsam den Wert des Unternehmens zu schaffen und sich gemeinsam den gesellschaftsvertraglichen Modalitäten im Hinblick auf einen bestimmten Zweck auszurichten, sich bei der rechtlichen Beurteilung auch der Rückabwicklung nicht ausblenden lassen.[740] Doch auch die Anwendung der Grundsätze der fehlerhaften Gesellschaft auf die typische stille Gesellschaft sei geboten. Man schaffe damit ein typisches einheitliches gesellschaftsrechtliches Instrument, das überdies für größere Rechtssicherheit gegenüber der Ansicht, die zwischen atypischen und typischen stillen Beteiligungen unterscheiden wolle,[741] diene, indem komplizierte Abgrenzungsfragen außer Acht gelassen werden könnten.[742]

---

735 BGHZ 55, 5 (9).
736 BGHZ 55, 5 (9).
737 Ebenroth/Boujong/Joost/Strohn/*Gehrlein* HGB, § 230, Rn. 31; *Konzen* FS Westermann, S. 1133 (1144 ff.); *Blaurock* Hdb. StG, 11.12 ff; *Wiedemann* GesR II, § 10 II 3 (S. 893), *Hueck/Windbichler*, § 18 Rn. 10; *Wertenbruch* NJW 2005, 2823; *Wälzholz* DStR 2003, 1533 f.; mit unterschiedlichen Vorbehalten zustimmend *Grunewald* GesR, 1. D. Rn. 30; Erman/*Westermann*, § 705, Rn. 88; *ders.* Hdb. Personengesellschaften I, Rn. 181 ff.
738 *Blaurock* Hdb. StG, 11.12 ; *Wiesner*, S. 169.
739 *Grunewald* GesR, 1. D. Rn. 30.
740 *Blaurock* Hdb. StG, 11.12.
741 Dazu sogleich.
742 *Blaurock* Hdb. StG., 11.18.

Indes üben Teile des Schrifttums Kritik an der Rechtsprechung des BGH und lehnen die Anwendung der LfG auf die stille Gesellschaft mit unterschiedlichen Begründungen ab.[743] Diejenigen Vertreter, die in der dogmatischen Begründung der Lehre von der fehlerhaften Gesellschaft auf die Doppelnatur des Gesellschaftsvertrages als Schuld- und Organisationsvertrag abstellen, sehen als Voraussetzung für organisationsrechtliche Elemente die Bildung von Gesamthandsvermögen, mangels dessen bei der stillen Gesellschaft kein Bedürfnis für die Anwendung der LfG bestünde.[744] Nach anderer Ansicht sind organisationsrechtliche Elemente, die eine Abweichung von den allgemeinen Grundsätzen mittels LfG rechtfertigen, nur bei rechtsfähigen Außengesellschaften gegeben.[745]

Auch die Ansichten, die in der LfG ein rechtsformunabhängiges, allgemeines verbandsrechtliches Prinzip sehen, kommen zu unterschiedlichen Ergebnissen. Nach *CARSTEN SCHÄFER* bilden Rückabwicklungsschwierigkeiten den Wertungsgrund für die fehlerhafte Gesellschaft.[746] Dieser Wertungsgrund lasse sich wiederum den körperschaftsrechtlichen Regelungen der §§ 275 AktG, 75 GmbHG entnehmen.[747] Hier habe der Gesetzgeber, um Rechtssicherheit zu schaffen, eine zulässige Typisierung vorgenommen, denn Rückabwicklungsschwierigkeiten könnten nicht in jedem einzelnen Fall festgestellt werden.[748] Als Anknüpfungsmerkmal für die Typisierung setze der Gesetzesgeber bei den Körperschaften die Handelsregistereintragung fest. Untechnisch gesprochen seien also mit Entstehen der juristischen Person Rückabwicklungsschwierigkeiten (für den Fall der anfänglichen Unwirksamkeit) unwiderleglich zu vermuten,[749] mögen sie auch im Einzelfall nicht vorliegen. Die Typisierung muss jedoch nach dieser Ansicht von einer steten Rückkopplung an den materiellen Wertungsgrund (Rückabwicklungsschwierigkeiten) geprägt sein, da ansonsten das Willkürverbot missachtet würde.[750] Die Anwendung der Grundsätze auf Personengesellschaften geschehe jedoch auf der Grundlage desselben Wertungsgrundes. Auch hier müsse für das

---

743 Siehe bereits die Nachweise oben, Fn. 730.

744 MünchKommBGB/*Ulmer*, § 705, Rn. 359; Soergel/*Hadding*, § 705, Rn. 92; auch *Wiesner*, S. 166 (S. 171 ff.) stellt Unbilligkeiten der bereicherungsrechtlichen Rückabwicklung auch bei stillen Gesellschaften heraus, schlägt jedoch als Lösung nicht die LfG, sondern Bestandsschutz über ein gesetzliches Vertauensverhältnisses vor.

745 MünchenerHdb. GesR I/*Bälz*, § 100, Rn. 337 ff.

746 *Carsten Schäfer* Die Lehre vom fehlerhaften Verband, S. 137 ff., 143 ff.

747 *Carsten Schäfer* Die Lehre vom fehlerhaften Verband, S. 62-70 (§ 3 VI), S. 113, 114 (§ 4 IV 1), S. 141 ff.

748 *Carsten Schäfer* Die Lehre vom fehlerhaften Verband, S. 141 ff.

749 *Carsten Schäfer* Die Lehre vom fehlerhaften Verband, S. 144.

750 *Carsten Schäfer* Die Lehre vom fehlerhaften Verband, S. 143.

Ziel der Rechtssicherheit wieder nach einem typisierten Anknüpfungspunkt gesucht werden. Dieser könne auch bei Personengesellschaften in der Entstehung eines neuen Rechtssubjekts liegen. Dann schieden jedoch reine Innengesellschaften aus dem Anwendungsbereich der LfG heraus. Mangels Entstehen eines Rechtssubjektes mit eigens zugewiesenem Vermögen könnten Rückabwicklungsschwierigkeiten nämlich nicht mehr vermutet werden.[751]

b) Stellungnahme

Es lässt sich mit dem Hinweis auf den Bestandsschutz der Leistungs- und Risikogemeinschaft allein schwerlich rechtfertigen, warum derjenige, der nur durch Täuschung seine Beitrittserklärung abgegeben hat, an einer solchen Gemeinschaft festgehalten werden soll, die er doch, und sollte ihm dies auch erst später bewusst werden, gar nicht gewollt hat.[752] Zudem besteht eine Risikogemeinschaft auch beim partiarischen Darlehen.[753] Allenfalls ließe sich überlegen, ob sich auch der Getäuschte mit seinem Beitritt gleichsam begriffsnotwendig zur Teilnahme an einer Leistungs- und Risikogemeinschaft entschließt, da der gesellschaftliche Zweck des unternehmerischen Handelns[754] gar nicht zu verwirklichen wäre, wenn der Unternehmer von vornherein mit dem Damoklesschwert der Rückforderung der ursprünglichen Einlage bedroht ist. Eine derartige Überlegung ist aber wegen der in ihr enthaltenen unbewiesenen rechtspsychologischen Voraussetzung abzulehnen.

Zustimmungswürdig ist daher das von den Gegnern der Anwendung der LfG auf alle Arten von Innengesellschaften vorgebrachte Argument, dass der Bestandsschutz für sich genommen eine Anwendung der LfG nicht rechtfertigen kann. In diesem Sinne konstatiert *KARSTEN SCHMIDT*, die Tatsache allein, dass die erst nachträglich erkannte Nichtigkeit oder Unwirksamkeit eines Gesellschaftsverhältnisses für die auf die Wirksamkeit vertrauenden Vertragspartner zu Härten führt, rechtfertige entgegen der vom BGH vertretenen Ansicht keinen Bestandsschutz.[755]

---

751 *Carsten Schäfer* Die Lehre vom fehlerhaften Verband, S. 143 ff.

752 Vgl. *Flume* I/1, § 2 III (S. 28); *Schön* ZGR 1993, 210 (241); *Reusch*, S. 104.

753 *Schön* ZGR 1993, 210 (241).

754 Bei der stillen Gesellschaft besteht der Gesellschaftszweck in der Erzielung von Gewinn durch den Betrieb eines Handelsgewerbes, unternehmerisches Handeln ist also impliziert.

755 MünchKommHGB/*Karsten Schmidt*, § 230, Rn. 132; ähnlich auch *Flume* I/1, § 2 III (S. 27).

CARSTEN SCHÄFERS Grundannahme, dass der LfG ein einheitliches verbandsrechtliches Prinzip zugrunde liegt, das wiederum in §§ 275 ff. AktG eine Kodifizierung gefunden hat, verdient ebenfalls Zustimmung. Seine Ansicht trägt jedoch zu wenig dem Umstand Rechnung, dass sich verbandsrechtliche Elemente nicht nur in einem neuen Rechtssubjekt oder gebildetem Gesamthandsvermögen manifestieren können.[756] Die LfG trägt als verbandsrechtliches Institut dem Umstand Rechnung, dass sich eine Mitgliedschaft im Gegensatz zu schuld- oder sachenrechtlichen Austauschgeschäften nicht rückabwickeln lässt.[757] So ist etwa denkbar, dass ein stiller Gesellschafter jahrelang Zustimmungsrechte ausgeübt hat und somit auf das Handelsgewerbe des Unternehmers erheblichen Einfluss hatte. Bei einer bereicherungsrechtlichen Rückabwicklung würde die Vermögenseinlage zurückerstattet, die Einflussnahme könnte hingegen schwerlich in einer solchen Rückabwicklung bestimmbar Beachtung finden. In der Vorstellung von der LfG als verbandsrechtliches Prinzip ist jedoch gerade eine angemessene und einheitliche Behandlung der gesamten die Mitgliedschaft konstituierenden Merkmale und eben nicht nur eine isolierte Berücksichtigung des Vermögensanteils gewollt. Diese Zusammenhänge treten jedoch nicht nur bei gebildetem Gesamthandsvermögen auf. Dass die organisationsrechtliche Einbindung eines Gesellschafters auch mittels stillen Gesellschaftsvertrags möglich ist, wird ebenfalls von der neuerlich betätigten BGH-Rechtsprechung gestützt, nach der ein stiller Teilhaber in Bezug auf die Kapitalerhaltungsregeln dann wie ein GmbH-Gesellschafter zu behandeln ist, wenn er aufgrund der vertraglichen Ausgestaltung des stillen Gesellschaftsverhältnisses hinsichtlich seiner vermögensmäßigen Beteiligung und seines Einflusses auf die Geschicke der GmbH weitgehend einem GmbH-Gesellschafter gleichsteht.[758]

Beizupflichten ist deshalb der Position *KARSTEN SCHMIDTS*, der in seiner Begründung in erster Linie auf eben diese verbandsrechtlichen und mitgliedschaftsrechtlichen Aspekte der LfG abstellt. So ist die Anwendung der LfG nur bei einer atypischen stillen Gesellschaft geboten, wenn neben der schuldrechtlichen Beteiligung am Unternehmensvermögen mitgliedschaftliche Teilhaberechte mindestens in Gestalt eines Widerspruchsrechts oder Stimmrechts vorliegen, da sich die betreffende Gesellschaft nur dann als Verband darstellt.[759] Ein

756 So bereits *Reusch*, S. 105; MünchKommHGB/*Karsten Schmidt*, § 230, Rn. 133.

757 *Karsten Schmidt*, siehe bereits oben, Fn. 530.

758 BGH NZG 2006, 341 = WM 2006, 691 m. Anm. *Hüttemann/Lasa* WuB II H. § 30 GmbHG 1.06; BGHZ 106, 7.

759 *Karsten Schmidt* GesR, § 6 II 3 d (S. 145 ff.).

mitgliedschaftliches Verhältnis fehlt hingegen bei der typischen stillen Gesellschaft. Es liegt in dem Fall nämlich lediglich eine durch den gemeinsamen Erwerbszweck intensivierte schuldrechtliche Bindung vor.[760]

c) Nachweis organisationsrechlicher Elemente

Die die Anwendung der LfG rechtfertigenden organisationsrechtlichen Elemente müssen im Einzelfall nachgewiesen werden, was Schwierigkeiten mit sich bringen kann. Wenn Vertreter der vorbehaltlosen Anwendung der LfG auf alle Typen der stillen Gesellschaft jedoch anführen, eine Unterscheidung zwischen typischen Gesellschaften und atypischen Gesellschaften mit Verbandscharakter führe zu Rechtsunsicherheit wegen Abgrenzungsschwierigkeiten,[761] so muss man erwidern, dass organisationsrechtliche Elemente wie etwa Kontroll- und Mitspracherechte aber auch bereits bei der Abgrenzung zwischen partiarischen Rechtsverhältnissen und stillen Gesellschaften herangezogen werden[762] und somit ohnehin auszumachen wären. Es ist nicht erkennbar, wieso sich wegen dieser Elemente die Abgrenzungsschwierigkeiten erhöhen sollten.[763]

Keine hinreichende organisationsrechtliche Verfestigung liegt jedenfalls bei der typischen stillen Gesellschaft vor.[764] Auch reicht nicht die Stärkung einzelner Rechte des stillen Gesellschafters gegenüber dem bloßen Darlehensgeber.[765] So müssen etwa die dem stillen Gesellschafter eingeräumten Kontrollrechte (§ 233 HGB) mehr als interessenschützender Annex im Hinblick auf die vermögensrechtliche Beteiligung des Stillen am Vermögen des Geschäftsinhabers denn als mitgliedschaftliches Recht verstanden werden.[766] Ebenso verhält es sich mit erbrachten Dienstleistungen des stillen Gesellschafters.[767] Die schuldrechtliche Beteiligung des stillen Gesellschafters am Handelsvermögen des Geschäftsinhabers ist ein starker Indikator für das Vorliegen einer mitgliedschaftlichen Verbundenheit. Es wird in diesem Fall vereinbart, dass der stille Gesellschafter intern in der Weise am Geschäftsvermögen beteiligt wird, dass er bei Auflösung

---

760 MünchKommHGB/*Karsten Schmidt*, § 230, Rn. 133.

761 *Blaurock* Hdb. StG, 11.18.

762 Darauf weist auch *Blaurock* Hdb. StG, 8.33 m.w.N. hin.

763 Ähnlich *Reusch*, S. 107.

764 MünchKommHGB/*Karsten Schmidt*, § 230, Rn. 133.

765 MünchKommHGB/*Karsten Schmidt*, § 230, Rn. 133.

766 MünchKommHGB/*Karsten Schmidt*, § 230, Rn. 133; vgl. auch *Schön* ZGR 1993, 210 (232), der in Bezug auf diese Kontrollrechte von „Hilfsansprüche[n]", die „auf die prägenden Hauptansprüche zugeschnitten sind", spricht.

767 MünchKommHGB/*Karsten Schmidt*, § 230, Rn. 134; a.A. Heymann/*Horn*, § 230, Rn. 28.

der Gesellschaft so gestellt wird, als habe das Vermögen den Gesellschaftern gemeinsam gehört.[768] Zutreffend wird daher in diesem Zusammenhang von „fiktiver"[769] oder „virtueller Gesamthand"[770] gesprochen. Eine derartige Vertragsgestaltung entfernt die stille Beteiligung auch von der gesetzlichen Vorstellung des Darlehens, bei dem die ursprüngliche Darlehenssumme in jedem Fall zurückzugewähren ist. Da es sich jedoch weiterhin um eine schuldrechtliche Abrede handelt (es besteht eben nur „fiktives Gesamthandsvermögen"), müssen Mitgliedschaftsrechte in Form von Widerspruchsrechten oder Stimmrechten hinzutreten.[771]

2. Anwendung der LfG auf stille Publikumsgesellschaften

Publikumsgesellschaften sind Personengesellschaften, die zur Kapitalsammlung auf den Beitritt einer Vielzahl öffentlich geworbener, rein kapitalistisch beteiligter Anleger auf der Basis vorformulierter, inhaltlich übereinstimmender Gesellschaftsverträge angelegt sind.[772] Häufig werden die Verträge mit den Anlegern als stille Gesellschaftsverträge abgeschlossen. Dann kann man von stillen Publikumspersonengesellschaften sprechen. Die Rückabwicklung von Beteiligungen in einer derartigen Gesellschaftsform hat in jüngerer Zeit Rechtsprechung und Schrifttum vermehrt beschäftigt.[773]

Von der stillen Publikumspersonengesellschaft zu sprechen darf jedoch nicht darüber hinwegtäuschen, dass es zahlreiche unterschiedliche Varianten gibt, bei denen eine einheitliche rechtliche Behandlung nicht immer geboten erscheint. Entscheidend für das Problem der Rückabwicklung fehlerhafter Beteiligungen ist wiederum die Ausgestaltung einer derartigen Gesellschaft als stiller Publikumspersonenverband mit hinreichend organisationsrechtlichen Elementen, denn davon hängt die Anwendung der LfG ab.[774] Derartige Verbandsstrukturen

---

768 *Hueck/Windbichler*, § 18, Rn. 13.

769 *Groh* FS Kruse, S. 417.

770 *Karsten Schmidt* FS Bezzenberger, S. 401 (406, 408).

771 MünchKommHGB/*Karsten Schmidt*, § 230, Rn. 134; *Reusch*, S. 107; selbst *Carsten Schäfer* Die Lehre vom fehlerhaften Verband, S. 143 ff., der von der Prämisse der generellen Unanwendbarkeit der LfG auf Innengesellschaften ausgeht, zeigt sich zweifelnd im Hinblick auf diesen Fall, S. 145 (Fn. 27).

772 MünchenerHdb. GesR II/*Polzer*, § 74, Rn. 2.

773 BGH NZG 2004, 961; NZG 2005, 261 (m. Anm. *Blaurock* WuB II H. § 230 HGB 1.05); NZG 2005, 467; NZG 2006, 57; *Wagner* NZG 2005, 499; MünchKommHGB/*Karsten Schmidt*, § 230, Rn. 135 m.w.N. (Fn. 518).

774 Siehe bereits oben, S. 154 ff.; MünchKommHGB/*Karsten Schmidt*, § 230, Rn. 133.

dürften indes nicht bei jeder Form der stillen Publikumspersonengesellschaft vorliegen.

Damit die Vielzahl stiller Beteiligungen an einem Unternehmen sich als effizientes Finanzierungsinstrument sowohl für Kapitalnehmer als auch Kapitalgeber darstellt, ist es erforderlich, die zahlreichen einzelnen Beteiligungen nicht unverbunden zu lassen. Um aus Sicht des Unternehmens die Funktionsfähigkeit der gesamten Beteiligung und aus Sicht der Anleger die effiziente Ausübung etwa von Kontroll- und Mitwirkungsrechten zu ermöglichen, bietet sich die Koordination der einzelnen Beteiligungen an. Sie kann und wird in der Praxis oftmals im Gesellschaftsvertrag festgelegt. Dies ist aufgrund der Vertragfreiheit zulässig.[775]

Grundsätzlich ist es bei einer Vielzahl stiller Beteiligungen möglich, die Vertragsverhältnisse entsprechend dem gesetzlichen Leitbild zweigliedrig auszugestalten. Es liegen dann ebenso viele selbständige, im Grundsatz voneinander unabhängige stille Gesellschaften vor, als stille Gesellschafter vorhanden sind.[776] Die einzelnen Beteiligten sind aber oftmals koordiniert, indem sie etwa ihre Informations- und Kontrollrechte durch einen Treuhänder oder Beirat ausüben. Zum Teil bilden sie auch untereinander eine BGB-Gesellschaft, um gemeinsam ihre Rechte gegenüber dem Geschäftsinhaber durchzusetzen.[777] Eine weitere Gestaltungsmöglichkeit ist, dass die einzelnen Anleger kein stilles Gesellschaftsverhältnis zum Geschäftsinhaber begründen, sondern eine von ihnen begründete GbR als Außengesellschaft stiller Gesellschafter an dem Handelsgewerbe des Geschäftsinhabers wird.[778] Im Gegensatz hierzu ist (abweichend vom gesetzlichen Leitbild) auch die Gestaltung einer mehrgliedrigen stillen Gesellschaft möglich. Die zahlreichen stillen Gesellschafter bilden dann zusammen mit dem Geschäftsinhaber eine einzige sie umschließende stille Gesellschaft.[779]

Die verschiedenen Gestaltungen lassen einen unterschiedlichen Organisationsgrad und ein unterschiedlich hoch anzuerkennendes Bestandsschutzinteresse der beteiligten Personen erkennen. Dieser Problemkreis hat auch die Rechtspraxis in der jüngeren Diskussion um die Rückabwicklung fehlerhaften stiller Gesellschaftsbeteiligungen beschäftigt. So forderte die Revision in dem vom BGH am 29. 11. 2004 entschiedenen Fall, die Rückzahlung der ursprünglichen Einla-

---

775 MünchenerHdb. GesR II/*Polzer*, § 74, Rn. 4.
776 *Blaurock* Hdb. StG, 19.16, 5.44.
777 *Blaurock* Hdb. StG, 19.16, 5.48.
778 *Blaurock* Hdb. StG, 5.47.
779 *Blaurock* Hdb. StG, 5.46, 19.17.

ge an den Kläger unter Anwendung der LfG (u.a.) deshalb nicht zuzulassen, da die stille Beteiligung Teil einer mehrgliedrigen stillen Gesellschaft sei. Der BGH beurteilte den Sachverhalt jedoch anders und stellte fest, dass der bloße Umstand, dass in den Vertragsbestimmungen Regelungen enthalten seien, die auf die von der Geschäftsinhaberin mit weiteren Anlegern gebildeten stillen Gesellschaften Bezug nähmen, diese anderen Anleger noch nicht zu Vertragpartnern des klagenden stillen Gesellschafters mache. Es liege nur eine zweigliedrige Gesellschaft vor.[780]

In der Literatur bestehen demgegenüber zum Teil abweichende Ansichten. *Blaurock* geht mit Bezug auf die erwähnte Entscheidung des BGH von einer mehrgliedrigen Gesellschaft aus.[781] Es greife zu kurz, lediglich auf die einzelnen stillen Gesellschaftsverhältnisse abzustellen. Denn es seien zahlreiche stille Gesellschaftsverträge abgeschlossen worden und es sei den Anlegern auch bewusst gewesen, dass sie sich an einer in Form von gebündelten stillen Beteiligungen organisierten Publikumsgesellschaft beteiligen. Es sei ferner den Gesellschaftern bewusst gewesen, dass sie wirtschaftlich an dem Investitionskapital investieren, das nur gemeinsam aufgebracht werden kann.[782] In ähnlicher Weise gehen *Armbrüster/Joos* für den Fall, dass das Beteiligungsangebot durch den Unternehmergesellschafter von vornherein auf den Abschluss einer Vielzahl von Beteiligungen angelegt ist, vom Vorliegen sogenannter koordinierter zweigliedriger stiller Gesellschaften aus. Bereits diese Gestaltungsform mache die Beach-

---

780 BGH NZG 2005, 261 (262). Der BGH wendet freilich die LfG auf das vom Anleger geltend gemachte Haustürwiderrufsrecht mit dem Hinweis, dass diese Grundsätze für jegliche Form der stillen Gesellschaft gelten, an. Die Erörterung der Mehrgliedrigkeit erfolgt nur bei der Frage, ob der Anleger aus Schadensersatzansprüchen i.V.m. § 249 BGB seine ursprüngliche Einlage unabhängig von dem aktuellen Wert seiner Beteiligung verlangen kann (zu der hier vertretenen anderen Ansicht, dass bei gebotener Anwendung der LfG auch Schadensersatzansprüche nur zu einer Kündigung des Anlegers und einer am gegenwärtigen Abfindungsguthaben orientierten Auszahlung führen können, siehe oben S. 121 ff.). Ein derartiger Anspruch könne im Falle einer zweigliedrigen stillen Gesellschaft gewährt werden, für den Fall der mehrgliedrigen Beteiligung lässt der BGH das Ergebnis explizit offen. In den weiteren Entscheidungen (NZG 2005, 467 und NZG 2006, 57) geht er auf die Frage nach der Mehrgliedrigkeit überhaupt nicht ein.

781 *Blaurock* WuB II H. § 230 HGB 1.05; *ders.* Hdb. StG, 19.21.

782 Hierauf stellt auch OLG Celle NJW-RR 2005, 545 für die Anwendung der LfG unter anderem ab. Entscheidend sollte indes sein, dass in dem Fall den Stillen durch gesellschaftsvertragliche Regelungen unternehmerische Mitwirkungsbefugnisse i.S. des § 164 HGB zugestanden waren, so dass eine den Handelspersonengesellschaften angenäherte organisationsrechtliche Struktur gegeben war, siehe sogleich (bei Fn. 791).

tung des Bestandsschutzinteresses der übrigen an dem Kapitalanlagemodell Beteiligten erforderlich und gebiete somit die Anwendung der LfG.[783]

Zwar lässt das im Anlageprojekt von vornherein vorgesehene und für alle Beteiligten erkennbare Vorhandensein zahlreicher stiller Beteiligter ein Bestandsschutzinteresse übriger beteiligter Anleger erkennen. Und auch trägt die in der Praxis häufig gegebene Situation, dass bei einer Vielzahl paralleler Vertragsabschlüsse oftmals zahlreiche Anlageverhältnisse an demselben Fehler (beispielsweise an derselben Täuschung) leiden, zu diesem Bestandsschutzinteresse bei. Dennoch rechtfertigt der alleinige Umstand, dass eine Vielzahl stiller Beteiligungen vorliegt, noch nicht, die Interessen des einzelnen fehlerhaft Beigetretenen gegenüber diesem Bestandsschutzinteresse anderer stiller Gesellschafter zurücktreten zu lassen. Dies ist erst dann gerechtfertigt, wenn ein stiller Publikumsverband vorliegt. Hierzu muss aber die Koordination der einzelnen stillen Beteiligungen eine solche Dichte erhalten, dass man von einer Organisation sprechen kann. Ob wiederum ein solches organisationsrechtliches Gebilde vorliegt, ist anhand von Einzelfällen unter Analyse der jeweils gewählten Vertragsgestaltung festzustellen.

Keine organisationsrechtlichen Elemente liegen vor, wenn sich die Gesellschafter lediglich zur gemeinsamen und einheitlichen Interessenwahrnehmung durch koordinierte Ausübung der Informations- und Kontrollrechte entschließen, sei es mittels Einschaltung eines Treuhänders, oder Beirates. Hier werden die Verträge im Verhältnis zum Unternehmergesellschafter jeweils auf einer Koordinationsebene belassen.[784] Die zahlreichen stillen Gesellschafter bleiben in einem solchen Fall nur mittelbar über den Unternehmer verbunden, sie bilden noch keine horizontale Solidargemeinschaft. Ihre Interessen sind vielmehr vergleichbar mit den Interessen einzelner Bankkunden bei Liquiditätsschwierigkeiten einer Bank oder sonstigen Gläubigern eines in Schwierigkeiten geratenen Unternehmens.[785]

Verbandsrechtliche Elemente liegen hingegen vor, wenn ein Zusammenwirken von Geschäftsinhaber und stillen Gesellschaftern in einer gemeinsamen Organisation vorgesehen ist.[786] Dies ist der Fall, wenn die stillen Gesellschafter das Recht zur Mitwirkung im Unternehmen innehaben. Darunter sind etwa Wider-

---

783 *Armbrüster/Joos* ZIP 2004, 191 (192 f.); ebenso *Loritz* DB 2004, 2459.
784 OLG Schleswig ZIP 2003, 74 (78).
785 So zutreffend OLG Schleswig ZIP 2003, 74 (78); *Bayer/Riedel* NJW 2003, 2567 (2571 f.).
786 MünchenerHdb. GesR II/*Polzer*, § 74, Rn. 9.

spruchs- oder Stimmrechte zu verstehen.[787] Im Gegensatz zu reinen Kontroll- und Informationsrechten i.S.d. § 233 HGB[788] verdichtet sich hierbei nämlich der Einfluss auf den Unternehmer erheblich. Auch derartige Vereinbarungen sind gesellschaftsvertraglich zulässig. So kann vorgesehen werden, dass die Stillen einen Beirat wählen und dieser Beirat wiederum Zustimmungsrechte erhält, die der Geschäftsinhaber bei Handlungen, die über den gewöhnlichen Betrieb des Handelsgewerbes hinausgehen, zu berücksichtigen hat.[789] Organisationsrechtliche Elemente sind ebenso vorhanden, wenn die stillen Gesellschafter untereinander eine GbR bilden und mittels dieser Mitwirkungsrechte wahrnehmen.[790] Durch eine solche, § 164 HGB entsprechende Regelung weist die stille Gesellschaft eine den Handelspersonengesellschaften angenäherte Organisationsstruktur auf.[791] Es ist ebenso möglich, dass die Stillen ihre Rechte durch Mehrheitsentscheid in einer Gesellschafterversammlung wahrnehmen, in der auch der Inhaber des Handelsgewerbes Sitz und Stimme hat.[792] Es ist umstritten, ob es sich bei derartigen Gestaltungen immer bereits um eine mehrgliedrige stille Gesellschaft mit einem alle Beteiligten umfassenden Gesellschaftsvertrag handelt[793] oder ob noch eine Vielzahl zweigliedriger Rechtsverhältnisse vorliegt, die jedoch von der gemeinsamen Organisation überlagert wird.[794] Im Hinblick auf die Frage nach der Anwendung der LfG indes ist dies aber nicht entscheidend. Da auf jeden Fall eine atypische stille Gesellschaft mit organisationsrechtlichen Elementen vorliegt,[795] wäre die Anwendbarkeit der Grundsätze jedenfalls geboten.

Dieses Ergebnis sei nochmals im Hinblick auf die dogmatische Grundlage der fehlerhaften Gesellschaft überprüft. Diese Grundlage besteht in einem verbandsrechtlichen Prinzip, das dem Verband und seinen Mitgliedern für die Vergangenheit umfassenden Bestandsschutz gewährt, weil (typischerweise) die Mitgliedschaft und mitgliedschaftlich ausgeübte Rechte nicht rückabgewickelt wer-

---

787 Vgl MünchKommHGB/*Karsten Schmidt*, § 230, Rn. 134

788 Diese Rechte erscheinen eher als „interessenschützender Annex“, siehe die Nachweise oben, Fn. 766.

789 BGH WM 1989, 14 (15); BGH NZG 2006, 341 (343).

790 Bsp. BGHZ 125, 74 (76 f.).

791 OLG Celle NJW-RR 2005, 545.

792 BGH WM 1980, 868 spricht davon, dass der Geschäftsinhaber „mitwirkte“. Sofern er eine eigene Stimme hat, handelt es sich um einen stillen Publikumspersonenverband.

793 BGHZ 125, 74 (76 f.); *Blaurock* Unterbeteiligung und Treuhand an Gesellschaftsanteilen, S. 100 ff. (102); *ders.*/Hdb. StG, 19.21;

794 *Karsten Schmidt* Gesellschaftsrecht, § 62 II 2 (S. 1848); *Reusch*, S. 66 ff.

795 MünchenerHdb. GesR II/*Polzer*, § 74, Rn. 10.

den können.[796] Hat etwa in einem stillen Publikumsverband ein Mitglied nicht nur seine Einlage in das Vermögen des Geschäftsinhabers erbracht, sondern dessen Geschäfte durch Mitwirkungsrechte, Widerspruchsrechte oder Zustimmungsrechte beeinflusst, so soll nicht die Rückabwicklung isoliert vermögensmäßig durch Rückerstattung der Einlage geschehen. Hat ein stiller Gesellschafter neben seiner Einlageleistung dagegen lediglich Informations- und Kontrollrechte ausgeübt, also letztlich auch keine gesteigerte Einwirkungsmöglichkeit auf den Geschäftsinhaber ausüben können, so sollte einer rein vermögensmäßigen Rückabwicklung nichts im Wege stehen. Der Vermögensaspekt ist in diesem Fall letztlich allein bestimmend im Verhältnis zwischen den Beteiligten gewesen.

3. Rechtsfolgen der fehlerhaften Gesellschaft im Falle der stillen Gesellschaft

Es ist bereits festgestellt worden, dass die fehlerhafte Gesellschaft auf stille Gesellschaften nur dann Anwendung findet, wenn es sich um stille Gesellschaften mit organisationsrechtlichen Elementen handelt. Dies ist der Fall bei stillen Publikumspersonenverbänden. Fehlen organisationsrechtliche Elemente wie etwa bei der typischen zweigliedrigen Gesellschaft, so ist die Anwendung der LfG hingegen nicht erforderlich. Im Folgenden sollen für beide Gesellschaftsformen nochmals die Konsequenzen im Hinblick auf die Abwicklung einer fehlerhaften Beteiligung des Anlegers aufgezeigt werden.

a) Stille Gesellschaften ohne organisationsrechtliche Elemente

Sind die Regeln von der fehlerhaften Gesellschaft nicht anwendbar, so kann der Inhaber einer fehlerhaften Beteiligung seine ursprüngliche Einlageleistung gegebenenfalls auf verschiedenen Rechtsgrundlagen vom Geschäftsinhaber zurückfordern. So kann der Beteiligte den Beitrittsvertrag etwa aufgrund arglistiger Täuschung anfechten (§ 123 BGB) und die Beiträge mit einem bereicherungsrechtlichen Anspruch zurückfordern (§ 812 I 1 Alt. 1 BGB). Auch nach erfolgtem Haustürwiderruf ist die Rückforderung der nicht durch die Anrechnung zwischenzeitlicher Verluste geschmälerten Einlage gem. §§ 355, 312, 357, 346 ff. BGB möglich. Des Weiteren kann der Anleger mittels Schadensersatzansprüchen, die ihren Grund in der im Zusammenhang mit dem Gesellschaftsbeitritt verübten Täuschung haben, die ursprünglich geleistete Einlage als negatives Interesse gem. § 249 I BGB zurückfordern.

---

[796] Siehe oben, S. 117 ff.

Deshalb sind die vom BGH entschiedenen Fälle, soweit sie zweigliedrige Gesellschaften ohne Verbandsqualität betroffen haben sollten, im Ergebnis richtig. Allerdings hat der BGH nur in seiner Entscheidung vom 29. 11. 2004 die mangelnde Verbandsqualität festgestellt, indem er auf die Gestaltung des Anlagemodells als eine Vielzahl zweigliedriger stiller Beteiligungen hinwies.[797] Bezüglich des zuvor am 19. 7. 2004 entschiedenen Falles[798] hatte jedoch bereits das OLG Schleswig entsprechende Feststellungen getroffen.[799] In diesen Fällen ist es vorzugswürdig, die Rückerstattung der Einlage zuzulassen, weil die LfG überhaupt nicht eingreift, so dass die Beteiligung bereits anfechtbar ist, anstatt eine Unterscheidung zwischen Nichtigkeitsgründen und Schadensersatzansprüchen zu treffen.[800]

Gegen diese Lösung wird vorgebracht, dass sie einen Wettlauf getäuschter Anleger-Gesellschafter („Windhunderennen“) provozieren könne.[801] Dieser Begriff beschreibt die Situation, dass im Falle einer finanzschwachen Anlagegesellschaft nicht genügend Mittel vorhanden sein könnten, um die u.U. zahlreichen getäuschten Mitglieder mit der ursprünglich erbrachten Einlageleistung zu befriedigen, so dass nur diejenigen Anleger, die sich als erste einen rechtskräftigen Titel für ihre Einlageforderung besorgen können, tatsächlich noch etwas erhalten werden. Doch muss bezweifelt werden, ob die LfG eine solche Situation verhindern könnte. Denn dem Anleger verbliebe auch bei Geltung der LfG das Recht zur Kündigung. Auch dann müsste er jedoch versuchen, möglichst früh, d.h. vor anderen getäuschten Gesellschaftern zu kündigen. Denn je mehr kündigungsbedingete Abfindungen bereits vorher aus dem Vermögen des Geschäftsinhabers an andere getäuschte Gesellschafter geflossen sind, desto größer wird die Gefahr, dass die eigene Abfindung geringer ausfällt. Dem Problem des Wettlaufs ist nicht durch gesellschaftsrechtliche, sondern andere Institute beizukommen.[802]

b) Stille Publikumspersonenverbände

Bei stillen Publikumspersonenverbänden, bei denen die Rechtsbeziehungen organisationsrechtliche Elemente enthalten, ist die Anwendung LfG hingegen an-

---

797 BGH NZG 2005, 261 (262), siehe bereits oben, S. 161 ff.

798 BGH NZG 2004, 961.

799 OLG Schleswig ZIP 2003, 74 (78), siehe bereits oben, S. 161 ff.

800 So auch OLG Schleswig ZIP 2003, 74 (78).

801 OLG Bamberg NZG 2004, 129 (130); *Armbrüster* Gesellschaftsrecht und Verbraucherschutz, S. 25, S. 37 ff.; *Loritz* DB 2004, 2459 f.

802 Siehe dazu unten, S. 195 ff.

gezeigt, um vergangenheitsbezogenen Bestandsschutz für die stille Gesellschaft zu erreichen. Der Bestandsschutz ist wiederum angebracht, weil andernfalls eine vermögensmäßige Rückabwicklung stattzufinden hätte, die die Zusammenhänge zwischen Vermögen und Mitgliedschaft im Verband übergehen würde. Die Anwendung der Grundsätze bewirkt zunächst, dass eine Berufung auf rückwirkende Nichtigkeits- und Anfechtungsgründe nicht mehr möglich ist und dem Anleger deshalb keine bereicherungsrechtlichen Ansprüche auf Rückabwicklung der Einlage gegen den Geschäftsinhaber zustehen.

Doch auch in Bezug auf Schadensersatzansprüche des Anlegers gegen den Unternehmergesellschafter muss man die Frage nach einer Begrenzung durch die LfG stellen. Der BGH hat bisher in einem Fall explizit offen gelassen, ob Schadensersatzansprüche in Höhe der ursprünglich erbrachten Einlage gegen den Geschäftsinhaber auch bei einer mehrgliedrigen Gesellschaft gewährt werden könnten.[803] Stellungsnahmen von Senatsmitgliedern lassen bisher keine einheitliche Linie erkennen. Während *Gehrlein* die selbständige Geltendmachung von Schadensersatzansprüchen gleichermaßen für alle Gesellschaftsformen fordert,[804] hebt *Goette* darauf ab, dass bei mehrgliedrigen Gesellschaften dem Anleger wegen der LfG nur ein Recht auf Kündigung zustehe.[805] Eine höchstrichterliche Klärung dieser Frage steht also noch aus.

Andererseits wird jedenfalls ein Gleichlauf zwischen bereicherungsrechtlicher und schadensersatzrechtlicher Abwicklung fehlerhafter Beteiligungen sowohl vom BGH als Teilen der Literatur nicht als zwingend erachtet. Vielmehr wird einerseits die LfG auf Nichtigkeits- und rückwirkende Anfechtungsgründe bei stillen Beteiligungen angewendet, Schadensersatzansprüche wegen Täuschung beim Vertragsschluss, die zum Inhalt haben, dass der Geschäftsinhaber den Anleger so stellen muss, als sei er niemals an der stillen Gesellschaft beteiligt gewesen, sollen jedoch unabhängig von dem aktuellen Wert der Beteiligung gewährt werden.[806] Der BGH führt als Begründung an, dass es demjenigen, der sich auf Grund eines Prospektmangels, einer Verletzung der Aufklärungspflicht oder aus sonstigen Gründen schadensersatzpflichtig gemacht habe, nicht zugute

---

803 BGH NZG 2005, 261 (262); auch das Senatsmitglied *Gehrlein* WM 2005, 1489 (1492 f.) weist darauf hin, dass die bisherige BGH-Rechtssprechung zweigliedrige Gesellschaftsverhältnisse betroffen habe.

804 *Gehrlein* WM 2005, 1489 (1494).

805 *Goette* DStR 2006, 245.

806 *Gehrlein* WM 2005, 1489 (1493 ff.); *Wertenbruch* NJW 2005, 2823 (2825); *Geibel* BB 2005, 1009 (1015).

kommen dürfe, dass er gleichzeitig auch an dem mit dem geschädigten Anleger geschlossenen Gesellschaftsvertrag beteiligt sei.[807] In Bezug auf die anderen ebenfalls still beteiligten Gesellschafter, die durch eine Inanspruchnahme des Vermögens des Geschäftsinhabers ebenfalls in Mitleidenschaft gezogen werden, wird behauptet, es treffe sie hier nicht anders als bei sonstigen von Drittgläubigern geltend gemachten Forderungen.[808]

Andererseits muss aber bedacht werden, dass die Anwendung der LfG bei stillen Publikumspersonenverbänden eine Nichtanwendung der allgemeinen Regeln rechtfertigt, indem sie die in einem derartigen Verband vorhandene Verbindung zwischen vermögensrechtlichen und mitgliedschaftlichen Elementen nicht durch eine isolierte vermögensmäßige Rückabwicklung übergeht. Gerade weil es sich bei einer stillen Gesellschaft mit verbandsrechtlichen Elementen um eine Leistungs- und Risikogemeinschaft handelt, sind die Mitgesellschafter auch nicht gewöhnlichen Drittgläubigern vergleichbar.[809] Ist somit die Grundlage für die fehlerhafte Gesellschaft gegeben, so muss ihre Funktion des Bestandsschutzes im Interesse der übrigen Mitglieder der den Verband bildenden Leistungs- und Risikogemeinschaft aber auch effektive Entfaltung erfahren. Dies wird am besten dadurch gewährleistet, dass ein Gleichlauf in den Rechtsfolgen von denjenigen Nichtigkeitsgründen und Schadensersatzansprüchen, die auf denselben tatsächlichen Gründen beruhen, hergestellt wird.[810] Dass dies durch Schutz des Vermögens der Person geschehen soll, der die Täuschung selbst anzulasten ist,[811] mutet in der Tat auf den ersten Blick sachwidrig an. Doch erklärt es sich aus der Besonderheit dieser Gesellschaftsform. Bei der stillen Gesellschaft existiert kein Gesellschaftsvermögen, mit dessen Schutz gleichzeitig ein Schutz der übrigen Verbandsmitglieder erreicht werden könnte. Als die Vermögensmasse, in der sich die Einlagen der Verbandsmitglieder befinden, kann Bestandsschutz

---

807 BGH NZG 2006, 57 (58); BGH NZG 2005, 467 (469); BGH NZG 2005, 261 (262).

808 *Geibel* BB 2005, 1009 (1015).

809 Dies zu *Geibel*, siehe oben, Fn. 808.

810 OLG Celle NJW-RR 2005, 545; OLG Frankfurt a.M. BKR 2003, 837 (841); OLG Dresden BKR 2002, 1001 (1004); OLG Hamm ZIP 2003, 1151 (1154); OLG Stuttgart ZIP 2003, 763 (765 f.); OLG Hamburg NZG 2000, 536 (538); *Blaurock* WuB II.H. § 230 HGB 1.05; *Lenenbach* WuB II H. § 230 HGB 2.05; *Loritz* DB 2004, 2459 f.; *Armbrüster/Joos* ZIP 2004, 189 (198); *Wälzholz* DStR 2003, 1533 (1535).

811 Unternehmergesellschafterin in stillen Anlagegesellschaften ist oftmals eine Kapitalgesellschaft, der die Täuschung jedoch zurechenbar ist, und zwar gem. § 31 BGB analog, soweit Organe die Täuschung verübt haben bzw. gem. § 278 BGB, soweit sie sich außenstehender Vermittler für den Abschluss der Beitrittsverträge bedient haben sollte und diese Vermittler getäuscht haben.

eben nur über den Schutz des Vermögens des Geschäftsinhabers stattfinden.[812] Wenn argumentiert wird, es dürfe nicht derjenige entlastet werden, der sich schadensersatzpflichtig gemacht habe, so muss man berücksichtigen, dass in der Praxis der Anlagegesellschaften der Geschäftsinhaber wohl meistens eine Kapitalgesellschaft ist, deren einziges Vermögen die Einlagen der Mitglieder des stillen Publikumsverbandes ist. Unter diesem Gesichtspunkt erscheint der nur eingeschränkte Zugriff auf dieses Vermögen nicht unbillig. Für die Haftung der handelnden Personen (etwa Vorstände der AG) gelten diese Einschränkungen nämlich selbstverständlich nicht.[813]

c) *Insolvenzrechtliche Einordnung*

Im Gegensatz zu Gesellschaftern anderer Personengesellschaften[814] können stille Gesellschafter ihre Abfindungsansprüche gem. § 236 I HGB im Insolvenzverfahren als Insolvenzgläubiger geltend machen. Dies gilt uneingeschränkt jedoch nur für typische stille Beteiligungen. Es muss in hier nicht zu leistenden Einzelfallprüfungen festgestellt werden, ob die stille Beteiligung nach dem gesetzestypischen Vorbild Fremdkapitalcharakter hat oder ob eine die stille Einlage Eigenkapitalfunktion hat. Die Frage ist dabei nicht deckungsgleich mit der erörterten Frage[815], ob die stille Beteiligung organisationsrechtliche Elemente aufweist.[816]

4. Zusammenfassung

Die LfG ist nicht auf alle Formen der stillen Gesellschaft anwendbar. Gemäß den dogmatischen Grundlagen dieser Lehre kommt es darauf an, ob sich organisationsrechtliche Elemente in der jeweiligen stillen Gesellschaft finden. Sie sind vorhanden, soweit dem oder den stillen Gesellschaftern Mitwirkungsrechte, etwa Zustimmungs- oder Widerspruchsrechte, nicht aber lediglich Kontrollrechte i.S.d. § 233 HGB, im Verhältnis zum Geschäftsinhaber zustehen.

Ist die LfG anwendbar, so kommt statt der Rückabwicklung der ursprünglich gezahlten Einlage auch aus Schadensersatzansprüchen lediglich die Kündigung

---

812 *Armbrüster* Gesellschaftsrecht und Verbraucherschutz, S. 38.

813 Vgl. *Armbrüster* Gesellschaftsrecht und Verbraucherschutz, S. 38 f.

814 Dazu oben, S. 153.

815 Siehe oben, S. 160 ff.

816 Siehe zum Ganzen MünchKommHGB/*Karsten Schmidt*, § 236, Rn. 5 ff; *Florstedt*, S. 233 ff.

der stillen Beteiligung und die Zahlung des am aktuellen Wert der Beteiligung orientierten Abfindungsguthabens in Betracht.

§ 7 Ergebnis von Teil 2

Eine mit den Interessen getäuschter Anleger kollidierende Vermögenssicherung besteht sowohl in der Aktiengesellschaft als auch in den verschiedenen Publikumspersonengesellschaften. Während für die Aktiengesellschaft aber bisher nur festgestellt werden konnte, dass jedenfalls die Inanspruchnahme von Vermögen oberhalb Grundkapitalziffer und der gesetzlichen Rücklagen zwecks Befriedigung von Schadensersatzansprüchen unter isolierter Betrachtung des aktienrechtlichen Kapitalerhaltungssystems keinen Verstoß darstellen würde, konnte noch keine Aussage darüber getroffen werden, inwieweit eine darüber hinausgehende Inanspruchnahme möglich wäre.

Im Gegensatz hierzu ergibt sich für den Bereich der Publikumspersonengesellschaften bereits eine Lösung. Sie wurde mithilfe der Lehre von der fehlerhaften Gesellschaft gefunden, die Raum für eine Abwägung der von einer Rückabwicklung betroffenen Interessen bietet und gleichzeitig um ihren Ausgleich bemüht ist. Daher kann der Anleger-Gesellschafter aus Ersatzansprüchen, die ihren Grund in einer Täuschung beim Beitrittsvertrag haben, grundsätzlich nur seine fehlerhafte Gesellschaftsbeteiligung kündigen und den aktuellen Wert seiner Beteiligung ersetzt verlangen. Verlangt er diese Abfindung, so lebt seine persönliche Haftung gegenüber den Gesellschaftsgläubigern in dieser Höhe wieder auf, es sei denn, die Zahlung der Abfindung erfolgt aus Gewinnen. Offen bleiben musste vorläufig, ob dies auch bei Ansprüchen aus §§ 13, 13a VerkProspG gilt.

Teil 3: Die Gewichtung des Anlegerschutzes im Konfliktfall

Bisher ist aufgezeigt worden, mit welchen gesellschaftsrechtlichen Vorgaben die Interessen der einzelnen Anleger-Gesellschafter kollidieren können. Für die Rückabwicklung fehlerhafter Beteiligungen in Publikumspersonengesellschaften ist auch bereits eine Lösung des Konflikts aufgezeigt worden. Sie ergibt sich aus der Anwendung der LfG in ihrer heute anerkannten Form. Offen geblieben ist der Konflikt für die Rückabwicklung von Aktienbeteiligungen. Hier muss noch geklärt werden, wie Anlegerschutz und gesellschaftsrechtliche Vorgaben zueinander stehen. Dabei wird jedoch, wo es sich anbietet, die parallel gelagerte Problematik der Publikumspersonengesellschaften zur Findung einer Lösung mit herangezogen.

Wenn der Blick schließlich noch auf den Konflikt der an einer Akteingesellschaft beteiligten Anleger untereinander fällt (§ 10), so soll die Untersuchung nicht auf kapitalmarktrechtliche und gesellschaftsrechtliche Schutzinstrumente beschränkt sein, sondern auch die Rolle des Insolvenzrechts einbezogen werden.

§ 8 Der Anleger als Drittgläubiger

Die aktienrechtliche Kapitalerhaltung bewirkt, dass Kapital in bestimmter Höhe nicht an die Anteilseigner zurückfließen darf. Ihnen dürfen die Einlagen nicht zurückgewährt werden (§ 57 I 1 AktG), ihnen dürfen Zinsen weder zugesagt noch ausgezahlt werden (§ 57 II AktG) und unter sie darf nur der Bilanzgewinn verteilt werden (§ 57 III AktG). In den Fällen der Abwicklung fehlerhafter Gesellschaftsbeteiligungen ist daher die Frage zu stellen, ob bei einer Befriedigung der Anspruchssteller aus Gesellschaftsmitteln überhaupt Kapital an Anteilseigner als solche fließt.[817]

I. Begriffsjuristische Lösung

Der BGH konstatiert im Fall EM.TV, dass die Ersatzforderungen der in sittenwidriger Weise geschädigten Kläger gegen die Gesellschaft in erster Linie nicht auf deren – durch die unerlaubten Handlungen des Vorstands erst begründeten – mitgliedschaftlicher Sonderrechtsbeziehung als Aktionäre beruhten, sondern auf ihrer Stellung als Drittgläubiger. Das Gesellschaftsvermögen werde

[817] Es geht um die gleiche Problematik, die bereits bei der Bestimmung des Tatbestandsmerkmals des „Dritten“ aus § 31 BGB eine Rolle gespielt hat, siehe oben, S. 49 ff.

durch die Belastung mit einer derartigen Schadensersatzverbindlichkeit nicht anders als bei sonstigen Deliktsansprüchen außenstehender Gläubiger in Anspruch genommen. Die deliktische Haftung der Aktiengesellschaft knüpfe an die Verletzung von gesetzlichen Publizitätspflichten (§ 15 WpHG) an, die ihr in erster Linie zum Schutz der Funktionsfähigkeit des (sekundären) Kapitalmarktes auferlegt wurden.[818] Große Teile in der Literatur folgen dem BGH darin, dass ein Verstoß gegen die Grundsätze der aktienrechtlichen Vermögensbindung wegen der bei Kapitalmarktinformationshaftungstatbeständen gegebenen Drittgläubigerstellung des Aktionärs nicht vorliege.[819] In gleicher Weise wird darauf abgestellt, der Wortlaut der §§ 37b, 37c WpHG lasse, indem er den Anspruchsberechtigten als „Dritter" bezeichne, eine Qualifizierung des Anlegers nur als Gläubiger, nicht als Aktionär zu.[820]

Für eine solche Sichtweise spricht auf den ersten Blick ein zeitliches Argument, das sich formal am Wortlaut des § 57 AktG („Aktionär") orientiert: Der haftungsauslösende Sachverhalt liegt oftmals vor der Aktionärsstellung bzw. diese wird gerade durch ihn begründet.[821] Diese Begründung trägt jedoch nicht weit, denn damit lässt sich kein Gleichlauf zu den Fällen der Altanleger erzielen, die ebenso durch Informationspflichtverletzungen zum Halten ihrer Aktien bewegt worden sind und denen vom BGH[822] ebenso die Möglichkeit zur Abwicklung ihrer Anteile zugesprochen wird. Ein Gleichlauf ist jedoch angezeigt, um die Lösung nicht zufällig erscheinen zu lassen.[823] Der Einordnung des geschädigten Aktionärs als Drittgläubiger liegt die allgemeinere Vorstellung zu Grunde, die Regeln des Kapitalmarktrechts seien vertriebsbezogen, also auf Kauf und Verkauf der Anteile anwendbar, während das Aktienrecht in der Zeit dazwi-

---

818 BGH ZIP 2005, 1270 (1273).

819 *Hommelhoff/van Aerssen* EWIR 1998, 579 (580); *Groß* Kapitalmarktrecht, § 45 BörsG, Rn. 16; Assmann/Schneider/*Sethe* WpHG, §§ 37b, 37c, Rn. 6; *Kalss* Anlegerinteressen, S. 220; *Hopt/Voigt*, S. 117 f.; *Casper* Der Konzern 2006, 32 (37); Schwark/*Zimmer*, §§ 37b, 37c WpHG, Rn. 12.

820 Assmann/Schneider/*Sethe* WpHG, §§ 37b, 37c, Rn. 6.

821 BGH ZIP 2005, 1270 (1273): „Die Ersatzforderungen der in sittenwidriger Weise geschädigten Kläger gegen die Gesellschaft beruhen daher in erster Linie nicht auf ihrer – durch die unerlaubten Handlungen des Vorstands erst begründeten – mitgliedschaftlichen Sonderrechtsbeziehung [...]"; OLG München ZIP 2005, 901 (903); ähnlich bereits RGZ 88, 271 (273); *Kalss* Anlegerinteressen, S. 220; *Krämer/Baudisch* WM 1998, 1161 (1167); in der parallelen Problematik des täuschungsbedingten Beitritts zu Publikumspersonengesellschaften trägt *Bälz* FS Raiser, S. 615 (645) dieses zeitliche Argument vor.

822 BGH ZIP 2005, 1270 (1273 f.)

823 *Fleischer* ZIP 2005, 1805 (1810); *Möllers* BB 2005, 1637 (1640).

schen wirke. Doch ist es anerkannt, dass § 57 AktG auch ehemalige und zukünftige Aktionäre treffen kann,[824] ebenso wie umgekehrt für die Dauer der Aktionärsstellung das Kapitalmarktrecht einen kumulativen oder alternativen Schutz zum Aktienrecht bewirken kann.[825] Insoweit ergibt sich auch keine Lösung aus zeitlichen Grenzen zwischen den Wirkungsbereichen des Kapitalmarkts und des Aktienrechts.

Ob die Regeln der Kapitalerhaltung greifen, kann nicht begriffsjuristisch mit dem Hinweis auf die Gläubigerstellung des Aktionärs gelöst werden. Eine solche Betrachtung ist schlicht zu formal.[826] Auch ließe sich dem leicht ebenso begrifflich entgegen setzen, der Geschädigte sei eben doch Aktionär.

II. Übertragung der Grundsätze des Drittgeschäfts

Dennoch ist der Hinweis auf die Gläubigerstellung des Aktionärs, wenn es darum geht, die Vereinbarkeit von Leistungen mit dem Prinzip der Vermögensbindung zu begründen, nicht neu. Entsprechende Grundsätze wurden in Bezug auf vertraglich vereinbarte Leistungen zwischen Gesellschaft und Gesellschafter entwickelt. Hier ist anerkannt, dass die Gesellschaft mit ihren Gesellschaftern Geschäfte wie mit einem Dritten abschließen darf, bei denen der Gesellschafter seiner Gesellschaft dann nicht als Mitglied gegenüber steht, so dass die Regeln der Kapitalerhaltung keine Anwendung finden. Maßgebliches Kriterium für das Vorliegen eines solchen Drittgeschäftes ist, dass Leistung und Gegenleistung kein objektives Missverhältnis aufweisen.[827] Unter Verweisung auf diese Grundsätze hat *Gebauer* versucht, eine dogmatische Fundierung der (möglichen) Gläubigerposition des Inhabers eines Prospekthaftungsanspruchs zu begründen.[828] Wie im Bereich der vertraglichen Leistungen zur Beurteilung des Verhältnisses von Leistung und Gegenleistung und damit der Gläubigereigenschaft der maßgebliche Zeitpunkt der des Vertragsschlusses sei, so müsse bei Schadensersatzansprüchen auf den Zeitpunkt des schadensstiftenden Ereignisses abgestellt werden. Dies sei bei der Prospekthaftung aber wiederum die Veröffentlichung des fehlerhaften Prospekts und nicht etwa der Abschluss des Vertrages über den Erwerb der Aktien, der nur die Realisierung des Schadens darstelle.

---

824 *Hüffer* AktG, § 57, Rn. 14; *Canaris* FS Robert Fischer, S. 31 (32 f.).

825 *Siems* Konvergenz, S. 52.

826 GroßKommAktG/*Henze*, § 57, Rn. 59; Schwark/*Schwark*, § 45 BörsG Rn. 13 (Fn. 55); *Möllers* BB 2005, 1637 (1640); a.A. *Zimmer* WM 2004, 9 (11).

827 *Hüffer* AktG, § 57, Rn. 8 ff.

828 *Gebauer*, S. 197 f.

Die Veröffentlichung des Prospekts sei keine spezifische Handlung, wie sie nur Aktionären gegenüber vorkommen könne. Vielmehr sei eine Verleitung zum Erwerb der Mitgliedschaft mittels fehlerhaften Prospekts gegenüber allen Kapitalmarktteilnehmern, also jedermann möglich.

Dem ist jedoch zu erwidern, dass sich die Grundsätze zum Drittgeschäft nicht zur Kategorisierung des Aktionärs als Gläubiger im Falle der Kapitalmarktinformationshaftung heranziehen lassen. Denn zu Schadensersatzansprüchen getäuschter Anleger kann es überhaupt nur bei Aktionären oder mindestens Altaktionären kommen. Dies gilt zunächst für §§ 44 f. BörsG.[829] Im Falle der Haftung für fehlerhafte oder unterlassene Ad-hoc-Mitteilungen wäre es zwar denkbar, auch solchen Personen Schadensersatz zuzugestehen, die es aufgrund der Ad-hoc-Mitteilung unterlassen haben, Wertpapiere zu erwerben. Während *Zimmer* darin die Begründung sieht, dass es sich um Drittgläubigeransprüche handelt,[830] ist dem eher das Gegenteil zu entnehmen. Der Gesetzgeber hat diese Fälle in §§ 37b, 37c WpHG nämlich gerade nicht erfasst.[831] Dies ist auch richtig, da die Ad-hoc-Publizität nicht zur Aufgabe hat, den Anlegern die Chance zur Partizipation an allgemeinen Markttrends zu eröffnen. Insoweit fehlt es Anlegern, die keine Papiere erworben haben, an einem Schaden.[832] Die gesetzlich vorgesehene Abhängigkeit der Anspruchsberechtigung von der Aktionärsstellung spricht gegen eine Drittgläubigerstellung.

Gebauer selbst weist darauf hin, dass im Bereich von Umsatzgeschäften zur Bestimmung des Äquivalenzverhältnisses zwischen Leistung und Gegenleistung deshalb auf den Zeitpunkt des Vertragsschlusses abgestellt werden muss, weil § 57 AktG nicht nur die Zahlung selbst, sondern bereits das Versprechen derselben verbiete.[833] Es mag angehen, dass man bei vereinbarter äquivalenter Leistung dann spätere Umstände außer Betracht lässt.[834] Dies kann aber nicht auf Schadensersatzansprüche übertragen werden, bei denen es keine Gegenleistung gibt und von vornherein klar ist, dass das Vermögen der Gesellschaft in Mitleidenschaft gezogen wird.

Bei der Prospekthaftung und sonstigen Kapitalmarktinformationsdeliktshaftung ist vielmehr ein Unterschied zu anderen deliktsgeschädigten Gläubigern,

---

829 *Wild*, S. 112 f.
830 *Zimmer* WM 2004, 9 (11).
831 Schwark/*Zimmer*, §§ 37b, 37c WpHG, Rn. 75.
832 *Hopt/Voigt*, S. 111; Assmann/Schneider/*Sethe* WpHG, §§ 37b, 37c, Rn. 54.
833 *Gebauer*, S. 104.
834 So zu § 30 GmbHG Hachenburg/*Goerdeler/Müller* GmbHG, § 30, Rn. 60.

die nicht notwendig Aktionäre sind, festzustellen. Es spricht entscheidend gegen die Kategorisierung der Inhaber von Kapitalmarktinformationshaftungsansprüchen als Gläubiger, dass sie eine Gruppe bilden, in der immer nur Aktionäre oder Altaktionäre Befriedigung verlangen (können).[835] Es ist vielmehr zu berücksichtigen, dass „ein mitgliedschaftlicher Bezug bei dem Erwerbsgeschäft und der Verletzungshandlung vorliegt, der beide Vorgänge unter diesem Aspekt miteinander verbindet, so dass auch Anlegerschutz und Kapitalerhaltung rechtlich miteinander verbunden sind.“[836]

III. Das Problem als Wertungsfrage

Auch eine ältere, auf *Martens* zurückgehende Ansicht versucht, den Konflikt zwischen Schadensersatz und Kapitalerhaltung über die mögliche Qualifizierung des Anlegers als Gläubiger zu lösen. [837] Für die jeweilige Entscheidung sei eine Vielzahl von Kriterien zu entwickeln[838]. Er verweist auf die unterschiedliche Stellung des Aktionärs im Bereich der Anspruchsberechtigungen. Je mehr das verletzte Recht dem Bereich der originären und substantiellen Aktionärsrechte zugehöre, um so diffiziler werde die Restitution durch die Gesellschaft. Je mehr andersherum das beeinträchtigte Recht ohne affirmativen Bezug zum Haftungsfonds und so einem Gläubigerrecht vergleichbar sei, umso weniger problematisch sei die Ersatzberechtigung. Der entscheidende Unterschied der Ansicht *Martens'* zur formal begrifflichen Kategorisierung des Anlegers als Gläubiger liegt darin, dass er die Frage als Wertungsproblem qualifiziert.[839] Es gehe dabei um die Frage, in welchem Umfang das Interesse der Aktionäre auf Durchsetzbarkeit ihrer Ersatzansprüche gegenüber den Kapitalerhaltungstendenzen, damit auch gegenüber Gläubigerinteressen, schutzwürdig sei.[840] Zur Lösung dieses Wertungsproblems wiederum müsse eine Abwägung erfolgen.

---

835 Ähnlich *Möllers* BB 2005, 1637 (1640, bei Fn. 43); GroßKommAktG/*Henze*, § 57, Rn. 19; *Renzenbrink/Holzner* BKR 2002, 434 (436).

836 *Henze* NZG 2005, 115 (117).

837 *Martens* ZGR 1972, 254 (284).

838 *Martens* bennent die einzelnen Kriterien dann im Rahmen seiner Abhandlung freilich nicht.

839 Auch neuere Ansichten weisen darauf hin, dass bei dem Konflikt zwischen Kapitalmarktinformationshaftung und Vermögensbindung in entscheidendem Maße wertende Kriterien herangezogen werden müssen, *Casper* Der Konzern 2006, 32 (36); *Möllers* BB 2005, 1637 (1640).

840 Ähnlich *Habersack* Die Mitgliedschaft, S. 215 ff. zum Schadensersatz des Aktionärs wegen Verletzung seiner Mitgliedschaft.

Hierin ist der entscheidende Grundstein für eine sachgerechte Lösung zu erblicken. Zwar lässt der Beitrag von *MARTENS* eine Abwägung unter Einbeziehung der verschiedenen Interessen im konkreten Fall noch vermissen. Der Vorschlag wurde jedoch von *ZÖLLNER/WINTER* für die Frage von möglichen Schadensersatzleistungen an Aktionäre im Zusammenhang mit der Rückabwicklung fehlerhafter Kapitalerhöhungen aufgegriffen und mittels Interessengewichtung für den konkreten Fall einer Anwendung zugeführt.[841] Dabei weisen *ZÖLLNER/WINTER* einerseits auf den Zeichnungsvertrag hin, bei dem es sich nicht um ein Drittgeschäft, sondern um einen organisationsrechtlichen Vertrag zum Zweck der Begründung der Mitgliedschaft handele. Dies spreche daher gegen eine Befriedigung der Aktionäre aus dem gebundenen Haftungsfonds. Andererseits dienten (dem Schadensersatzanspruch zu Grunde liegende) rechtsfortbildend entwickelte Verkehrspflichten ebenso wie die Pflichten aus culpa in contrahendo gerade dem Schutz der Anleger; der Schutz würde aber verwässert, wenn man eine Haftung der Aktiengesellschaft generell verneinen würde. Als Ausgleich zwischen Fremdgläubigerinteressen und Interessen des Geschädigten biete sich die Zulassung der Befriedigung von Schadensersatzansprüchen entweder aus dem die Grundkapitalziffer übersteigenden Nettovermögen oder jedenfalls aus dem durch die Kapitalbindungsvorschriften nicht geschützten, freien Gesellschaftsvermögen, insbesondere Bilanzgewinn oder anderen Gewinnrücklagen, an.

Für den Fall der Kapitalmarktinformationshaftung ist ebenso eine Abwägung vorzunehmen. Zunächst besteht ein Interesse des Anlegers, der sich auf Haftungsvorschriften berufen kann, die (auch) seinen individuellen Schutz bezwecken und ihn insoweit in eine dem Fremdgläubiger vergleichbare Position versetzen. Auf der anderen Seite wird er durch seinen Aktienerwerb, und zwar unabhängig davon, ob durch organisationsrechtlichen Zeichnungsvertrag, wie praktisch äußerst selten,[842] oder durch Erwerbsgeschäft, Gesellschafter einer Aktiengesellschaft. Die Aktionärsstellung ist nicht rückgängig zu machen, sie wird es auch nicht durch ex nunc wirkende Schadensersatzansprüche.[843] Mit der Aktionärsstellung würden aber über die Vorschriften der Kapitalerhaltung zumindest die Interessen der Fremdgläubiger zu schützen sein. Dass diese Interessen nur einen Schutz des Grundkapitals und der gesetzlichen Rücklagen, nicht hin-

---

841 *Zöllner/Winter* ZHR 158 (1994), 59 (78).

842 *Hopt/Voigt*, S. 65 m.w.N.

843 Einer rückwirkenden Aufhebung der Aktionärsstellung stünden außerdem die Grundsätze der fehlerhaften Gesellschaft entgegen, dazu näher unten, S. 207 ff.

gegen von Bilanzgewinn und freien Rücklagen erfordern, wurde bereits erörtert.[844] Allerdings wiegen die Interessen der Gläubiger aus traditioneller Sichtweise schwer. Die Aktionäre stehen im Verhältnis zu Fremdgläubigern den Risiken des Kapitalverlustes, genauer: dem Risiko, dass die Gesellschaft kein Kapital oberhalb von Grundkapitalziffer und gesetzlich gebundenem Vermögen hat, grundsätzlich näher.[845] Denn im Gegenzug zum höheren Risiko erhalten die Gesellschafter Mitwirkungs- und Kontrollrechte in der Aktiengesellschaft.[846] Außerdem wird auf moderne wirtschaftswissenschaftliche Erkenntnisse verwiesen, nach denen das höhere Risiko der Aktionäre auch mit einer im Vergleich zu Fremdkapitalgebern höheren Renditeerwartung belohnt wird.[847] Bei einer Schadensersatzhaftung der AG ohne Rücksicht auf die Vermögensbindung würden die geschädigten Aktionäre gegenüber Fremdgläubigern, zumindest soweit es sich um vertragliche Fremdgläubiger handelt, sogar vielfach besser gestellt. Denn bei einer auf § 826 BGB gestützten Haftung stünde ihnen neben dem Vermögen der AG auch noch das der verantwortlichen Vorstandsmitglieder als Haftungsmasse zur Verfügung,[848] während Fremdgläubigern ein Durchgriff in der Regel nicht erlaubt ist.[849] Auch werden die Aktionäre bei ungehemmter Durchsetzung gegenüber den Gläubigern privilegiert, deren Forderungen erst zu einem späteren Zeitpunkt fällig werden.

Dem mag entgegen gehalten werden, zumindest Kleinanleger als Minderheitsaktionäre hätten trotz Mitwirkungs- und Kontrollrechten faktisch keinen Einfluss auf die Geschicke der Gesellschaft. Die gesetzliche Ausformung der Kapitalerhaltung unterscheidet hier jedoch nun einmal nicht. Außerdem mögen auf Seiten der Fremdgläubiger bestimmte Fremdkapitalgeber, etwa Banken, faktisch einen größeren Einfluss auf die jeweilige Schuldner-Aktiengesellschaft haben als der einzelne (Minderheits-)Aktionär. Das gilt hingegen nicht für alle Gläubiger, z.B. Arbeitnehmer, Lieferanten etc. Diese Vorstellungen bilden die Grundlage für das traditionelle deutsche und europarechtlich in der Kapitalrichtlinie verankerte bilanzielle Nennkapitalsystem. Man mag bezweifeln, ob sie

---

844 Siehe oben, S. 91 ff.

845 MünchKommAktG/*Bayer*, § 57, Rn. 24; auch *Langenbucher* ZIP 2005, 239 (244) weist auf die Übernahme des höheren Risikos durch den Aktionär als Eigenkapitalgeber hin, folgert aber daraus nur einen Rangrücktritt der Aktionäre gegenüber Fremdgläubigern in der Insolvenz.

846 MünchKommAktG/*Bayer*, § 57, Rn. 24.

847 MünchKommAktG/*Bayer*, § 57, Rn. 24.

848 BGH ZIP 2005, 1270.

849 Vgl. *Langenbucher* ZIP 2005, 239 (244).

noch ihren Sinn erfüllen.[850] De lege lata müssen die Interessen der Fremdgläubiger jedoch an dieser Stelle berücksichtigt werden.

Des Weiteren verfolgt die aktienrechtliche Kapitalerhaltung den Schutz der Mitgesellschafter. Allerdings besteht dieser Schutz nur im Rahmen des gesellschaftsrechtlichen Gleichbehandlungsgebotes.[851] Die Anleger sollen (umfassend) vor verdeckten Gewinnausschüttungen, die eine Bevorzugung einzelner darstellen würden, geschützt werden. Die Anwendung des Gleichbehandlungsgebotes hat jedoch zur Vorraussetzung, dass es sich um Gesellschafter in gleicher Lage handelt. Die Zahlung an einzelne Gesellschafter, als Erfüllung rechtskräftig festgestellter Schadensersatzansprüche, die anderen Gesellschaftern nicht zustehen, ist deshalb unter dem Gesichtspunkt der Gleichbehandlung nicht problematisch.[852] In diesem Zusammenhang können die Interessen der Mitgesellschafter daher nicht in die Abwägung gebracht werden.[853]

IV. Übereinstimmung mit Art. 15 Kapitalrichtlinie

Die wertende Auflösung der Frage, inwieweit sich Schadensersatzleistungen an getäuschte Aktionäre an den Vorgaben der Kapitalerhaltung messen lassen müssen, muss auch mit den europäischen Vorgaben der Kapitalrichtlinie konform gehen.

Das Ausgangsproblem ist insoweit vergleichbar. Es geht um die Frage, ob der getäuschte Anleger als „Aktionär“ im Sinne des Art. 15 Kapitalrichtlinie anzusehen ist. Eine begriffliche Lösung hilft auch hier nicht weiter. Stellt man darauf ab, dass sich Vorgaben zur Schadensersatzhaftung für fehlerhafte kapitalmarktrechtliche Publizität im Ausgangspunkt an das gesamte Anlagepublikum richten, könnte man im Folgenden geneigt sein, dem getäuschten Aktionär eine Drittgläubigerstellung zuzuweisen. Dem muss man aber entgegen halten, dass schadensersatzberechtigt nur derjenige ist, der einmal die Aktionärsstellung erworben hat und gerade deshalb einen Schaden erlitten hat.[854]

Entscheidend ist daher eine teleologische Auslegung des Aktionärsbegriffs, bei der die mit der Kapitalrichtlinie verfolgten Schutzzwecke in den Blick zu

---

850 Siehe nur *Hopt/Voigt*, S. 63 f.

851 *Schön* FS Röhricht, S. 559 (564), siehe auch bereits oben, S. 92 ff.

852 *Schön* FS Röhricht, S. 559 (568) und oben, S. 92 ff.

853 Zu möglicherweise aus anderen Gründen gebotenem und mittels anderer Instrumente verfolgtem Schutz der Mitgesellschafter siehe unten, S. 195 ff. und S. 224 ff.

854 *Vokuhl*, S. 84 f.

nehmen sind.[855] Es ist das zentrale Anliegen der Kapitalrichtlinie, den Bestand des nach ihren Vorgaben aufgebrachten Kapitals zum Zwecke des Drittschutzes und zur Gewährleitung der Gleichbehandlung der Aktionäre zu sichern.[856] Die anhand des deutschen Aktienrechts entwickelte Lösung der wertenden Bestimmung des Aktionärsbegriffs berücksichtigt aber genau die Parameter, die auch im europäischen Spannungsverhältnis zwischen kapitalmarktrechtlichem Anlegerschutz und Kapitalerhaltung maßgeblich sind. Hier wie dort geht es um die unterschiedliche Risikozuweisung an Gläubiger und Investoren.[857] Deshalb ist auch mit Blick auf die Kapitalrichtlinie eine ausgleichende Lösung möglich und vorzugswürdig, die einerseits dem in kapitalmarktrechtlichen Richtlinien verankerten Anlegerinteressenschutz[858] gerecht wird, indem Ansprüche gegen die Gesellschaft nicht verwehrt werden, auf der anderen Seite aber auch das Kapital als Haftungsmasse für die Gläubiger weiterhin im Rahmen der dafür geschaffenen Vorgaben sichert.

V. Zusammenfassung

Die Frage, ob man den Anleger wie einen Drittgläubiger behandeln darf und ob die Aktiengesellschaft insoweit aus der Vermögensbindung zu entlassen ist, lässt sich weder begriffsjuristisch noch durch Übertragung der Grundsätze des Drittgeschäfts auf die Situation der Schadensersatzforderungen geschädigter Aktionäre lösen. Es geht vielmehr um ein Wertungsproblem, zu dessen Lösung eine Abwägung der betroffenen Interessen vorgenommen werden muss. Bisher hat sich gezeigt, dass die dem Konzept der bilanziellen Vermögensbindung unterliegende Vorstellung vom starken Gewicht der Gläubigerinteressen einem Rückzug des geschädigten Aktionärs auf eine formale Gläubigerposition entgegensteht. Die Interessen der Mitgesellschafter scheinen hingegen auf den ersten

---

855 *Vokuhl*, S. 69 ff.

856 Vgl. Erwägungsgründe 2 und 4 der Kapitalrichtlinie (Fn. 375); *Habersack* Europäisches GesR, § 6, Rn. 3.

857 MünchKommAktG/*Bayer*, § 57, Rn. 24 (für das deutsche Recht).

858 Vgl. Art. 6 Prospektrichtlinie (RL 2003/71/EG des Europäischen Parlaments und des Rates v. 4. 11. 2003 betreffend den Prospekt, der beim öffentlichen Angebot von Wertpapieren oder bei deren Zulassung zum Handel zu veröffentlichen ist, ABl. 2003 Nr. L 345/64.); Art. 7 Transparenzrichtlinie (RL 2004/109/EG des Europäischen Parlamentes und des Rates v. 15. 12. 2004 zur Hamonisierung der Transparenzanforderungen in Bezug auf Informationen über Emittenten, deren Wertpapiere zum Handel auf einem geregelten Markt zugelassen sind, und zur Änderung der Richtlinie 2001/34/EG, ABl. 2004 Nr. L 390/38).

Blick nicht schutzwürdig zu sein. Sie sollen allerdings noch gesondert betrachtet werden.[859]

[859] Siehe unten, S. 195 ff. und S. 220 ff.

§ 9 Gesetzlicher Vorrang kapitalmarktrechtlicher Normen

Lässt sich der Anleger nicht ohne Weiteres als Fremdgläubiger klassifizieren mit der Folge, dass seine Schadensersatzforderung der aktienrechtlichen Kapitalerhaltung erst gar nicht unterliegt, so ist zu untersuchen, ob der Konflikt zwischen Informationshaftung und Kapitalerhaltung möglicherweise durch ein Vorrangverhältnis, sei es nach allgemeinen Regeln oder kollisionsrechtlich angeordnet, bestimmt ist.

I. Prospekt- und Kapitalmarktinformationshaftung als leges speciales bzw. posteriores

1. Börsenprospekthaftung

Lange herrschte in der Diskussion um das Rangverhältnis kapitalmarktrechtlicher Spezialnormen wie zunächst nur des BörsG zu den aktienrechtlichen Vorschriften der Kapitalerhaltung die Anschauung von dem Vorrang des AktG als lex posterior vor.[860] Nach soweit ersichtlich einhelliger Auffassung lässt sich diese These heute jedoch nicht mehr halten.[861] Zum einen hat das Dritte Finanzmarktförderungsgesetz vom 24. März 1998[862] das BörsG neu gefasst, zum anderen wird in der Regierungsbegründung zum Entwurf des Dritten Finanzmarktförderungsgesetzes explizit auf die Vorrangstellung der §§ 45 ff. a.F. (§ 44 ff. n.F.) BörsG vor der aktienrechtlichen Kapitalerhaltung hingewiesen.[863] Daraus wird gefolgert, dass die Haftungsnormen des BörsG gegenüber der aktienrechtlichen Kapitalerhaltung spezieller seien.[864] Gegen die Lex-specialis-Anschauung wurde von HENZE vorgebracht, der Gesetzgeber hätte den Vorrang

---

860 KölnKommAktG/*Lutter*, § 71 Rn. 69 a.E.

861 Siehe nur Schwark/*Schwark*, § 45 BörsG, Rn. 13 m.w.N.

862 Gesetz zur weiteren Fortentwicklung des Finanzplatzes Deutschland (Drittes Finanzmarktförderungsgesetz) v. 24. 3. 1998, BGBl. I 1998, S. 529.

863 „Sofern der Anspruch gegenüber einer Aktiengesellschaft [...]geltend gemacht wird, die als Emittentin Wertpapiere begeben hat, kann diese sich gegenüber dem Anspruchsteller nicht auf die aktienrechtlichen Verbote der Einlagenrückgewähr gem. § 57 Abs. 1 S. 1 und des Verbots des Erwerbs eingener Aktien gem. §§ 71ff. AktG berufen. Die in § 45 getroffenen Regelungen enthalten insoweit abschließende Spezialregelungen, die den soeben erwähnten allgemeinen Grundsätzen vorgehen.“ Begr. RegE Drittes Finanzmarktförderungsgesetz, BT-Drs. 13/8933, S. 78; in diese Richtung auch BGH ZIP 2005, 1270 (1273).

864 *Groß* Kapitalmarktrecht, § 45 BörsG, Rn. 14.

der Börsenprospekthaftung ins Gesetz selber aufnehmen müssen.[865] Dem hielt *Fleischer* zutreffend entgegen, nach methodisch korrekter Vorgehensweise könne man die Gesetzesmaterialien durchaus zur Auslegung hinzuziehen, da sie Rückschlüsse auf den Willen des historischen Gesetzgebers erlaubten.[866] Des Weiteren muss man sich vor Augen halten, dass die erwähnte Regierungsbegründung zum dritten Finanzmarktförderungsgesetz aus dem Jahr 1997 stammt. Zu diesem Zeitpunkt galt aber in Bezug auf das Problemfeld Börsenprospekthaftung und Kapitalerhaltung die vom Reichsgericht entwickelte und von der Literatur ganz überwiegend getragenen Vorstellung vom Durchgreifen der Haftungsansprüche im Falle des derivativen Erwerbs, ohne dass die aktienrechtliche Kapitalerhaltung entgegen stünde.[867] Aus der Sicht des damaligen Gesetzgebers hätte es also einer Klarstellung bedurft, sofern man in dem (praktisch wichtigsten) Fall des derivativen Erwerbs der Kapitalerhaltung in irgendeiner Form den Vorrang hätte gewähren wollen. Denn das Problem musste sich für den Gesetzgeber mit Blick auf die reichsgerichtlichen Entscheidungen als erkannt und gelöst darstellen. Aus dieser Perspektive kann man *Henze*[868] entgegenhalten, dass der Gesetzgeber gerade den umgekehrten Fall, nämlich eine etwa gewünschte Beachtung der Kapitalerhaltung, hätte in den Gesetzeswortlaut aufnehmen müssen.[869]

2. Übrige Kapitalmarktinformationshaftung

Man kann die Aussage in der Regierungsbegründung zum Dritten Finanzmarkförderungsgesetz, die von einem Vorrang der Börsenprospekthaftung vor der aktienrechtlichen Kapitalerhaltung ausgeht,[870] allerdings nicht für die Frage nach dem Verhältnis der übrigen Kapitalmarktinformationshaftung zur Kapitalerhaltung fruchtbar machen.

Insbesondere gilt dies für die in der Praxis am häufigsten herangezogene Haftung für fehlerhafte Kapitalmarktinformationen auf der Grundlage von § 826 BGB. Dabei ist ebenfalls zu berücksichtigen, dass bisher nicht abzusehen ist, welche tatsächlichen Ausmaße die jeweiligen Haftungstatbestände auf das Vermögen der Emittenten letztlich haben. Die Börsenprospekthaftung ist bisher je-

---

865 *Henze* NZG 2005, 115 (121).

866 *Fleischer* ZIP 2005, 1805 (1811); allgemein *Rüthers* Rechtstheorie, § 22, Rn. 790.

867 Siehe oben, S. 24 ff.

868 Siehe oben, Fn. 865.

869 Vgl. auch Schäfer/Hamann/*Hamann*, §§ 44, 45 BörsG, Rn. 83.

870 Begr. RegE Drittes Finanzmarktförderungsgesetz, BT-Drs. 13/8933, S. 78 (oben, Fn. 863).

denfalls nur selten praktisch relevant geworden.[871] Das Risiko einer Haftung für andere Kapitalmarktinformationen könnte sich als ungleich größer erweisen,[872] womit dann auch eine weitaus größere Gefahr für Gläubiger und Mitgesellschafter im Entzug potentieller Haftungsmasse einherginge.

Auch die spätere Regierungsbegründung zum Entwurf des Vierten Finanzmarktförderungsgesetzes[873] lässt keinen gesetzgeberischen Willen des Vorranges der §§ 37b, 37c WpHG erkennen. Insbesondere lässt sich nicht aus der darin lediglich befürworteten Emittentenhaftung[874] ein vom Gesetzgeber gewollter Vorrang vor der aktienrechtlichen Kapitalerhaltung erblicken.[875] Zwar wurde auch in der wissenschaftlichen Diskussion auf den durch die Emittentenhaftung entstehenden Konflikt bisweilen hingewiesen,[876] doch hatte zum Zeitpunkt der Regierungsbegründung (im Jahr 2001) noch keine ausgereifte Auseinandersetzung in der Literatur stattgefunden und auch höchstrichterliche Rechtsprechung lag noch nicht vor. Hierin liegt der Unterschied zur Börsenprospekthaftung.[877]

Ebenfalls wird behauptet, § 826 BGB sei, sofern sich daraus eine Haftung für fehlerhafte Kapitalmarktpublizität ergebe, lex specialis gegenüber den Vorgaben der aktienrechtlichen Kapitalerhaltung. Hierbei wird darauf abgestellt, dass mit der Schaffung des § 15 VI WpHG[878] der Gesetzgeber ausdrücklich deliktsrechtliche Normen für anwendbar erklärt hat und somit einen Anwendungsvorrang (auch) des § 826 BGB zumindest mittelbar zum Ausdruck gebracht habe.[879] Dennoch kann hieraus nicht der Wille des Gesetzgebers zum absoluten Vorrang

---

871 Siehe oben, S. 39 f.

872 Tatsache ist die Zunahme haftungsbewährter Informationspflichten, die auch die Emittenten betreffen. In welcher Größenordnung Ansprüche auf Abwicklung der Kapitalanlegerschäden bei der Aktiengesellschaft überhaupt entstehen werden, wird die rechtspraktische Entwicklung erst nach und nach zeigen, siehe oben, S. 51 ff.

873 BR-Drs. 936/01.

874 Begr. RegE Viertes Finanzmarktförderungsgesetz, BR-Drs. 936/01, S. 177.

875 So aber Assmann/Schneider/*Sethe* WpHG, §§ 37b, 37c, Rn. 6.

876 Etwa *Baums* (Hg.) Bericht der Regierungskommission Corporate Governance, Rn. 182; *Steinhauer*, S. 140.

877 Dazu siehe oben, S. 183 f.

878 § 15 VI S. 1 WpHG ordnet (nunmehr) eine Haftung für die Verletzung der Veröffentlichungspflichten von Insiderinformationen nur gem. §§ 37b, 37c WpHG an, damit ist eine Haftung gem. § 823 II BGB i.V.m. § 15 WpHG ausgeschlossen. Die Möglichkeit einer entsprechenden Haftung, die auf anderen Rechtsgrundlagen (so z. B. § 826 BGB) beruht, bleibt davon jedoch unberührt, § 15 VI S. 2 WpHG.

879 BGH ZIP 2005, 1270 (1273) mit Verweis auf Begr. RegE Drittes Finanzmarktförderungsgesetz, BT-Drucks. 12/7918, S. 102; *Fleischer* ZIP 2005, 1805 (1819 f.); *Möllers* BB 2005, 1637 (1640); *Renzenbrink/Holzner* BKR 2002, 434 (438).

der Kapitalmarktinformationshaftung gegenüber der aktienrechtlichen Kapitalerhaltung gefolgert werden. Es wird lediglich zum Ausdruck gebracht, dass eine Haftung des Emittenten nicht ausgeschlossen wird. Aus welchem Vermögen sie zu leisten ist, ob jegliches oder freies Vermögen oder gar nur bilanziell festgestellter Gewinn verwendet werden darf, ist damit nicht gesagt. Die historische Auslegung der kapitalmarktrechtlichen Haftungsregeln ergibt also nur für die Börsenprospekthaftung den Anwendungsvorrang, bei den übrigen Haftungsnormen lässt sich dagegen keine Spezialität aus dem gesetzgeberischen Willen ableiten.

Des Weiteren wird behauptet, die Kapitalmarktinformationshaftungstatbestände müssten Vorrang genießen, da es kaum vorstellbar sei, dass der Gesetzgeber Normen ohne Anwendungsbereich erließe.[880] Zwar ist die dem zugrunde liegende methodische Prämisse richtig, doch schließt die aktienrechtliche Kapitalerhaltung die Rechtsfolgen der Kapitalmarktinformationshaftung nicht vollständig aus, denn gerade für diesen Fall gilt nach dem Konzept der abgestuften Vermögensbindung[881] nicht das absolute Verbot der Einlagenrückgewähr, sondern ist eine Zahlung aus dem freien Vermögen zulässig. Das logische Verhältnis der Spezialität führt jedoch nur dann notwendig zur Verdrängung der allgemeineren Norm, wenn die Rechtsfolgen sich ausschließen. Denn nur dann hätte im umgekehrten Fall die speziellere Norma überhaupt keinen Anwendungsbereich.[882]

Bei der Frage nach der Spezialität einer Norm kommt es entscheidend auf den Normzweck der konkurrierenden Vorschriften an.[883] Die Kapitalmarktinformationshaftung als Korrelat eines umfangreichen Publizitätskonzepts hat zum einen die Sicherstellung einer zutreffenden Marktpreisbildung zum Ziel, zum anderen den Anlegerschutz.[884] Auf der anderen Seite verfolgen die Regeln der aktienrechtlichen Vermögensbindung eine vierfache Schutzrichtung, nämlich den Schutz außenstehender Gläubiger und Mitaktionäre sowie den Schutz der Kompetenzen der Gesellschaftsorgane und der unverfälschten bilanziellen Gewinnausweisung.[885] Im Konzept der abgestuften Vermögensbindung, das Raum für eine je nach Schutzzweck unterschiedliche Intensität der Vermögensbindung

---

880 Assmann/Schneider/*Sethe* WpHG, §§ 37b, 37c, Rn. 6.
881 Siehe oben, S. 91 ff.
882 *Larenz* Methodenlehre S. 268.
883 *Rüthers* Rechtstheorie, § 22, Rn. 771.
884 Assmann/Schneider/*Sethe* WpHG, §§ 37b, 37c, Rn. 3 ff; siehe bereits oben, S. 21 ff.
885 Siehe oben, S. 90 ff.

aufweist, ist schon Raum für die Berücksichtigung der Interessen des Anlegers gegeben, und zwar in einer Weise, die die Interessen von Gläubigern und Mitgesellschaftern mitberücksichtigt, indem Inhabern von Kapitalinformationshaftungsansprüchen die Befriedigung bis zur Grenze des freien Vermögens zugestanden wird. Dass anstelle dieses ausgleichenden Zweckes dem Anlegerschutzinteresse einseitig ein größeres Gewicht zukommen müsste, indem die Regeln als leges speciales mit Verdrängungswirkung angesehen werden, ist unter dem Gesichtspunkt einer teleologischen Auslegung der konkurrierenden Normen nicht ersichtlich.

Gleiches muss mit Blick auf den Grundsatz lex posterior derogat lex anterior gelten. Die Rechtsfolgen der Emittentenhaftung werden durch die Regeln der aktienrechtlichen Kapitalerhaltung nicht suspendiert. Vielmehr werden mit dem Konzept der abgestuften Vermögensbindung die betroffenen Interessen zum Ausgleich gebracht. Die teleologische Auslegung der Haftungsnormen und der Kapitalerhaltungsnormen erlaubt den so erreichten Ausgleich vor einer Verdrängung des einen durch den anderen Regelungsbereich.

II. Kollisionsnorm des Art. 2 EGHGB

1. Börsenprospekthaftung

Die Lösung des Konflikts zwischen Schadensersatz und Kapitalerhaltung wurde bisher wenig unter dem Gesichtspunkt der Kollisionsnorm des Art. 2 EGHGB untersucht. Lediglich vereinzelte Stimmen in der Literatur haben diese Vorschrift auf den Konflikt zwischen Börsenprospekthaftung und aktienrechtlicher Kapitalerhaltung angewendet.[886]

Art. 2 EGHGB besteht seit Erlass von HGB und EGHGB im Jahre 1897 in unveränderter Fassung. Aus Art. 2 I EGHGB ergibt sich, dass das HGB in Handelssachen gegenüber dem einen größeren Anwendungsbereich aufweisenden BGB als Sonderrecht vorgeht. Art. 2 II EGHGB hingegen bestimmt, dass im Übrigen die Vorschriften der Reichsgesetze nicht durch das Handelsgesetzbuch berührt werden.[887] Die Vorschrift wurde nach ihrer Einführung als gesetzlich angeordneter Vorrang der Reichsgesetze vor den HGB-Normen verstanden. Auch dort, wo eine handelsrechtliche Frage in Betracht komme, solle, wenn in

---

886 *Gebauer*, S. 201 ff.; *Ziegler* NZG 2005, 301 (303).

887 Man kann wohl annehmen, dass die Vorschrift des Art. 2 II EGHGB heute beinahe in Vergessenheit geraten ist. In der breiten aktuellen handelsrechtlichen (Kommentar-) Literatur finden sich hierzu keine Kommentierungen.

einem Reichsgesetz etwas Gegenteiliges bestimmt sei als im HGB, die Bestimmung des Reichsgesetzes gelten. Die Vorschriften der Reichsgesetze seien insoweit Spezialgesetze gegenüber dem allgemeinen HGB.[888] § 57 AktG wiederum soll im Sinne des § 2 II EGHGB als Vorschrift des HGB einzustufen sein, und zwar deshalb, weil § 57 AktG die jeweiligen Vorgängernormen des AktG 1937 und des HGB zur Kapitalerhaltung in der Aktiengesellschaft jeweils ersetze (§ 29 II EGAktG (1965); § 18 I EGAktG (1937)).[889] Bereits das Börsengesetz von 1896 wurde zu den Reichsgesetzen i.S.d. Art. 2 II EGHGB gezählt.[890] Gleiches soll für die heute bestehenden Nachfolgeregelungen gelten.[891] Die Ansicht verdient Zustimmung. Es ergibt sich somit bereits aus geschriebenem Kollisionsrecht, was sich auch unter Berücksichtigung der Gesetzesmaterialien zum Dritten Finanzmarktförderungsgesetz herausgestellt hat:[892] der Vorrang der Börsenprospekthaftung gegenüber der aktienrechtlichen Kapitalerhaltung als lex specialis.

2. Übrige Kapitalmarktinformationshaftung

Es muss aber bezweifelt werden, dass Art. 2 II EGHGB auch zur Lösung des Konflikts zwischen der übrigen Kapitalmarktinformationshaftung (außer Börsenprospekthaftung) und der Kapitalerhaltung herangezogen werden kann. Mit Art. 2 EGHGB sollte bei Einführung von HGB und EGHGB im Jahr 1897 klargestellt werden, dass das HGB einerseits als speziellere Regelung in Handelssachen dem BGB vorgehen sollte (Abs. 1), andererseits Sondergesetze in Handelssachen wiederum spezieller gegenüber dem insoweit allgemeinen HGB sein sollten (Abs. 2).[893] Will man den Konflikt zwischen moderner Kapitalmarktinformationshaftung und aktienrechtlicher Kapitalerhaltung nach Art. 2 II EGHGB lösen, so muss man erstens die modernen kapitalmarktrechtlichen Vorschriften (insbesondere §§ 37b, 37c WpHG) als Reichsgesetze, zweitens die Vorschriften der aktienrechtlichen Kapitalerhaltung als Handelsgesetzbuch im Sinne der kollisionsrechtlichen Vorschrift einstufen. Für ersteres spricht, dass Art. 2 II EGHGB seit jeher nicht nur Reichsgesetze im Blick hatte, die zum Zeitpunkt des Inkrafttretens des HGB bereits bestanden, sondern auch nachfolgende Gesetze, soweit sie in die vom HGB geregelten Rechtsgebiete unmittelbar

---

888 *Staub* (6./7. Aufl. 1900), Allg. Einl., Anm. 16.
889 *Ziegler* NZG 2005, 301 (303).
890 *Düringer/Hachenburg* (2. Aufl. 1908), Allg. Einl., Anm. 4.
891 *Ziegler* NZG 2005, 301 (303); im Hinblick auf §§ 45, 46 BörsG a.F. *Gebauer*, S. 203 f.
892 Vgl. oben, S. 183 f.
893 *Schlegelberger* HGB (4. Aufl. 1960), Überblick, S. 2.

eingreifen oder Sondergesetze handelsrechtlichen Inhalts sind.[894] Für zweites spricht, dass mit der Schaffung des AktG 1937 das Aktienrecht selbst zwar handelsrechtliches Sonderrecht geworden ist, dass es wegen § 29 II EGAktG im Verhältnis zu den Reichsgesetzen i.S.d. § 2 II EGHGB aber weiterhin als (allgemeines) Handelsrecht gilt.

Das Konfliktfeld zwischen Kapitalmarktrecht und Aktienrecht hat jedoch heute eine andere Dimension als zur Zeit der Schaffung der Kollisionsnorm des Art. 2 II EGHGB (1897) und zur Zeit der Schaffung des § 29 II EGAktG (1965). Vor allem der Konflikt zwischen kapitalmarktrechtlicher Haftung und aktienrechtlicher Kapitalerhaltung hatte sich in dieser Zeitspanne nicht nennenswert verändert. So sind die Vorschriften zur Börsenprospekthaftung erst 1998 durch das Dritte Finanzmarktförderungsgesetz[895] umfassend reformiert worden.[896] Das Kapitalmarktrecht war bis in die 1990er Jahre hinein gleichbedeutend mit Aktienrecht und Börsenrecht. Erst dann hat es sich als eigenständige Materie, auch gegenüber dem Aktienrecht, etabliert.[897] Im Zuge dessen stellt die Haftung für fehlerhafte Kapitalmarktinformationen nach WpHG, wie das WpHG überhaupt, eine aktuelle Entwicklung dar.[898] Dass unter diesen Vorzeichen das Aktienrecht immer noch wie aus der Perspektive der Jahre 1897 und 1965 gegenüber jeglichen anderen Reichs- bzw. nunmehr Bundesgesetzen und damit dem gesamten modernen Kapitalmarktrecht als allgemeines Handelsrecht einzustufen ist, muss man bezweifeln. Vielmehr sollte man Art. 2 II EGHGB, § 29 II EGAktG im Wege einer objektiv-teleologischen Auslegung[899] so begreifen, dass sie das Verhältnis zwischen modernem Kapitalmarktrecht und Aktienrecht nicht regeln.

Weiter lässt sich aus Art. 2 II EGHGB erst recht kein Vorrang der auf § 826 BGB basierenden Kapitalmarktinformationsdeliktshaftung vor der aktienrechtlichen Kapitalerhaltung herleiten. § 15 VI WpHG bestimmt lediglich, dass eine

---

894 Vgl. Staub/*Bondi* (14. Aufl. 1932), Allg. Einl., Anm. 21.

895 Gesetz zur weiteren Fortentwicklung des Finanzplatzes Deutschland (Drittes Finanzmarktförderungsgesetz) v. 24. 3. 1998, BGBl. I 1998, S. 529.

896 *Groß* Kapitalmarktrecht, § 45 BörsG, Rn. 1 m.w.N.

897 *Kübler/Assmann* GesR, § 32 I 3 (S. 462).

898 Das WpHG ist als Art. 1 des Gesetzes über den Wertpapierhandel und zur Änderungs börsenrechtlicher und wertpapierrechtlicher Vorschriften (Zweites Finanzmarktförderungsgesetz) v. 26. 7. 1994, BGBl. I 1994, S. 1749, in Kraft getreten; die speziellen Haftungstatbestände für Kapitalmarktinformationen, §§ 37b, 37c WpHG wurden erst durch das Gesetz zur weiteren Fortentwicklung des Finanzplatzes Deutschland (Viertes Finanzmarktförderungsgesetz) v. 22. 6. 2002, BGBl. I 2002, S. 2010, berichtigt S. 2316, eingeführt.

899 *Larenz* Methodenlehre, S. 333 ff.

Haftung wegen Insiderinformationen zwar nicht gem. § 823 II BGB i.V.m. § 15 WpHG stattfinden soll, auf der Grundlage anderer Normen, etwa § 826 BGB, aber weiterhin möglich bleiben soll.[900] Ein Vorrang der Haftung nach den allgemeinen BGB-Vorschriften gegenüber der Kapitalerhaltung ist damit nicht verbunden. Wenn § 15 VI 2 WpHG andere Haftungsnormen „unberührt" lässt, so gilt hier vielmehr das in Art. 2 I EGHGB niedergelegte Verhältnis zwischen HGB (inklusive der nachfolgenden Normen des Aktiengesetzes, § 29 II EGAktG (1965), § 18 I EGAktG (1937)) und BGB, aus dem ein Vorrang der Kapitalerhaltung herauszulesen ist.[901]

III. Europarechtlich statuierter Vorrang

Vorgaben zur Kapitalmarktinformationshaftung der Aktiengesellschaft als Emittentin von Wertpapieren finden sich allein in Art. 6 der Prospektrichtlinie[902] und Art. 7 der Transparenzrichtlinie[903]. Hieraus folgern einige der Befürworter des Vorranges der kapitalmarktrechtlichen Haftungstatbestände, dass einer Haftung für fehlerhafte Kapitalmarktinformationen die aktienrechtliche Kapitalerhaltung nicht entgegen stehe.[904]

Dagegen sprechen indes mehrere Gründe. So enthält die Prospektrichtlinie in Art. 6 zwar die Vorgabe, dass eine zivilrechtliche Haftung vorzusehen ist.[905] Die Mitgliedstaaten haben gem. Abs. 1 sicherzustellen, dass zumindest der Emittent oder dessen Organe, der Anbieter, die Person, die die Zulassung beim Handel an einem geregelten Markt beantragt oder der Garantiegeber für die Prospektangaben haftet. Es lässt sich daraus jedoch allenfalls die Verpflichtung ablesen, dass – wohl kumulativ – jedenfalls eine Person aus dem Emittentenlager und eine

---

900 Begr. RegE Drittes Finanzmarktförderungsgesetz, BT-Drs. 12/7918, S. 102.

901 So bereits RGZ 54, 129 (132).

902 RL 2003/71/EG des Europäischen Parlaments und des Rates v. 4. 11. 2003 betreffend den Prospekt, der beim öffentlichen Angebot von Wertpapieren oder bei deren Zulassung zum Handel zu veröffentlichen ist, ABl. 2003 Nr. L 345/64.

903 RL 2004/109/EG des Europäischen Parlamentes und des Rates v. 15. 12. 2004 zur Harmonisierung der Transparenzanforderungen in Bezug auf Informationen über Emittenten, deren Wertpapiere zum Handel auf einem geregelten Markt zugelassen sind, und zur Änderung der Richtlinie 2001/34/EG, ABl. 2004 Nr. L 390/38.

904 *Casper* Der Konzern 2006, 32 (37); *Möllers* BB 2005, 1637 (1641); *Langenbucher* ZIP 2005, 239 (242); *Mülbert/Steup* WM 2005, 1633 (1653); *Habersack* Europäisches GesR § 6, Rn. 34 unter Aufgabe der Bedenken in der Vorauflage, dort Rn. 164; *Grundmann* Europäisches GesR, Rn. 343.

905 Hierzu *Weber* NZG 2004, 360 (366); *Kunold/Schlitt* BB 2004, 501 (511).

Person aus dem Lager der Emissionshelfer haften müssen,[906] nicht aber, dass zwingend eine Haftung der AG als Emittentin vorgesehen werden muss.[907]

Ähnliche Vorgaben zur Haftung lassen sich in der Transparenzrichtlinie finden. Die Verantwortung für die Regelpublizität (Jahres-, Halbjahres- und Zwischenberichte, Art. 4 bis 6) und bestimmte Zusatzangaben (Art. 16) ist nach Art. 7 dem Emittenten oder dessen Organen zuzuteilen. Korrespondierend hierzu soll auch den Emittenten oder dessen Organe eine entsprechende Haftung treffen. Allerdings soll nach Erwägungsgrund (17) der Richtlinie das Ausmaß der Haftung wiederum von den Mitgliedstaaten zu bestimmen sein.

Fasst man diese Vorgaben nochmals zusammen, so bleibt festzuhalten, dass es keine konkrete Anordnung gibt, in der Frage der Haftung des Emittenten den Interessen des anspruchsberechtigten Kapitalmarktteilnehmers ein Übergewicht gegenüber den bei einer solchen Haftung betroffenen Interessen der Gläubiger einzuräumen. Aus der gleichzeitigen Nennung von Emittenten und Organ als Haftungsgegner in Art. 7 der Transparenzrichtlinie sowie Art. 6 der Prospektrichtlinie folgt nicht, dass die Haftung beider Anspruchsgegner unter gleichen Bedingungen vorgesehen werden muss und deswegen gesellschaftsrechtliche Standards nicht beachtet werden dürften.[908] Gerade die Berücksichtigung derartiger Standards muss vielmehr zulässig sein, wenn der Umfang der Haftung den Mitgliedstaaten überlassen bleiben soll, wie es in Erwägungsgrund (17) der Transparenzrichtlinie zum Ausdruck kommt.[909] Die europarechtlichen Vorgaben gestatten somit grundsätzlich eine mitgliedstaatliche Ausgestaltung derart, dass eine Befriedigung der Schadensersatzansprüche durch die Aktiengesellschaft nur aus freiem Vermögen geleistet werden darf.[910]

Es schließt sich jedoch die Frage an, ob ein Vorrang der Kapitalmarktinformationshaftung aus dem Gebot des effet utile (Art. 10 II EG) zu folgern ist, nach dem alle staatlichen Organe der Mitgliedstaaten gehalten sind, das europäische Recht möglichst effektiv durchzusetzen.[911] Es müssen also die europarechtlichen

---

906 *Grundmann* Europäisches GesR, Rn. 687.

907 *Wild*, S. 247; zu einer zwingenden Emittentenhaftung aufgrund des Gebotes des effet utile sogleich.

908 *Vokuhl*, S. 133 f. und S. 149 f.; a.A. *Mülbert/Steup* WM 2005, 1633 (1653).

909 Ebenso *Vokuhl*, S. 149 f.

910 Spindler/Stilz/*Cahn/Senger* AktG, § 57, Rn. 47; *Vokuhl*, S. 151.

911 EuGH v. 9. 3. 1978, Rs. 106/77 („Simmenthal"), Slg. 1978, 629 (Tz. 21/23); Callies/Ruffert/*Kahl*, Art. 10 EGV, Rn. 31.

Vorgaben zusammen mit den sie umsetzenden deutschen Regelungen betrachtet werden.

Hieraus könnte man für den Bereich Prospekthaftung möglicherweise eine zwingende Haftung von (börsennotierten) Aktiengesellschaften als Wertpapieremittentin folgern. Denn nach deutschem Recht gilt die börsennotierte Aktiengesellschaft als Prospektverantwortliche[912] und Art. 6 II der Prospektrichtlinie sieht vor, dass die für den Prospekt verantwortlichen Personen auch die korrespondierende Haftung treffen muss. Anderes gilt für den Bereich der Haftung für unterbliebene oder fehlerhafte Veröffentlichung von Insiderinformationen. Hier verlangt das europäische Recht gar keine Haftung,[913] eine solche kann deshalb auch nicht aus dem Gebot der effektiven Wirksamkeit gefolgert werden.[914] Keine Frage des europarechtlichen Effizienzgebotes ist es ebenfalls, dass natürlich der Entscheidung des deutschen Gesetzgebers, für diesen Bereich mit §§ 37b, 37c WpHG eine spezialgesetzliche Haftung nur des Emittenten vorzusehen, entsprochen werden muss.[915] Für den Bereich der fehlerhaften Regelpublizität wiederum kommt europarechtlich eine Haftung des Emittenten oder der Organe in Betracht. Der deutsche Gesetzgeber hat zur Umsetzung bisher keinen eigenständigen Haftungstatbestand erlassen. Der Effektivität der europäischen Vorgaben dürfte jedoch grundsätzlich genüge getan sein, wenn nach den geltenden deliktischen Vorschriften (§ 823 II BGB i.V.m. einem Schutzgesetz oder § 826 BGB) die Organe haften müssen.[916] Etwas anderes ergibt sich nur dann, wenn die einzige Möglichkeit der Umsetzung der europäischen Vorgaben in der analogen Anwendung der §§ 37b, 37c WpHG sieht.[917]

Doch selbst wenn im Bereich der Prospekthaftung die Haftung der AG neben weiteren Prospektverantwortlichen nach einer richtlinienkonformen Auslegung der §§ 44 f. BörsG zwingend ist, so bedeutet dies nicht, dass Schadensersatzleistungen auch aus gebundenen Mitteln erfolgen müssten. Der in der Prospektrichtlinie vorgesehenen Haftung liegt die kapitalmarktrechtliche dualistische Zielkonzeption von Anlegerschutz und Markteffizienz[918] zugrunde.[919] Danach ist es

---

912 Siehe oben, S. 39 ff.

913 Siehe bereits oben, S. 37 ff. (bei Fn. 103).

914 *Veil* ZHR 167 (2003), 365 (395).

915 Dazu unten, S. 229 ff.

916 Vgl. *Sester* ZGR 2006, 1 (14 ff.) (für eine Evidenzhaftung auf Basis des § 826 BGB); *Ekkenga* ZIP 2004, 781 ff. (für eine Ausweitung der Haftung für fehlerhafte Publizität nach § 823 II BGB).

917 So *Mülbert/Steup* WM 2005, 1633 (1651).

918 *Hopt/Voigt*, S. 13; hierzu bereits oben, S. 21 ff.

zum Schutz des einzelnen Anlegers und für das Funktionieren des Marktes erforderlich, dass dem Anleger für seine Entscheidung die zur Einschätzung des Risikos des Wertpapiers notwendigen Informationen zur Verfügung gestellt werden. Der Prospekt wird in diesem Zusammenhang als geeignetes Mittel angesehen.[920] Der Haftung für Fehlinformationen kommt wiederum eine Steuerungsfunktion zu.[921] Sie soll die jeweils Verantwortlichen zur korrekten Preisgabe der erforderlichen Informationen anspornen. Die Haftung ist eine Form der Sanktionierung und muss wirksam, verhältnismäßig und abschreckend sein.[922] Fraglich ist, ob die Prospekthaftung unter den Vorgaben des Art. 15 Kapitalrichtlinie[923], nach denen Schadensersatzansprüche an Aktionäre grundsätzlich nur aus dem freien Vermögen erfolgen dürfen,[924] ihre notwendige Effizienz einbüßen würde. Dies ist zu verneinen. Die Vorgaben der Prospekthaftung und die Vorgaben zum Kapitalschutz sind vielmehr miteinander vereinbar. Denn eine Haftung der AG wird durch die Anwendung der Kapitalschutzregeln nicht ausgeschlossen. Ansprüche sind gegebenenfalls lediglich zeitlich hinausgezögert.[925] Die Aktiengesellschaft kann so lange keine Gewinne ausschütten, bis sämtliche Schadensersatzforderungen erfüllt sind. Der Haftung wird hierdurch nicht ihre Wirksamkeit oder Abschreckungswirkung genommen.[926] Darüber hinaus ist zu berücksichtigen, dass neben der Aktiengesellschaft noch weitere Personen als Haftungsadressaten bestimmt werden,[927] wodurch die Effizienz ebenfalls gewährleistet bleibt.[928]

Indem die europarechtlichen Vorgaben zur Kapitalmarktinformationshaftung einen Vorrang gegenüber den Anordnungen zur aktienrechtlichen Kapitalerhaltung[929] nicht begründen, gilt weiterhin, dass das Kapital der AG gegen kapitalmarktrechtlich begründete Schadensersatzansprüche der eigenen Gesellschafter

---

919 Erwägungsgrund (10).
920 Erwägungsgrund (18).
921 Siehe oben, S. 21 ff.
922 Erwägungsgrund (43).
923 RL 77/91/EWG v. 13. 12. 1976, ABl. 1977 Nr. L 26/1, geändert durch RL 2006/68/EG v. 6. 9. 2006, ABl. 2006 Nr. L 264/32 (Fn. 375).
924 Siehe oben, S. 107 ff. und S. 180 ff.
925 Siehe oben, S. 96 ff.
926 *Vokuhl*, S. 149 f.; *Wild*, S. 248 ff.
927 Siehe oben, bei Fn. 906.
928 *Vokuhl*, S. 149; *Wild*, S. 251 f.
929 Art. 15, 19 RL 77/91/EWG v. 13. 12. 1976, ABl. 1977 L 26/1, geändert durch RL 2006/68/EG v. 6. 9. 2006, ABl. 2006 L 264/32 (Fn. 375).

nur aus freiem Vermögen erfolgen darf und die Rücknahme der eigenen Aktien nicht erfolgen kann.

IV. Zusammenfassung

§§ 44 f. BörsG lassen sich gegenüber der aktienrechtlichen Kapitalerhaltung als leges speciales einordnen. Dafür sprechen die Materialien des historischen Gesetzgebers, die sich zur Auslegung hinzuziehen lassen. Demgegenüber stellen die übrigen Haftungstatbestände keine leges speciales dar. Der Vorrang der Börsenprospekthaftung ergibt sich auch aus Art. 2 II EGHGB i.V.m. § 29 II EGAktG. Für die übrige Kapitalmarktinformationshaftung ergibt sich aus Art. 2 EGHGB hingegen kein Vorrang. Aus den europarechtlichen Vorgaben zur Kapitalmarktinformationshaftung ergibt sich ebenfalls kein Vorrang gegenüber der aktienrechtlichen Kapitalerhaltung.

§ 10 Mitgliederinteressen und Gläubigergleichbehandlung

Neben der Frage nach dem Schutz der Interessen des getäuschten Anlegers stellt sich ebenso die Frage nach den schützenswerten Interessen der Mitgesellschafter des Getäuschten. Bisher muss man festhalten, dass die Berücksichtigung letzterer im Rahmen der aktienrechtlichen Kapitalerhaltung zweifelhaft ist. Denn die Vorschriften zur Kapitalerhaltung bieten den Aktionären nach allgemeiner Ansicht nur in Verbindung mit dem Gleichbehandlungsgebot nach § 53a AktG Schutz. Insoweit liegt aber der Standpunkt nahe, dass sich eine Ungleichbehandlung getäuschter und ergo schadensersatzberechtigter Gesellschafter im Verhältnis zu nicht getäuschten Gesellschaftern nicht beanstanden lässt.[930] Andererseits wird im Rahmen der Diskussion um die Grundsätze der fehlerhaften Gesellschaft bei der Rückabwicklung fehlerhafter Beteiligungen an Personengesellschaften durchaus auf diese Interessen hingewiesen. Es geht dabei um das Interesse am Bestand der Gesellschaft als Leistungs- und Risikogemeinschaft, das alle Mitgesellschafter innehaben.[931]

Die Frage nach der Berücksichtigung der Interessen der Mitgesellschafter stellt sich aber nicht nur im Verhältnis zwischen getäuschten und den übrigen Gesellschaftern. Geht man von Fällen aus, in denen eine Vielzahl von Anlegern getäuscht worden ist und die Zweifel an der Deckung der zahlreichen (potentiellen) Ansprüche durch das Gesellschaftsvermögen aufkommen, so stellt sich auch die Frage nach dem Schutz der getäuschten Gesellschafter untereinander. Hier müssen nicht nur gesellschaftsrechtliche Institute in den Blick genommen werden, sondern weitere, die in diesem Abschnitt unter dem weiten Stichwort „Gläubigergleichbehandlung“ betrachtet werden sollen.

I. Wettlauf getäuschter Anleger-Gesellschafter

Die Frage nach dem Schutz zahlreicher getäuschter Anleger untereinander stellt sich unabhängig von der jeweiligen Rechtsform der Anlagegesellschaft. Das dabei am häufigsten diskutierte Problem ist das des Wettlaufs getäuschter Anleger-Gesellschafter (sog. „Windhunderennen“) um die Befriedigung ihrer Ansprüche aus dem Gesellschaftsvermögen.[932]

---

930 Siehe nur *Schön* FS Röhricht, S. 559 (564, 568); und oben, S. 92 ff.

931 BGHZ 55, 5 (8 f.); BGHZ 26, 330 (336); *Armbrüster* Gesellschaftsrecht und Verbraucherschutz, S. 25; siehe auch S. 135 ff.

932 Für die Publikumspersonengesellschaft etwa: OLG Bamberg NZG 2004, 129 (130); OLG München NJW-RR 2000, 624 (625); *Schwab* ZGR 2004, 861 (892); *Lenenbach* WM

Ausgangspunkt derartiger Überlegungen ist, dass in vielen Fällen zahlreiche Anleger ähnlich fehlerhafte Beteiligungen an einer Gesellschaft halten.[933] Gestattet man ihnen nun die Rückabwicklung ihrer Beteiligung, so steht zu befürchten, dass die Anleger um die schnellste Klage und den schnellsten Prozess konkurrieren müssen. Dies resultiert wiederum daraus, dass in vielen Anlagegesellschaften das vorhandene Vermögen keinesfalls für die Rückabwicklung der Einlagen aller fehlerhaften Beteiligungen ausreichen wird.[934] Wenn es um Fälle der Kapitalmarktinformationshaftung geht, sind in der Regel zahlreiche Anleger im Hinblick auf die Rückabwicklung ihrer Aktien zum ursprünglichen Ausgabepreis in derselben Situation. Die Gesellschaften selbst sind jedoch in vielen Fällen mit massenhaften Rückforderungen finanziell überfordert.[935] Insbesondere Gesellschaften, die sich dem Vorwurf unwahrer oder unterlassener Veröffentlichung von Insiderinformationen ausgesetzt sehen, haben nach Bekanntwerden der wahren Sachlage mit plötzlich und drastisch sinkenden Börsenkursen zu kämpfen. Beispielhaft sei die Infomatec AG als Protagonistin einer Reihe von Verfahren zur Kapitalmarktinformationshaftung bis in die höchste Instanz genannt. Ansprüche gegen die Gesellschaft haben die Anleger nur in der ersten Instanz vor dem LG verfolgt, danach war die Gesellschaft bereits insolvent.[936]

II. Zusammenhang mit gesellschaftsrechtlichen Schutzmechanismen

Das Problem des Wettlaufs getäuschter Anleger-Gesellschafter wird häufig im Zusammenhang mit der Frage nach der Anwendbarkeit gesellschaftsrechtlicher Institute vorgebracht.

So wenden sich *HOPT/VOIGT* und *LANGENBUCHER* gegen eine Beschränkung der Durchsetzung von Anlegeransprüchen nur aus dem freien Vermögen mit dem Argument, es werde dadurch die Situation des Windhunderennens hervorgerufen.[937] Stattdessen schlagen sie eine nicht durch die Regeln der Kapitalerhaltung beschränkte Durchsetzung der Anlegeransprüche, gegebenenfalls in Verbindung mit der Nachrangigkeit derartiger Ansprüche in der Insolvenz, vor.[938] Einem solchen Vorschlag muss man jedoch entgegen halten, dass er nicht

---

2004, 501 (503); für Aktiengesellschaften: *Hopt/Voigt*, S. 65; *Langenbucher* ZIP 2005, 239 (244); *Baums* ZHR 167 (2003), 139 (167).

933 *Westermann* ZIP 2002, 240 (245).

934 *Langenbucher* ZIP 2005, 239 (244); *Kalss* Anlegerinteressen, S. 229.

935 Assmann/Schneider/*Sethe* WpHG, §§ 37b, 37c, Rn. 24 ff.

936 BGHZ 160, 134 (135); BGHZ 160, 149.

937 *Hopt/Voigt*, S. 65; *Langenbucher* ZIP 2005, 239 (244).

938 *Langenbucher* ZIP 2005, 239 (244 f.); *Hopt/Voigt*, S. 64 f.

weniger zu einem Wettlauf führt. Denn auch dann werden die Anleger bei schwacher Finanzdecke ihrer Gesellschaft im eigenen Interesse versuchen, noch vor Eintritt der Insolvenz befriedigt zu werden. Der unter Umständen auftretende Wettlauf der getäuschten Anleger spricht insoweit für sich weder für noch gegen die Anwendung der Kapitalerhaltungsregeln.

In den parallelen Fällen der Publikumspersonengesellschaft wird zum Teil versucht, aus der Gefahr des Wettlaufs der anspruchsberechtigten Gesellschafter die Notwendigkeit der Begrenzung der Ansprüche getäuschter Gesellschafter nach der LfG abzuleiten.[939] Aber auch die LfG verhindert, wie bereits im Zusammenhang mit stillen Beteiligungen erörtert,[940] keinen Wettlauf. Selbst wenn man die Anleger auf ihre am aktuellen Wert der Beteiligung bemessene Abfindung verweist, so müssen sie im eigenen Interesse versuchen, möglichst schnell ihre Gesellschaftsbeteiligung zu kündigen. Denn in der Situation zahlreicher Anlegertäuschungen wird der Anteil derjenigen, die zuletzt kündigen (bzw. deren Kündigungsrecht zuletzt gerichtlich festgestellt wird), durch die Auszahlung der zuvor ausgetretenen Gesellschafter weniger wert sein.

Der Wettlauf der Forderungsinhaber tritt letztlich immer auf, wenn das vorhandene Vermögen, das zur Befriedigung bereit steht, tatsächlich begrenzt ist. Die gesellschaftsrechtlichen Instrumente der Kapitalerhaltung und der LfG stehen damit in keinem Zusammenhang und können nicht zur Lösung herangezogen werden.

III. Gleichbehandlungsgrundsätze

In den verschiedenen Rechtsgebieten, die eine Rolle bei Ansprüchen getäuschter Kapitalanleger spielen, finden sich Gleichbehandlungsgrundsätze unterschiedlicher Ausprägung. Zu nennen ist das Gleichbehandlungsgebot im Aktienrecht (§ 53a AktG), und ebensolche Grundsätze werden für unterschiedliche Fälle im Kapitalmarktrecht[941] oder Privatrecht[942] diskutiert. Doch würde eine Untersuchung, welches der jeweiligen Gleichbehandlungsgebote bei den Ansprüchen getäuschter Anleger eine Rolle spielen könnte, nichts zur Lösung des Wettlaufproblems beitragen können. Denn an erster Stelle stünde jeweils die tatbestand-

---

[939] OLG Bamberg NZG 2004, 129 (130); OLG München NJW-RR 2000, 624 (625); *Armbrüster* Gesellschaftsrecht und Verbraucherschutz, S. 25; *Schwab* ZGR 2004, 861 (892); *Lenenbach* WM 2004, 501 (503); *Loritz* DB 2004, 2459 f.

[940] Siehe oben, S. 166 f.

[941] *Bachmann* ZHR 170 (2006), 144 ff.

[942] *Bachmann* ZHR 170 (2006), 144 (155 ff.).

liche Frage, ob sich denn die zu vergleichenden Personen in gleicher Lage befänden.[943] In der Situation des Wettlaufs ist aber eben noch nicht festgestellt, wer zum Kreis der Anspruchsberechtigten gehört. Wiederum ist hervorzuheben, dass es sich um ein zeitliches und prozessuales Problem handelt, dem mit materiellen Grundsätzen nicht beizukommen ist.[944]

IV. Schutz durch Insolvenzrecht

1. Grundsatz der Gleichbehandlung

Dem Problem des Wettlaufs der geschädigten Gesellschafter-Gläubiger ist möglicherweise mit dem Insolvenzrecht zu begegnen.[945] Das Insolvenzverfahren dient dazu, dass die Gläubiger gleichmäßig befriedigt werden (§ 1 S. 1 InsO). Im Sinne einer geordneten Abwicklung wird das verbleibende Gesamtvermögen des Schuldners verteilt („Gesamtvollstreckung"). Insolvenzgläubiger haben die Möglichkeit, ihre Forderungen anzumelden (§§ 174 ff. InsO). Es kommt zur quotalen Befriedigung. Dies ergibt sich wiederum aus der Leitidee des Insolvenzrechts, der gemeinschaftlichen Befriedigung der Gläubiger eines Schuldners (§ 1 S. 1 InsO), sowie aus der gesetzlichen Anordnung der Berichtigung der Gläubigerforderungen „nach dem Verhältnis ihrer Beträge" (§ 39 I InsO).[946] Über den Grund für die Gleichbehandlung der Gläubiger in der Insolvenz herrscht keine Einigkeit.[947] Ihre Anordnung durch den Gesetzgeber ist indessen eindeutig.

Bis zur Eröffnung des Insolvenzverfahrens gilt das gegenteilige Prioritätsprinzip als bestimmendes Prinzip der Zwangsvollstreckung.[948] Es markiert den

---

943 *Hueck* Der Grundsatz der gleichmässigen Behandlung im Privatrecht, S. 173 ff.; *Dirk A. Verse* Der Gleichbehandlungsgrundsatz im Recht der Kapitalgesellschaften, S. 207.

944 Vgl. *Kalss* Anlegerinteressen, S. 229; auch das Kapitalanleger-Musterverfahrensgesetz bietet hier keinen Schutz, da die einzelnen Schadensersatzansprüche weiterhin in individuellen Verfahren geltend gemacht werden müssen, dazu oben, S. 53 f.

945 Vgl. *Bayer/Riedel* NJW 2003, 2567 (2571); *Wertenbruch* NJW 2005, 2823 (2825); *Baums* ZHR 167 (2003), 139 (167); es geht hier also um die Frage nach dem Konkurrenzverhältnis geschädigter Gesellschafter untereinander, nicht um das Konkurrenzverhältnis zwischen geschädigten Gesellschaftern und „reinen" Fremdgläubigern in der Insolvenz, zu letzterem bereits oben, S. 97 ff.

946 *Foerste* Insolvenzrecht, § 1, Rn. 8.

947 Angeführt wird traditionell der Rechtsfrieden, aber auch Gründe wie Gerechtigkeit oder Interessengemeinschaft der Gläubiger werden genannt, dazu *Foerste* Insolvenzrecht, § 1, Rn. 11 m.w.N.

948 *Rosenberg/Gaul/Schilken*, § 5 IV 5 (S. 66 f.).

Gegensatz zu dem das Insolvenzrecht beherrschenden Gleichbehandlungsprinzip. Wer zuerst vollstreckt, muss nicht auf etwaige spätere Gläubiger Rücksicht nehmen; der erste Pfändungspfandgläubiger erlangt ein Pfändungspfandsrecht, das den nachfolgenden Pfändungen vorgeht, § 804 III ZPO. Ein Wettlauf der Gläubiger ist deshalb im Grundsatz nicht zu beanstanden. Will der getäuschte Gesellschafter also Schutz vor den Folgen einer schnelleren Vollstreckung durch ebenfalls getäuschte Mitglieder, weil etwa zu befürchten ist, dass später für seine eigene Befriedigung nicht mehr ausreichend Vermögen vorhanden sein wird, so hängt der Schutz durch das Insolvenzrecht von der möglichst frühen Eröffnung des Insolvenzverfahrens ab, da ab diesem Zeitpunkt das Gleichbehandlungsprinzip greift.[949]

2. Eröffnungsgründe

Die Eröffnung des Insolvenzverfahrens erfordert das Vorliegen eines Eröffnungsgrundes, § 16 InsO. Die InsO kennt drei Insolvenzgründe, und zwar die Zahlungsunfähigkeit, § 17 InsO, die drohende Zahlungsunfähigkeit, § 18 InsO und die Überschuldung, § 19 InsO.[950]

Zahlungsunfähigkeit liegt vor, wenn der Schuldner nicht mehr in der Lage ist, die fälligen Zahlungspflichten zu erfüllen, § 17 II InsO. Für einen bestimmten Zeitpunkt ist demnach die (Geld-)Illiquidität des Schuldners festzustellen.[951] Bei den vom Schuldner zu bedienenden Verbindlichkeiten ist grundsätzlich auf die sofort zu erfüllenden Verbindlichkeiten abzustellen.[952] Hierbei können sinnvollerweise jedoch nicht Forderungen gegen den Schuldner berücksichtigt werden, die der Schuldner bestreitet und die noch nicht gerichtlich festgestellt sind. Es geht aber bei dem Problem des Wettlaufs geschädigter Gläubiger gerade um die Zeitspanne, in der zwar Täuschungen einer Vielzahl von Anlegern im Raume stehen, aber die sich darauf gründenden einzelnen Ansprüche noch nicht rechtskräftig festgestellt sind. Mit dem Insolvenzgrund der Zahlungsunfähigkeit würde in einer solchen Phase keine rasche Eröffnung des Insolvenzverfahrens erreicht.

Drohende Zahlungsunfähigkeit liegt demgegenüber vor, wenn der Schuldner voraussichtlich nicht in der Lage sein wird, die bestehenden Zahlungsverpflichtungen im Zeitpunkt der Fälligkeit zu erfüllen, § 18 II InsO. Es ist eine Prognose der künftigen Liquiditätsentwicklung des Schuldners anzustellen, bei der auch

---

[949] Vgl. *Baums* ZHR 167 (2003), 139 (167).
[950] Gottwald/*Uhlenbruck*, § 6, Rn. 2.
[951] *Foerste* Insolvenzrecht, § 12, Rn. 109.
[952] Gottwald/*Uhlenbruck*, § 6, Rn. 5.

noch nicht fällige, aber bereits absehbare Verbindlichkeiten zu berücksichtigen sind. Insofern wird bei der drohenden Zahlungsunfähigkeit von einer Zeitraum-Illiquidität im Gegensatz zur Zeitpunkt-Illiquidität bei der Zahlungsunfähigkeit gesprochen.[953] Es stellt sich hierbei das Problem, inwieweit Forderungen zu berücksichtigen sind, die zwar möglicherweise in Aussicht stehen, die jedoch noch nicht feststehen.[954]

Die gleiche Frage stellt sich bei der Feststellung des dritten Insolvenzgrundes, der Überschuldung. Diese liegt nach der nun in § 19 II InsO vorgeschriebenen zweistufigen Überschuldungsprüfung vor, wenn das Vermögen des Schuldners die bestehenden Verbindlichkeiten nicht mehr deckt, § 19 II 1 InsO („rechnerische Überschuldung", „exekutorisches Element"), und wenn zudem für das Schuldnerunternehmen eine negative Fortbestehensprognose aufgestellt wird, § 19 II 2 InsO („prognostisches Element").[955] Um den Überschuldungsstatus festzustellen, bedarf es einer Sonderbilanz (Überschuldungsbilanz), in der das gesamte Schuldnervermögen und die gesamten Verbindlichkeiten des Schuldnerunternehmens gegenübergestellt werden.[956] Es stellt sich die Frage, inwieweit drohende Schadensersatzverbindlichkeiten als Passivposten in der Überschuldungsbilanz zu berücksichtigen sind. Die realistische Einschätzung derartiger Risiken bereitet größte Schwierigkeiten.[957] Dennoch finden sich in der Literatur Vorschläge, die gerade auf diese Weise dem Problem zahlreicher geschädigter Gesellschafter beikommen wollen. Die Gesellschaft müsse prognostizieren, in welchem Umfang die Ansprüche geltend gemacht würden, und es seien entsprechende Rückstellungen zu bilden, so dass möglicherweise eine Insolvenzantragspflicht der Gesellschaft entstehe.[958]

Für die Frage, wann Rückstellungen zu bilden sind, ist zunächst auf die in einer Jahresbilanz nach § 249 HGB auszuweisenden Rückstellungen hinzuweisen. Man kann die Handelsbilanz als Mengengerüst für die Überschuldungsbilanz heranziehen.[959] Dabei ist jedoch grundsätzlich zu berücksichtigen, dass es sich

---

953 Kübler/Prütting/*Pape*, § 18, Rn. 5.

954 Kübler/Prütting/*Pape*, § 18, Rn. 7; vgl. *Uhlenbruck* KTS 1994, 169 (171 f.) mit dem Beispiel des Herstellers, der Produkthaftungsansprüche befürchtet, die jedoch noch nicht feststehen (keine Berücksichtigung!).

955 Gottwald/*Uhlenbruck*, § 6, Rn. 22.

956 Gottwald/*Uhlenbruck*, § 6, Rn. 27.

957 Gottwald/*Uhlenbruck*, § 6, Rn. 46; *Müller/Haas* Kölner Schrift, S. 1812.

958 *Bayer/Riedel* NJW 2003, 2567 (2571) für die Fälle zahlreicher stiller Gesellschaften mit einer Kapitalgesellschaft als Unternehmergesellschafterin.

959 *Haas/Scholl* ZInsO 2002, 645; Gottwald/*Uhlenbruck*, § 6, Rn. 27.

um verschiedene Bilanzen handelt, die unterschiedliche Ziele verfolgen und die an unterschiedlichen Vorgaben zu messen sind.[960]

Rückstellungen sind Passivposten mit dem Zweck, Aufwendungen, deren Existenz oder Höhe am Abschlussstichtag noch nicht sicher sind und die erst später zu einer Auszahlung führen, der Periode der Verursachung zuzurechnen.[961] Gem. § 249 I 1 Alt. 1 HGB sind Rückstellungen für ungewisse Verbindlichkeiten vorzunehmen, es besteht nach Handelsrecht mithin eine Passivierungspflicht.[962]

Eine Verbindlichkeit ist ungewiss, wenn sie dem Grunde nach oder der Höhe nach oder in Bezug auf den Zeitpunkt ihres Entstehens nicht feststeht, einerlei ob aus rechtlichen oder tatsächlichen Gründen.[963] Unter diesen Vorgaben kommt auch die Einstellung von Anlegerschadensersatzansprüchen, die noch nicht gerichtlich festgestellt sind, als Rückstellungen auf der Passivseite in der Bilanz (§ 266 III B Nr. 3 HGB) in Betracht. Man könnte versuchen, als Kriterium für die entsprechende Bildung von Rückstellungen eine hinreichende Wahrscheinlichkeit des Be- oder Entstehens derartiger Ansprüche zu fordern. Soweit damit allerdings eine Bestimmung mittels Wahrscheinlichkeitsziffer geschehen soll, ist dies abzulehnen, da im Allgemeinen keine empirischen Häufigkeitsverteilungen als Grundlage derartiger Wahrscheinlichkeitsverteilungen über künftige Inanspruchnahmen zu gewinnen sind.[964] Die Einordnung als ungewisse Verbindlichkeit geschieht daher nach herrschender Ansicht unter qualitativen Gesichtspunkten. Mit einer Inanspruchnahme der Gesellschaft muss „ernsthaft zu rechnen sein“[965]. Es müssen mehr Gründe für als gegen das Be- oder Entstehen der Verbindlichkeit sprechen.[966] Dabei ist nicht die Zahl der Gründe, sondern deren Gewicht entscheidend.[967] Auch im Hinblick auf die insolvenzrechtliche Überschuldungsbilanz wird formelartig auf das „ernsthafte Rechnen mit einer Inanspruchnahme“ abgestellt. [968] Ein Indiz hierfür kann sein, dass bereits zusprechende Urteile vorliegen.[969]

---

960 Kübler/Prütting/*Pape*, § 19, Rn. 7 ff. Gottwald/*Uhlenbruck*, § 6, Rn. 27.
961 Baumbach/Hopt/*Merkt*, § 249, Rn. 1.
962 Baumbach/Hopt/*Merkt*, § 249, Rn. 4 .
963 Baumbach/Hopt/*Merkt*, § 249, Rn. 2.
964 MünchKommHGB/*Ballwieser*, § 249, Rn. 13.
965 BFHE 133, 363, BStBl. II 1981, 669.
966 BFH BStBl. II 1985, 44; BStBl. II 1993, 153.
967 MünchKommHGB/*Ballwieser*, § 249, Rn. 13.
968 Gottwald/*Uhlenbruck*, § 6, Rn. 46; Kübler/Prütting/*Pape*, § 19, Rn. 13.
969 *Müller/Haas* Kölner Schrift, S. 1812; Kübler/Prütting/*Pape*, § 19, Rn. 13.

Jedoch stehen dem „ernsthaften Rechnen mit der Inanspruchnahme“ aufgrund Kapitalmarktinformationshaftungsansprüchen möglicherweise die für jeden Fall im Einzelnen nachzuweisenden Anspruchsvoraussetzungen entgegen. Im Falle einer Inanspruchnahme der Gesellschaft aufgrund §§ 826, 31 BGB oder c.i.c. ist der jeweils für den Anleger rigide Kausalitätsnachweis zu berücksichtigen, von dem der BGH auch zuletzt nicht abrücken oder Erleichterungen zulassen will.[970] Diese Kausalitätsprüfung dürfte schon der handelsrechtlichen Passivierungspflicht bestrittener Schadensersatzverbindlichkeiten entgegen stehen. Hieran mag man noch aufgrund des Prinzips der Bilanzvorsicht (§ 252 I Nr. 4 HGB) zweifeln. Denn die rechtzeitige Berücksichtigung möglicher Verbindlichkeiten durch die Handelsbilanz soll die Ausweisung und Verteilung in Wahrheit nicht erwirtschafteter Gewinne verhindern. Indes ist in einer Überschuldungsbilanz gerade keine Passivierung derartiger Ansprüche vorzunehmen, denn dort gilt wegen der unterschiedlichen Zielsetzung das Prinzip der Bilanzvorsicht nicht.[971]

Anders ist jedoch hinsichtlich Ansprüchen aus Börsenprospekthaftung (§§ 44 f. BörsG, bzw. § 13 VerkProspG i.V.m. §§ 44 f. BörsG) zu entscheiden. Zwar muss auch bei derartigen Ansprüchen die Kausalität zwischen fehlerhaftem Prospekt und Erwerb der Wertpapiere durch den Anleger vorliegen, § 45 II Nr. 1 BörsG. Jedoch trägt anders als bei der übrigen Kapitalmarktinformationshaftung der Prospektpflichtige die Darstellungs- und Beweislast der fehlenden Kausalität beim Anspruchssteller. Der Anleger muss hingegen nur den Erwerb der Wertpapiere[972] innerhalb der Sechsmonatsfrist nach Einführung der Wertpapiere nachweisen. Die Erschütterung der Kausalitätsvermutung dürfte für die Gesellschaft in einem solchen Fall schwierig sein.[973] Deshalb sollte bei bereits vorliegenden zusprechenden Urteilen für Ansprüche, die sich ebenfalls auf den festgestellt fehlerhaften Prospekt stützten und bei denen der Anteilserwerb sich im Rahmen der Sechsmonatsfrist hält, als Rückstellungen sowohl in der Jahres- als auch in der Überschuldungsbilanz berücksichtigt werden.

Ebenso wie mit Ansprüchen aus §§ 44 f. BörsG verhält es sich mit Ansprüchen wegen fehlerhafter oder unterlassender Insiderpublizität gem. §§ 37b, 37c WpHG. Geht man mit der wohl herrschenden Ansicht davon aus, dass der Anle-

---

970 BGH NZG 2007, 345 (ComROAD I); BGH NZG 2007, 269 (ComROAD III); BGH NZG 2007, 708 (ComROAD IV); BGH NZG 2007, 711 (ComROAD V); BGH ZIP 2008, 407 (ComROAD VI); BGH ZIP 2008, 410 (ComROAD VII).

971 *Müller/Haas* Kölner Schrift, S. 1812; Gottwald/*Uhlenbruck*, § 6, Rn. 46.

972 Bzw. der Vermögensanlage, § 13 I Nr. 3 lit. a VerkProspG.

973 Schwark/*Schwark*, § 45 BörsG, Rn. 43.

ger durch die Ad-hoc-Publizität und die damit korrespondierenden Haftungsnormen vor der unzutreffenden Marktpreisbildung, nicht aber vor dem Einfluss auf seine Willensbildung geschützt wird, so braucht der Anleger nicht den konkreten Nachweis zu führen, dass er die fehlerhafte Mitteilung kannte oder dass er die Aktien aufgrund der fehlerhaften Meldung erworben hat.[974] Es ist lediglich ein Nachweis der Fehlerhaftigkeit der Mitteilung und dem Einfluss auf die Preisbildung zu führen.[975] Deshalb sollte bei Vorliegen von zusprechenden Urteilen, in denen die Fehlerhaftigkeit einer veröffentlichten Insiderinformation und ihr Einfluss auf den Marktpreis bereits festgestellt wurden, geltend gemachte Ansprüche aus §§ 37b, 37c WpHG sowohl in der Handels- als auch in der Überschuldungsbilanz passiviert werden.

Dann ist allerdings ebenfalls zu beachten, dass sich bei einer Aktiengesellschaft die verantwortlichen Vorstände selbst gem. §§ 93, 116 AktG gegenüber der Gesellschaft schadensersatzpflichtig machen, denn auch in der Inanspruchnahme der Gesellschaft durch die Anleger gem. § 44 BörsG liegt ein Schaden.[976] Spiegelbildlich zur Bildung von Rückstellungen für die Erfüllung von Schadensersatzansprüchen müssten auch die Schadensersatzforderungen der Gesellschaft gegen den Vorstand in die Bilanz einfließen. In der Jahresbilanz sind Schadensersatzansprüche als sonstige Vermögensgegenstände des Umlaufvermögens (§ 266 II B II Nr. 4 HGB) anzusetzen.[977] Jedoch muss bedacht werden, dass die verantwortlichen Vorstände unter Umständen selbst nicht in der Lage sind, die möglicherweise zahlreichen Schadensersatzforderungen der Gesellschaft zu erfüllen. Dies dürfte des Weiteren zu einem guten Teil davon abhängen, ob D & O-Versicherungen abgeschlossen worden sind und ob diese die Zahlungen übernehmen. Letzteres könnte zweifelhaft sein, da in den Versicherungsverträgen in der Regel Freizeichnungsklauseln für die Fälle vorsätzlicher oder wissentlicher Pflichtverletzungen enthalten sind.[978] Die wissentliche Verletzung einer Pflicht erfordert die positive Kenntnis von der Pflicht sowie die positive Kenntnis des Abweichens von dieser Pflicht.[979] Inwieweit sich Versicherungen gegenüber ihren Versicherten auf den Wissentlichkeitsausschluss tat-

---

974 Assmann/Schneider/*Sethe* WpHG, §§ 37b, 37c, Rn. 83 f; Schwark/*Zimmer*, §§ 37b, 37c WpHG, Rn. 90.

975 Assmann/Schneider/*Sethe* WpHG, §§ 37b, 37c WpHG, Rn. 83.

976 *Hopt/Voigt*, S. 66; allgemein *Pammler*, S. 70.

977 Baumbach/Hopt/*Merkt*, § 266, Rn. 9.

978 *Pammler*, S. 70; Beckmann/Matusche-Beckmann/*Beckmann*, § 28, Rn. 117 f.; *Notthoff* NJW 2003, 1350 (1353); *Penner* VersR 2005, 1359.

979 Beckmann/Matusche-Beckmann/*Beckmann*, § 28, Rn. 118.

sächlich berufen (können) und somit ernsthafte Einschränkungen im Deckungsgeschäft bestehen werden, muss sich erst noch zeigen. Möglicherweise wird es bei heutiger Ausbildung und fortschreitender Spezialisierung für Vorstände nicht einfach sein, sich auf Unwissenheit in Bezug auf Prospektpflichten zu berufen.[980] Dennoch kommt eine Deckung der gegen den Vorstand gerichteten Ansprüche durch die D & O-Versicherung im Bereich der grob fahrlässigen Unkenntnis, die für das Entstehen von Prospekthaftungsansprüchen ausreicht (§ 45 I BörsG), grundsätzlich in Betracht. In diesem Fall könnten die Ansprüche der Gesellschaft gegen den Vorstand voll in der Bilanz aufgenommen werden, so dass keine Überschuldung aufgrund zahlreicher Anlegeransprüche auftreten würde.

Ist die Deckung der Vorstandshaftung durch Versicherungen hingegen nicht gesichert oder zweifelhaft, so sind die Ansprüche möglicherweise nicht vollwertig. Im Rahmen der handelsrechtlichen Bewertung sind zweifelhafte Forderungen, nach ihrem wahrscheinlichen Wert anzusetzen, uneinbringliche Forderungen sind abzuschreiben, § 253 III HGB.[981] In der Überschuldungsbilanz muss ebenfalls dem Umstand Rechnung getragen werden, dass die Ansprüche der Gesellschaft gegen den Vorstand unter Umständen nicht werthaltig sind. Auch hier müssen entsprechende Abschreibungen vorgenommen werden.[982]

Die organschaftlichen Vertreter eines Schuldnerunternehmens trifft die Pflicht zur ständigen Eigenprüfung, ob ein Insolvenzgrund vorliegt.[983] Der Vorstand einer Aktiengesellschaft bzw. der Geschäftsführer der GmbH einer Publikums-GmbH & Co. KG[984] muss also dafür Sorge tragen, dass sowohl die potentiellen Schadensersatzansprüche der Anleger gegen die Gesellschaft als auch die daraus resultierenden Schadensersatzansprüche gegen sich selbst (!) richtig in die Überschuldungsbilanz aufgenommen werden. Die Gleichbehandlung in der Insolvenz als Schutzinstrument für massenhaft geschädigte Anleger gegen ein Windhunderennen hängt somit zu einem guten Teil davon ab, dass der persönlich Schädigende richtig bilanziert und dabei seine eigene Leistungsfähigkeit richtig einschätzt. Dies ist nicht unproblematisch, auch wenn die Strafandrohung bei In-

---

980 Allgemein *Pammler*, S. 71 f.
981 Baumbach/Hopt/*Merkt*, § 253, Rn. 21.
982 Baumbach/Hopt/*Merkt*, § 253, Rn. 21.
983 Gottwald/*Uhlenbruck*, § 6, Rn. 21.
984 Auch bei dieser Rechtsform ist die Überschuldung Insolvenzeröffnungsgrund, § 19 III InsO.

solvenzverschleppung (§§ 92 II, 401 I Nr. 2, II AktG) die Vorstände zusätzlich zu sorgfältiger Prüfung anhalten mag.

An den beschriebenen Schwierigkeiten ändert das grundsätzliche Antragsrecht des Anlegers auf Eröffnung des Insolvenzverfahrens gem. § 14 InsO nichts.[985] Denn in diesem Falle ist der Antrag glaubhaft zu machen. Die Zahlungsunfähigkeit kommt, wie geschildert, als Eröffnungsgrund nicht in Betracht, da drohende zukünftige Schadensersatzverbindlichkeiten nicht berücksichtigt werden. Die drohende Zahlungsunfähigkeit kann nicht vom Gläubiger geltend gemacht werden (§ 18 InsO: „der Schuldner"). Es bleibt die Glaubhaftmachung der Überschuldung. Doch ist hier der Gläubiger auf das vom Schuldner verfasste Rechenwerk angewiesen.

V. Zusammenfassung

Die Gefahr des Wettlaufs getäuschter Anleger-Gesellschafter besteht, wenn bei einer Vielzahl von Schädigungen das Gesellschaftsvermögen nicht ausreicht, um sämtliche Schadensersatzforderungen zu erfüllen. Gesellschaftsrechtliche Schutzinstrumente wie die Kapitalerhaltung oder die LfG können das Wettlauf-Problem nicht verhindern. Auch materielle Gleichbehandlungsgrundsätze verschaffen keine Abhilfe. Das Insolvenzrecht kommt nur im Falle der spezialgesetzlich geregelten Ansprüche aus §§ 44 f. BörsG bzw. §§ 37b, 37c WpHG als Schutzinstrument in Betracht. Allerdings ist dafür erforderlich, dass bereits ein Urteil vorliegt, in dem die Fehlerhaftigkeit des Prospektes (bei §§ 44 f. BörsG) oder die Auswirkung einer fehlerhaften oder unterlassenen Insiderinformation auf den Marktpreis einer Aktie (bei §§ 37b, 37c WpHG) festgestellt worden sind. Auch dann bleiben jedoch Schwierigkeiten bei der korrekten Bilanzierung der möglichen Anlegerschadensersatzansprüche sowie (als Gegenstück hierzu) der korrekten Bilanzierung und Bewertung der Ansprüche gegen die handelnden Vorstände. Bei Ansprüchen aus allgemeinen Vorschriften sind bestrittene und gerichtlich nicht festgestellte Ansprüche nicht in der Überschuldungsprüfung zu berücksichtigen. Insoweit bietet die Insolvenz keinen Schutz vor einem Gläubigerwettlauf.

---

[985] Diesem Aspekt tragen *Bayer/Riedel* NJW 2003, 2567 (2571); *Wertenbruch* NJW 2005, 2823 (2825) und *Baums* ZHR 167 (2003), 139 (167) nicht hinreichend Rechnung.

Teil 4: Die Grundsätze der fehlerhaften Gesellschaft als rechtsformunabhängige Lösung

Es ist bisher kaum untersucht worden, ob die LfG als rechtsformunabhängige Lösung für den Konflikt zwischen den Interessen getäuschter Anleger und ihrer Anlagegesellschaft herangezogen werden kann. Eine solche Untersuchung bietet sich jedoch deshalb an, weil die Interessenlage im Ausgangspunkt eben in allen Rechtsformen der Anlagegesellschaft vergleichbar ist. Sowohl bei Personen- als auch bei Aktiengesellschaften können dem Restitutionsbegehren des individuellen Anlegers Verkehrs- und Bestandsschutzinteressen entgegen stehen.[986] Erweist sich aber im Bereich der Personengesellschaften die LfG als ein zum Ausgleich der widerstreitenden Interessen taugliches Instrument,[987] so soll eine Übertragung auf die vergleichbare Problemlage bei Aktiengesellschaften nicht unversucht bleiben.

Für die Aktiengesellschaft wurde das Spannungsfeld zwischen Anlegerinteressen und Verbandsinteressen bisher vor allem unter dem Blickwinkel der Kapitalerhaltung untersucht. Wenn dabei den Interessen der Mitgesellschafter des zum Schadensersatz berechtigten Anlegers letztlich kein Gewicht eingeräumt werden konnte,[988] so ist dies unter dem Aspekt des durch die LfG vermittelten Bestandsschutzes möglicherweise anders zu beurteilen.

Auch könnte sich die LfG im Vergleich zur aktienrechtlichen Kapitalerhaltung als umfassenderes und flexibleres Instrument erweisen.

§ 11 Anwendung der LfG auf Kapitalgesellschaften

I. Ansatz in der Literatur

Der Vorschlag, speziell Ansprüche getäuschter Anleger sowohl von Publikumspersonen- als auch von Aktiengesellschaften nach den Grundsätzen der fehlerhaften Gesellschaft gegebenenfalls einzuschränken, stammt von *CARSTEN SCHÄFER*.[989] Er unterbreitet damit, unter expliziter Verweisung auf das Personengesellschaftsrecht, einen für das Verbandsrecht einheitlichen Lösungsvor-

---

[986] Vgl. zur Personengesellschaft S. 135 ff.; zur Aktiengesellschaft S. 177 ff.
[987] Siehe oben, S. 172.
[988] Siehe oben, S. 92 ff.; S. 177 ff.
[989] NZG 2005, 985 (989 f.); ZHR 2006, 373 (379).

schlag im Hinblick auf die hier behandelte Frage. Dies läuft auf eine Anlegergleichbehandlung durch Anwendung gesellschaftsrechtlicher Grundsätze hinaus. Gleichzeitig dient die Lösung aber auch dem Gläubigerschutz.

Nach der Argumentation *CARSTEN SCHÄFERS* sind zwar die Regeln des fehlerhaften Verbandes grundsätzlich auf den Zeichnungsvertrag, nicht jedoch auf den abgeleiteten Erwerb an der Börse anwendbar.[990] Dies ändere sich jedoch, sobald die Aktiengesellschaft in die Rückabwicklung von im Wege des derivativen Erwerbs erhaltenen Aktien einbezogen werde. Wertungsmäßig sei den Verbandsmitgliedern, die auch den unternehmerischen Risiken näher stünden als irgendein Gesellschaftsgläubiger, das Anlagerisiko aufzuerlegen. Die Anwendung der LfG gebiete sich auch unabhängig von der jeweils der Abwicklung der gesellschaftsrechtlichen Beteiligung zu Grunde liegenden Anspruchsgrundlage. Im Kern gehe es jeweils um die Anlegertäuschung mittels marktbezogener Erklärungen. Rechtsfolge der Anwendung der LfG ist nach *CARSTEN SCHÄFER* weiterhin, dass der Anleger lediglich den anteiligen Jahresbilanzwert des Unternehmens als Abfindung verlangen können soll, entsprechend der für die fehlerhafte Kapitalerhöhung geltenden Regeln.[991]

Bisher hat eine genaue Auseinandersetzung mit dieser von *CARSTEN SCHÄFER* vorgetragenen Ansicht in der Literatur nicht stattgefunden.[992] Es soll nochmals an die Ausgangslage der hier behandelten Problematik aus Anlegersicht erinnert werden: Der Anleger einer Publikumspersonengesellschaft tritt der Gesellschaft als neuer Gesellschafter bei, es liegt somit ein aus gesellschaftsrechtlicher Sicht konstituierendes Geschäft vor.[993] Für diesen Fall ist die Anwendung der LfG unbestreitbar geboten.[994] Demgegenüber liegt bei der Kapitalmarktinformationshaftung der Aktiengesellschaft in den praktisch häufigsten Fällen ein Erwerb durch Umsatzgeschäft vor.[995] Zieht man die LfG als einheitliches verbandsrechtliches Lösungsinstitut in Betracht, so muss die Anwendung auf den Aktienerwerb diskutiert und begründet werden.

---

990 *Carsten Schäfer* NZG 2005, 985 (989 f.).

991 *Carsten Schäfer* NZG 2005, 985 (990).

992 Kurze Kritik an der These *Carsten Schäfers* bei *Casper* Der Konzern 2006, 32 (37).

993 „Der Ein- oder Austritt stellt einen Eingriff in die Verbandsverfassung dar, denn es wird eine Mitgliedschaft neu geschaffen oder eine Mitgliedschaft beseitigt.“, *Karsten Schmidt* GesR, § 6 V 2 (S. 162).

994 Siehe oben, S. 120 ff. Die Diskussion um den Erwerb von Personengesellschaftsanteilen per Umsatzgeschäft soll in dem hier gegebenen thematischen Zusammenhang nicht verfolgt werden.

995 *Fleischer* ZIP 2005, 1805 (1811).

II. Reichweite des Tatbestandes der LfG als Ausgangsfrage

1. Allgemeine Eignung der LfG für Kapitalgesellschaften

Im Allgemeinen eignet sich die LfG als rechtsformübergreifendes Institut. Denn sie ist zunächst im Bereich des Kapitalgesellschaftsrechts entwickelt und dort auch kodifiziert worden (§ 275 ff. AktG). So können Gründungsmängel, die erst nach der Registereintragung festgestellt werden, nur durch Nichtigkeitsklage gem. § 275 II bis IV AktG geltend gemacht werden. Rechtsfolge ist dann nicht die rückwirkende Nichtigkeit, sondern Auflösung und Abwicklung gem. §§ 264 ff. AktG (§ 270 AktG).[996] Auf diese Weise wird sowohl der Rechtsverkehr als auch das Interesse der Gesellschafter am Bestand des Rechtssubjekts der AG gewährleistet.[997]

Die Rechtsprechung machte und macht sich diese Gedanken im Bereich der Personengesellschaften nutzbar.[998] Ein Rückgriff wiederum auf die Entwicklung in den Personengesellschaften im Hinblick auf die AG und GmbH ist bei vergleichbarer Problemlage deshalb nicht grundsätzlich ausgeschlossen.[999] Eine derartige Vorgehensweise verträgt sich des Weiteren insbesondere mit der heute in der Literatur vorherrschenden Ansicht, die den dogmatischen Geltungsgrund der LfG in den organisationsrechtlichen Elementen von Gesellschaftsverträgen erblickt.[1000] Als Beispiel für eine solche Entwicklung sei die Behandlung des Problems der Folgen der Nichtigerklärung fehlerhafter und durchgeführter Kapitalerhöhungsbeschlüsse genannt. Ging man traditionell davon aus, dass derartige Beschlüsse ex tunc nichtig seien,[1001] so hat als erster *ZÖLLNER* hier die Anwendung der LfG gefordert.[1002] Die von ihm begründete Ansicht ist heute in der Literatur vorherrschend.[1003]

2. Problematik des derivativen Erwerbs

Es entspricht indes der heute ganz herrschenden Meinung, dass die LfG auf den derivativen Erweb von Anteilen an Kapitalgesellschaften grundsätzlich nicht

---

996 *Hüffer* AktG, § 275, Rn. 1.

997 *Hüffer* AktG, § 275, Rn. 2, 4.

998 Den Ausgangspunkt bildete hierbei RGZ 165, 193.

999 MünchKommAktG/*Hüffer AktG* § 275, Rn. 5.

1000 MünchKommAktG/*Hüffer AktG* § 275, Rn. 7.

1001 KölnKommAktG/*Lutter*, § 191, Rn. 5 m.w.N.

1002 *Zöllner* AG 1993, 68.

1003 Vgl. nur *Ulrich Huber* FS Claussen, S. 147 m.w.N. bei Fn. 8 (S. 150); *Lutter* FS Röhricht, S. 369 (370) m.w.N.

anwendbar ist.[1004] Der BGH hatte dies zwar schon anders beurteilt.[1005] Nach umfangreicher Kritik im Schrifttum hat er in seinem Urteil vom 22. 1. 1990[1006] jedoch seine Rechtsprechung geändert. Wegen § 16 I GmbHG und § 67 II AktG führten die bürgerlichrechtlichen Nichtigkeits- und Anfechtungsvorschriften gerade nicht dazu, dass die Gesellschafter im Verhältnis zur Gesellschaft rückwirkend in ihre alten Rechtspositionen eingesetzt werden. Der eingetragene Erwerber des Gesellschaftsanteils hafte daher unabhängig von einer etwaigen Anfechtung des Erwerbsgeschäfts der Gesellschaft gegenüber für Rückstände bei der auf den Gesellschaftsanteil zu leistenden Einlage. Eine rückwirkende Anfechtung habe auf die Rechtsbeziehung zwischen Gesellschaft und Gesellschafter und den Bestand der Gesellschaft keinen Einfluss.[1007]

Die Anwendung der LfG auf den fehlerhaften Anteilserwerb verbietet sich in der Tat regelmäßig deshalb, weil dabei kein verbandsrechtliches Satzungsgeschäft vorliegt. Denn es wird nicht konstituierend eine Mitgliedschaft begründet oder beseitigt, die Verbandsstruktur also nicht geändert.[1008]

3. Besonderer Fall der Kapitalmarktinformationshaftung

Die Ausgangslage in den hier behandelten Fällen, in denen die Aktionäre eine Abwicklung ihrer fehlerhaften Beteiligungen bei der Gesellschaft wünschen, ist jedoch anders. Denn in diesen Fällen ist im Regelfall das Umsatzgeschäft, mittels dessen die Aktien erworben wurden (etwa Aktienkauf an einer Börse) nicht mit Fehlern behaftet. Denn die haftungsbegründenden fehlerhaften Kapitalmarktinformationen stammen nicht vom Partner des Aktienerwerbsgeschäfts und grundsätzlich kann davon ausgegangen werden, dass dieser auch nicht wegen der Fehlinformationen haftet.[1009] Ein möglicher Fehler liegt vielmehr im Verhältnis zur Aktiengesellschaft, sofern ihre Haftung gesetzlich vorgeschrieben wird. Deshalb kann eine Begrenzung von Schadensersatzansprüchen, bei denen es um die Abwicklung im Wege derivativen Umsatzgeschäfts erworbener Antei-

---

1004 *Carsten Schäfer* Die Lehre vom fehlerhaften Verband, 312 ff.

1005 BGH JZ 1975, 448.

1006 BGH NJW 1990, 1915; bestätigt durch BGH ZIP 1995, 1085 und zuletzt BGH GmbHR 2007, 375 (376).

1007 BGH NJW 1990, 1915 (1916).

1008 *Karsten Schmidt* GesR § 6 V 2 (S. 163); *ders.* BB 1988, 1053 (1055); *Wiedemann* GesR II, § 2 V 5 (S. 163); *Carsten Schäfer* Die Lehre vom feherhaften Verband, S. 314.

1009 *Bachmann* in Bachmann/Casper/Carsten Schäfer/Veil, S. 93 (103 ff.) m.w.N. diskutiert eine Haftung des Veräußerers der Aktien gem. § 434 ff. BGB, lehnt sie im Ergebnis jedoch mit der h.L. ab.

le geht, nicht schlicht mit dem Hinweis auf die bisher diskutierten Fälle übertragen werden.

Es muss vielmehr eigens untersucht werden, ob die Kapitalmarktinformationshaftung, sofern sie die AG selbst trifft, unter den Tatbestand der LfG subsumiert werden kann, und zwar unabhängig davon, ob der Anleger die Wertpapiere durch Zeichnungserwerb oder per Umsatzgeschäft erworben hat. Es treten dabei ähnliche Fragen wie bei der parallelen Problematik auf, ob ex nunc wirkende Schadensersatzansprüche gegen die Personengesellschaft Fälle der LfG darstellen.[1010]

Die Untersuchung macht zunächst einen Rückgriff auf die dogmatischen Grundlagen der LfG erforderlich (§ 12 I). Sodann wird auf die Funktion der LfG als Kapitalschutzinstrument einzugehen sein (§ 12 II) und schließlich ist eine Abwägung der betroffenen Interessen erforderlich (§ 12 III).

[1010] Dazu oben, S. 121 ff., S. 131.

§ 12 Kapitalmarktinformationshaftung als Tatbestand der LfG

I. Rückgriff auf die dogmatischen Grundlagen der fehlerhaften Gesellschaft

Die Frage, ob nicht nur nichtige oder anfechtbare organisationsbezogene Willenserklärungen vom Tatbestand der fehlerhaften Gesellschaft erfasst werden, sondern auch Schadensersatzansprüche, die den Gesellschafter vermögensmäßig in den Zeitpunkt vor der gesellschaftsrechtlichen Beteiligung versetzen wollen, muss unter Rückgriff auf die dogmatischen Grundlagen der LfG geklärt werden. Diese Herangehensweise ist die gleiche wie in der parallelen Problematik der Erfassung von Schadensersatzansprüchen gegen die Personengesellschaft durch die LfG.[1011]

Es ist bereits darauf hingewiesen worden, dass die dogmatischen Grundlagen der LfG insbesondere in dem organisationsrechtlichen Element von Gesellschaftsverträgen zu finden sind.[1012] Sofern aus der Gesellschaftsgründung eine aus verschiedenen Personen zusammengefasste Organisation hervorgegangen ist, passen die Rechtsfolgen der allgemeinen Rechtsgeschäftslehre mit ihren Rechtsfolgen der Nichtigkeit und Anfechtbarkeit in der Regel nicht mehr.[1013] Das allgemeine Vertragsrecht stößt vielmehr an seine Grenzen, insbesondere wenn es Folgen vorschreibt, die im Hinblick auf die Organisation schlicht nicht vorstellbar durchgeführt werden können.

Als Ausgangslage sind die Rechtsfolgen der jeweiligen Anlegeransprüche gegen die AG zu vergegenwärtigen. Sie geben vor, dass die AG ihren Anleger vermögensrechtlich so zu stellen hat, wie er ohne das durch falsche Informationen zustande gekommene Geschäft stünde.[1014] Dies läuft darauf hinaus, dass der Anleger ex nunc von der AG vermögensmäßig in den Status quo ante zurückversetzt werden muss. Insoweit besteht eine Parallele zu Schadensersatzansprüchen, die sich gegen die Personengesellschaft richten.[1015] §§ 37b, 37c WpHG ordnen nach h.M. zwar nicht die Rückabwicklung des Geschäfts an, sondern lediglich den Ersatz des Kursdifferenzschadens.[1016] Im Hinblick auf die LfG ist jedoch entscheidend, dass auch damit ein vermögensmäßiger Ausgleich ange-

---

[1011] Siehe oben, S. 121 ff.
[1012] Siehe oben, S. 117 ff.
[1013] *Karsten Schmidt* AcP 186 (1986), 421 (426); Soergel/*Hadding*, § 705, Rn. 88.
[1014] Siehe oben, S. 37 ff.
[1015] Zur Personengesellschaft siehe oben, S. 56 ff.
[1016] Siehe oben, S. 43 ff.

strebt wird, der sich an vergangenheitsbezogenen Umständen (Kurspreisentwicklungen) orientiert. Diese bei allen Kapitalmarktinformationshaftungstatbeständen gegebene vergangenheitsbezogene Ausgleichsfunktion rechtfertigt eine einheitliche Behandlung im Hinblick auf die LfG.

Die dargestellten Folgen sind nun im Hinblick auf Rückabwicklungsschwierigkeiten zu untersuchen. Letztere können, worauf an anderer Stelle bereits hingewiesen wurde,[1017] darin bestehen, dass eine ex tunc nichtige Gesellschaft zu Problemen im Außenverhältnis führen würde, denn es bestünden lauter Verträge zwischen außenstehenden Gläubigern und einer nicht existenten Gesellschaft.[1018] In den Innenrechtsbeziehungen hätte man mit nichtigen oder mindestens anfechtbaren[1019] Beschlüssen aller Art zu tun. Ferner könnte man nicht von der Existenz eines Gesellschaftsvermögens ausgehen, denn ein solches ist ohne Existenz einer Gesellschaft als Rechtsträgerin nicht vorstellbar.

Derartige Probleme treten auf den ersten Blick nicht auf, wenn die AG lediglich verpflichtet ist, ihren Anleger vermögensmäßig so zu stellen, als sei er nie Gesellschafter gewesen. Wenn Anleger ihre Aktien bei der Gesellschaft rückabwickeln, bleibt diese nämlich dennoch bestehen. Die Außenbeziehungen, etwa Verträge mit Gläubigern, blieben existent. Das Gesellschaftsvermögen würde zwar (unter Umständen erheblich) belastet, doch ginge das Zuordnungssubjekt des Gesellschaftsvermögens nicht verloren.

Ein Zusammenhang mit dem Bestand der AG als Organisation ist nur in dem hypothetischen Fall gegeben, dass alle Aktionäre Schadensersatzansprüche gegen die Gesellschaft stellen und dieser Schadensersatz auf Naturalrestitution, also Rückabwicklung der Aktien ginge. In der Folge müsste die Aktiengesellschaft alle Aktien zurücknehmen. Sie hätte keine Mitglieder und könnte insoweit nicht mehr weiter existieren.[1020] In diesem Fall griffe jedoch ohnehin gesetzlich kodifiziertes Liquidationsrecht. Die Aktiengesellschaft würde sich dann

---

1017 Siehe oben, S. 117 ff.

1018 Dies könnte zu der Annahme führen, ob die Verträge dann als mit den Organen persönlich abgeschlossen einzustufen wären oder ob man von einer Nichtigkeit ausgehen müsste, so *Carsten Schäfer* Die Lehre vom fehlerhaften Verband, S. 70.

1019 *Carsten Schäfer* Die Lehre vom fehlerhaften Verband, S. 303; das Problem würde bei der Aktiengesellschaft immerhin durch die kurze Anfechtungsfrist des § 246 I AktG (ein Monat) entschärft, *Zöllner* AG 1993, 68 (71, Fn. 12).

1020 Es entstünde eine sog. „Keinmann-AG", *Hüffer* AktG, § 262, Rn. 24; grundsätzlich kritisch *Ulrich Huber* Vermögensanteil, Kapitalanteil und Gesellschaftsanteil, S. 134 ff.

auflösen (§ 262 II AktG) und es würde eine Abwicklung nach den Regeln zur Liquidation (§ 262 II AktG i.V.m. § 264 ff. AktG) stattfinden.

Auch die Gesellschaftsbeschlüsse würden durch einen gegen die Gesellschaft gerichteten Schadensersatzanspruch nicht in ihrer Wirksamkeit angetastet. Ein solcher Blick macht deutlich, dass Rückabwicklungsschwierigkeiten bei Rechten, die das Gesellschaftsverhältnis für die Vergangenheit intakt lassen, im Regelfall nicht auftreten.

II. Kapitalschutz durch die LfG

Allerdings ist zu beachten, dass die LfG sich nicht darauf beschränkt, die Folgen angeordneter Ex-tunc-Unwirksamkeit zu beseitigen. So stellt *Carsten Schäfer* fest, der Grundsatz der Lehre vom fehlerhaften Verband sei nicht bloß auf die Heilung von Wirksamkeitsdefiziten gerichtet, vielmehr wolle er den Verband als solchen sowie jede einzelne Mitgliedschaft im Interesse des Bestands- und Verkehrsschutzes erhalten.[1021] Darauf soll im Folgenden eingegangen werden.

1. Personengesellschaften

Für den Bereich der Personengesellschaften wurde bereits festgestellt, dass die fehlerhafte Gesellschaft nicht nur Wirksamkeitsdefizite beseitigt, sondern auch vermögensschützend wirkt.[1022] Hier ist ein Anleger auch bei lediglich ex nunc wirkenden Ansprüchen, etwa in Folge ausgeübten Haustürwiderrufs, Störung der Geschäftsgrundlage[1023], Rücktritt, Ansprüchen aus c.i.c. oder § 826 BGB auf das aktuelle Abfindungsguthaben beschränkt. Die Gründe hierfür sollen nochmals in Kürze wiederholt werden.

Ließe man die Rückabwicklung der Einlage über Schadensersatzansprüche i.V.m. § 249 BGB zu, so würden die Ziele der LfG, Bestands- und Verkehrsschutz zu garantieren, praktisch verfehlt. Die LfG wäre zu einem Instrument degradiert, dass allein zur Vermeidung rechtsformaler Schwierigkeiten dient. Die Vermögensgrundlage der Gesellschaft würde regelmäßig genauso belastet wie bei Zulassen ex tunc wirkender Ansprüche und einer Rückabwicklung gem. § 812 I 1 Alt. 1 BGB, weil bei gegebener arglistiger Täuschung neben dem Anfechtungsrecht (§ 123 BGB) auch immer ein c.i.c. Anspruch gegeben sein wird.

[1021] *Carsten Schäfer* ZHR 2006, 373 (392).

[1022] Vgl. ausführlich oben, S. 120 ff.

[1023] So auch RGZ 165, 193 und BGHZ 10, 44 (51 f.), allerdings beruhend auf der alten Vorstellung, dass dieses Institut wie früher der Rücktrit ex tunc wirkt.

Einem solchen unbefriedigenden Ergebnis tritt man entgegen, indem man die LfG so interpretiert, dass sie für die Vergangenheit die Mitgliedschaft und den Verband umfassend, d.h. auch in ihren vermögensrechtlichen Auswirkungen, schützt.

Ein Schutz im Hinblick auf nur bestimmte mitgliedschaftsbezogene Rechte erscheint demgegenüber unvollständig und reißt Zusammenhänge, die die gerade gesellschaftsrechtlich-mitgliedschaftliche Beteiligung schafft, auseinander. So sieht man die dogmatische Grundlage der LfG in den organisationsrechtlichen Elementen von Gesellschaftsverträgen und stellt auf die „begründete Wirkungseinheit“ von Kapital- und Personengesellschaft ab, die von den nicht auf sie zugeschnittenen allgemeinen Regeln nicht erfasst werden soll.[1024] In einem gleichen Atemzug muss dann aber auch betont werden, dass Organisations- und Wirkungseinheit gerade mit Blick auf das Gesellschaftsvermögen existieren.[1025] Damit ist die LfG auch ein Instrument zum Vermögensschutz in Fällen, in denen derselbe Rechtsgrund sowohl zum Angriff auf den rechtsformalen Bestand der Gesellschaft (§§ 123, 142 I BGB), als auch als Angriff auf das Gesellschaftsvermögen (c.i.c., § 826 BGB) geeignet ist. Es ist nicht einzusehen, warum etwa der Stimmabgabe und daraus erwachsenden Beschlüssen Bestandskraft erwachen soll, der Vermögensbeteiligung aber nicht. Auch der BGH gelangt zu einem solchen Ergebnis mittels der LfG, allerdings verhindern diese Grundsätze nach Ansicht des Gerichts bereits die für eine Schadensersatzhaftung der Gesellschaft notwendige Zurechnung schädigenden Verhaltens.[1026]

2. Aktiengesellschaften

a) Originärer Erwerb

In der Aktiengesellschaft sah man sich in gleicher Weise (und zeitlich sogar früher) mit dem Problem konfrontiert, neben der Rechtsbeständigkeit der Organisa-

---

1024 *Flume* I/1, S. 18 „Es handelt sich auch betreffs der Kapitalgesellschaft nicht nur um die Aufbringung des Gesellschaftskapitals. Vielmehr ist es die Begründung der Kapitalgesellschaft als Wirkungseinheit, weshalb die auf Verkehrsgeschäfte ausgerichteten Nichtigkeits- und Anfechtungsvorschriften für die in Vollzug gesetzte Kapitalgesellschaft nicht passen, und insoweit steht die in Vollzug gesetzte Personengesellschaft als Wirkungseinheit der Kapitalgesellschaft gleich.“

1025 Die über das bloße Schuldverhältnis hinausgehenden Organisationselemente finden „in einem besonderen Gesellschaftsvermögen und entsprechenden Außenbeziehungen ihren Niederschlag […]“, *Ulmer* FS Flume II, S. 301 (311); zustimmend *Wiesner*, S. 90.

1026 BGHZ 156, 46 (51 f.); *Westermann* ZIP 2002, 240 (243, 245).

tion ebenso die Kapitalgrundlage sichern zu müssen. So rechtfertigte das RG in RGZ 71, 97 die Versagung von Schadensersatzansprüchen aus Börsenprospekthaftung, die im Zusammenhang mit dem originären Erwerb von Aktien stehen. Durch Übernahme oder Zeichnung der Aktien (originärer Erwerb) werde die notwendige Grundlage für die demnächst in das Leben und den Verkehr tretende Aktiengesellschaft geschaffen. Es bestehe ein vorrangiges Interesse der Allgemeinheit daran, dass die Aktiengesellschaft, so wie im Handelsregister eingetragen, auch wirklich ins Leben getreten sei. Deshalb könne das Erwerbsgeschäft nicht angefochten werden.[1027] Weiter schlägt das Reichsgericht eine Brücke zur Kapitalsicherung, indem es darauf abstellt, dass die Existenzberechtigung der Kapitalgesellschaft auf dem tatsächlichen Vorhandensein ihres Grundkapitals beruhe. Diese enge Verknüpfung von der Existenz der Aktiengesellschaft mit ihrer Kapitalgrundlage bringt das Reichsgericht dann darin zum Ausdruck, dass es ebenso wie die Anfechtung des Zeichnungsvertrages auch damit in Zusammenhang stehende, auf Rückabwicklung der Einlage gehende Schadensersatzansprüche als rechtlich nicht statthaft ansieht.[1028]

Obwohl die Reichsgerichtsentscheidungen die Unterbindung von Schadensersatzansprüchen gegen die Gesellschaft nicht mit dogmatisch eindeutigen Termini verfolgen, interpretiert die Literatur die Entscheidungen zum Teil in der Weise, dass mit der LfG die für die Anspruchsbegründung notwendige Zurechnung schädigenden Verhaltens unterbunden wird.[1029] Dies entspräche somit der aktuellen Rechtsprechung des BGH zur Haftung von Publikumspersonengesellschaften für fehlerhafte Beteiligungen.[1030]

Die Argumentation des Reichsgerichts ist jedenfalls von demselben Gedanken geprägt wie die hiesigen Ausführungen zum Verhältnis von Bestand der Gesellschaft und Vermögensschutz in den Personengesellschaften.[1031] Wenn die Existenz der Gesellschaft nicht durch rückwirkende Anfechtung der Zeichnungserklärungen (in den Personengesellschaften: Beitrittserklärungen) vernichtet werden soll, darf zum Schutz des Kapitals auch nicht die Rückgewähr der

---

[1027] Dabei stellt das Gericht auf die Natur der Zeichnungserklärung als gesellschaftlichen, rechtspolizeilichen Akt ab, der der Allgemeinheit gegenüber erklärt sei und daher der Anfechtung wegen Irrtum, Drohung oder Betrugs entzogen seien. Dieser Grund gilt heute als überholt, *Carsten Schäfer* Die Lehre vom fehlerhaften Verband, S. 306 ff.

[1028] Ebenso RGZ 88, 271 (272).

[1029] So *Habersack* Die Mitgliedschaft, S. 214.

[1030] BGHZ 156, 46 (51 f.); siehe bereits oben, S. 71 ff.

[1031] Siehe oben, S. 214 f.

ursprünglichen Einlagen gewährt werden. Geschützt werden gleichermaßen rechtliche und wirtschaftliche Grundlage der Gesellschaft.[1032]

Das gleiche Ergebnis, also die vollständige Versagung von Schadensersatz für den Fall, in dem die Aktien originär, also per Zeichnungsvertrag erworben wurden, ergeben sich laut *Henze* auch nach dem heute geltenden Aktiengesetz. Schadensersatzansprüche, die auf Rückgabe der Aktien gegen Erstattung des Ausgabepreises und der mit dem Erwerb verbundenen Kosten gehen, ebenso wie Schadensersatzansprüche, mit denen die Erstattung der Differenz zwischen Ausgabepreis und Weiterveräußerungserlös begehrt wird, stünden im Widerspruch zum Grundsatz des Kapitalaufbringung, dessen Sicherstellung die Vorschrift des § 185 III AktG dient.[1033]

Ein weiterer Beleg für die Funktion der LfG als Instrument des Vermögensschutzes ist die von der ganz h.M. im Bereich der Personengesellschaften befürwortete Haftung des fehlerhaften Gesellschafters für Altverbindlichkeiten.[1034] Bei der Personengesellschaft ergibt sich diese Haftung des nach erfolgter Kündigung ausgeschiedenen Gesellschafters daraus, dass seine Beteiligung aufgrund der fehlerhaften Gesellschaft eben doch voll wirksam gewesen ist. Hieraus kann man durchaus Rückschlüsse auf die Rechtslage in der Aktiengesellschaft ziehen. Eine persönliche Haftung der Aktionäre ist zwar nicht vorgesehen. Aber das Korrelat hierfür ist die Leistung der Einlage. Dann ist aber auch einleuchtend, dass ein Bestandsschutz der AG sich auch auf die ursprüngliche Einlageleistung erstrecken muss. Anders gewendet bedeutete eine Rückgewähr der Einlage an den Anteilseigner das gleiche wie die Entlassung des Personengesellschafters aus der Haftung.

b) Derivativer Erwerb

Nach dem bisher Gesagten ist kein relevanter Unterschied zwischen der Lage in Personengesellschaften und Aktiengesellschaften ersichtlich. Wertungswidersprüche würden evident, wollte man die LfG auf Anfechtungsrechte anwenden, auf Schadensersatzansprüche, die auf denselben tatsächlichen Gründen beruhen, hingegen nicht. Die Ausgangslage ändert sich indes, wenn der zum Schadensersatz berechtigte Aktionär die Wertpapiere per Umsatzgeschäft von einem Dritten erworben hat. In diesen Fällen des derivativen Erwerbs steht dem getäusch-

---

[1032] RGZ 88, 271 (272).
[1033] *Henze* NZG 2005, 115 (118).
[1034] *Wiesner*, S. 150 Fn. 67; *Ulmer* FS Flume II, S. 301 (320).

ten Aktionär mangels vertraglicher Beziehungen zur AG kein Anfechtungsrecht, sondern nur ein Schadensersatzanspruch zu. Dennoch sprechen die besseren Gründe für eine Anwendung der LfG auf Schadenseratzansprüche auch in dieser Situation. Denn entscheidend ist die Zielsetzung der LfG, Bestandsschutz der Gesellschaft und jeder einzelnen Mitgliedschaft zu gewährleisten.[1035] Unabhängig davon, ob der Anleger die Aktien im Wege des originären oder derivativen Erwerbs erlangt hat, wird er vollgültiger Aktionär.[1036] Dann wäre es aber aus gesellschaftsrechtlicher Sicht problematisch, wenn er zunächst Mitgliedschaftsrechte (etwa Verwaltungsrechte)[1037] ausüben könnte, später aber einen Schadensersatzanspruch erhielte, der die Ausübung derartiger Mitgliedschaftsrechte unberührt lässt und nur isoliert die Vermögensposition des Anlegers in den Blick nimmt.

Die Mitgliedschaft ist verbandsbezogen,[1038] Einzelinteressen werden, wo erforderlich, zu einer Zweckgemeinschaft gebündelt.[1039] Mit der Rückerstattung der Einlage an den geschädigten Aktionär verführe man aber in einer Weise, als sei die Einlageleistung Bestandteil eines gegenseitigen, nicht mitgliedschaftlichen Verhältnisses. Deshalb ist es sachgerecht, wie im Falle der Personengesellschaften nicht die vermögensmäßige Beteiligung des Aktionärs isoliert zu betrachten und so aus dem Zusammenhang der in der Mitgliedschaft vereinten Rechtspositionen zu reißen, sondern die Rückabwicklung einheitlich zu versagen und an ihre Stelle ex nunc wirkende Lösungsrechte zu setzen. Dies wird besonders anschaulich, wenn man die Mitgliedschaft rechtsdogmatisch als einheitlichen Gegenstand[1040] betrachtet, so dass gerade die Rückabwicklung einzelner Positionen hieraus rechtfertigungsbedürftig erscheint. Letztlich ist dies aber nicht entscheidend, auch bei der Betrachtung der Mitgliedschaft als Bündel von Rechten[1041] lässt sich der Zusammenhang zwischen diesen Rechten ersehen und es erscheint plausibel, dass die LfG den Zusammenhang schützen will. Deshalb

---

1035 *Carsten Schäfer* Die Lehre vom fehlerhaften Verband, S. 302 ff.

1036 *Carsten Schäfer* NZG 2005, 985 (989).

1037 Verwaltungsrechte beziehen sich darauf, Einfluss auf die Willensbildung der Gesellschaft zu nehmen oder unrechtmäßigen Einflus anderer abzuwehren. Dazu zählen vor allem das Recht, an der Hauptversammlung teilzunehmen, in ihr zu reden, das Auskunftsrecht, das Stimmrecht und das Anfechtungsrecht (§§ 118 I, 131, 134, 245 Nr. 1, 249 AktG), *Raiser/Veil* Kapitalgesellschaften, § 12, Rn. 10 ff.

1038 *Lutter* AcP 180 (1980), 84 (88 f.); *Karsten Schmidt* GesR, § 19 I 3 b) (S. 550): „ein in sich geschlossenes Ganzes".

1039 Vgl. *Müller-Erzbach*, S. 30 ff.; *Lutter* AcP 180 (1980); 84 (89 ff.).

1040 *Lutter* AcP 180 (1980), 84 (99 ff.)

1041 *Hadding* FS Reinhardt, S. 249 (262).

ist auch für den Fall der Schadensersatzansprüche gegen die Aktiengesellschaft, und zwar unabhängig davon, in welcher Weise die Aktien erworben wurden, von einer Anwendung der LfG auszugehen. Wenn in dieser Weise die LfG dem Verband und der Mitgliedschaft im Ganzen Bestandskraft verleiht, schützt sie damit auch das Kapital der Gesellschaft. Sie ist insoweit Kapitalschutzinstrument. Treffend bezeichnet *WIEDEMANN* daher die LfG als „Ableitung aus dem Kapitalerhaltungsgrundsatz".[1042]

Die Stoßrichtung dieses Kapitalschutzes ist freilich nicht deckungsgleich mit dem durch §§ 57, 71 AktG verfolgten Schutz. Denn die LfG zielt darauf, die Vermögensverhältnisse gemäß dem sich in der Vergangenheit verwirklichten Risiko zu belassen,[1043] während §§ 57, 71 AktG auch zukunftsgerichtet einen Haftungsfonds erhalten.

3. Parallele zur fehlerhaften Kapitalerhöhung

Nach neuerer, mittlerweile ganz herrschender Lehre ist die Anwendung der LfG bei der Abwicklung fehlerhafter Kapitalerhöhungen geboten. Leidet der Kapitalerhöhungsbeschluss unter einem Fehler, so kann die Nichtigerklärung des angefochtenen entsprechenden Hauptversammlungsbeschlusses (§ 241 Nr. 5 AktG) nur ex nunc Wirkung entfalten.[1044] Es kommt zu einer Abfindung des Inhabers fehlerhafter Anteile.

Mit der fehlerhaften Kapitalerhöhung im Zusammenhang stehende Schadensersatzforderungen werden von der h.M. wiederum nach den aktiengesetzlichen Vorschriften der Kapitalerhaltung begrenzt.[1045] Dies wird damit begründet, dass immer dann, wenn das Mitgliedsverhältnis rechtswirksam ist, die Regeln der Kapitalerhaltung greifen.

Andererseits wurden hier auch vereinzelt Auswirkungen der LfG auf die Bemessung von Schadensersatzansprüchen angenommen. So hat *ULRICH HUBER* zutreffend darauf hingewiesen, dass Schadensersatzansprüche jedenfalls summenmäßig nicht das Abfindungsguthaben, das als Rechtsfolge der fehlerhaften

---

[1042] *Wiedemann* GesR I, § 10 IV 2 b (S. 561).

[1043] Zu den Rechtsfolgen der auf die AG angewendete LfG siehe unten, S. 232 ff.

[1044] *Zöllner* AG 1993, 68 (75 ff.); *ders.*/Winter ZHR 158 (1994), 59; MünchKommAktG/*Oechsler*, § 237, Rn. 119 m.w.N.

[1045] *Zöllner/Winter* ZHR 158 (1994), 59, 78; *Kort* Bestandsschutz, § 14 III. 3. (S. 199); ebenso für fehlerhafte Kapitalübernahmen *Lutter* FS Röhricht, S. 369 (372).

Gesellschaft höchstens von der Gesellschaft zu zahlen ist, überschreiten dürfe, um eben nicht die Wertungen der fehlerhaften Gesellschaft zu unterwandern.[1046]

Ähnliche Gedanken haben nunmehr auch Eingang ins AktG gefunden. Seit seiner Einführung durch das UMAG[1047] regelt § 246a AktG das sog. Freigabeverfahren. Danach ist es der Aktiengesellschaft möglich, per Eilverfahren die Durchsetzung der Registereintragung bei Kapitalmaßnahmen zu erreichen mit der Folge, dass Mängel des Hauptversammlungsbeschlusses die Wirkung der Eintragung unberührt lassen. Ein danach eingetragener und später nichtig erklärter Beschluss kann auch nicht nach § 144 II FGG rückgängig gemacht werden. In diesen Vorgaben kommt die LfG zum Tragen. Zwar steht dem gegen den Hauptversammlungsbeschluss klagenden Aktionär ein Anspruch auf den Ersatz des Schadens zu, der ihm daraus erwachsen ist, dass der Hauptversammlungsbeschluss wegen der gerichtlichen Feststellung nach § 246a I AktG eingetragen worden ist, § 246a IV 1 AktG. Jedoch kann der Aktionär als Schadensersatz nicht die Beseitigung der Wirkungen der Eintragung verlangen, § 246a IV 2 AktG.[1048] Welche Schadenspositionen im Einzelnen umfasst sind und welchen Beschränkungen der Anspruch unterliegt, ist bisher strittig und nicht geklärt.[1049] Die Vorschrift ist zwar nicht auf die Fälle der Kapitalmarktinformationshaftung übertragbar, denn es geht bei § 246a IV AktG nicht um Schadensersatzleistungen an fehlerhaft beigetretene „Neuaktionäre", sondern an Geschädigte, die bereits Aktionäre waren und die Nichtigkeit des Hauptversammlungsbeschlusses reklamieren.[1050] Doch wird durch diese Regelung deutlich, dass letztlich in der LfG wurzelnde Bestandsschutzerwägungen auch auf die Ausgestaltung von Schadensersatzansprüchen durchschlagen.

III. Kein Entgegenstehen höherrangiger Interessen

Ebenso wie für die Fälle fehlerhafter Beteiligungen an Publikumspersonengesellschaften muss für die Fälle fehlerhafter Beteiligungen an Aktiengesellschaften überprüft werden, ob einer Anwendung der LfG nicht grundsätzlich rechtlich geschützte, höherrangige Interessen entgegenstehen.[1051] Es ist daher zu sondie-

---

1046 *Ulrich Huber* FS Claussen, S. 147 (166).

1047 Gesetz zur Unternehmensintegrität und Modernisierung des Aktienrechts v. 22. 9. 2005, BGBl. I 2005, S. 2802.

1048 Ebenso die parallele Vorschrift des § 16 III 6 Hs. 2 UmwG.

1049 *Hüffer* AktG, § 246, Rn. 6; *Spindler* NZG 2005, 825 (830); *Veil* AG 2005, 567 (572 ff.).

1050 Vgl. den kurzen Hinweis bei *Spindler* NZG 2005, 825 (830, Fn. 92).

1051 Allgemein BGHZ 3, 285 (288); MünchKommBGB/*Ulmer*, § 705, Rn. 332 ff.; *Wiesner*, S. 130 ff., siehe auch oben, S. 131 ff.

ren, welche Ziele und Interessen mit der (modernen) Kapitalmarktinformationshaftung der AG überhaupt verfolgt und geschützt werden. Es stellt sich danach die Frage, wie derartige Interessen herkömmlicherweise im Rahmen der fehlerhaften Gesellschaft berücksichtigt werden. Anschließend soll untersucht werden, ob sich aus einzelnen europarechtlichen oder deutschen Vorschriften zur Kapitalmarktinformationshaftung der AG eine veränderte Interessengewichtung ergibt.

1. Schutzrichtung und Ziele der Kapitalmarktinformationshaftung

Sowohl die europäischen als auch die deutschen Vorgaben zur Kapitalmarktpublizität verfolgen eine doppelte Schutzrichtung, und zwar die Sicherung der Funktionsfähigkeit des Kapitalmarktes und den Anlegerschutz.[1052]

Der europarechtlichen Prospektpublizität liegt der Gedanke zu Grunde, dass der Anleger eine informierte Transaktionsentscheidung fällen können muss. Da er sich die hierzu notwendigen Informationen oftmals wegen zu hoher Transaktionskosten oder zu geringer Nachfragemacht nicht selbst verschaffen kann, soll die Rechtsordnung mittels institutioneller Vorkehrungen gewährleisten, dass er diese Informationen erhält.[1053] Die Gewährleistung dient zum einen dem Schutz des individuellen Anlegers, der somit in die Lage versetzt wird, basierend auf seiner persönlichen Anlagestrategie vernünftige Investitionsentscheidungen zu treffen.[1054] Es wird jedoch ebenso der Schutz der Funktionsfähigkeit des Kapitalmarktes verfolgt.[1055] Hierzu müssen die persönliche Renditeerwartung des Anlegers und das Risiko der Anlage in Einklang gebracht werden. Anderenfalls ist die Folge informationsbedingtes Marktversagen, da Investoren sich vom Markt zurückziehen.[1056] Insoweit gilt die Feststellung von *Hopt*, dass Funktionenschutz und Individualschutz zwei Seiten derselben Medaille sind.[1057] Die doppelte Schutzrichtung von Investorenschutz und Sicherung der Funktionsfä-

---

[1052] *Hopt/Voigt*, S. 12 ff., S. 107 ff.; vgl. bereits oben, S. 21.

[1053] *Hopt/Voigt*, S. 12.

[1054] Vgl. Erwägungsgrund (19) Prospektrichtlinie (RL 2003/71/EG des Europäischen Parlaments und des Rates v. 4. 11. 2003 betreffend den Prospekt, der beim öffentlichen Angebot von Wertpapieren oder bei deren Zulassung zum Handel zu veröffentlichen ist, ABl. 2003 Nr. L 345/64).

[1055] Vgl. Erwägungsgrund (18) Prospektrichtlinie (a.a.O., Fn. 1054).

[1056] *Merkt* Unternehmenspublizität, S. 306; *Hopt/Voigt*, S. 13.

[1057] *Hopt* in Schimansky/Bunte/Lwowski, § 107, Rn. 6; *ders.* ZHR 159 (1995), 139 (159);

higkeit des Kapitalmarktes durch Sicherung der Informationseffizienz liegt auch der deutschen Prospekthaftungsregelung (§§ 44 ff. BörsG) zu Grunde.[1058]

Im Hinblick auf den Funktionenschutz kommt der Haftung für die Verletzung von Kapitalmarktinformationspflichten eine verhaltenssteuernde Wirkung zu. Durch die zu befürchtenden Haftungsfolgen sind die Prospektverantwortlichen gehalten, die erforderlichen Informationen auch tatsächlich zu veröffentlichen.[1059]

Publizitätspflichten mit Bezug zum Handel auf dem Sekundärmarkt haben ganz ähnliche Hintergründe. Auf dem Sekundärmarkt vollzieht sich der Handel mit Wertpapieren, die bereits früher herausgegeben wurden. Seine Aufgabe besteht darin, den Investoren eine Veräußerungsmöglichkeit zu eröffnen, falls sie ihr Kapital anderen Verwendungen zuführen möchten. Umgekehrt sollen investitionsbereite Anleger Erwerbsmöglichkeiten bekommen.[1060] Grundgedanke der sekundärmarkttbezogenen Publizität ist, die Funktionsfähigkeit des Sekundärmarktes sicherzustellen. Dies setzt zunächst eine zutreffende Marktpreisbildung voraus. Denn effiziente Wertpapiermärkte erfordern, dass die Anleger ihre Papiere jederzeit zu Preisen erwerben und veräußern und sich dabei auf die Richtigkeit der jeweiligen Marktpreise verlassen können. Zur richtigen Marktpreisbildung sind jedoch Informationen über die angebotenen Anlagen (Wertpapiere) von entscheidender Bedeutung, weil sich nur durch Informationen zutreffende Risikoeinschätzungen hinsichtlich der Produkte in unterschiedlichen Preisen berücksichtigen lassen. Bei einem Markt ohne Informationen hingegen wären die Investoren gezwungen, Abschläge wegen möglicher (unbekannter) Risiken vorzunehmen, es würde zu Durchschnittspreisen kommen mit der Folge, dass sich Anbieter hochwertiger Produkte vom Markt zurückzögen. Die Folge wäre also ein Marktversagen.[1061] Dass der Funktionenschutz des Kapitalmarktes und gleichzeitig der Anlegerschutz die Grundlage europäischer Publizitätspflichten bilden, verdeutlicht Erwägungsgrund (1) der Transparenzrichtlinie[1062], der dar-

---

1058 Schwark/*Schwark*, § 45 BörsG, Rn. 1.

1059 *Teichmann* in Bachmann/Casper/Carsten Schäfer/Veil, S. 149 (154 f.); *Bachmann* in dies., S. 93 (95 f.); *Horn* FS Ulmer, S. 817 (822 f.); *Merkt* Unternehmenspublizität, S. 480 ff.

1060 *Hopt/Voigt* , S. 107; *Fleischer* Gutachten, F 94.

1061 *Merkt* Unternehmenspublizität, S. 306 ff. m.w.N.

1062 RL 2004/109/EG des Europäischen Parlamentes und des Rates v. 15. 12. 2004 zur Harmonisierung der Transparenzanforderungen in Bezug auf Informationen über Emittenten, deren Wertpapiere zum Handel auf einem geregelten Markt zugelassen sind, und zur Änderung der Richtlinie 2001/34/EG, ABl. 2004 Nr. L 390/38.

auf abstellt, dass „[d]ie rechtzeitige Bekanntgabe zuverlässiger Informationen über Wertpapieremittenten [...] das Vertrauen der Anleger nachhaltig [stärkt] und [...] eine fundierte Beurteilung ihres Geschäftsergebnisses und ihrer Vermögenslage [ermöglicht]. Dies erhöht sowohl den Anlegerschutz als auch die Markteffizienz."

Im deutschen Recht deuten die legislatorischen Erwägungen zur Einführung der Publizität auf dem Sekundärmarkt (§ 15 WpHG) zunächst auf die Sicherung der Funktionsfähigkeit des Kapitalmarktes als ausschließliches Schutzgut hin.[1063] Mit Einführung der §§ 37b, 37c WpHG wird der Anleger jedoch auch unmittelbar geschützt.[1064] Die Gesetzesbegründung zum Transparenzrichtlinienumsetzungsgesetz stellt nunmehr ebenfalls auf die Transparenz zur Sicherung der Marktfunktion und des Anlegerschutzes ab.[1065]

Umstritten ist im Hinblick auf die Sekundärmarktpublizität, ob die entsprechende Haftung nur vor Investitionen (und Desinvestitionen) zu fehlerhaft gebildeten Preisen schützt oder ob die Haftung auch den Schutz der individuellen Dispositionsfreiheit bezweckt. Von der Beantwortung dieser Frage hängt in entscheidendem Maße die Intensität des Anlegerschutzes ab. Sie hat insbesondere Einfluss auf die nachzuweisende Kausalität und den ersatzfähigen Schaden.[1066] Unabhängig davon, wie man sich hier entscheidet, werden jedoch in jedem Fall (auch) Anlegerinteressen geschützt.

Als Fazit kann man somit im Hinblick auf den mit der modernen Kapitalmarktinformationshaftung verfolgten Interessenschutz eine zulässige Verallgemeinerung zu treffen. Unabhängig davon, ob man den Schutz der Funktionsfähigkeit des Kapitalmarktes in den Vordergrund stellt oder den Individualschutz oder ob man (am ehesten zutreffend) beide Ziele als notwendige Korrelate ansieht: Die Kapitalmarktinformationshaftung intendiert jedenfalls den Schutz des Anlegers vor Täuschungen mittels marktbezogener Erklärungen.[1067]

[1063] Beschlussempfehlung und Bericht des Finanzausschusses Zweites Finanzmarktförderungsgesetz, BT-Drs. 12/7918, S. 102; Begr. Viertes Finanzmarktförderungsgesetz, BR-Drucks. 936/01, S. 245; Assmann/Schneider/*Sethe* WpHG, §§ 37b, 37c WpHG, Rn. 9.

[1064] Assmann/Schneider/*Sethe* WpHG, §§ 37b, 37c, Rn. 9, *Horn* FS Ulmer, S. 817 (823).

[1065] BT-Drs. 16/2498, S. 26.

[1066] *Hopt/Voigt*, S. 108; Assmann/Schneider/*Sethe* WpHG, § 37b, 37c, Rn. 70 ff; dazu bereits oben, S. 43 ff.

[1067] Vgl. *Carsten Schäfer* NZG 2005, 985 (989).

2. Traditionelle Bewertung der Interessen

Es ist auch hier auf die durch Zahlung von Schadensersatzansprüchen an einzelne Gesellschafter betroffenen Interessen wie bei der Parallelproblematik fehlerhafter Personengesellschaftsbeteiligungen[1068] einzugehen. Zum einen existiert ein Interesse des individuellen, geschädigten Kapitalanlegers und Aktionärs am Schutz vor Täuschungen mittels marktbezogener Erklärungen. Diesem Interesse wird grundsätzlich durch die jeweiligen Kapitalmarktinformationshaftungstatbetände Rechnung getragen.

Demgegenüber steht das Interesse der Gläubiger und der Mitgesellschafter, dass die Kapitalgrundlage der Gesellschaft möglichst unangetastet bleibt. Die Gläubigerinteressen werden nicht von den Interessen des getäuschten Anlegers verdrängt. Insoweit gelten die gleichen Feststellungen, die bereits bei der durch Wertungen zu lösenden Frage des Verhältnisses der aktienrechtlichen Kapitalerhaltung zur Kapitalmarktinformationshaftung getroffen worden sind.[1069] Entscheidend ist hierbei der Gedanke, dass Eigenkapitalgeber den Risiken grundsätzlich näher stehen als Fremdgläubiger.

Die Interessen der Mitgesellschafter würden durch die uneingeschränkte Befriedigung von Schadensersatzansprüchen betroffen, indem die jeweilige eigene Beteiligung bei Auszehrung des Gesellschaftskapitals im Wert sinkt[1070] und die Liquidität der Gesellschaft sogar bis hin zur Existenzbeeinträchtigung angegriffen werden könnte.[1071] Im Personengesellschaftsrecht wird das Bestandsschutzinteresse der Mitgesellschafter des einzelnen getäuschten Gesellschafters im Rahmen der fehlerhaften Gesellschaft als grundsätzlich schutzwürdig betrachtet, nur die persönlich Täuschenden sollen im Ergebnis keinen Schutz genießen.[1072]

Auch in der Diskussion um die Frage der Haftung von Aktiengesellschaften wurde in der Literatur vielfach auf das grundsätzliche Interesse der Gesamtheit der Aktionäre am Schutz der Kapitalgrundlage ihrer Gesellschaft hingewiesen,[1073] im Gegensatz zur Lösung bei Personengesellschaften soll nach herr-

---

1068 Dazu oben, S. 135 ff.

1069 Ausführlich oben, S. 177 ff.

1070 *Merkt/Göthel* RIW 2003, 23 (31).

1071 Assmann/Schneider/*Sethe* WpHG, §§ 37b, 37c, Rn. 24; *Horn* FS Ulmer, S. 817 (827); *Hutter/Leppert* NZG 2002, 649 (654).

1072 BGHZ 26, 330 (335 ff.); BGHZ 55, 5 (9 f.); BGHZ 63, 338 (347 f.); BGHZ 148, 201 (207).

1073 *Hopt/Voigt*, S. 115 f.; *Ekkenga* ZIP 2004, 781 (792); *Merkt/Göthel* RIW 2003, 23 (31); *Horn* FS Ulmer, S. 817 (827); *Hutter/Leppert* NZG 2002, 649 (654).

schender Meinung jedoch dem Anlegerinteresse der Vorrang einzuräumen sein.[1074] Dass die Interessen der Mitgesellschafter im Rahmen der aktienrechtlichen Kapitalerhaltung die Interessen des getäuschten Aktionärs in der Tat nicht überwiegen, weil einem solchen Überwiegen das aktienrechtliche Gleichbehandlungsgebot (§ 53a AktG) entgegen steht, ist bereits aufgezeigt worden.[1075]

Zu einem anderen Ergebnis gelangt man indes möglicherweise, wenn man das Bestandsschutzinteresse der Mitgesellschafter in einer AG ähnlich wie bei Personengesellschaften unter dem Aspekt der LfG beurteilt. Dann muss man die Feststellung treffen, dass die Lage der Mitaktionäre eines durch fehlerhafte Kapitalmarktinformationen geschädigten Anlegers mit der Lage der Mitgesellschafter eines arglistig getäuschten Personengesellschafters vergleichbar ist. Auch für die Gruppe der selbst nicht getäuschten Aktionäre muss berücksichtigt werden, dass die Täuschung nicht ihnen persönlich anzulasten ist.[1076] Sie sind an der schädigenden Handlung nicht beteiligt.

Zwar kann man die Frage stellen, ob dieses Interesse nicht zurückstehen muss, da den Mitgesellschaftern die Täuschung letztlich eben doch (mittelbar) zuzurechnen ist, indem die Vorstandstäuschung gem. § 31 BGB dem Verband zugerechnet wird und sie mit ihren Einlagen eben dafür haften.[1077] Der Hinweis auf die Zurechnung mutet jedoch bei näherer Betrachtung einigermaßen willkürlich an. Denn bei Publikumspersonengesellschaften wird die Zurechnung schädigenden Verhaltens von der h.M. versagt, um die Mitgesellschafter zu schützen und um zu einer Auseinandersetzung nach den Regeln der LfG zu gelangen. Danach hängt die Zurechnung also von typisch verbandsrechtlichen Wertungen ab.[1078] In gleicher Weise gab es auch im Kapitalgesellschaftsrecht Tendenzen, schädigendes Verhalten nicht dem Verband zuzurechnen, weil ansonsten die Interessen von Gläubigern und Mitgesellschaftern in Mitleidenschaft gezogen würden.[1079] Hier hat sich aber mittlerweile die richtige Auffassung durchgesetzt, eine Zurechnung zunächst vorzunehmen und im Folgenden den verbandrechtlichen Instituten (Kapitalerhaltung und LfG) die erforderliche Beachtung zu

[1074] Allgemein oben, S. 24 ff.

[1075] Siehe oben, S. 177 ff.

[1076] Zur parallelen Feststellung bei Personengesellschaften siehe oben, S. 137 ff. (bei Fn. 652).

[1077] Vgl. *Bachmann* in Bachmann/Casper/Carsten Schäfer/Veil, S. 93 (137).

[1078] Vgl. BGHZ 156, 46 (51 unten, 52 oben); siehe zur Kritik an der h.M. ausführlich oben, S. 74 ff.

[1079] Siehe oben, S. 49.

schenken.[1080] Dies hat den Vorteil, dass die rechtlichen Probleme unter den auf sie zugeschnittenen Instituten behandelt werden. Die Frage, wie das Spannungsverhältnis zwischen dem Schutz einzelner getäuschter Mitglieder auf der einen und Mitgesellschaftern und Gläubigern auf der anderen Seite zu lösen ist, hängt von Wertungen ab, die der LfG und der Kapitalerhaltung zu Grunde liegen. Will man sie auf der Ebene der Zurechnung lösen, begibt man sich hingegen in die Gefahr, dass diese Wertungen verschleiert werden und man im Grunde für gleichgelagerte Probleme zu nicht gerechtfertigten Lösungen gelangt. Daraus ergibt sich aber, dass die Zurechnung auch im Kapitalgesellschaftsrecht nicht angeführt werden kann, um die Interessen der nicht täuschenden Mitgesellschafter im Rahmen der durch die LfG vorgegebenen Abwägung unberücksichtigt zu lassen.[1081]

Bisweilen wird zu Lasten der nicht täuschenden Mitgesellschafter angeführt, sie hätten schließlich Einfluss auf die Bestellung ihrer Organe.[1082] Jedoch wird dabei (stillschwiegend) von der Konstellation ausgegangen, in der nur frühere nicht getäuschte Mitglieder und solche vorhanden sind, die erst durch die Täuschung Mitglieder werden. Indes können auch Gesellschafter Schadensersatz verlangen, die zum Zeitpunkt der Schädigung bereits Mitglieder waren.[1083] Sie müssten nach dieser Logik zumindest gegenüber Fremdgläubigern und getäuschten Gesellschaftern zurückstehen. Des Weiteren werden durch die Schadensabwicklung in vielen Fällen Mitgesellschafter in ihrem Bestandsschutzinteresse getroffen, die erst nach der Täuschung Mitglieder geworden sind und somit auch keinen Einfluss auf die Bestellung der Organe hatten. Eine entsprechende Differenzierung ist schwerlich möglich, sie ist auch im Gesetz nicht angelegt und wird bisher von niemandem gefordert. Es zeigt sich jedoch einmal mehr, dass das Anliegen der LfG, die Verhältnisse für die Vergangenheit unberührt zu lassen, sinnvoll ist.

Man mag die bisher dargestellten Interessen der Mitgesellschafter als allenfalls nachvollziehbar, aber nicht rechtlich schützenswert einstufen. Dann ist aber letztlich von entscheidendem Gewicht, dass auch den Mitgesellschaftern ein Be-

---

1080 Ausführlich *Habersack* Die Mitgliedschaft, S. 209 ff.; siehe bereits oben S. 49 ff.

1081 Vgl. oben, S. 49 ff.

1082 *Bachmann* in Bachmann/Casper/Carsten Schäfer/Veil, S. 93 (138); *Fleischer* Gutachten, F 99.

1083 Aus schadensrechtlicher Sicht sind dies die Fälle der Anleger, die die Wertpapiere wegen der Fehlinformatiion „zu billig“ verkauft haben, §§ 37b I Nr. 2; 37c I Nr. 2 WpHG, siehe nur Assmann/Schneider/*Sethe* WpHG, §§ 37b, 37c, Rn. 51 u. 57.

standsschutzinteresse an der eingegangenen Gesellschaft als Leistungs- und Risikogemeinschaft[1084] zuzugestehen ist, das aber nur effektiv ist, wenn auch dem Vermögen dieser Gemeinschaft Schutz zukommt.

Bei der Abwägung der betroffenen Interessen ist wiederum zu bedenken, dass die Interessen des geschädigten Gesellschafters durch Anwendung der LfG nicht gar keine Berücksichtigung finden würden, sondern im Ergebnis ein Ausgleich angestrebt wird, indem für die Zukunft nur die fehlerfreien Gesellschafter das Risiko tragen, während den fehlerhaft beigetretenen Gesellschaftern gegen Erstattung des aktuellen Beteiligungswertes der sofortige Austritt ermöglicht werden muss.[1085]

Es ergibt sich also, dass der Anwendung der fehlerhaften Gesellschaft im Falle der Kapitalmarktinformationshaftung der Aktiengesellschaft bei einer verallgemeinernden Betrachtung keine höherrangigen Interessen entgegen stehen. Dies sollte auch nicht verwundern, wenn man einen Vergleich zu den Fällen (aus der Praxis der Personengesellschaften) anstellt, in denen eine ebensolche Abwägung zwischen den Interessen des arglistig Getäuschten und damit kollidieren Verkehrs- und Bestandsschutzinteressen vorgenommen wird.[1086] Letztere müssen nach ganz anerkannter Ansicht nicht zurücktreten, der Anleger wird vielmehr für die Vergangenheit an der ihm zurechenbaren Willenserklärung zur Beteiligung an einer nicht rückabwickelbaren Risikogemeinschaft festgehalten. Für den Fall, dass der Anleger nun speziell durch marktbezogene Erklärungen getäuscht worden ist, sollte deshalb im Grundsatz nichts anderes gelten, die Interessenlage ist vielmehr die gleiche.[1087]

3. Veränderte Interessenbewertung durch moderne gesetzliche Vorgaben

Allerdings werden in der herkömmlichen Lösung des Konflikts zwischen den Interessen des Getäuschten auf der einen, Verkehrs- und Bestandsschutzinteressen auf der anderen Seite Wertungen getroffen, die auch anders ausfallen können.[1088] Möglicherweise liegt einzelnen Tatbeständen der modernen Kapital-

---

1084 BGHZ 55, 5 (9).

1085 Zu den Rechtsfolgen siehe abermals unten, S. 232 ff.

1086 Hierzu siehe oben, S. 131 ff.

1087 *Carsten Schäfer* NZG 2005, 885 (989).

1088 *Bachmann* in Bachmann/Casper/Carsten Schäfer/Veil, S. 93 (138); *Ekkenga* ZIP 2004, 781 (792).

marktinformationshaftung eine solche veränderte Wertung zu Grunde. Die Vorgaben sind im Folgenden daraufhin zu untersuchen.

a) Europäische Vorgaben

Wie bereits in der parallelen Diskussion um das Verhältnis der Kapitalmarktinformationshaftung zur aktienrechtlichen Kapitalerhaltung gesehen, lassen sich den europarechtlichen Regelungen zur Kapitalmarktinformationshaftung nur sehr begrenzt Vorgaben zur Gewichtung von Anlegerinteressen und Markteffizienz auf der einen, Verkehrs- und Bestandsschutz von Gesellschaften auf der anderen Seite entnehmen.[1089] Im Bereich der Insiderpublizität muss eine Haftung der Gesellschaft jedenfalls nicht dem Verkehrs- und Bestandsschutz vorgehen. Denn die Marktmissbrauchsrichtlinie[1090] enthält gar keine Vorgaben zur Haftung.[1091] Die Transparenzrichtlinie[1092] als Grundlage für die im deutschen Recht bisher nicht eigens geregelte Regelpublizität[1093] überlässt den Umfang der Haftung den Mitgliedstaaten.[1094] Weil somit auch die Haftung etwa der verantwortlichen Organe, gegebenenfalls neben der Aktiengesellschaft, möglich ist, kann man auch hier nicht von einer zwingend höheren Gewichtung von Anlegerinteressen gegenüber Verkehrs- und Bestandsschutzinteressen ausgehen.[1095] Lediglich die Vorgaben des Art. 6 Prospektrichtlinie[1096] lassen sich so verstehen, dass mit der im deutschen Recht vorgenommenen Zuweisung der Prospektverantwortlichkeit an die emittierende AG auch deren Haftung einhergehen muss.[1097] Damit bestehen indes keine Vorgaben zur konkreten Ausgestaltung einer solchen Haftung. Gegen eine grundsätzliche Einschränkung der Haftung aus gesell-

---

[1089] Siehe oben, S. 190 ff.

[1090] RL 2003/6/EG des Europäischen Parlamentes und des Rates v. 28. 1. 2003 über Insidergeschäfte und Marktmanipulation (Marktmißbrauch), ABl. 2003 Nr. L 96/16.

[1091] Assmann/Schneider/*Sethe* WpHG, §§ 37b, 37c, Rn. 32; *Veil* FS Priester, S. 799 (809); *ders.* ZBB 2006, 162 (165); siehe bereits oben, S. 37 ff.

[1092] RL 2004/109/EG des Europäischen Parlamentes und des Rates v. 15. 12. 2004 zur Hamonisierung der Transparenzanforderungen in Bezug auf Informationen über Emittenten, deren Wertpapiere zum Handel auf einem geregelten Markt zugelassen sind, und zur Änderung der Richtlinie 2001/34/EG, ABl. 2004 Nr. L 390/38.

[1093] Dazu oben, S. 51 ff.

[1094] Erwägungsgrund (17).

[1095] Vgl. bereits oben, S. 190 ff.

[1096] RL 2003/71/EG des Europäischen Parlaments und des Rates v. 4. 11. 2003 betreffend den Prospekt, der beim öffentlichen Angebot von Wertpapieren oder bei deren Zulassung zum Handel zu veröffentlichen ist, ABl. 2003 Nr. L 345/64.

[1097] Siehe bereits oben, S. 190 ff.

schaftsrechtlichen Erwägungen bestehen daher keine Einwände.[1098] Zur Wahrung der Effizienz der europäischen Vorgaben (Art. 10 II EG)[1099] dürften die Prospekthaftungsansprüche jedoch nicht so stark gekürzt werden, dass praktisch keine Haftung mehr stattfindet.[1100]

b) Deutsche Vorgaben

Es verbleibt die Frage, ob sich nicht aus den deutschen Tatbeständen der Kapitalmarktinformationshaftung ergibt, dass eine Haftung des Emittenten stattzufinden hat, die es nicht erlaubt, der aus organisationsrechtlicher Perspektive ebenfalls gebotenen Berücksichtigung der betroffenen Interessen nachzukommen. Hierbei muss man feststellen, dass sich § 44 BörsG mit der angeordneten Emittentenhaftung in der Form, dass die Übernahme der Wertpapiere gegen Erstattung des Erwerbspreises vorzunehmen ist, nach dem eindeutigen Wortlaut schwerlich mit einer Kürzung des Anspruchs durch die Vorgaben der LfG verträgt. Insoweit lässt sich also die Wertung des Gesetzgebers so verstehen, dass das Interesse des durch den Verkaufsprospekt Geschädigten den übrigen betroffenen Interessen vorgehen soll.

Weniger eindeutig ist der Fall der §§ 37b, 37c WpHG. Hier wird bestimmt, dass der Emittent den Schaden zu ersetzen hat. Dies ist eine Vorgabe, die einer Berücksichtigung der Interessen, wie es die LfG bisher für die Fälle arglistiger Täuschungen vorsieht, grundsätzlich Raum geben. Freilich darf die angeordnete Haftung aber auch nicht faktisch leerlaufen, denn damit würde man der Intention des Gesetzgebers widersprechen. Darauf wird zurückzukommen sein, nachdem das Ergebnis der Anwendung der LfG auf den Fall des fehlerhaft beteiligten Aktionärs geklärt ist. Erst dann lassen sich die vom Gesetzgeber angeordnete Rechtsfolge der §§ 37b, 37c WpHG und die LfG miteinander in Einklang bringen, sei es, indem die mittels der LfG erreichte Lösung gilt, sei es indem die LfG in toto unangewendet bleiben muss, sei es im Wege einer vermittelnden Lösung.[1101]

Für die Tatbestände des allgemeinen Deliktsrechts muss hingegen im Grundsatz gelten, was nach bisher anerkannten Maßstäben auch sonst im Hinblick auf

---

[1098] Siehe bereits oben, S. 190 ff.

[1099] EuGH v. 9. 3. 1978, Rs. 106/77 („Simmenthal"), Slg. 1978, 629 (Tz. 21/23); Callies/Ruffert/*Kahl*, Art. 10 EGV, Rn. 31.

[1100] Diese Gefahr besteht bei der deutschen Umsetzung in der Form der §§ 44 f. BörsG nicht, dazu sogleich.

[1101] Dazu unten, S. 265 ff.

die Gewichtung der Interessen bei Rückzahlungen aufgrund arglistiger Täuschung gilt. Insoweit ist daran festzuhalten, dass sich der fehlerhaft Beteiligte an der ihm zurechenbaren Willenserklärung, die auf den Beitritt zur Gesellschaft als Leistungs- und Risikogemeinschaft gerichtet ist, für die Vergangenheit festhalten lassen muss. Denn auch bei Fehlinformationen des Kapitalmarkts, sei es ein fehlerhafter Prospekt für den Primärmarkt, seien es fehlerhafte Ad-hoc-Mitteilungen oder fehlerhafte Regelveröffentlichungen, handelt es sich jeweils um Anlegertäuschungen mittels marktbezogener Erklärungen.[1102] Eine Korrektur wird jedoch möglicherweise auch hier vorzunehmen sein, um am Ende nicht den Wertungen der spezialgesetzlichen Tatbestände zu widersprechen. Insoweit ist wiederum das Ergebnis abzuwarten, wie die Vorgaben der LfG und die Rechtsfolgen der spezialgesetzlichen Kapitalmarktinformationshaftung in Einklang gebracht werden können.[1103]

IV. Zusammenfassung

Die LfG lässt sich als Instrument begreifen, das die Gesellschaft und jede Mitgliedschaft umfassend für die Vergangenheit schützt. Es wird aber nicht nur der rechtsformale Bestand, sondern auch das Vermögen als ein Einzelaspekt der Mitgliedschaftsposition geschützt. Die Kapitalmarktinformationshaftung knüpft demgegenüber vergangenheitsbezogen an Umstände an, die im Zusammenhang mit dem Erwerb der Beteiligung stehen. Sie greift daraufhin in die Vermögensverhältnisse der Gesellschaft ein, während andere mitgliedschaftliche Aspekte (etwa das Stimmrecht) unangetastet bleiben. Damit steht sie dem mit der LfG verfolgten umfassenden Bestandsschutzgedanken entgegen. Deshalb liegt aus der Perspektive der LfG bei Vorliegen eines Kapitalmarktinformationshaftungsanspruchs gegen die Aktiengesellschaft gleichzeitig tatbestandlich ein Fehler im Gesellschaftsverhältnis vor.

Der Anwendung der LfG auf Schadensersatzansprüche wegen des Erwerbs von Aktien stehen grundsätzlich keine höherrangigen Interessen entgegen. Vielmehr sind die Interessen ähnlich zu gewichten wie in den bisherigen Fällen, in denen bei einer Abwägung der Individualinteressen arglistig Getäuschter und den Verkehrs- und Bestandsschutzinteressen der Gesellschaft sich letztere am Ende zu einem guten Teil durchsetzen, indem die Vergangenheit in der Abwicklung ungetastet bleibt und nur die Zukunft gesondert gestaltet werden kann. An-

[1102] *Carsten Schäfer* ZHR 170 (2006), 373 (379).
[1103] Siehe unten, S. 269 ff.

dererseits sind mit der Einführung spezieller kapitalmarktrechtlicher Tatbestände sowohl im Europarecht als auch im nationalen Recht spezifische Vorgaben gesetzt, die nicht mit der grundsätzlich anwendbaren, richterrechtlich entwickelten LfG übergangen werden dürfen. Ob diese Vorgaben mit der Anwendung der fehlerhaften Gesellschaft die notwendige Beachtung finden, kann erst geklärt werden, wenn die Folgen der Anwendung, die bei Aktiengesellschaften erst noch zu klären ist, offen liegen. Dies soll daher im nächsten Schritt geschehen.

§ 13 Rechtsfolgen der LfG bei der Kapitalmarktinformationshaftung

Die Rechtsfolgen der LfG sind an den zugrunde liegenden Wertungen zu orientieren. Der Mitgliedschaft und der Gesellschaft kommt für die Vergangenheit bis zur Gegenwart umfassender, d.h. auch vermögensmäßiger Bestandsschutz zu. Deshalb partizipiert der fehlerhaft Beteiligte am Risiko der Gesellschaft. Für die Zukunft allerdings muss er sich lösen können. Dies wird in den Personengesellschaften erreicht, indem man dem fehlerhaft Beteiligten ein Kündigungsrecht (Lösungsmöglichkeit für die Zukunft) und einen Abfindungsanspruch, der dem aktuellen Guthaben seiner Beteiligung entspricht (Risikoteilnahme bis zur Lösung) zugesteht. Zu erörtern ist, wie man diese Vorgaben im Falle der durch Kapitalmarktinformationen geschädigten Aktionäre umsetzen kann.

I. Lösung für die Zukunft durch Austritt

Will man dem Aktionär die Möglichkeit zugestehen, sich für die Zukunft von der Anlagegesellschaft zu lösen, so ist ihm möglicherweise ein Austrittsrecht zuzugestehen. Austritt bezeichnet das Recht zum freiwilligen Ausscheiden aus einer Gesellschaft.[1104] Es stellt sich die Frage, ob ein derartiges Austrittsrecht überhaupt mit dem geltenden Aktienrecht vereinbar ist und wie der Austritt gegebenenfalls durchgeführt werden könnte.

Allerdings kommt ein Austritt begriffsnotwendig nur dann in Betracht, wenn der Schadensersatzberechtigte noch Mitglied der Aktiengesellschaft ist.

1. Austrittsrecht im Aktienrecht

Zunächst scheint das Aktiengesetz allerdings kein allgemeines Austrittsrecht zu kennen. Es wird angemerkt, ein Austritt sei schwer mit den Vorschriften über die Vermögenssicherung zu vereinbaren.[1105] Außerdem bestehe infolge der Verbriefung ohnehin eine aufwandsminimale Möglichkeit der Veräußerung der gesellschaftlichen Beteiligung.[1106] Die Übertragungsmöglichkeit der Mitgliedschaft begreift man als Substitutsinstitut des Austrittsrechts.[1107] So hat nach *WIEDEMANN* „[d]ie Fungibilität der Gesellschaftsanteile [...] den Vorteil, daß sich der Vorgang des Gesellschafterwechsels ganz *außerhalb der Gemeinschafts-*

[1104] Das Gegenstück hierzu ist der Ausschluss, also unfreiwilliges Ausscheiden, *Grunewald* FS Claussen, S. 103.

[1105] *Raiser/Veil* Kapitalgesellschaften, § 12, Rn. 62.

[1106] *Raiser/Veil* Kapitalgesellschaften, § 12, Rn. 62; *Wiedemann* GesR I, § 7 IV 2 b (S. 400).

[1107] *Wiedemann* GesR I, § 7 IV 2 b (S. 400).

sphäre abspielt: mit der Zahlung des Kaufpreises übernimmt der Nachfolger gleichzeitig die Abfindung des bisherigen Teilhabers und die Entrichtung seiner eigenen Einlage. Das Eigenkapital des Gesellschaftsunternehmens bleibt von dem Vorgang unberührt."[1108]

Andererseits sieht das Gesetz in bestimmten Fällen eine Austrittsmöglichkeit aus der Aktiengesellschaft vor.[1109] So muss außenstehenden Aktionären bei Abschluss eines Beherrschungs- oder Gewinnabführungsvertrages die Möglichkeit gegeben werden, gegen Abfindung und durch Rückgabe der Aktien an das herrschende Unternehmen aus der (beherrschten) Aktiengesellschaft auszuscheiden, § 305 AktG. Des Weiteren kann ein Aktionär im Falle einer Mischverschmelzung (d.h. bei Verschmelzung eines Rechtsträgers auf einen Rechtsträger anderer Rechtsform) seinen Austritt aus der aufnehmenden Gesellschaft erklären, § 29 I 1 UmwG. Das gleiche gilt für den Fall, dass bei einer Verschmelzung von Rechträgern gleicher Rechtsform die Anteile an dem übernehmenden Rechtsträger Verfügungsbeschränkungen unterworfen sind, § 29 I 2 UmwG. Die Vorschrift des § 29 UmwG gilt ferner auch im Falle der Spaltung entsprechend, § 125 UmwG. Auch ein Rechtsträger, der seine Rechtsform gewechselt hat, muss den Erwerb der umgewandelten Anteile gegen eine Barabfindung anbieten; für den Aktionär besteht also auch hier ein Austrittsrecht, vgl. § 207 UmwG.[1110]

Doch auch über die geregelten Fälle hinaus soll ein Recht zum Austritt aus der AG bestehen. Neben der analogen Anwendung der geschriebenen Regeln auf weitere Einzelfälle[1111] wird vereinzelt ein allgemeines Austrittsrecht diskutiert.[1112] Ein handhabbarer Tatbestand hat sich jedoch noch nicht herausgebildet. Auch fehlt es an Rechtsprechung zu einem solchen Recht zum Austritt aus der Aktiengesellschaft. Die Befürworter verlangen jedenfalls das Vorliegen eines wichtigen Grundes,[1113] das Austrittsrecht soll einen äußersten Rechtsbehelf dar

---

1108 *Wiedemann* GesR I, § 7 IV 2 b (S. 400).

1109 *Grunewald* FS Claussen, S. 103.

1110 Daneben gibt es eine Reihe von Regelungen, die einen Ausschluss bestimmter Aktionäre vorsehen, so § 64 AktG (Kaduzierungsverfahren), § 237 AktG (Zwangseinziehung zwecks Kapitalherabsetzung), §§ 327a ff AktG (Squeeze-Out), §§ 39a, 39b WpÜG (Ausschluss bei Übernahmen).

1111 Hierzu *Grunewald* FS Claussen, S. 103 (109 ff.).

1112 *Grunewald* FS Claussen, S. 103 (111); *Raiser/Veil* Kapitalgesellschaften, § 12 VII, R. 62; *Wiedemann* GesR I, § 7 IV 2 b (S. 401).

1113 *Raiser/Veil* Kapitalgesellschaften, § 12, Rn. 62; *Grunewald* FS Claussen, S. 103 (111); *Wiedemann* GesR I, § 7 IV 2 b (S. 401).

stellen, für den der Kapitalgesellschafter eine auf eine andere Weise nicht zu behebende Notsituation nachweisen müsse.[1114] Die gesetzlich geregelten Fälle der an Aktionäre zu leistenden Abfindungen sind dann systematisch als Unterfälle dieses allgemeinen Austrittsrechts zu verstehen, bei denen der wichtige Grund jeweils durch den Gesetzgeber typisiert ist.[1115]

Will man methodisch induktiv von den bereits typisierten Fällen auf ein allgemeines Austrittsrecht schließen, so liegt es nahe, einen wichtigen Grund dann anzunehmen, wenn es um eine Veränderung der Verhältnisse der Gesellschaft geht, denn die bisherigen Regelungen zu Abfindungsleistungen betreffen jeweils Strukturänderungen in der Gesellschaft.[1116] *GRUNEWALD* hat sich jedoch im Allgemeinen für ein Austrittsrecht von Aktionären ausgesprochen, auch wenn ein wichtiger Grund in der Person des Gesellschafters liege und als Parallele das Austrittsrecht der Gesellschafter bei Publikumspersonengesellschaften nach arglistiger Täuschung genannt.[1117] Damit liegt ein Ansatzpunkt für eine gleichmäßige, rechtsformunabhängige Beachtung gesellschaftsrechtlich geschützter Bestands- und Verkehrsschutzinteressen bei der Entschädigung durch fehlerhafte Informationen geschädigter Anleger-Gesellschafter vor.

Eine breitere Diskussion derartiger Erwägungen hat bisher nicht stattgefunden, doch findet sich der Gedanke, dem Aktionär im Falle von wichtigen Gründen, die in seiner Person liegen, ein Austrittsrecht zu gewähren, in der Erörterung spezieller Problemfälle durchaus. In dieser Richtung ist auf einen jüngeren Beitrag *LUTTERS*[1118] zu verweisen, in dem dieser die Anwendung der Lehre von der fehlerhaften Gesellschaft mit der Folge eines Ex-nunc-Lösungsrechts und einer damit verbundenen Abfindungszahlung auf den Fall der fehlerhaften Kapitalübernahme diskutiert. Auch hierbei handelt es sich um einen Fall, bei dem keine organisatorischen Mängel, sondern Willensmängel der zukünftigen Gesellschafter bei ihren Beitrittserklärungen vorliegen.[1119]

1114 *Wiedemann* GesR I, § 7 IV 2 b (S. 401).

1115 *Wiedemann* GesR I, § 7 IV 2 b (S. 401).

1116 GroßKommAktG/*Wiedemann*, § 179, Rn. 180: Analoge Anwendung der gesetzlich geregelten Abfindungsvorschriften bei der Situation der Übertragung des gesamten Vermögens der Gesellschaft und (allgemeiner), wenn der Eingriff in Mitgliedschaftsrechte im Interesse der Gesellschaft oder ihrer Mehrheit zwar unumgänglich, für die überstimmten Gesellschafter aber nur mit Rücksicht auf ein dafür eingeräumtes Austritts- und Abfindungsrecht zumutbar erscheine.

1117 *Grunewald* FS Claussen, S. 103 (112); *dies.* FS Boujong, S. 175 (199 f.).

1118 *Lutter* FS Röhricht, S. 369 ff.

1119 *Lutter* FS Röhricht, S. 369 (371).

Demnach kann aber auch die per Kapitalmarktinformationshaftungsrecht eingeräumte Möglichkeit der Rückabwicklung der Aktien bei der Aktiengesellschaft[1120] als die gesetzlich eingeräumte Möglichkeit zum Austritt verstanden werden, denn durch Rückgabe scheidet der Anleger schlicht aus seiner Gesellschaft aus. Aus dem Blickwinkel des Gesellschaftsrechts liegt in der Täuschung mittels fehlerhafter Kapitalmarktinformationen ein typisierter wichtiger Grund in der Person des Gesellschafters, die ihm ein Verbleiben in der Gesellschaft als nicht zumutbar erscheinen lassen.

Doch muss man sich vor Augen halten, dass auch im Falle eines dem Aktionär eingeräumten Austrittsrechts, handele es sich dabei um einen der gesetzlich geregelten Fälle oder um ein im Wege der Rechtsfortbildung entwickeltes allgemeines Institut, der Konflikt mit den Regeln der Kapitalerhaltung aufzulösen ist.[1121] Die Schaffung eines Austrittsrechts in der AG kann nämlich nicht darüber hinwegtäuschen, dass eine solche Möglichkeit im System des geltenden Aktienrechts einen Fremdkörper darstellt. Denn dadurch wird das eigentlich im Aktienrecht angelegte System des ‚Austritts nur durch Anteilsveräußerung zwecks Kapitalsicherung‘[1122] unterlaufen. Um den Austritt aus der Aktiengesellschaft im Hinblick auf diesen Konflikt handhabbar zu machen, hat *Grunewald* das Verfahren der Einziehung gem. § 237 AktG vorgeschlagen.[1123] Weitere Vorschläge der Ausgestaltung eines ex nunc wirkenden Lösungsrechts finden sich in der Diskussion um die Rückabwicklung fehlerhafter Kapitalerhöhungen und fehlerhafter Kapitalübernahmen.[1124] Dem soll im Folgenden genauer nachgegangen werden.

Vorweg ist aber eine Leitidee zu formulieren, die in der konkreten Ausgestaltung von Lösungsrecht und Abfindungszahlung berücksichtigt werden soll. Ihr liegt die Überlegung zugrunde, dass die Interessen des geschädigten Anlegers mit den Interessen der von einer Schadensabwicklung betroffenen anderen Personen miteinander in Ausgleich zu bringen sind. So ist einerseits zu berücksichtigen, dass gesellschaftsrechtliche Grundsätze, die Schutz der Interessen von Gläubigern und Mitgesellschaftern dienen, einer Ex-tunc-Rückabwicklung zwar grundsätzlich entgegenstehen. Im Gegenzug dürfen aber die vom Gesetz als re-

---

1120 So jedenfalls nach anerkannter Ansicht die Rechtsfolgen der §§ 44 f BörsG; § 12 WpÜG und § 826 BGB i.V.m. § 31 BGB analog.

1121 *Grunewald* FS Claussen, S. 103 (112); hierzu ausführlicher unten, S. 245 ff.

1122 Vgl. *Wiedemann* GesR I, § 7 IV 2 b (S. 400).

1123 *Grunewald* FS Claussen, S. 103 (113 f.).

1124 *Lutter* FS Röhricht, S. 369 ff.

levant erachteten Mängel nicht einfach missachtet werden. Durch die LfG werden die kapitalmarktrechtlichen Schadensersatzansprüche auf gesellschaftsrechtlicher Ebene deshalb in ein ex nunc wirkendes Lösungsrecht, verbunden mit einem Abfindungsanspruch, modifiziert. Diese Rechte enthalten somit nunmehr ein mitgliedschaftlich vermitteltes Interesse. In Bezug auf mitgliedschaftlich vermittelte Interessen besteht aber eine Treupflicht, aus der die Gesellschaft[1125] und die Mitaktionäre[1126] zur Rücksichtnahme verpflichtet sind.[1127] Die Gesellschaft ist deshalb im Verhältnis zum einzelnen geschädigten Aktionär gehalten, an einer Lösung unter Beachtung der gesellschaftsrechtlichen Regeln mitzuwirken. Es ist darin eine spezielle Ausprägung des allgemeinen Prinzips der Treuepflicht zwischen der Gesellschaft und ihrem Mitglied zu sehen.[1128]

2. Durchführung des Austritts: Einziehung gem. § 237 AktG

§ 237 AktG regelt die Kapitalherabsetzung durch Einziehung von Aktien. Einziehung bedeutet die Vernichtung von Mitgliedschaftsrechten in ihrem Bestand.[1129] Sie ist eine Form der Kapitalherabsetzung.[1130] § 237 AktG regelt zwei Arten der Einziehung, nämlich die Zwangseinziehung (Abs. 1 S. 1 Alt. 1) und die Einziehung nach Erwerb durch die Gesellschaft (Abs. 1 S. 1 Alt. 2). Ein Fall der Zwangseinziehung liegt immer vor, wenn die Aktien nicht der Gesellschaft gehören.

Die Einziehung von Aktien verlangt wie die Kapitalherabsetzung im Allgemeinen eine Abstimmung mit den Regeln zur Kapitalerhaltung, weil durch die Zahlung eines Einziehungsentgelts an den Inhaber der zu vernichtenden Anteile geschützte Interessen am Erhalt des Gesellschaftsvermögens tangiert sein könnten. Weniger tangiert sind derartige Interessen, wenn das Einziehungsentgelt aus freiem Vermögen geleistet werden kann und zusätzlich die Bildung einer Rücklage, die dem Wert der eingezogenen Aktien entspricht, möglich ist. Deshalb kann die Aktiengesellschaft sich in einem solchen Fall des vereinfachten Einziehungsverfahrens bedienen, § 237 III Nr. 2, V AktG. Anderenfalls muss sie den Weg über das ordentliche Einziehungsverfahren gehen, wobei die Regeln über

---

1125 BGHZ 127, 107.

1126 BGHZ 103, 184 (194 ff.).

1127 *Raiser/Veil* Kapitalgesellschaften, § 12, Rn. 46; *Hüffer* FS Steindorff, S. 59 (69); *Lutter* ZHR 162 (1998), 164 (168).

1128 So *Lutter* FS Röhricht, S. 369 (372) zur Rückabwicklung fehlerhafter Kapitalübernahmen.

1129 *Hüffer* AktG § 237, Rn. 5.

1130 KölnKommAktG/*Lutter*, § 237, Rn. 5.

die ordentliche Kapitalherabsetzung zu befolgen sind, § 237 II AktG i.V.m. §§ 222 AktG ff.[1131]

Die (analoge) Anwendung der Einziehungsregeln wird in verschiedenen Fällen als Rechtsfolge der Anwendung der LfG auf Aktiengesellschaften herangezogen.[1132] Es geht jeweils darum, die Rückabwicklung fehlerhafter Beteiligungen unter Wahrung gesellschaftsrechtlicher Vorgaben zu ermöglichen.[1133]

a) Entbehrlichkeit einer Satzungsanordnung

Im Falle der Zwangseinziehung ist indes eine entsprechende Anordnung in der Satzung erforderlich (§ 237 I 2 AktG). Doch enthalten Satzungen sicherlich keine derartigen Anordnungen für die Fälle, in denen Schadensersatzansprüche getäuschter Aktionäre auf Rückabwicklung des Aktienerwerbs bestehen. Das Problem der fehlenden Satzungsbestimmung ist allerdings aus dem Bereich der Rückabwicklung fehlerhafter Kapitalerhöhungen, in dem ebenfalls die LfG gilt, bekannt. *KORT* hat hierzu herausgearbeitet, dass bei einer analogen Anwendung des § 237 AktG das Erfordernis der Satzungsanordnung entbehrlich sei.[1134] Es gehe darum, dem für den Fall des fehlerhaft erhöhten Kapitals anerkannten Bedürfnis nach Beendigung der Mitgliedschaft aus wichtigem Grund Rechnung zu tragen.[1135] *OECHSLER* hat dazu ergänzend vorgetragen, die Rechtsgrundlage für die Zwangseinziehung könne in einem solchen Fall nicht in einer vorherigen Anordnung oder Gestattung in der Satzung liegen, sondern sie folge aus übergeordneten gesetzlichen Ordnungsideen, die eine Beseitigung der neuen Mitgliedsrechte erforderlich machten.[1136] Zuletzt hat *LUTTER* diese Argumentation auf das Problem der Rückabwicklung fehlerhafter Kapitalübernahmen übertragen. Auch hierbei gehe es nicht um die willkürliche Gestaltung der Parteien, sondern um den Vollzug des vorrangigen Gesetzes: Dieses ordne zwar im modernen Ver-

---

1131 Dazu ausführlicher unten, S. 242 ff.

1132 *Kort* ZGR 1994, 291 (314 ff.) für die Abwicklung fehlerhafter Kapitalerhöhungen (dem zustimmend: MünchKommAktG/*Oechsler*, § 237, Rn. 119; GroßKommAktG/*Wiedemann*, § 189, Rn. 41; *Zöllner/Winter* ZHR 158 (1994), 59 (64)); *Grunewald* FS Claussen, S. 103 (113 f.), um dem Aktionär die Durchführung eines Austritts aus wichtigem Grund im Allgemeinen zu ermöglichen; zuletzt *Lutter* FS Röhricht, S. 369 (373 ff.) für die Abwicklung fehlerhafter Kapitalübernahmen.

1133 *Lutter* FS Röhricht, S. 369 (372).

1134 *Kort* ZGR 1994, 291 (314 ff.); dem zustimmend: MünchKommAktG/*Oechsler*, § 237, Rn. 119; GroßKommAktG/*Wiedemann*, § 189, Rn. 41; *Zöllner/Winter* ZHR 158 (1994), 59 (64).

1135 *Kort* ZGR 1994, 291 (314).

1136 MünchKommAktG/*Oechsler*, § 237, Rn. 120.

ständnis weder bei einem nichtigen Kapitalerhöhungsbeschluss noch bei nichtiger Beitrittserklärung die Rückabwicklung ex tunc an, wohl aber die Rückabwicklung an sich. Diese müsse daher – ohne dass es auf individuelle Satzungsgestaltungen ankommen könnte – auch rechtlich möglich sein. Deshalb sei auch bei Schweigen der Satzung (im Falle fehlerhafter Kapitalübernahmen) der Weg über § 237 AktG möglich.[1137]

Der Weg über die Zwangseinziehung ohne Satzungsermächtigung entwickelt sich damit zu einem anerkannten Abwicklungsmodell für Fälle, in denen die LfG auf Aktiengesellschaften anzuwenden ist. Insoweit liegt es nahe, auch für die Abwicklung der Schadensersatzansprüche getäuschter Aktionäre bei ihrer eigenen Gesellschaft die Regeln der Zwangseinziehung analog anzuwenden. Denn auch hier geht es nicht um die Einziehung aufgrund der willkürlichen Gestaltung der Parteien, sondern aufgrund gesetzlicher Vorgaben (§ 44 BörsG, §§ 826, 249 BGB).

Für die Anwendung des Institutes der Zwangseinziehung auf die Abwicklung fehlerhafter Kapitalerhöhungen wird vorgebracht, es bestehe eine Rechtsähnlichkeit, da es beide Male um die Vernichtung der Mitgliedsrechte unabhängig vom Willen der Mitglieder gehe.[1138] Diese Ähnlichkeit trifft auch auf die Fälle der Rückabwicklung täuschungsbedingter Aktienerwerbe zu. Dagegen lässt sich nicht einwenden, der Schadensersatz begehrende Aktionär verlange selbst die Einziehung. Ihm geht es vielmehr um die Befriedigung seines Vermögensschadens, im Zuge dessen er die Anteile zurückzugeben hat. Der Aktionär dürfte dem weiteren Schicksal der Anteile, ob diese bestehen bleiben oder aus gesellschaftsrechtlichen Motiven zu vernichten sind, wohl gleichgültig gegenüber stehen. Letztlich ist dies jedoch nicht einmal entscheidend. Denn entgegen dem Wortlaut ist bei der Zwangseinziehung unerheblich, ob sie mit oder gegen den Willen des Aktionärs erfolgt.[1139]

Entscheidend ist vielmehr, dass bei der analogen Anwendung der Zwangseinziehungsregeln der mit ihnen intendierte Interessenschutz nicht verloren geht. Als besonders begründungsbedürftig erscheint insoweit der Verzicht auf das Merkmal der Einziehungsanordnung in der Satzung. Als Zweck hierfür wird der Aktionärsschutz angeführt. Weil die Einziehung eine inhaltliche Einschränkung der Aktie darstellt, muss dem erwerbenden Aktionär von vornherein klar sein,

---

1137 *Lutter* FS Röhricht, S. 369 (376).
1138 *Kort* ZGR 1994, 291 (314); MünchKommAktG/*Oechsler*, § 237, Rn. 120.
1139 *Hüffer* AktG, § 237, Rn. 5.

dass er gegebenenfalls ein derart eingeschränktes Recht erwirbt. Spezieller muss man also sagen, es geht um den Schutz der Aktionäre, deren Aktien eingezogen werden.[1140] Jedoch hat der getäuschte und schadensersatzberechtigte Aktionär es je nachdem, welche Art von Schadensersatz er verlangt,[1141] selbst in der Hand, ob es zur Einziehung kommt. Er bedarf deshalb nicht des Schutzes der Satzungsbestimmung. Auch Gläubigerinteressen sind durch den Verzicht auf die Satzungsbestimmung nicht tangiert, sie entfalten sich unter der weiteren Anwendung des § 237 AktG erst.[1142]

b) Entbehrlichkeit eines Hauptversammlungsbeschlusses

Die Einziehung der Aktien setzt jedoch grundsätzlich einen Hauptversammlungsbeschluss voraus, und zwar sowohl bei Beschreiten des ordentlichen Einziehungsverfahrens (§ 237 II AktG i.V.m. § 222 AktG) als auch bei vereinfachtem Einziehungsverfahren (§ 237 III, IV AktG).[1143] Hierin sieht *GRUNEWALD* erhebliche praktische Schwierigkeiten, obschon die Mitgesellschafter für den Fall, dass dem Aktionär wegen eines wichtigen Grundes in seiner Person ein Austrittsrecht zusteht, zur Zustimmung des Einziehungsbeschlusses verpflichtet seien, der austrittswillige Gesellschafter dementsprechend einen Anspruch auf die Einziehung habe.[1144] Wenn die Gesellschaft durch die (rechtskräftig festgestellte) Kapitalmarktinformationshaftung von Rechts wegen verpflichtet ist, dem geschädigten einzelnen Mitgesellschafter möglichst entgegen zu kommen, also den ihm zustehenden Schadensersatz zu zahlen, soweit dies die gesellschaftsrechtlichen Vorgaben erlauben, so sind die anderen Aktionäre aufgrund ihrer Treuepflicht gegenüber ihrem Mitaktionär und ihrer verpflichteten Gesellschaft gehalten, an dem dazu erforderlichen Verfahren mitzuwirken.[1145] Hier wird der bereits als Leitidee postulierte Ausgleich[1146] der Interessen der verschiedenen Aktionäre deutlich: Auf der einen Seite sind die Interessen der Mitaktionäre im Rahmen der Anwendung gesellschaftsrechtlicher Instrumente wie der LfG zu Lasten des Restitutionsinteresses des Getäuschten zu berücksichtigen. Auf der anderen Seite müssen die Mitaktionäre dem Getäuschten entgegenkommen, indem sie zur

---

[1140] KölnKommAktG/*Lutter*, § 237, Rn. 19; MünchKommAktG/*Oechsler*, § 237, Rn. 16 ff; *Hüffer* AktG, § 237, Rn. 7 f.
[1141] Rückabwicklung unter Hingabe seiner Anteile oder nicht.
[1142] Zum Schutz der Gläubigerinteressen siehe unten, S. 242 ff.
[1143] *Lutter* FS Röhricht, S. 369 (376).
[1144] *Grunewald* FS Claussen, S. 103 (114).
[1145] *Lutter* FS Röhricht, S. 369 (377).
[1146] Siehe oben, S. 232 ff.

Ermöglichung dessen Befriedigung aus dem Gesellschaftsvermögen einer Kapitalherabsetzung zustimmen. Bei einer Weigerung seitens der Mitgesellschafter kommt eine Anfechtungsklage (Anfechtung des negativen Hauptversammlungsbeschlusses) verbunden mit einer positiven Beschlussfeststellungsklage, um über die ablehnenden Stimmen hinwegzugehen, in Betracht.[1147] Dass ein solches Vorgehen unter Anlegerschutzgesichtspunkten kompliziert erscheint, soll nicht bestritten werden.

Allerdings hält das Gesetz eine Ausnahme von der Erforderlichkeit des Hauptversammlungsbeschlusses bereit, § 237 VI AktG. Diese Ausnahme bezieht sich auf den Fall der Zwangseinziehung und entbindet dann von der Voraussetzung des Hauptversammlungsbeschlusses, wenn eine Satzungsregelung vorliegt, die selbst bereits die Zwangseinziehung anordnet. Der Gedanke dieser Regelung ist, dass die tatsächlichen Voraussetzungen bereits so genau in der Satzung bestimmt sein können, dass es keines Willensentschlusses, sondern nur noch des Vollzuges bedarf.[1148] Bei direkter Anwendung des § 237 VI AktG ist dann der Vorstand per Satzung zum Vollzug ermächtigt, ohne dass die Hauptversammlung mitwirken müsste.[1149]

Es stellt sich die Frage, ob dieser Rechtsgedanke auf den Fall der Einziehung in Folge von Kapitalmarktinformationshaftung übertragbar ist.[1150] Ist also der Hauptversammlungsbeschluss auch entbehrlich, wenn man bereits auf das Erfordernis der Einziehungsanordnung in der Satzung verzichtet? Nach § 237 VI AktG ist der Hauptversammlungsbeschluss dann entbehrlich, wenn die Modalitäten der Einziehung nach Voraussetzung, Zeit, Ausmaß und Entgelt so genau bestimmt sind, dass dem Vorstand kein eigener Gestaltungsfreiraum mehr verbleibt.[1151] Begreift man die durch die LfG modifizierten Kapitalmarktinformationshaftungsansprüche als ein dem geschädigten Aktionär zustehendes Austrittsrecht, so liegt aber auch hier kein Ermessensspielraum für die Verwaltung mehr vor. Eine Einziehung wird schlicht erforderlich, sobald der Gesellschafter Schadensersatz verlangt und dieser im Rahmen der gesellschaftsrechtlichen Vorga-

---

[1147] Vgl. *Lutter* FS Röhricht, S. 369 (377).
[1148] *Lutter* FS Röhricht, S. 369 (376); MünchKommAktG/*Oechsler*, § 237, Rn. 111.
[1149] *Lutter* FS Röhricht, S. 369 (376).
[1150] So *Lutter* FS Röhricht, S. 369 (376 f.) für das Problem der Abwicklung fehlerhafter Kapitalübernahmen, der die Frage sodann positiv beantwortet; auch *Kort* ZGR 1994, 291 (315) und MünchKommAktG/*Oechsler*, § 237, Rn. 120 halten, um die Rückabwicklung von Aktien aus fehlerhaften Kapitalerhöhungen zu ermöglichen, Satzungs- und Hauptversammlungsbeschluss im Rahmen des § 237 AktG für entbehrlich.
[1151] KölnKommAktG/*Lutter*, § 237, Rn. 34.

ben zu erfüllen ist. Es werden immer bereits festgelegte Aktien, nämlich die des Geschädigten, betroffen sein. Die Frage des Einziehungsentgelts muss gewöhnlicherweise deshalb von der Hauptversammlung geklärt werden, weil § 237 AktG selbst hierzu keine Angaben macht. Die sich sonst in diesem Zusammenhang stellenden Fragen nach einer angemessenen Abfindung brauchen im Fall der Kapitalmarktinformationshaftung aber nicht beantwortet zu werden, wenn sich die Höhe der Abfindung aus den Wertungen der LfG ergibt[1152] und deshalb ohnehin kein Ermessen zur Bestimmung der Abfindungshöhe ausgeübt werden kann.

Darüber hinaus hat sich der Hauptversammlungsbeschluss an materiellen Schranken zu orientieren, die Hauptversammlung dürfte insbesondere nicht willkürlich entscheiden.[1153] Die Entbehrlichkeit des Hauptversammlungsbeschlusses bei analoger Anwendung des § 237 AktG auf Ersatzansprüche getäuschter Aktionäre hängt deshalb auch davon ab, ob nicht diese materiellen Schranken außer Acht gelassen würden. Es geht bei diesen Schranken indes um ein Willkürverbot i.S.d. § 53a AktG und die Wahrung der Maßstäbe der Erforderlichkeit und der Verhältnismäßigkeit.[1154]

Um die Verhältnismäßigkeit der Einziehung etwa im dem anerkannten Fall des Ausschlusses eines Aktionärs aus der Aktiengesellschaft zu wahren, soll immer die Hauptversammlung entscheiden. Denn erforderlich für den Ausschluss und die zur Durchführung erforderliche Einziehung ist ein wichtiger Grund, dessen Feststellung aber nicht ins Ermessen des Vorstandes gelegt werden könne.[1155] Dies ist aber anders, wenn im Fall der Haftung der Aktiengesellschaft für Fehlinformationen die Erfüllung des jeweiligen Haftungstatbestandes i.V.m. der LfG stets einen zum Austritt berechtigenden wichtigen Grund darstellt. Auch dann verbleibt kein Ermessensspielraum, der eine Entscheidung der Hauptversammlung erforderlich machen würde.

Schließlich ist auch nicht das Willkürverbot des § 53a AktG verletzt. Denn die betroffenen Aktionäre sind nicht schutzbedürftig, da es ihnen mit Geltendmachen des Schadensersatzanspruches auf den möglichst weitgehenden Ausgleich ihres Vermögensschadens ankommt und dies schon vom schadensrechtlichen Standpunkt aus betrachtet im Gegenzug die Bereitschaft zur Aufgabe der

---

1152 Dazu siehe unten, S. 249 ff.

1153 *Hüffer* AktG, § 237, Rn. 16.

1154 *Hüffer* AktG, § 237, Rn. 16 m.w.N.

1155 *Grunewald* Der Ausschluss aus Gesellschaft und Verein, S. 232 ff.; KölnKommAktG/*Lutter*, § 237, Rn. 42.

Mitgliedschaftsrechte erfasst. Doch auch die Mitgesellschafter können hiergegen nichts einwenden. Denn unter Gleichbehandlungsgesichtspunkten muss man ihnen entgegenhalten, dass sie sich im Vergleich zum getäuschten Mitglied eben nicht „unter gleichen Voraussetzungen" (§ 53a AktG) befinden.

Was also im Fall des § 237 VI AktG die Satzung zu bestimmen hat, damit ein Hauptversammlungsbeschluss entbehrlich, weil überflüssig wird, ist in unserem Fall bereits implizit durch die gesellschaftsrechtlichen Vorgaben zur Restitution geschädigter Aktionäre vorgegeben: Sofern der schadensersatzberechtigte Aktionär es wünscht, ist die Aktiengesellschaft zum Erwerb ihrer Anteile verpflichtet. Damit sie ihn ohne Verstoß gegen gesellschaftsrechtliche Vorgaben auszahlen kann, ist die Einziehung vorzunehmen.[1156] Somit hat nach dem Rechtsgedanken des § 237 VI AktG der Vorstand über die Einziehung zu entscheiden. Die Entscheidung ist jedoch gebunden,[1157] da die Einziehung zur Erfüllung des Schadensersatzanspruches zwingend vorzunehmen ist.

c) Ordentliches und vereinfachtes Einziehungsverfahren

Bei der Einziehung ist zwischen dem ordentlichen Einziehungsverfahren (Abs. 2) und dem vereinfachten Einziehungsverfahren (Abs. 3) zu unterscheiden.

aa) *Vereinfachtes Einziehungsverfahren*

Das vereinfachte Einziehungsverfahren kommt im Fall der Kapitalmarktinformationshaftung in Betracht, wenn die Aktien zu Lasten des Bilanzgewinns oder einer anderen Gewinnrücklage, soweit sie zu diesem Zweck verwandt werden können (§ 237 III AktG), eingezogen werden. Dies bedeutet, dass Bilanzgewinn (§ 158 I Nr. 5 AktG) bzw. die anderen Gewinnrücklagen (§ 266 III A III Nr. 4 HGB) einen Betrag ausweisen müssen, der die Erwerbskosten oder die Zahlung des Einziehungsentgelts deckt.[1158] Schadensersatz in Form von Einziehungsentgelt kann also nur gezahlt werden, wenn dafür freie Mittel (also Mittel, die Grundkapitalziffer und gesetzliche Rücklagen überschreiten) vorhanden sind. Die aus der Kapitalherabsetzung frei gewordenen Mittel können indes nicht

---

[1156] Vgl. *Lutter* FS Röhricht, S. 369 (376 f.) für das Problem der Abwicklung fehlerhafter Kapitalübernahmen.

[1157] Vgl. MünchKommAktG/*Oechsler*, § 237, Rn. 113 der davon ausgeht, im Falle des § 237 VI AktG könne entgegen des Wortlautes nicht von einer Entscheidung die Rede sein, weil dem Vorstand kein Entscheidungsspielraum verbliebe; letztlich gehe es nur um die Vornahme von Einziehungshandlungen.

[1158] *Hüffer AktG* § 237, Rn. 34.

verwendet werden, denn sie sind sogleich in die Kapitalrücklage einzustellen, es findet also nur eine Umbuchung statt, § 237 V AktG. Im Ergebnis müssen also genügend freie Mittel vorhanden sein, um sowohl die Umbuchung des aktuellen Werts der Aktie in die Kapitalrücklage gem. § 237 V AktG tätigen zu können und darüber hinaus den getäuschten Aktionär auszuzahlen. Diese Lösung fügt sich insoweit in das Konzept der abgestuften Vermögensbindung, das die Erfüllung von Schadensersatzverbindlichkeiten aus dem freien Vermögen zulässt,[1159] ein.

bb) ***Ordentliches Einziehungsverfahren***

Kann das Einziehungsentgelt nicht aus Bilanzgewinn oder freien Rücklagen gezahlt werden, so kommt das ordentliche Einziehungsverfahren gem. § 237 II AktG in Betracht. Im Gegensatz zum vereinfachten Einziehungsverfahren gelten hierfür wegen des Verweises auf die ordentliche Kapitalherabsetzung grundsätzlich strengere Voraussetzungen im Hinblick auf den zu treffenden Hauptversammlungsbeschluss.[1160] Dies führt jedoch dann zu keinen Umständen, wenn der Hauptversammlungsbeschluss wie im Falle des Austrittsrechts getäuschter Anleger[1161] nach dem Rechtsgedanken des § 237 VI AktG entbehrlich ist, denn § 237 VI AktG gilt auch für das ordentliche Einziehungsverfahren nach § 237 II AktG.[1162]

Wegen des Verweises auf die Vorschriften der ordentlichen Kapitalherabsetzung ist jedoch nunmehr die Gläubigerschutzvorschrift des § 225 AktG zu beachten. § 225 I AktG gewährt einen klagbaren Anspruch der Gläubiger auf Sicherheitsleistung wegen solcher Forderungen, die vor Bekanntmachung der Eintragung des Kapitalherabsetzungsbeschlusses begründet worden sind.[1163] § 225 II AktG enthält ein Auszahlungs- und Erlassverbot. S. 1 der Vorschrift bestimmt, dass die Gesellschaft keine Zahlungen im Zusammenhang mit der Einziehung leisten darf, solange nicht seit der Eintragung des Kapitalherabsetzungsbeschlusses in das Handelsregister sechs Monate verstrichen sind und allen Gläubigern, die sich innerhalb der Frist gemeldet haben, Befriedigung oder

---

1159 Siehe oben, S. 91 ff.

1160 Es gelten vor allem höhere Mehrheitserfordernisse für die Beschlussfassung, *Hüffer* AktG, § 237, Rn. 23 ff

1161 Siehe oben, S. 91 ff.

1162 *Hüffer* AktG, § 237, Rn. 22. Die Entbehrlichkeit des Hauptversammlungsbeschlusses ist auch im Hinblick auf die dem Beschlusserfordernis zu Grunde liegenden materiellen Wertungen gerechtfertigt, dazu sogleich.

1163 *Hüffer* AktG § 225, Rn. 2.

Sicherheit gewährt worden ist. Spiegelbildlich hierzu werden gem. S. 2 Aktionäre erst dann von ihrer Einlagepflicht befreit, sobald die Höhe des Abfindungsanspruchs feststeht, eine sechsmonatige Wartefrist abgelaufen ist und allen Gläubigern Sicherheit geleistet wurde.[1164]

Die Anwendung des § 225 AktG wird auch in dem bisher anerkannten Anwendungsfall der fehlerhaften Gesellschaft bei Aktiengesellschaften, dem Problem der Rückabwicklung fehlerhafter Kapitalerhöhungen, überwiegend befürwortet. Dies liegt besonders nahe, wenn man die Regeln der Zwangseinziehung auf die Abwicklung fehlerhafter Kapitalerhöhungen anwendet. Denn zum einen verlangt § 237 II 1 AktG die Befolgung der Vorschriften über die ordentliche Kapitalherabsetzung, zum anderen gilt gemäß § 237 II 3 AktG im Hinblick auf die Abfindungszahlung § 225 II AktG sinngemäß.[1165] Doch auch ohne Anwendung der Einziehungsregeln (§ 237 AktG) wird eine (sinngemäße) Anwendung des § 225 AktG befürwortet.[1166] Denn wenn für den auch nur vorläufigen Rechtsbestand der vernichtbaren Kapitalerhöhung auch Verkehrsschutzinteressen maßgeblich seien, könne der Gläubigerschutz nicht mit Rechtskraft des Anfechtungsurteils ohne weiteres obsolet sein.[1167]

Die Anwendung des § 225 AktG auf die Ersatzforderungen getäuschter Aktionäre ist ebenfalls geboten. Sie ist nur Konsequenz aus dem eingeschlagenen Weg, dem Aktionär einen Austritt unter voller Beachtung der aktienrechtlichen Vorgaben zu ermöglichen und mithin der Anwendung des § 237 AktG. Im Ergebnis ist also eine Befriedigung des Aktionärs nur aus dem freien Vermögen möglich, das Weitere hängt von den Reaktionen der Gläubiger ab, wobei § 225 AktG allerdings einen angemessenen zeitlichen Rahmen von 6 Monaten bereitstellt.

1164 *Meyer-Panhuysen*, S. 116 f.

1165 Deshalb folgerichtig *Kort* ZGR 1994, 291 (315 f.); GroßkommAktG/*Wiedemann*, § 189, Rn. 43.

1166 *Carsten Schäfer* Die Lehre vom fehlerhaften Verband, S. 437; *Zöllner/Winter* ZHR 158 (1994), 59 (68 f.). Gegen die Anwendung des § 225 AktG wendet sich *Ulrich Huber* FS Claussen, S. 147 (167 f.), der davon ausgeht, die Gläubiger hätten nur das Recht auf eine unveränderte Kapitalausstattung der Gesellschaft gleich dem vor der fehlerhaften Kapitalerhöhung gegebenen Zustand. Zur Kritik an diesem retrospektiven Ansatz, der dem Ansinnen der LfG, die Verhältnisse für die Vergangenheit unberührt zu lassen, widerspricht, siehe ausführlich unten, S. 252 ff.

1167 *Zöllner/Winter* ZHR 158 (1994), 59 (68).

II. Aktienrechtliche Kapitalerhaltung

1. Befriedigung nur aus freiem Vermögen

Was die Vereinbarkeit der Ersatzleistungen an getäuschte Aktionäre mit der Kapitalerhaltung angeht, so kommt das Ergebnis der Anwendung der LfG unter Zuziehung von § 237 AktG den Forderungen derer nahe, die nach dem Konzept der abgestuften Vermögensbindung eine Befriedigung der getäuschten Aktionäre nur aus dem freien Vermögen zulassen wollen.[1168]

Es muss jedoch auf einen nicht unerheblichen Unterschied zu der nach dem Konzept der abgestuften Vermögensbindung gefundenen Lösung hingewiesen werden. Danach sollten Schadensersatzleistungen ausschließlich dann erfolgen können, wenn noch freie Mittel hierfür zur Verfügung stehen. Dieser Schutz dient vor allem den Gläubigern, der zwar nicht den Abfluss von freien Mitteln verhindern kann, aber doch Zahlungen an Aktionäre aus Grundkapital und gesetzlichen Rücklagen unterbindet. Doch werden von dem Verbot des Abflusses gebundenen Kapitals zumindest faktisch auch die Interessen der Mitgesellschafter am Erhalt des Gesellschaftsvermögens geschützt. Besteht nun aber die (theoretische) Möglichkeit, dass es durch die Einziehung zum Abfluss einst gebundenen Kapitals an getäuschte Aktionäre kommt, weil etwa die Gläubiger es versäumen, rechtzeitig Sicherheiten zu verlangen, so müssen dies die Mitgesellschafter nach der hier entwickelten Lösung über die Einziehung hinnehmen.

Eine solche Verkürzung des faktischen Schutzes der Interessen der Mitaktionäre ist indessen nicht zu beanstanden. Denn sie rechtfertigt sich aus der Anwendung des Gleichbehandlungsgrundsatzes (§ 53a AktG), der zum einen Grundlage für den Schutz der Mitgesellschafter im Rahmen des § 57 AktG ist.[1169] Der Gleichbehandlungsgrundsatz ist jedoch ebenso die maßgebliche materielle Schranke für den bei einer Kapitalherabsetzung zu treffenden Hauptversammlungsbeschluss, und zwar sowohl in der Ausprägung des vereinfachten Einziehungsverfahrens (§ 237 III AktG)[1170] als auch in der Form als ordentliche Kapitalherabsetzung.[1171] Wenn man jedoch getäuschte und nicht getäuschte Gesellschafter gegenüber stellt, so können letztere unter dem Aspekt der Gleichbehandlung keinen Schutz beanspruchen und sich einer Auszahlung an die getäuschten Gesellschafter nicht entgegenstellen. Deshalb sprechen auch nicht ma-

---

1168 Zur abgestuften Vermögensbindung siehe oben, S. 91 ff.
1169 Siehe ausführlich oben, S. 92 ff. (bei Fn. 409).
1170 Siehe bereits oben, S. 239 ff. (bei Fn. 1154).
1171 MünchKommAktG/*Oechsler*, § 222, Rn. 26.

terielle Gründe dagegen, auf den Hauptversammlungsbeschluss bei einem zum Zwecke der Erfüllung von Schadensersatzverbindlichkeiten zu vollziehenden ordentlichen Einziehungsverfahrens nach §§ 237 II AktG, 222 ff. AktG in analoger Anwendung des § 237 VI AktG zu verzichten. Im Rahmen des Konfliktfeldes zwischen Ersatzansprüchen getäuschter Anleger und aktienrechtlicher Kapitalerhaltung sind die Interessen der Mitgesellschafter des getäuschten austrittswilligen Anlegers daher nur reflexartig über die zu berücksichtigenden Gläubigerinteressen mitgeschützt.

Es ist aber auch klargestellt, dass es sich nicht mit gesellschaftsrechtlichen Vorgaben vereinbaren ließe, den getäuschten Aktionär mit seinen Ersatzansprüchen im Hinblick auf die Kapitalerhaltungsvorschriften als Dritten einzustufen. Vielmehr muss er sich, wenn es um Forderungen geht, die aus seinem täuschungsbedingten Beitritt herrühren, also in der Vergangenheit liegen, an den dem Verkehrsschutz dienenden Regeln festhalten lassen.

Systemkonform zeigt sich die Lösung auch zum Korrelat der Kapitalerhaltung bei den Personengesellschaften. Dort haftet der Gesellschafter trotz seiner täuschungsbedingten Kündigung grundsätzlich weiterhin für Gläubigerverbindlichkeiten, die vor dem Austritt begründet worden sind.[1172] Es ist eben die Folge der LfG, dass sich die Gläubiger bis zur Beendigung der Mitgliedschaft auf den Gesellschafterbestand verlassen können, bzw. im Falle der Aktiengesellschaft auf den Nichtabzug von Haftkapital.

2. Pflicht zur Auflösung stiller Reserven

Die Behandlung von Kapitalmarktinformationshaftungsansprüchen als Austrittsrecht des Anlegers lenkt den Blick auf eine neuere Entscheidung des BGH[1173], nach der im Falle der Kündigung eines GmbH-Gesellschafters[1174] letzterem von seiner Gesellschaft eine Abfindung zu zahlen ist und hierfür auch, sofern durch die Abfindung ansonsten das Stammkapital (§ 30 GmbHG) angegriffen würde, gegebenenfalls stille Reserven im Sinne einer Teilliquidation aufzulösen seien. Dies gebiete die Treuepflicht der Gesellschaft gegenüber ihrem ausscheidenden Gesellschafter.

1172 Siehe bereits oben, S. 148 ff.

1173 BGH NZG 2006, 341.

1174 Die Entscheidung betraf einen atypischen stillen Gesellschafter, der jedoch einem GmbH-Gesellschafter gleichzustellen war, BGH NZG 2006, 341 (Ls. 1).

Die Rechtsprechung ist auf die Fälle der Kapitalmarktinformationshaftung zu übertragen. Sie entspricht auch der von *LUTTER* für das Problem fehlerhafter Kapitalübernahmen vorgeschlagenen[1175] und hier für die Fälle der Kapitalmarktinformationshaftung der AG weiter entwickelten Ansicht, dass die Gesellschaft bei der Abfindung ihres Gesellschafters letzterem aus dem Gedanken der Treuepflicht möglichst weit entgegen zu kommen hat.[1176]

Außerdem bietet diese Lösung einen weitgehenden Interessenausgleich zwischen dem durch Kapitalmarktrecht berücksichtigten Restitutionsinteresse des Anlegers und dem durch Gesellschaftsrecht gesicherten Interesse der Gesellschaft an Kapitalerhaltung. Der Anleger muss sich so auf der einen Seite zwar an den Vorschriften zur Kapitalerhaltung im Interesse der Gläubiger festhalten lassen. Auf der anderen Seite profitiert er auch von seiner Gesellschafterstellung, indem ihm seine Gesellschaft weitestgehend entgegenkommen muss.

3. Verbot des Erwerbs eigener Aktien

Im Rahmen der Untersuchung der Kapitalschutzregeln nach AktG und Kapitalrichtlinie[1177] wurde des Weiteren als vorläufiges Ergebnis festgehalten, dass der Rückerwerb eigener Aktien weder mit § 71 AktG noch Art. 19, 20 der Kapitalrichtlinie vereinbar seien.[1178] Nun stellt sich jedoch heraus, warum dieses Ergebnis nur ein vorläufiges gewesen sein kann. Denn es kommt dann nicht zum Konflikt zwischen dem grundsätzlichen Erwerb eigener Aktien, wenn die Gesellschaft die Aktien im Verfahren der Zwangseinziehung gem. § 237 AktG analog einzieht. Denn dann werden die Aktien nicht von der AG erworben, sondern unter Beachtung der maßgeblichen gesellschaftsrechtlichen Vorgaben vernichtet.[1179]

1175 *Lutter* FS Röhricht, S. 369 (372).

1176 Siehe oben, S. 232 ff.

1177 RL 77/91/EWG v. 13. 12. 1976, ABl. 1977 Nr. L 26/1, geändert durch RL 2006/68/EG v. 6. 9. 2006, ABl. 2006 Nr. L 264/32 (Fn. 375); vgl die Ausführungen oben, S. 89 ff.

1178 Siehe oben, S. 104 ff., S. 109 ff.

1179 *Grunewald* FS Claussen, S. 103 (113 f.) sieht hingegen den Erlaubnistatbestand des § 71 I Nr. 6 AktG i.V.m. § 237 AktG im Falle des Austritts eines Aktionärs aus wichtigem Grund als gegeben an. Man würde damit nicht von einer Zwangseinziehung (§ 237 I 1 Alt. 1 AktG), sondern von einer Einziehung nach Erwerb § 237 I 1 Alt. 2 AktG) ausgehen. Die Frage nach dem Gläubigerschutz und nach der Ersetzung des Hauptversammlungsbeschlusses ist aber dieselbe wie bei der Zwangseinziehung, hierzu bereits oben, S. 239 ff.

Ebenso ist damit den Vorgaben der Art. 19, 20 Kapitalrichtlinie Genüge getan. Denn die Einziehung als eine Form der Kapitalherabsetzung[1180] ist, wie die im deutschen Recht in §§ 222 ff. AktG geregelte Kapitalherabsetzung an sich, nach den Maßstäben der Kapitalrichtlinie europarechtskonform ausgestaltet.[1181] Die kritischen Punkte liegen im europäischen Recht auch nicht anders als im deutschen Recht. Entscheidend ist, dass nach einem Weg gesucht werden muss, die Aktionäre unter Wahrung gesellschaftsrechtlicher Vorgaben zu befriedigen. Achillesferse der vorgeschlagenen Lösung ist die Überwindung des Hauptversammlungsbeschlusses, der grundsätzlich auch nach europäischem Recht für den Erwerb eigener Aktien (Art. 19 I lit. a) bzw. die Einziehung (Art. 37) erforderlich ist.[1182] Verschiedentlich wird deshalb darauf hingewiesen, die geschädigten Anleger hätten aus keinem Rechtsgrund einen Anspruch gegen die Mitgesellschafter auf die Fassung eines entsprechenden Hauptversammlungsbeschlusses, denn die Mitgesellschafter seien nicht diejenigen, die nach der jeweiligen Haftungsnorm verantwortlich seien.[1183] Dem muss man jedoch entgegen halten, dass die verschiedenen Schadensersatznormen die Gesellschaft eben verpflichten, ihr einzelnes getäuschtes Mitglied zu entschädigen und ihm, soweit es die gesellschaftsrechtlichen Vorgaben zulassen, entgegen zu kommen.

Die Schutzzwecke, für die der Hauptversammlungsbeschluss vorgesehen ist, greifen deswegen hier ebenso wenig wie im deutschen Recht. Durch den Hauptversammlungsbeschluss sollen die Aktionäre in ihren Interessen geschützt werden, indem sie vor einer ungerechtfertigten Verkürzung ihrer Mitgliedschaftsrechte geschützt werden und insbesondere ihre Gleichbehandlung gewahrt bleibt.[1184] Der Grundsatz der Gleichbehandlung spielt jedoch dann keine Rolle, wenn es um das Verhältnis geschädigter und nicht geschädigter Gesellschafter geht. Greifen die Schutzzwecke nicht ein, so geht es wie im deutschen Recht[1185] auch bei der Kapitalrichtlinie um die Anwendung des Rechtsgedankens, der Grund für die Entbehrlichkeit des Hauptversammlungsbeschlusses bei der Zwangseinziehung ist (argumentum e contrario Art. 36 I lit. b). Unter Beachtung der weiteren Vorgaben des Gläubigerschutzes, die es erfordern, dass das Erwerbsentgelt aus freiem Vermögen geleistet wird oder den Gläubigern Sicher-

---

1180 *Hüffer* AktG, § 237, Rn. 1.

1181 *Habersack* Europäisches GesR, § 6, Rn. 76.

1182 Eine Ausnahme gilt jedoch im Falle der per Satzung angeordneten Zwangseinziehung (argumentum ex Art. 36 I lit. b). Dem entspricht die Regelung des § 237 VI AktG.

1183 *Vokuhl*, S. 9 m.w.N.

1184 *Habersack* Europäisches GesR, § 6, Rn. 74 ff.

1185 Dort § 237 VI AktG.

heiten geboten werden[1186] ist es also auch mit der Kapitalrichtlinie vereinbar, dass die AG eigene Aktien erwirbt, um die Schadensersatzansprüche getäuschter Mitglieder befriedigen zu können.

III. Abfindung

Das Austrittsrecht des Aktionärs ist mit einem Abfindungsanspruch verbunden, den der Aktionär als Gegenleistung für die Aufgabe seiner Beteiligung erhält. In der Terminologie des § 237 AktG handelt es sich dabei um das Einziehungsentgelt.

Die Abfindung des Aktionärs als Rechtsfolge der Anwendung der fehlerhaften Gesellschaft ist bisher im Zusammenhang mit fehlerhaften Kapitalerhöhungen diskutiert worden, wo sich mittlerweile die Anwendung der LfG durchgesetzt hat.[1187] Die dort gefundenen Ergebnisse sollen nach einer Ansicht in der Literatur auf die Auszahlung getäuschter Aktionäre zu übertragen sein.[1188] Problematisch ist die Bestimmung der Abfindungshöhe: Für das Problem der Abfindung von Aktionären in Folge fehlerhafter Kapitalbeteiligungen haben sich im wesentlichen zwei Meinungen herausgebildet: Zum einen wird eine Bemessung des Abfindungsanspruchs am anteiligen Ertragswert des von der Gesellschaft getragenen Unternehmens[1189] gefordert, zum anderen eine an Bilanzwerten ausgerichtete Bemessung[1190].

1. Abfindung nach Ertragswertmethode (hL)

Zöllner geht für die Rückabwicklung fehlerhafter Anteile in Folge fehlerhafter Kapitalerhöhungen davon aus, dass der Wert der durch das Anfechtungsurteil vernichteten Beteiligung nach der Art einer „Teilliquidation" zu ermitteln sei. Die ausscheidenden Gesellschafter hätten sowohl eventuell eingetretene Wert-

---

1186 Art. 36 I lit. d i.V.m. Art. 32, denen durch das Verfahren des § 237 (ggf. i.V.m. §§ 222 ff) AktG Genüge getan ist.

1187 *Zöllner* AG 1993, 68; *ders./Winter* ZHR 158 (1994), 59; *Kort* ZGR 1994, 291 (306 ff.); *ders.* Bestandsschutz, S. 211 ff.; GroßKommAktG/*Wiedemann*, § 189, Rn. 34 ff.; *Ulrich Huber* FS Claussen, S. 147 ff.; *Meyer-Panhuysen*, S. 54 ff.

1188 *Carsten Schäfer* NZG 2005, 985 (990); *ders.* GesRZ-SH 2005, 25 (32).

1189 So die wohl h.M. zur fehlerhaften Kapitalerhöhung, *Zöllner/Winter* ZHR 158 (1994), 59 (62 ff.); *Kort* ZGR 1994, 291 (314); GroßkommAktG/*Wiedemann*, § 189, Rn. 42; *Hüffer* AktG, § 248a, Rn. 7.

1190 *Ulrich Huber* FS Claussen, S. 147 (153 ff.); *Carsten Schäfer* Die Lehre vom fehlerhaften Verband, S. 428 ff.; für eine Bemessung auch der Schadensersatzansprüche getäuschter Anleger nach Buchwerten *ders.* NZG 2005, 985 (990).

minderungen hinzunehmen, dürften im Gegenzug aber auch an zwischenzeitlich eingetretenen Werterhöhungen des Unternehmens und nicht zuletzt an stillen Reserven partizipieren.[1191] Demnach müsse die Bemessung der Abfindung sich am Ertragswert des Unternehmens orientieren. Dies folge zum einen aus § 738 I 2 BGB, wobei in diesem Zusammenhang auf das moderne Verständnis des § 738 II BGB abzustellen sei, nach dem es bei der Schätzung des Gesellschaftsvermögens nicht auf den fiktiven Liquidationsanteil ankomme, sondern auf den Wert der als werbend fortgesetzten Gesellschaft.[1192] Die Bemessung anhand der Ertragswertmethode ergebe sich ebenfalls aus den im Aktienrecht enthaltenen Regeln über die Abfindung ausgeschiedener Gesellschafter, nämlich § 305 I und III 2 AktG und § 320 V 5 AktG (a.F. = § 320b I 5 AktG n.F.), Ähnliches ergebe ein Blick auf § 12 UmwG. Die Höhe der Abfindung bemesse sich also nach den gleichen Prinzipien wie im Personengesellschaftsrecht.[1193]

Nach *Kort* ist Ziel der Abwicklung nicht die Auflösung oder die zwar als wirtschaftlicher, nicht aber als rechtlicher Vorgang denkbare Teilauflösung der AG, sondern lediglich eine Beseitigung der Folgen des vernichteten Kapitalerhöhungsbeschlusses.[1194] Nicht die Zerschlagung, sondern die Fortführung der AG bei allerdings korrigiertem Grundkapital sei somit das Resultat der Abwicklung der vernichteten Kapitalerhöhung. Es lasse sich eine Parallele zum Ausschluss eines GmbH-Gesellschafters erkennen.[1195]

Aus diesem Grund plädiert er für die entsprechende Anwendung der Vorschriften über die Kapitalherabsetzung durch Einziehung von Aktien (§ 237 AktG).[1196] Sie ziele auf die volle Beseitigung der Mitgliedschaftsrechte in ihrem Bestand. Sie betreffe ferner im Rahmen einer Kapitalherabsetzung nicht alle Aktien, also die Gesamtheit der Aktionäre, sondern nur bestimmte Aktien und damit nur einen Teil der Aktionäre. Die in § 237 AktG vorgesehene Satzungsbestimmung soll dem nicht entgegen stehen. Da in einem solchen Fall denklogisch auch keine Bestimmung zur Höhe der Abfindung in der Satzung zu finden ist, müsse das entsprechende Entgelt in Anwendung von § 315 BGB nach billigem

---

1191 *Zöllner* AG 1993, 68 (76).

1192 BGHZ 17, 130 (136); *Zöllner/Winter* ZHR 158 (1994), 59 (62); MünchKommBGB/*Ulmer* § 738, Rn. 32 m.w.N.

1193 *Zöllner/Winter* ZHR 158 (1994), 59 (62).

1194 Ebenso *Carsten Schäfer* Die Lehre vom fehlerhaften Verband S. 428.

1195 *Kort* ZGR 1994, 291 (313 f.).

1196 Heute wohl h.L.: *Kort* ZGR 1994, 291 (314 ff.); GroßKommAktG/*Wiedemann*, § 189, Rn. 42; *Hüffer* AktG, § 248, Rn. 7a; zustimmend auch für das Problem der Rückabwicklung fehlerhafter Kapitalübernahmen, *Lutter* FS Röhricht, S. 369 (380).

Ermessen bestimmt werden. Dies laufe auf eine angemessene Abfindung hinaus. Entscheidend sei nicht der Liquidationswert, sondern der innere Wert der Aktien nach der Vermögens-, insbesondere nach der zukunftsorientierten Ertragslage der Gesellschaft. Maßgeblicher Zeitpunkt soll der Tag des rechtskräftigen Abschlusses des Anfechtungsverfahrens sein.[1197]

Im Ergebnis kommt *Kort* mit seiner auf § 237 AktG, § 315 BGB gestützten Lösung ebenso wie *Zöllner/Winter* mit der Zugrundelegung von § 738 BGB zu einer Bemessung des Abfindungsanspruchs nach dem anteiligen Ertragswert des von der Gesellschaft getragenen Unternehmens.[1198] Diesem Ergebnis hat sich der überwiegende Teil der Literatur angeschlossen.[1199] Mit Anwendung der Ertragswertmethode kommen dem Gesellschafter zwischenzeitliche Wertzuwächse ebenso zugute, wie er umgekehrt auch in Höhe seiner Beteiligung am vollen Risiko der Gesellschaft bis zur Gegenwart (Anfechtung) partizipiert.[1200]

2. Abfindung nach Jahresbilanzwert

Gegen die von der herrschenden Lehre befürwortete Bemessung der Abfindung am Ertragswert der Gesellschaft wendet sich *Ulrich Huber* und schlägt stattdessen eine Bemessung vor, die sich an Bilanzwerten orientiert. § 738 BGB sei im Aktienrecht unanwendbar und das Gesetz schweige in § 237 AktG über die Abfindung, weil es zu Recht davon ausgehe, dass in diesem Fall die Satzung mit der Zwangseinziehung auch die Abfindung regele.[1201]

Der aufgrund des rechtskräftigen Anfechtungsurteils eintretende Ausschluss der Zeichner der neuen Aktien oder ihrer Rechtsnachfolger aus der Gesellschaft lasse sich überhaupt nur aus dem Gesichtspunkt rechtfertigen, dass der Beitritt der neuen Aktionäre soweit wie möglich ungeschehen gemacht werden solle, dass also, soweit es gehe, restitutio in integrum eintreten solle – allerdings unter dem Vorbehalt, dass die in der Zwischenzeit entstandenen Gewinne und Verluste, soweit sie auf die fehlerhaften Beteiligungen entfielen, bei deren Inhabern verbleiben müssten. Deshalb solle der Aktionär nur unter Beteiligung an den

---

1197 Ebenso *Zöllner/Winter* ZHR 158 (1994), 59 (64).

1198 Es überrascht also nicht, dass *Zöllner/Winter* ZHR 158 (1994), 59 (64) dem Vorschlag *Korts* ZGR 1994, 291 (314 ff.) im Ergebnis zustimmen.

1199 GroßKommAktG/*Wiedemann*, § 189, Rn. 42; *Hüffer* AktG, § 248, Rn. 7a; ebenfalls für die Berechnung der Barabfindung nach der Ertragswertmethode, wenn auch mit anderem Begründungsansatz *Meyer-Panhuysen*, S. 120 ff.

1200 GroßKomm AktG/*Wiedemann*, § 189, Rn. 42; *Kort* Bestandsschutz, S. 215.

1201 *Ulrich Huber* FS Claussen, S. 147 (152).

Verlusten (und Gewinnen), die während der Lebensdauer der Beteiligung entstanden sind, abgefunden werden.[1202]

Dem kann die Gesellschaft nach Ansicht *ULRICH HUBERS* zum einen dadurch gerecht werden, dass sie ihren abfindungsberechtigten Aktionären fehlerfreie Aktien verschafft oder in bar den entsprechenden Wert, so dass der Anleger sich diese selbst über die Börse besorgen kann („Abfindung zum Börsenkurs").[1203] Zum anderen könne eine Abfindung zu erfolgen, die sich an der Jahresbilanz (also reinen Buchwerten) orientiert: Ausgangspunkt ist dabei der ursprünglich auf die fehlerhafte Beteiligung geleistete Einlage (Nennwert plus Agio). Von diesem Wert sei der Betrag abzuziehen, der dem Anteil des Aktionärs am in der Zwischenzeit eingetretenen Verlust entspricht. Umgekehrt sei im Falle eines nicht ausgeschütteten Jahresüberschusses dieser hinzuzurechnen.[1204]

Der wesentliche Unterschied dieser von Buchwerten ausgehenden Lösung gegenüber der Berechnung der Abfindung anhand von Ertragswerten besteht darin, dass möglicherweise bestehende stille Reserven im ersten Fall nicht zur Abfindung herangezogen werden können, im zweiten Falle hingegen doch. Dahinter steht nach *ULRICH HUBER* die Überlegung, dass den fehlerhaft beteiligten Aktionären kein unangemessenes Übergewicht gegenüber den rechtmäßig Beteiligten eingeräumt werden soll. Dies würde aber geschehen, wenn man erstere an stillen Reserven, die schon vor der fehlerhaften Kapitalerhöhung und damit fehlerhaften Beteiligung entstanden waren, beteiligen würde.[1205] Auch der Vorschlag *ULRICH HUBERS* hat Zustimmung in der Literatur gefunden.[1206]

3. Wertungen der LfG

Ist einmal erkannt, dass die LfG der unbesehenen Rückzahlung des ursprünglich für den Erwerb der Mitgliedschaft aufgewendeten Betrages entgegen steht, so muss man sich bei der Bemessung der Abfindung des geschädigten Aktionärs ebenfalls an den diesem Konzept zu Grunde liegenden Wertungen orientieren.

Entscheidend ist dabei der Gedanke, dass der Verband als solcher und jede einzelne Mitgliedschaft in vollem Umfang, also auch was die Vermögensverhältnisse angeht, zu Gunsten des Bestands- und Verkehrsschutzes für die Zeit

---

[1202] *Ulrich Huber* FS Claussen, S. 147 (153).
[1203] *Ulrich Huber* FS Claussen, S. 147 (153 f.).
[1204] *Ulrich Huber* FS Claussen, S. 147 (155).
[1205] *Ulrich Huber* FS Claussen, S. 147 (162).
[1206] *Carsten Schäfer* Die Lehre vom fehlerhaften Verband, S. 430 ff.; kritisch hingegen *Meyer-Panhuysen*, S. 133 f.

vor dem Austritt zu erhalten ist.[1207] Die im Recht der Personengesellschaften anerkannte Lösung, dem fehlerhaft Beteiligten anstelle einer Anfechtung nur die ex nunc wirkende Kündigung zu erlauben und ihm anstelle des vergangenheitsbezogenen Bereicherungsanspruches einen an der gegenwärtigen Ertragslage der Gesellschaft orientierten Abfindungsanspruch zuzusprechen, wird diesem Ansinnen gerecht, indem sie die Verhältnisse für die Vergangenheit im Ganzen unberührt lässt.

Die Lösung *Ulrich Hubers* verlässt hingegen den im Personengesellschaftsrecht begründeten Pfad. Sie lässt die Verhältnisse für die Vergangenheit gerade nicht unberührt. Es wird sogar im Gegenteil auf die zurückliegenden Verhältnisse abgestellt, indem der Vorzug der Bemessung der Abfindung nach Buchwerten darin bestehe, dass „die Eigenkapitalausstattung der Gesellschaft durch die Nichtigerklärung der Kapitalerhöhung sich nicht gegenüber dem Zustand verschlechtern kann, der bestünde, wenn die Kapitalerhöhung von vornherein unterblieben wäre."[1208] Sie lässt damit eine konsequente Anwendung der LfG vermissen und erinnert mehr an eine bereicherungsrechtliche Lösung.[1209] Dem wurde mit Blick auf das bisherige Verständnis der Wertungen der LfG entgegen gehalten, dass auch der fehlerhaft beigetretene Aktionär sein Kapital vorbehaltlos zur Verfügung gestellt hat.[1210] Der fehlerhafte Aktionär wird nach den Grundsätzen der LfG voll, nicht nur teilweise Aktionär, er ist deswegen auch am vollen Unternehmenswert, einschließlich der möglicherweise vorhandenen stillen Reserven zu beteiligen, so wie es geschähe, wenn ein fehlerfrei beigetretener Gesellschafter ausscheiden würde.[1211] Geht man davon aus, dass die LfG den Verband und jede einzelne Mitgliedschaft schützt und aus diesem Grund eine nachträgliche Rückabwicklung verbietet, so erscheint es stimmiger, auch für die Vermögensverhältnisse Umstände aus der Vergangenheit unberücksichtigt zu lassen. Die LfG spricht somit für eine Abfindungsberechnung auf der Grundlage des aktuellen Ertragwertes.[1212]

[1207] Siehe oben, S. 207 ff.
[1208] *Ulrich Huber* FS Claussen, S. 147 (156).
[1209] So auch *Meyer-Panhuysen*, S. 133.
[1210] *Meyer-Panhuysen*, S. 133.
[1211] Zu Recht *Meyer-Panhuysen*, S. 133.
[1212] Spezifische Probleme der Abwicklung fehlerhafter Kapitalerhöhungen mögen Modifikationen erfordern, doch ist dies nicht der Ort, darüber zu befinden.

4. Übertragung auf die Abfindung geschädigter Kapitalanleger

Entspricht die Lösung *Ulrich Hubers* bereits den Wertungen der LfG nicht optimal, so lässt sie sich jedenfalls nicht unbesehen auf die Abfindung geschädigter Kapitalanleger übertragen.[1213] Nicht übertragbar ist vor allem, den ursprünglichen Ausgabebetrag der Aktien als Ausgangswert für die Bemessung der Abfindung heranzuziehen. Dem steht entgegen, dass bei schadensersatzberechtigten Anteilsinhabern die jeweilige Herkunft der Aktien geklärt werden müsste, was insbesondere dann, wenn eine Vielzahl von Kapitalerhöhungen zurückliegt, große Schwierigkeiten mit sich brächte.[1214] Des Weiteren würde ein schadensersatzberechtigter Anleger, der Aktien erworben hat, die ursprünglich zu einem hohen Ausgabebetrag ausgewiesen wurden (etwa in einer Phase, als die Anteile der AG wegen Fehlinformationen des Kapitalmarkts ohnehin preislich zu hoch eingestuft wurden), von der Gesellschaft nun einen relativ hohen Betrag erhalten, während ein gleichermaßen getäuschter Aktionär, dessen Aktien zufällig einen geringen ursprünglichen Ausgabebetrag hatten, auch eine sehr viel geringere Summe erhielte. Aus Sicht der getäuschten Aktionäre müsste ein solches Ergebnis zufällig anmuten.

Man könnte daran denken, anstelle des ursprünglichen Ausgabebetrages den vom Anleger beim derivativen Erwerbsgeschäft entrichteten Preis als Ausgangswert anzusetzen und dann von diesem Betrag zwischenzeitliche bilanzielle Überschüsse und Verluste bis zum wirksamen Austritt des Aktionärs abzuziehen. Hiermit hätte man erreicht, dass der Aktionär für die Zeit seiner Beteiligung an Gewinn und Verlust der Gesellschaft teilhat. Dieser Gedanke beherrscht auch die von der überwiegenden Ansicht bei §§ 37b, 37c WpHG vertretenen Differenzmethode, nach der dem Geschädigten nicht der ursprüngliche Erwerbspreis der Aktien zu erstatten ist, sondern nur die Differenz, die der Anleger zu viel gezahlt hat, weil der Preis sich aufgrund fehlerhafter Informationen falsch gebildet hatte.[1215] Auch damit wird dem Anleger das zwischenzeitliche Risiko der Beteiligung auferlegt (allerdings nicht direkt das Risiko von Gewinn und Verlust der Gesellschaft, sondern das Risiko allgemeiner zwischenzeitlicher Kursentwicklungen). Doch beruht der vom getäuschten Anleger bezahlte zu hohe Kaufpreis ja gerade auf der Fehlinformation des Kapitalmarktes. Man würde also letztlich das Risiko der Täuschung wiederum auf die Gesellschaft und mittelbar

---

[1213] Anders *Carsten Schäfer* NZG 2005, 985 (990) ohne weitere Ausführungen.

[1214] Vgl. *Carsten Schäfer* Die Lehre vom fehlerhaften Verband, S. 431 mit Blick auf § 305 AktG.

[1215] Hierzu nur Assmann/Schütze/*Fleischer*, § 7, Rn. 53.

auf die Gläubiger und Mitgesellschafter verlagern. Zur Verdeutlichung sei nochmals die im Bereich der Personengesellschaften verfolgte Lösung angeführt. Dort ist anerkannt, dass mit der Versagung sämtlicher Ansprüche, die wertmäßig über das aktuelle Abfindungsguthaben hinausgehen, der Anleger zu einem guten Teil auch das Risiko der eigenen Täuschung trägt. Man berechnet den Anspruch des Anlegers gerade nicht anhand des Betrages, den der Anleger ursprünglich als Einlage geleistet hat und rechnet Gewinne oder Verluste ab diesem Zeitpunkt hinzu, wie es dem für die Abwicklung fehlerhafter Kapitalerhöhungen verfolgten Ansatz entspräche.

Dann tragen aber auch die von *Ulrich Huber* für den Fall der Abwicklung fehlerhafter Kapitalerhöhungen vorgebrachten Bedenken gegen die Teilhabe des ausscheidenden Aktionärs an den stillen Reserven jedenfalls im Falle täuschungsbedingter Schadensabwicklungen bei der Aktiengesellschaft nicht. *Ulrich Huber* begründet den Ausschluss der fehlerhaft beteiligten Aktionäre von der Beteiligung am vollen Ertragswert inklusive stiller Reserven damit, dass den ausscheidenden Aktionären gegenüber den fehlerfrei Beteiligten kein unangemessenes Übergewicht zukommen soll, indem sie an stillen Reserven beteiligt würden, die schon vor dem fehlerhaften Beitritt begründet wurden.[1216] Von einem solchen unangemessenen Übergewicht kann aber dann keine Rede sein, wenn den Anlegern zum Schutz auch der übrigen Aktionäre zunächst das Risiko der Täuschung und der mangelnden Kapitalausstattung der Gesellschaft selbst auferlegt wird. Denn wenn auf der einen Seite zum Schutz der Interessen von Gläubigern und Mitgesellschaftern der getäuschte Anleger im Verhältnis zur Gesellschaft selbst letztlich einen guten Teil des Risikos überhöhter Erwerbspreise in Folge fehlerhafter Kapitalmarktinformationen tragen soll, so erscheint es nur gerechtfertigt, ihn im Gegenzug auch am vollen Ertragswert der Gesellschaft zu beteiligen. Auch hierdurch wird ein Ausgleich zwischen dem Interesse des Geschädigten auf der einen und Bestands- und Verkehrsschutzinteressen auf der anderen Seite erreicht. Im Ergebnis sprechen die besseren Gründe daher für eine grundsätzliche Bemessung der Abfindung am aktuellen Ertragwert der Gesellschaft.

5. Bedeutung des Börsenpreises

In der Frage der Entschädigung außenstehender bzw. ausgeschiedener Aktionäre bei Beherrschungs- und Gewinnabführungsverträgen (§§ 304 f. AktG) sowie bei

---

[1216] *Ulrich Huber* FS Claussen, S. 147 (162); zustimmend *Carsten Schäfer* Die Lehre vom fehlerhaften Verband, S. 430 f.

Eingliederungen (320b AktG) hat das Bundesverfassungsgericht Vorgaben konkretisiert, die sich aus dem Grundrecht der Eigentumsfreiheit (Art. 14 GG) der zu entschädigenden Aktionäre ergeben.[1217] Demnach muss sich die Abfindung der außenstehenden Aktionäre am Verkehrswert der Beteiligung orientieren. Für die Festsetzung des Verkehrswertes könne wiederum der Börsenwert nicht außer Acht gelassen werden. Bei voller Abfindung des Aktionärs stellt der Börsenwert die Untergrenze dar. Es liegt dem die Überlegung zu Grunde, dass der Aktionär nicht weniger erhalten darf, als er bei freier Desinvestitionsentscheidung erhalten hätte.[1218]

Es wird nichts dagegen sprechen, den Börsenwert auch bei der Abfindung getäuschter Aktionäre als Untergrenze für die Abfindung heranzuziehen. Denn wenn der Aktionär nach LfG bis zu seinem Austritt als vollgültiger Aktionär anzusehen ist, so hat er wegen Art. 14 GG unter Berücksichtigung der Vorgaben des Bundesverfassungsgerichts auch Anspruch auf die volle Entschädigung für den Verlust dieser Rechtsposition. Etwas anderes als eine Untergrenze kann der Börsenwert für die Bemessung getäuschter Anleger jedoch nicht darstellen. Auch die angeführte Bundesverfassungsgerichtsentscheidung hat nichts an der grundsätzlichen Einschätzung geändert, dass sich der Börsenkurs mit dem wahren Wert der Aktie decken, aber auch höher oder niedriger liegen kann.[1219] Denn im Börsenkurs spiegeln sich die im Augenblick der Kursbildung vorhandenen Verhältnisse von Angebot und Nachfrage ebenso wie zufallsbedingte Umsätze, spekulative und sonstige nicht wertbezogene Einflüsse wie politische Ereignisse, Gerüchte, Informationen, psychologische Momente oder allgemeine Tendenzen wieder.[1220] Gerade im Falle von an den Kapitalmarkt gerichteten Fehlinformationen, die Kursmanipulationen hervorrufen, versagt der Börsenpreis als Indikator für den Wert der gehandelten Beteiligungen.

Nach der LfG ist entscheidend, dem Aktionär den aktuellen Wert seiner Beteiligung im Zeitpunkt des Austritts zuzugestehen. Ein Recht zum Austritt hat der Anleger aber, in Parallele zur fehlerhaften Beteiligung an einer Personengesellschaft, wenn die Voraussetzungen des Schadensersatzanspruches vorliegen. Im Falle fehlerhafter an den Sekundärmarkt gerichteten Informationen (etwa fehlerhafte Ad-hoc-Mitteilungen) wird der Schaden aber erst dann ersichtlich,

---

1217 BVerfGE 100, 289.
1218 BVerfGE 100, 289 (305 f.).
1219 Vgl. BVerfGE 100, 289 (297 ff.).
1220 *Großfeld* Unternehmens- und Anteilsbewertung im Gesellschaftsrecht, S. 180 ff.; *Henze* FS Lutter, S. 1101 (1111).

wenn die Fehlinformation bereits bekannt geworden ist und der Börsenkurs der Beteiligung daraufhin, oftmals schlagartig, abgefallen ist.[1221] Auch in dieser Phase jedoch steht zu befürchten, dass der Kurs nicht den wahren Wert der Beteiligung darstellt. Denn die Kursreaktion unmittelbar nach Ende der Desinformationsphase wird möglicherweise einen größeren Abschlag darstellen als durch den eigentlichen Inhalt der relevanten Information begründet ist. Dies liegt wiederum daran, dass der Kapitalmarkt auf bekanntgewordene (bewusste) Fehlinformationen wegen der damit verbundenen Schädigung des subjektiven Anlegervertrauens überzureagieren droht.[1222]

Gestattet man dem getäuschten Aktionär den Austritt aus der Aktiengesellschaft unter einer am Ertragswert des von der Gesellschaft getragenen Unternehmens bemessenen Abfindung, so versagt man ihm nach oben stehenden Erwägungen nicht gänzlich eine vermögensmäßige Kompensation seines Schadens. Man würde vielmehr sicherstellen, dass er (zumindest) den aktuellen Wert seiner Beteiligung ohne das Risiko der Überreaktion des Kapitalmarktes aufgrund der öffentlichen Täuschungen erhält. Zuzugeben sind allerdings bereits an dieser Stelle Zweifel, ob sich eine solche (streng an den Wertungen der LfG orientierten) Lösung mit den modernen gesetzgeberischen Vorgaben zur Kapitalmarktinformationshaftung verträgt.[1223]

IV. Insolvenzrechtliche Qualifikation der Ersatzleistung

1. Nachrangigkeit i.S.d. § 39 InsO

Es gibt gewichtige Stimmen in der Literatur, die Ersatzforderungen getäuschter Aktionäre im Allgemeinen ungeschmälert zuzulassen, sie jedoch in der Insolvenz als nachrangig i.S.d. § 39 InsO gegenüber den Forderungen der Fremdgläubiger zu betrachten.[1224] Es soll sich dabei allerdings zumeist um Vorschläge de lege ferenda handeln.[1225]

1221 Vgl. die Darstellung bei *Carsten Schäfer/Martin Weber/Wolf* ZIP 2008, 197.

1222 Soweit ersichtlich liegen hierzu noch keine genauen Erhebungen vor, gleiche Bedenken äußern jedoch *Escher-Weingart/Lägeler* WM 2004, 1845 (1855); *Möllers/Leisch* BKR 2002, 1071 (1078).

1223 Siehe daher zu notwendigen Korrekturen an dem durch die LfG vorgegebenen Ergebnis, unten, S. 261 ff.

1224 *Baums* ZHR 170 (2003), 139 (170); *Hopt/Voigt*, S. 64 f.; 118; *Langenbucher* ZIP 2005, 239 (244); *Möllers* BB 2005, 1637 (1642); vgl. aus der älteren Literatur bereits *Sievers* DJZ 1903, 85 ff.

1225 Anders aber wohl *Langenbucher* ZIP 2005, 239 (244).

Als Hauptargument hierfür wird die Rolle des Aktionärs als Eigenkapitalgeber angeführt. So müsse bei endgültiger Verteilung des Gesellschaftsvermögens verhindert werden, dass sich die Aktionäre im Wege des Schadensersatzanspruches zu Lasten der Fremdgläubiger einen Teil ihres Investments zurückzahlen ließen.[1226] Der Eigenkapitalgeber trage gegenüber den Fremdkapitalgebern das endgültige Ausfallrisiko.[1227] Ein Gleichrang der Aktionärsforderungen mit den Fremdgläubigerforderungen verringere die Sanierungsbereitschaft in der Insolvenz.[1228]

Abgesehen vom Argument der Sanierungsbereitschaft ist jedoch nicht ersichtlich, wieso nur für den Fall der Insolvenz auf die Rolle des Anlegers als Eigen- bzw. Risikokapitalgeber abgestellt werden soll. Denn bereits in der Frage, ob die Schadensersatzleistung an den aktienrechtlichen Vorschriften der Kapitalerhaltung zu messen ist, geht es um genau diesen Konflikt zwischen Eigen- und Fremdkapitalgebern.[1229] Insbesondere würde es wertungsmäßig nicht stimmig erscheinen, den getäuschten Anleger im Rahmen der Kapitalerhaltungsregeln als „Dritten", also wie einen Fremdgläubiger zu behandeln, um ihm in der Insolvenz seine Rolle als Eigenkapitalgeber entgegen zu halten. Dann erscheint es immerhin konsequenter, bei einem angenommenen Vorrang der Kapitalmarktinformationshaftung vor den Vorschriften der Kapitalerhaltung davon auszugehen, dass das mit Schadensersatzansprüchen belegte Kapital der Aktiengesellschaft eben nicht als von den (getäuschten) Aktionären zur Verfügung gestellte Haftungsmasse für die übrigen Gläubiger zu qualifizieren ist und daher auch in der Insolvenz die Gläubiger auf gleicher Stufe mit den getäuschten Aktionären befinden.[1230] Es geht den Vertretern der „Nachrangthese" also nicht um einen verstärkten Anlegerschutz auf Kosten von Fremdgläubigern, sondern um das auch sonst in der aktuellen Diskussion[1231] anzutreffende In-Frage-Stellen der Effizienz des Gläubigerschutzes durch bilanzielles Nennkapital.[1232] Wenn man aber das grundsätzlich höhere Risiko der (auch getäuschten) Anleger gegenüber Fremdgläubigern anerkennt, so erscheint es richtiger, die dafür im geltenden

---

[1226] *Baums* ZHR 170 (2003), 139 (170); *Hopt/Voigt*, S. 64 f.; 118.

[1227] *Langenbucher* ZIP 2005, 239 (244).

[1228] *Baums* ZHR 170 (2003), 139 (170); *Hopt/Voigt*, S. 64 f.; 118; *Langenbucher* ZIP 2005, 239 (244).

[1229] Siehe oben, S. 177 ff.

[1230] *Gundlach/Frenzel/Schmidt* ZInsO 2006, 1316 (1318 f.); *Zimmer* WM 2004, 9 (11 f.).

[1231] Siehe zum Themenkomplex des bilanziellen Nennkapitalsystems nur *Rickford* EBLR 2004, 919 (971 ff.); Lutter (Hg.) Das Kapital der Aktiengesellschaft in Europa.

[1232] Deutlich insoweit *Hopt/Voigt*, S. 63 f.

Recht vorgesehenen Schutzinstrumente auch anzuwenden. Aus der Anwendung der Kapitalerhaltungsregeln ergibt sich dann eine Haftung der AG nur mit dem freien Vermögen. Weil wertungsmäßig die getäuschten Anleger gegenüber den Fremdgläubigern, nicht aber gegenüber ihren Mitgesellschaftern zurückstehen müssen, folgt des Weiteren die Nachrangigkeit ihrer Forderungen in der Insolvenz gem. § 39 I Nr. 5 InsO analog.[1233]

2. Überschussverteilung gem. § 199 S. 2 InsO

Eine strikte Anwendung der LfG gestattet dem getäuschten Gesellschafter nur ein ex nunc wirkendes Austrittsrecht und eine damit verbundene Abfindungszahlung. Mit einer solchen Abfindung kann der Gläubiger aber nur den aktuellen Wert seiner Beteiligung verlangen. Damit steht er in der Insolvenz auf einer Stufe mit den Mitgesellschaftern, denen im Falle eines Überschusses ebenso ihr Anteil zusteht, § 199 S. 2 InsO. Während also bei isolierter Betrachtung des Schadensersatzanspruches unter dem Blickwinkel der aktienrechtlichen Kapitalerhaltung der getäuschte Anleger noch gem. § 39 I Nr. 5 InsO zwar nachrangig gegenüber den Gläubigern, aber vor seinen Mitgesellschaftern zu befriedigen ist,[1234] steht er bei Anwendung der LfG mit den Mitgesellschaftern auf einer Stufe. Auch insoweit manifestiert sich seine Teilhabe an der Gesellschaft als Leistungs- und Risikogemeinschaft, die im Interesse von Gläubigern und Gesellschaftern Bestandsschutz genießt.

In der Regel hat dies keine großen praktischen Auswirkungen, da gewöhnlich bereits Forderungen i.S.d. § 39 InsO nicht mehr erfüllt werden können.[1235] Etwas anderes kann sich jedoch ergeben, wenn zahlreiche Gesellschafter getäuscht worden sind. Stellen Ihre Forderungen Insolvenzforderungen im Sinne des § 39 I Nr. 5 InsO analog dar, so müssten sie mit der Rechtssprechung des BGH[1236] in der Überschuldungsbilanz zu passivieren sein. Die getäuschten Gesellschafter könnten also unter Umständen die Insolvenz in der Hoffnung herbeiführen, noch vor den (nicht getäuschten) Mitgesellschaftern etwas aus dem Gesellschaftsvermögen zu erhalten.[1237] Die Chance haben sie indes nicht, wenn sie mit allen Mitgesellschaftern in der Insolvenz auf gleicher Stufe stehen und nur den aktuellen Wert ihrer Beteiligung als Abfindung verlangen können.

[1233] Siehe bereits oben, S. 97 ff.

[1234] Siehen oben, S. 97 ff. und S. 257 ff.

[1235] Gottwald/*Klopp/Kluth*, § 19, Rn. 35 „utopische Quotenchance".

[1236] BGHZ 146, 264.

[1237] BGHZ 146, 264 (272 f.); siehe bereits oben, S. 97 ff.

V. Zusammenfassung

Die Anwendung der LfG auf die Kapitalmarktinformationshaftung der Aktiengesellschaft hat zur Folge, dass dem schadensersatzberechtigten Aktionär ein Austrittsrecht aus wichtigem Grund zuzugestehen ist. Ein solcher Austritt ist gemäß den Vorgaben der Einziehung analog § 237 AktG zu vollziehen. Sowohl Satzungs- als auch Hauptversammlungsbeschluss sind grundsätzlich nicht erforderlich, da bei Vorliegen des wichtigen Grundes in der Person des Aktionärs diesem der Austritt seitens der Gesellschaft und der Mitgesellschafter aus dem Gedanken der Treuepflicht zu ermöglichen ist.

Auf die von einer Einziehung betroffenen Interessen ist Rücksicht zu nehmen. Dem tragen die Vorgaben des ordentlichen (§ 237 II AktG) bzw. des vereinfachten Einziehungsverfahrens (§ 237 III AktG) Rechnung. Zahlungen an den austretenden Aktionär dürfen deswegen nur aus freiem Vermögen erfolgen oder nach Ablauf einer Sechs-Monats-Frist, in denen den Gläubigern Gelegenheit zur Forderung von Sicherheiten eingeräumt worden ist. Um Zahlungen zu ermöglichen, sind stille Reserven, soweit vorhanden, aufzulösen.

Bei strikter Anwendung der LfG ist dem Aktionär im Gegenzug zur Einziehung der Aktien eine Abfindung zu zahlen, die sich am aktuellen Ertragswert der Gesellschaft bemisst. Insolvenzrechtlich können derartige Abfindungsansprüche nur im Rahmen einer Überschussverteilung gem. § 199 S. 2 InsO berücksichtigt werden.

§ 14 Vereinbarkeit mit modernen kapitalmarktrechtlichen Vorgaben

In den vorangegangenen Abschnitten wurde erläutert, dass die Abwicklung von Schäden, die der Anleger-Aktionär infolge von Täuschungen erlitten hat, grundsätzlich Fälle darstellen, auf die die LfG anwendbar ist.[1238] Es wurde sodann eine Lösung entwickelt, die sich streng an den Wertungen der Lehre orientiert.[1239]

Hierbei ist bereits darauf hingewiesen worden, dass im Rahmen der fehlerhaften Gesellschaft Abwägungen zwischen betroffenen Interessen vorgenommen werden müssen.[1240] Dabei hat sich gezeigt, dass nach seit langem anerkannter Ansicht das Restitutionsinteresse des individuell Geschädigten keinen Vorrang vor dem Interesse des gesellschaftsrechtlichen Bestands- und Verkehrsschutz hat.[1241] Andererseits ist zu berücksichtigen, dass sich die zu Grunde liegenden Wertungen, nach denen das Gewicht der einander entgegenstehenden Interessen zu beurteilen ist, ändern können. Deshalb wurde die Anwendung der LfG unter den Vorbehalt gestellt, dass sie unter der Berücksichtigung der mit diesem Institut einhergehenden Rechtsfolgen nochmals auf die in den modernen Kapitalmarktinformationshaftungstatbeständen verankerte Wertung der Interessen eines funktionsfähigen Kapitalmarktes und des Anlegerschutzes hin überprüft wird.[1242] Dies soll in diesem Abschnitt geschehen.

I. §§ 44 ff. BörsG

Die mit Anwendung der LfG zu verfolgende Lösung verträgt sich nicht mit der klaren Anordnung des Gesetzgebers in § 44 BörsG. Der Zahlung einer Abfindung, die das Risiko der vermögensmäßigen Entwicklung der Gesellschaft für die Vergangenheit beim Aktionär belässt, steht in Widerspruch zu der im Wortlaut eindeutigen Rechtsfolge, dass die Gesellschaft als Emittent dem Anleger den Erwerbspreis zu erstatten hat.

Aber auch die Sicherung des gebundenen Kapitals, sei es mittels §§ 237, 225, 57 oder 71 AktG ist nicht möglich, da insoweit der Börsenprospekthaftung der Vorrang über den aktienrechtlichen Regelungen gebührt. Dies ergibt sich zu einen aus der Kollisionsnorm des § 2 II EGHGB und wird durch die in den Gesetzesmaterialien zum dritten Finanzmarktförderungsgesetz nur bestätigt.

[1238] Siehe oben, S. 212 ff.
[1239] Siehe oben, S. 232 ff.
[1240] Siehe oben, S. 220 ff.
[1241] Siehe oben, S. 224 ff.
[1242] Siehe oben, S. 227 ff.

Das mit der LfG verbundene Austrittsrecht hat darüber hinaus keine eigenständige Bedeutung, denn es ist bereits in der Rechtsfolge des § 44 BörsG angelegt, indem dem Anleger-Aktionär gestattet ist, von der schadensersatzverpflichteten Gesellschaft die Übernahme der Wertpapiere zu verlangen. Stellt der Schadensatz gem. §§ 44 ff. BörsG somit nicht die Rückzahlung von Haftkapital dar, gibt es auch keinen Grund, die Forderung in der Insolvenz de lege lata nachrangig zu behandeln. Es handelt sich um eine Insolvenzforderung gem. § 38 InsO.[1243] Im Ergebnis werden also die LfG und auch die Vorgaben der aktienrechtlichen Kapitalerhaltung komplett durch die Rechtsfolgen des § 44 f. BörsG verdrängt.

Es wurde an anderer Stelle bereits darauf hingewiesen, dass das für § 44 BörsG gefundene Ergebnis des Schicksals von Ansprüchen getäuschter Anleger in einer Aktiengesellschaft auch für die Rechtsfolgen der in §§ 13, 13a VerkProspG niedergelegten Prospekthaftung auf dem grauen Kapitalmarkt von Bedeutung ist: Es ist insoweit von einer parallelen Lösung des Verhältnisses vom kapitalmarktrechtlichen Anlegerschutz zur gesellschaftsrechtlichen Vermögensbindung auszugehen.[1244] Wenn aber § 44 BörsG Vorrang vor der aktienrechtlichen Kapitalerhaltung hat, so stellt auch die Zahlung von Schadensersatz gem. §§ 13, 13a VerkProspG an einen Publikumskommanditisten keine Einlagenrückgewähr dar, die ansonsten gem. §§ 172 IV 1, 171 I 1 HGB zum Wiederaufleben der Haftung führen würde, dar.

Aus rein deutschrechtlicher Sicht könnte man es damit bewenden lassen und die Börsenprospekthaftung als einen vom Gesetzgeber eindeutig entschiedenen Vorrang kapitalmarktrechtlichen Anlegerschutzes betrachten. Allerdings widerspricht dieses Ergebnis, soweit es um Aktiengesellschaften geht, den Vorgaben der europäischen Kapitalrichtlinie[1245]. Während der vorgeschlagene Lösungsweg über die LfG, der zu einem Austritt des Aktionärs verbunden mit einer Kapital-

---

1243 *Gundlach/Frenzel/Schmidt* ZInsO 2006, 1316 (1318 f.).

1244 Siehe oben, S. 151 f.

1245 Zweite Richtlinie des Rates v. 13. 12. 1976 zur Koordinierung der Schutzbestimmungen, die in den Mitgliedstaaten den Gesellschaften im Sinne des Artikels 58 Absatz 2 des Vertrages im Interesse der Gesellschafter sowie Dritter für die Gründung der Aktiengesellschaft sowie für die Erhaltung und Änderung ihres Kapitals vorgeschrieben sind, um diese Bestimmungen gleichwertig zu gestalten (77/91/EWG), ABl. 1977 Nr. L 26/1, geändert durch RL 2006/68/EG des Europäischen Parlamentes und des Rates v. 6. 9. 2006 zur Änderung der Richtlinie 77/91 EWG des Rates in Bezug auf die Gründung von Aktiengesellschaften und die Erhaltung und Änderung ihres Kapitals, ABl. 2006 Nr. L 264/32.

herabsetzung durch Einziehung führt, sich in das System der Kapitalrichtlinie[1246] einfügt,[1247] gelingt dies der Anordnung, die aktienrechtliche Kapitalerhaltung außer Acht zu lassen, nicht.[1248] Denn für das Verhältnis europarechtlicher Richtlinienbestimmungen der Kapitalmarktinformationshaftung im Verhältnis zur Kapitalerhaltung besteht bisher keine dem deutschen Art. 2 II EGHGB vergleichbare Kollisionsnorm. Insoweit gelten weiterhin die Vorgaben der Kapitalrichtlinie[1249], die lediglich eine Schadensersatzleistung aus dem freien Vermögen zulassen würden, eine Übernahme eigener Anteile durch die Aktiengesellschaft, wie es § 44 I BörsG vorschreibt, hingegen gar nicht.[1250]

Diesem Konflikt zwischen § 44 BörsG und der Kapitalrichtlinie[1251] muss zunächst mit dem aus Art. 10 EG i.V.m. Art. 249 III EG gefolgerten Grundsatz der richtlinienkonformen Auslegung begegnet werden. Danach ist das nationale Recht so weit wie möglich am Wortlaut und Zweck der Richtlinie auszurichten.[1252] Allerdings kann eine richtlinienkonforme Auslegung nur anhand des nationalen Auslegungskanons erfolgen.[1253] Danach bildet der Wortsinn die Grenze der (auch richtlinienkonformen) Auslegung.[1254] § 44 I BörsG ordnet die Übernahme der Wertpapiere gegen Erstattung des Erwerbspreises an. Die Zahlung einer am aktuellen anteiligen Ertragswert bemessenen Abfindung ließe sich mit diesem eindeutigen Wortlaut nicht vereinbaren. Ob eine Beschränkung der Rechtsfolgen des § 44 BörsG durch §§ 237, 57, 71 AktG im Wege der teleologischen Reduktion zu erreichen wäre, kann dahingestellt bleiben. Jedenfalls lässt Art. 2 II EGHGB i.V.m. § 29 II EGAktG keine andere Auslegung zu, als dass die aktienrechtlichen Vorschriften der Kapitalerhaltung das speziellere BörsG unberührt lassen. Die in § 44 BörsG enthaltene Rechtsfolge, den ursprünglichen Erwerbspreis gegebenenfalls gegen Rückgabe der Aktien als Schadensersatz zu

---

1246 A.a.O. (Fn. 1245).

1247 Siehe oben, S. 247 f.

1248 Ebenso bereits *Vokuhl*, S. 151; *Gebauer*, S. 205.

1249 A.a.O. (Fn. 1245).

1250 Siehe oben, S. 106 ff.

1251 A.a.O. (Fn. 1245).

1252 EuGH v. 10. 4. 1984, Rs. 14/83 („von Colson und Kamann"), Slg. 1984, 1891 (Tz. 26); EuGH v. 13. 11. 1990, Rs. C-106/89 („Marleasing"), Slg. 1990 I 4135 (Tz. 8); Callies/Ruffert/*Kahl*, Art. 10 EGV, Rn. 58.

1253 EuGH v. 10. 4. 1984, Rs. 14/83 („von Colson und Kamann"), Slg. 1984, 1891 (Tz. 27, 28); EuGH v. 10. 4. 1984, Rs. 79/83 („Harz"), Slg. 1984, 1921 (Tz. 27, 28).

1254 *Larenz* Methodenlehre, S. 343; *Everling* ZGR 1992, 376 (388).

leisten, steht daher den Vorgaben der Kapitalrichtlinie[1255] auch nach richtlinienkonformer Auslegung entgegen.

Daraus folgert *Vokuhl*, dass die in §§ 44, 45 ff. BörsG enthaltene Anordnung, Schadensersatz ohne Rücksicht auf die Vorgaben aktienrechtlicher Kapitalerhaltung zu zahlen, unangewendet bleiben müsse.[1256] Dem steht die Ansicht *Gebauers* entgegen, die Rechtsfolgen der §§ 44, 45 BörsG seien dennoch vollständig anzuwenden, weil anderenfalls eine unmittelbare Wirkung der Richtlinie unter Privaten erreicht würde.[1257] Letztere Ansicht ist zustimmungswürdig. Nach der ständigen Rechtsprechung des EuGH soll eine Richtlinie keine horizontale Wirkung entfalten, aus der sich gezielte Belastungen für Private ergeben.[1258] Zwar wirkt die Kapitalrichtlinie nicht unmittelbar, wenn sich die Kapitalerhaltung auch aus den deutschen §§ 57, 71 AktG ergeben. Entscheidend ist aber, dass die den Anleger belastende Anordnung, die Rechtsfolgen von §§ 44 f. BörsG, Art. 2 II EGHGB i.V.m. § 29 II EGAktG nicht anzuwenden, allein aus der Richtlinie gefolgert werden könnte. Es muss daher bei einer Anwendung der (zum Teil europarechtswidrigen) Vorschriften bleiben.

Eine Lösung könnte nur de lege ferenda erfolgen. Hierzu reicht allerdings nicht die Schaffung eines Ausnahmetatbestandes nach der europarechtlichen Vorgabe von Art. 20 I lit. d der Kapitalrichtlinie, der den Erwerb eigener Aktien zur Erfüllung gesetzlicher Verbindlichkeiten zuließe, aus.[1259] Denn auch dann wären die dem Kapitalschutz dienenden Vorgaben des § 71c II, III AktG, die wiederum den europäischen Vorgaben des Art. 20 II, III der Kapitalrichtlinie entsprechen, zu beachten. Doch gerade die Geltung des AktG will Art. 2 II EGHGB i.V.m. § 29 II EGAktG schließlich im Verhältnis zum BörsG unterbinden. Zu erfolgen hätte vielmehr eine Regelung, die Art. 2 II EGHGB i.V.m. § 29 II EGAktG zu Gunsten der Vorgaben der Kapitalrichtlinie modifiziert oder eine Änderung auf europäischer Ebene.[1260] Einstweilen ist Inhabern von Ansprüchen gem. § 44 BörsG der Schadensersatz nur nach Maßgabe der §§ 44 f. BörsG und ohne Einschränkungen durch das AktG oder die LfG zu gestatten.

1255 A.a.O. (Fn. 1245).

1256 *Vokuhl*, S. 154; im Ergebnis ebenso *Wild*, S. 261 f.

1257 *Gebauer*, S. 205 f. *Gebauer* (ebd.) hält jedoch nur die Rücknahme der eigenen Aktien für unvereinbar mit europäischen Vorgaben.

1258 EuGH v. 11. 6. 1987, Rs. 14/86 („Pretore di Salò"), Slg. 1987, 2545 (Tz. 19); EuGH v. 14. 7. 1994, Rs. C-91/92, Slg. 1994 I 3325 (Tz. 19 ff.); wohl h.M. Callies/Ruffert/*Ruffert*, Art. 249 EGV, Rn. 83 f. m.w.N.

1259 So jedoch *Ziegler* NZG 2005, 301 (304).

1260 Dazu eingehend *Vokuhl*, S. 192 ff.

II. §§ 37b, 37c WpHG

Die mittels strikter Anwendung der LfG gewonnene Lösung verträgt sich auch schwerlich mit den modernen gesetzgeberischen Vorgaben der §§ 37b, 37c WpHG. Insbesondere kann man nicht an die Stelle des Schadensersatzes nur einen vermögensmäßigen Anspruch auf eine am anteiligen Ertragswert orientierte Abfindung setzen. Im Ergebnis könnte dem Anleger damit vermögensmäßig gar keine Restitution zuteil werden, es sei denn, der Ertragswert der Gesellschaft liegt höher als die Bewertung des Unternehmens durch die Börse.[1261] Decken sich hingegen anteiliger Ertragswert und Börsenwert, so könnte der getäuschte Aktionär seine Anteile auch schlicht auf dem Kapitalmarkt veräußern. Eine anderweitige Restitution des Anlegers ist auch nicht vorgesehen, weil sich der Gesetzgeber nun einmal mit §§ 37b, 37c WpHG für eine ausschließliche Emittentenhaftung entschieden hat. Durch eine strikte Anwendung der LfG begibt man sich also in die Gefahr, dass die neu geschaffenen Tatbestände faktisch leer liefen. Damit würde wiederum der gesetzlichen Intention zuwider gehandelt.

Die Frage ist jedoch, ob damit die Vorgaben der fehlerhaften Gesellschaft als verbandsrechtliches Institut, das seit jeher auf den Ausgleich betroffener Interessen zielt, in toto hinfällig werden. Dies muss man verneinen. Denn die in §§ 37b, 37c WpHG getroffene Wertentscheidung, dass vom Emittenten ein Schadensersatz zu zahlen ist, geht nicht so weit, dass die mit dem Institut der Lehre von der fehlerhaften Gesellschaft verfolgten Ziele des Bestands- und Verkehrsschutzes hinfällig werden. Im Gegensatz zu § 44 BörsG sind nämlich die genauen Modalitäten der Schadensersatzzahlung nicht vorgegeben.[1262] Auch ist die Kollision mit den gesellschaftsrechtlichen Vorgaben nicht wie mit § 2 II EGHGB für den Fall der Börsenprospekthaftung gelöst.[1263] Eine festgelegte Höhe lässt sich auch nicht der Zielsetzung des Funktionenschutzes des Kapitalmarktes begründen. Kommt der Schaffung von Schadensersatzansprüchen in diesem Rahmen eine Präventivfunktion zu, so kann darauf verwiesen werden, dass nach den Erkenntnissen der kriminologischen Forschung nicht so sehr die Höhe der Haftung, sondern vielmehr die Gefahr entdeckt zu werden die Organe

[1261] Immerhin ist vorstellbar, dass der Kapitalmarkt die Aktien nach Bekanntwerden der Fehlinformation in einer Überreaktion zu niedrig gegenüber dem Ertragswert bewertet, vgl. *Escher-Weingart/Lägeler* WM 2004, 1845 (1855); *Möllers/Leisch* BKR 2002, 1071 (1078). Siehe auch oben, S. 255 ff.

[1262] Siehe oben, S. 43 ff.

[1263] Siehe oben, S. 188 ff.

diszipliniert.[1264] Der Existenz der §§ 37b, 37c WpHG lässt sich deshalb nicht mehr entnehmen, als dass dem Anleger ein Vermögensschaden zu ersetzen ist, weshalb er am Ende nicht nur das erhalten darf, was er ohnehin durch Verkauf seiner Beteiligung auf dem Markt bekäme. Im Weiteren verbleibt es bei einer aufzulösenden Kollision der durch die Kapitalmarktinformationshaftungstatbestände bzw. das gesellschaftsrechtliche Institut der LfG geschützten Interessen, für die eine Lösung zu finden ist.

Man kann hierzu den Gedanken des von *HESSE* zur Verfassungsinterpretation entwickelten Prinzips der praktischen Konkordanz[1265] verwenden. Demzufolge sind verfassungsrechtlich geschützte Güter in der Problemlösung einander so zuzuordnen, „dass jedes von ihnen Wirklichkeit gewinnt".[1266] Damit für den Konflikt zwischen den Individualinteressen des getäuschten Anlegers und dem Interesse an einem funktionsfähigen Kapitalmarkt einerseits, dem Schutz der Gläubiger und übrigen Verbandmitglieder andererseits ein optimaler Ausgleich erreicht werden kann, soll hier eine institutionelle Integration vorgeschlagen werden, also den kapitalmarktrechtlichen Schadensersatz mit den Vorgaben der verbandsrechtlichen LfG schonend zu vereinen, so dass dadurch die jeweils geschützten Interessen möglichst zur Entfaltung gelangen.

Die Vorgaben der LfG erfordern zum einen, dass ein Beitritt nicht mit Ex-tunc-Wirkung rückgängig gemacht werden darf, zum anderen, dass der Anleger vermögensmäßig voll am Risiko der Vergangenheit teilhaben muss. Letztere Rechtsfolge verträgt sich nicht mit der in §§ 37b, 37c WpHG enthaltenen Anordnung des Gesetzgebers, dem Anleger Schadensersatz allein aus dem Vermögen der Aktiengesellschaft zu leisten. Im Ergebnis muss es darum gehen, die Grundsätze der LfG so weit anzuwenden, wie §§ 37b, 37c WpHG dazu Raum geben.

Im Einzelnen hat dies zunächst Konsequenzen für den dem Anleger zu zahlenden Betrag. Lässt der Wortlaut der §§ 37b, 37c WpHG noch eine Interpretation zu, die dem Anleger die Rückabwicklung des Erwerbsgeschäfts zu den ursprünglich vereinbarten Konditionen erlaubt und deutet demgegenüber anderes, insbesondere die Erwägungen des historischen Gesetzgebers, auf die Gewährung lediglich des Differenzschadens hin,[1267] so ist letzterer Interpretation der

---

[1264] *Bussmann* zfwu 5/2004, 35 (38); Assmann/Schneider/*Sethe* WpHG, §§ 37b, 37c, Rn. 15 (Fn. 1).

[1265] *Hesse* Grundzüge des Verfassungsrechts, Rn. 72, 317 ff.

[1266] *Hesse* Grundzüge des Verfassungsrechts, Rn. 72.

[1267] Zur Diskussion oben, S. 43 ff.

Vorzug zu geben. Denn damit wird der Gesellschafter zwar nicht am vollen Risiko der Gesellschaft für die Vergangenheit festgehalten. Es wird ihm jedoch nur das Risiko der täuschungsbedingten schlechten Preisentwicklung der Aktie genommen. Wenn die wohl herrschende Ansicht in der Literatur der Schadensberechnung nach der Differenzmethode gegenüber der Rückabwicklung des Erwerbsgeschäftes den Vorzug gibt, so hat das in diesem Zusammenhang angeführte Argument, Aktien seien nun einmal Risikopapiere und der Emittent könne nicht Versicherer allgemeiner Kursrisiken sein,[1268] seine Grundlage in dem gesellschaftsrechtlichen Institut der LfG. Es entspricht den Wertungen der LfG, nach denen es „ebenso grob unbillig wäre, in Zeiten eines wirtschaftlichen Niederganges das Risiko der Betriebsführung entgegen dem erklärten Willen der Gesellschafter allein dem Geschäftsinhaber aufzubürden, wie es unerträglich erschiene, in Zeiten eines fortschreitenden wirtschaftlichen Aufschwunges die auch auf dem Kapitalbeitrag des [stillen] Gesellschafters beruhenden Erfolge des Unternehmens allein dem Geschäftsinhaber zugute kommen zu lassen [...].“[1269] Nach dieser Lesart beeinflusst die LfG in modifizierter Form die Bestimmung der Schadenshöhe bei §§ 37b, 37c WpHG.

Die Schadensbestimmung anhand der Differenzmethode sieht darüber hinaus nicht die Rückgabe der Aktien an die Gesellschaft vor, denn es geht nur um die Restitution des Schadens, der im Kursrückgang durch täuschendes Verhalten bestand.[1270] Es besteht somit kein Austrittsrecht gegenüber der Gesellschaft mehr, was allerdings unter Berücksichtigung der grundsätzlichen Veräußerungsmöglichkeit von Aktien hinzunehmen ist. Auch ist zuzugeben, dass ein mit einer Abfindungszahlung gekoppeltes Austrittsrecht denjenigen Anlegern nicht helfen kann, die zum Zeitpunkt der Geltendmachung des Schadensersatzanspruches nicht mehr Aktionäre sind. Darunter fallen von vornherein die wegen der Weiterveräußerung der Aktien gem. §§ 37b I Nr. 2 oder 37c I Nr. 2 aktivlegitimierten Anleger.[1271] Die unter strikter Anwendung der LfG zu verfolgende Lösung stößt angesichts der eindeutigen gesetzlichen Anordnung, beiden Gruppen von Anlegern den Schaden zu ersetzen, hier an ihre Grenzen.

[1268] *Fleischer* BB 2002, 1869 (1871); *Hopt/Voigt*, S. 132; Schwark/*Zimmer*, §§ 37b, 37c WpHG, Rn. 89; *Fuchs/Dühn* BKR 2002, 1063 (1069); *Steinhauer*, S. 273 f.; und oben, S. 43 ff.

[1269] BGHZ 55, 5 (9) (zur stillen Gesellschaft).

[1270] Schwark/*Zimmer*, §§ 37b, 37c WpHG, Rn. 91.

[1271] Es handelt sich um die Anleger die „zu billig“ verkauft haben, Assmann/Schneider/*Sethe* WpHG, §§ 37b, 37c, Rn. 51 ff.; 57 ff.; Schwark/*Zimmer*, §§ 37b, 37c WpHG, Rn. 70 ff.

Den Wertungsgründen der LfG lassen sich aber weitere Vorgaben entnehmen. Bei strikter Anwendung dieses gesellschaftsrechtlichen Instituts dürfte der Gesellschafter eigentlich nur den aktuellen Wert seiner Beteiligung erhalten,[1272] und selbst die Auszahlung einer solchen Abfindung unterläge den aktienrechtlichen Regeln der Kapitalerhaltung, §§ 237, 222 ff., 57 AktG.[1273] Wenn dem Anleger nun ein Schadensersatzanspruch zusteht, der sich auch nicht als Abfindung für die Rückgabe eines Gesellschaftsanteiles darstellt, so bleibt das Bedürfnis nach Verkehrs- und Bestandsschutz dennoch bestehen. Diesem Bedürfnis kann durch das Konzept der abgestuften Vermögensbindung[1274] Rechnung getragen werden, so dass Leistungen nur aus dem freien Vermögen der Aktiengesellschaft erfolgen dürfen. Dies gilt gleichermaßen für Schadensersatzleistungen an Anleger, die noch Inhaber der Wertpapiere sind, sowie Anleger, die ihre Papiere zwischenzeitlich veräußert haben. Man kann nicht anwenden, letztere seien nicht „Aktionäre“ i.S.d. § 57 AktG. Denn der Aktionärsbegriff ist nicht nach formalen Kriterien zu bestimmen, sondern es geht um die wertungsmäßige Auflösung der Kollision von Kapitalmarktinformationshaftung und entgegenstehenden gesellschaftsrechtlichen Vorgaben. Es reicht aus, dass Schadensersatzansprüche ohne den Erwerb der Aktionärsstellung nicht entstehen können.[1275] Im Unterschied zu Austritt und Abfindung könnte der Anleger sogar einmal schlechter stehen, denn wenn er eine Abfindung verlangt, die nicht aus freiem Vermögen leistbar ist, so könnte er nach den dann anzuwendenden Vorgaben der ordentlichen Kapitalherabsetzung zumindest theoretisch nach Ablauf von sechs Monaten, in denen keine Gläubiger Sicherheiten verlangt haben, die Zahlung erlangen, §§ 237 II, 225 AktG. Im Fall des Schadensersatzes nach Differenzmethode ist ein solches Vorgehen indes nicht möglich, da eben keine Rückgabe der Wertpapiere und damit keine Kapitalherabsetzung stattfinden können. Auch eine analoge Anwendung der §§ 237 II, 225 AktG kommt nicht in Betracht, da die Möglichkeit der Gläubiger, Sicherheiten zu verlangen, von der Eintragung der Einziehung ins Handelsregister und der entsprechenden Bekanntmachung abhängt.

Aus den bisher herausgestellten Zusammenhängen ergibt sich auch die insolvenzrechtliche Einordnung des Schadensersatzanspruches. Er muss wegen Anwendung des Konzepts der abgestuften Vermögensbindung gegenüber den

---

[1272] Siehe oben, S. 249 ff.
[1273] Siehe oben, S. 245 ff.
[1274] Siehe oben, S. 91 ff.
[1275] So ausführlich bereits oben, S. 173 ff.

Fremdgläubigern mit Nachrang ausgestattet sein. Da es sich nicht um eine Abfindung handelt, ist ihm aber im Verhältnis zu den übrigen Gesellschaftern den Vorrang zu gewähren. Dies läuft auf die bereits erörterte Einordnung nach § 39 I Nr. 5 InsO analog hinaus.[1276]

III. § 826 BGB i.V.m. § 31 BGB analog

Für den Schadensersatz nach § 826 BGB sind auf den ersten Blick keine derartigen Akzentverschiebungen zu erkennen. Eine eindeutige gesetzgeberische Wertung wie im Falle der §§ 37b, 37c WpHG, den Anleger-Aktionär aus dem Vermögen der Aktiengesellschaft zu Lasten des Verkehrs- und Bestandsschutzes zu befriedigen, lässt sich diesem allgemeinen Haftungstatbestand nicht entnehmen. Denn der Anspruch aus § 826 BGB liefe grundsätzlich bei einem dem Anleger lediglich gewährten Austrittsrecht, gekoppelt mit einer am Ertragswert berechneten Abfindung, nicht leer. Es bliebe vor allem der ungeschmälerte Anspruch gegen die für die Täuschungen persönlich verantwortlichen Organe.

Gegen eine solche strikte Beachtung der Vorgaben der LfG bei Ansprüchen gem. § 826 BGB spricht jedoch die Kohärenz des Haftungssystems. Die bürgerliche Informationshaftung muss sich nicht nur an den Wertungen des BGB, sondern auch an jenen der einschlägigen kapitalmarktrechtlichen Haftungsvorschriften orientieren, soweit diese auf das zivilrechtliche Haftungsregime zurückstrahlen.[1277] Unter dieser Annahme erschiene es aber unstimmig, dem Anleger unter den im Vergleich zu §§ 37b, 37c WpHG strengeren Voraussetzungen des § 826 BGB einen im Ergebnis geringeren vermögensmäßigen Ausgleich zuzugestehen.

Aus den strengeren Voraussetzungen des § 826 BGB folgert die h.M. die Berechtigung des Aktionärs, im Gegensatz zu §§ 37b, 37c WpHG vollen Schadensersatz im Sinne einer Naturalrestitution, d.h. Rückgabe der erworbenen Papiere gegen ungeschmälerte Rückerstattung des ursprünglichen Erwerbspreises (wegen § 31 BGB analog auch von der Gesellschaft) fordern zu dürfen.[1278] Dem soll hier wiederum eine Lösung entgegengesetzt werden, die einen möglichst schonenden Ausgleich der Interessen durch Integration der haftungsrechtlichen und gesellschaftsrechtlichen Institute zu erreichen. Der Möglichkeit, die Rück-

---

[1276] Vgl. oben, S. 97 ff.

[1277] *Bachmann* in Bachmann/Casper/Carsten Schäfer/Veil, S. 93 (101).

[1278] BGH ZIP 2005, 1270; *Hopt/Voigt*, S. 133; *Bachmann* in Bachmann/Casper/Carsten Schäfer/Veil, S. 93 (98).

gabe der Wertpapiere gegen die ungekürzte Erstattung des ursprünglichen Erwerbspreises verlangen zu können, ist dann wegen der Vorgaben der LfG das Austrittsrecht mit den entsprechenden sich aus § 237 AktG und ggf. § 225 AktG ergebenden Schranken entgegen zu setzen.[1279] Um die Kohärenz zu §§ 37b, 37c WpHG herzustellen, ist dem Anleger allerdings ein Wahlrecht zuzugestehen, das ihm anstelle des mit einer Abfindungszahlung verbundenen Austritts die Erstattung des Differenzschadens gewährt. Die Abwicklung verläuft dann wie bei §§ 37b, 37c WpHG.[1280]

Anlegern, die nicht mehr Inhaber der Wertpapiere sind, verbleibt allerdings lediglich der Anspruch auf Schadensersatz nach der Differenzmethode. Denn ein Austritt ist ihnen nicht mehr möglich. Dies ist jedoch Folge der Beachtung gesellschaftsrechtlicher Schutzinstrumente wie der LfG, die bei allgemeinen Anspruchsgrundlagen weiterhin zum Tragen kommen.

IV. § 12 WpÜG

Auch für § 12 WpÜG ist der Gedanke maßgeblich, dass eine gesellschaftsrechtsrechtsverträgliche Ausgestaltung der Haftung dennoch die Kohärenz des Haftungssystems im Blick haben muss. Eine Beschränkung des Anspruchsberechtigten auf ein Austrittsrecht mit einer am anteiligen Ertragswert orientierten Anfindung wäre deshalb nicht gerechtfertigt.

Die Zahlung des aktuellen Beteiligungswertes zuzüglich einer Summe, die dem Anleger das Risiko der eigenen Täuschung abnimmt, wäre schwer zu ermitteln. Die im Bereich der Haftung für fehlerhafte Insiderpublizität entwickelte Differenzmethode taugt hierfür jedenfalls nicht, da sie sich auf täuschungsbedingte Kursschwankungen bezieht. Im Falle von § 12 WpÜG müsste hingegen die Differenz zwischen dem vom Anleger tatsächlich vom Bieter erhaltenen Wert und dem Wert, den der Anleger bei Kenntnis der wahren Sachlage hypothetisch erhalten hätte, bestimmt werden.[1281] Eher böte sich eine Lösung nach dem Vorbild *ULRICH HUBERS* zur Rückabwicklung fehlerhafter Kapitalerhöhungen[1282] an. Man könnte dementsprechend dem Anleger die Rückabwicklung des Übernahmegeschäfts beim Bieter gestatten, jedoch nur unter wertmäßiger Anrechnung bilanzieller Verluste, die die Bietergesellschaft in der Zeit der Mit-

---

[1279] Siehe oben, S. 232 ff.

[1280] Siehe oben, S. 265 ff.

[1281] Zur Zweifelhaftigkeit einer solchen Vorgehensweise *Assmann* in Assmann/Pötzsch/Schneider WpÜG, § 12, Rn. 62.

[1282] *Ulrich Huber* FS Claussen, S. 147 (155 ff.).

gliedschaft des Anlegers erlitten hat. Damit hätte man immerhin eine Teilnahme des Anlegers am allgemeinen Risiko der Bietergesellschaft zur Zeit seiner Beteiligung erreicht.

Betrachtet man jedoch die Zusammenhänge in der modernen Kapitalmarktinformationshaftung, so wird deutlich, dass die Haftung gem. § 12 WpÜG der Börsenprospekthaftung erheblich näher steht als der Haftung für fehlerhafte Sekundärmarktpublizität. Die Haftung für fehlerhafte Angebotsunterlagen ist der Haftung für fehlerhafte Prospekte nachgebildet.[1283] Die Angebotsunterlage bildet ebenso wie der Prospekt die maßgebliche Entscheidungsgrundlage für den Anleger.[1284] In der Regierungsbegründung wird die Angebotsunterlage deshalb auch zum Teil als Prospekt bezeichnet.[1285] Es ist insoweit schlüssiger, für das Verhältnis von Haftung und gesellschaftsrechtlichen Instituten bei § 12 WpÜG zu demselben Ergebnis zu gelangen wie im Falle des § 44 BörsG.[1286]

Die Börsenprospekthaftung widerspricht indes den europarechtlichen Vorgaben der Kapitalrichtlinie[1287], nach denen Schadensersatzleistungen an Aktionäre nur aus freiem Vermögen geleistet werden dürfen und der Rückerwerb eigener Aktien nicht stattfinden darf.[1288] Setzt sich die deutsche Regelung bei der Börsenprospekthaftung mit der Kollisionsnorm des Art. 2 II EGHGB i.V.m. § 29 II EGAktG eindeutig über die Vorschriften der Kapitalerhaltung hinweg, so kann dies allerdings für § 12 WpÜG nicht angenommen werden. Denn Art. 2 II EGHGB ist nicht im Hinblick auf moderne Kapitalmarktinformationshaftungstatbestände außerhalb der Börsenprospekthaftung geschaffen worden.[1289] Es darf also durch Leistungen an den Aktionär gem. § 12 WpÜG weder Grundkapital noch freies Vermögen angetastet werden, noch darf die Bietergesellschaft ihre eigenen Aktien zurücknehmen.

1283 *Assmann* in Assmann/Pötzsch/Schneider WpÜG, § 12, Rn. 3; KölnKommWpÜG/*Möllers*, § 12, Rn. 96.

1284 Begr. RegE WpÜG, BT-Drs. 14/7034, S. 42 (für die Angebotsunterlage).

1285 Begr. RegE WpÜG, BT-Drs. 14/7034, S. 41.

1286 Siehe oben, S. 261 ff.

1287 RL 77/91/EWG v. 13. 12. 1976, ABl. 1977 Nr. L 26/1, geändert durch RL 2006/68/EG v. 6. 9. 2006, ABl. 2006 Nr. L 264/32 (Fn. 375).

1288 Siehe oben, S. 261 ff.

1289 Siehe oben, S. 188 f.

V. Zusammenfassung

Schadensersatzzahlungen gem. § 44 f. BörsG stehen wegen der eindeutig angeordneten Rechtsfolge weder die Regeln der Kapitalerhaltung noch die Regeln der fehlerhaften Gesellschaft entgegen. Dies hat auch Auswirkungen auf §§ 13, 13a VerkProspG im Bereich des grauen Kapitalmarkts. Darauf beruhende Zahlungen führen nicht zu einem Wiederaufleben der persönlichen Haftung. Entgegenstehende europarechtliche Vorgaben kommen nicht zur Anwendung, da sie keine belastende Wirkung unter Privaten entfalten.

§§ 37b, 37c WpHG lassen demgegenüber Raum für die mit der LfG verfolgten Ziele des Verkehrs- und Bestandsschutzes. Liest man die Wertungen in den Schadensersatzanspruch hinein, so ergibt sich die Zahlung nur des so genannten Differenzschadens, das Risiko der allgemeinen Kurspreisentwicklung hat beim Anleger zu verbleiben. Eine Rückgabe der Aktie an die Gesellschaft ist nicht möglich. Schadensersatzzahlungen dürfen nur aus dem das Grundkapital und die gesetzlichen Rücklagen übersteigenden Vermögen geleistet werden. Insolvenzrechtlich sind die Forderungen des Anlegers nachrangig gegenüber Fremdgläubigern (§ 39 I Nr. 5 InsO analog) einzuordnen.

Bei Schadensersatzleistungen für fehlerhafte Insiderpublizität gem. § 826 BGB i.V.m. § 249 BGB gilt im Grundsatz die LfG. Der Anleger-Aktionär kann daher nur gegen eine am gegenwärtigen Ertragswert der AG orientierte Abfindung ausscheiden. Um eine Kohärenz zu den spezialgesetzlichen Tatbeständen der §§ 37b, 37c WpHG herzustellen, ist dem Anleger jedoch ein Wahlrecht auf Erfüllung des Differenzschadens einzuräumen.

Ansprüche aus § 12 WpÜG sind, sofern sie sich gegen die ursprüngliche Bietergesellschaft als nunmehr eigene AG des anspruchsberechtigten Aktionärs richten, wegen europarechtlicher Vorgaben nur aus dem freien Vermögen zu erfüllen. Die Rückgabe der Aktien an die AG ist nicht gestattet.

§ 15 Zusammenfassung und Schlussbetrachtung

I. Zusammenfassung der Ergebnisse

1. Die Kapitalmarktinformationshaftung der AG entfaltet zunehmende praktische Relevanz. Bisher haftet die AG gem. §§ 44 f. BörsG, § 12 WpÜG, §§ 37b, 37c WpHG sowie nach allgemeinen deliktsrechtlichen Vorschriften, insbesondere § 826 BGB und § 823 II BGB i.V.m. Schutzgesetzen. Pflichtverstöße der Organe im Bereich der Kapitalmarktpublizität sind der AG grundsätzlich gem. § 31 BGB analog zurechenbar. Eine Ausweitung der Kapitalmarktinformationshaftung könnte auf dem Gebiet der Regelpublizität stattfinden, für das von großen Teilen der Literatur die Einführung einer weiteren spezialgesetzlichen Haftung gefordert wird. Auch das prozessuale Instrument des KapMuG ist geeignet, eine tatsächliche Ausweitung der Haftung der AG zu bewirken (S. 37 ff.).

2. Auch Publikumspersonengesellschaften in Form einer KG oder GbR sind Ansprüchen ihrer Anleger wegen fehlerhafter Informationen ausgesetzt. Die Anlagegesellschaft selbst ist in der Regel Vertragspartnerin des Beitrittsvertrages mit dem Anleger. Die jeweils haftungsbegründenden Täuschungen der am Vertragsschluss beteiligten natürlichen Personen sind der Anlagegesellschaft regelmäßig zurechenbar. Der Anleger kann im Falle der arglistigen Täuschung den Beitrittsvertrag gem. § 123 I BGB anfechten. Auch können ihm Ansprüche aus §§ 280 I, 311 II, 241 II BGB (c.i.c.) sowie ggf. § 826 BGB, jeweils i.V.m. § 31 BGB analog und §§ 13, 13a VerkProspG gegen die Gesellschaft zustehen. Insoweit besteht ein Gleichlauf zu Ansprüchen des Anlegers aus §§ 312, 355, 357, 346 ff. BGB (Haustürwiderruf), die sich ebenfalls gegen die Gesellschaft richten (S. 56 ff.).

3. Der Geschäftsinhaber einer stillen Publikumsgesellschaft ist bei fehlerhafter Aufklärung des stillen Gesellschafters denselben Ansprüchen ausgesetzt wie Publikumspersonengesellschaften in Form von KG oder GbR (S. 84 ff.).

4. Nach dem Konzept der abgestuften Vermögensbindung im Aktienrecht ist das Gesellschaftsvermögen vor Mittelabflüssen an Gesellschafter je nach Rechtsgrund der Zahlung und betroffenem Schutzzweck der Kapitalerhaltung in unterschiedlicher Intensität geschützt. Das aktienrechtliche Verbot der Einlagenrückgewähr und das Ausschüttungsverbot der Kapitalrichtli-

nie[1290] (Art. 15) stehen einer Befriedigung der getäuschten Aktionären zustehenden Schadensersatzverbindlichkeiten nicht entgegen, sofern dafür Vermögen verwendet wird, das Grundkapitalziffer und gesetzliche Rücklagen überschreitet (S. 89 ff., S. 106 ff.).

5. Einer Begrenzung der Befriedigung von Schadensersatzansprüchen durch das freie Vermögen stehen keine durchgreifenden bilanzrechtlichen Bedenken entgegen. Steht der AG nicht genügend freies Vermögen zur Befriedigung eines Schadensersatzanspruches zur Verfügung, so ist der Anspruch des Aktionärs zunächst nur in Höhe des verfügbaren freien Vermögens zu befriedigen. Der Anspruch ist als Verbindlichkeit voll zu bilanzieren. Entsteht eine Unterbilanz, so hat dies die gewollte Folge, dass die AG so lange keine Gewinne ausschütten darf, bis der Schadenseratzanspruch befriedigt ist. Insolvenzrechtlich sind Kapitalmarktinformationshaftungsansprüche als nachrangig gegenüber Fremdgläubigeransprüchen (§ 39 I Nr. 5 InsO analog) einzuordnen. Sie sind in der Überschuldungsbilanz zu passivieren (S. 96 ff.).

6. Einer Übernahme der Aktien durch die Gesellschaft als Folge der Erfüllung von Schadensersatzverbindlichkeiten steht § 71 AktG grundsätzlich entgegen. Ein in Art. 19, 20 Kapitalrichtlinie für derartige Fälle bereit gehaltener Ausnahmetatbestand ist bisher nicht in deutsches Recht umgesetzt worden (S. 104 ff., S. 109 ff.).

7. Die LfG vermittelt Gesellschaften und ihren Mitgliedern für die Vergangenheit umfassenden Bestandsschutz, der sich auch auf das Gesellschaftsvermögen erstreckt. Deshalb unterfallen Ansprüche, die die Personengesellschaft verpflichten, dem Anleger die ursprüngliche Einlage zurück zu erstatten, dem Tatbestand der LfG. Der Anleger kann daher seine Gesellschaftsbeteiligung nur ex nunc kündigen und hat gegen die Gesellschaft keine weiteren Ansprüche, die über die Zahlung des aktuellen Abfindungsguthabens hinausgehen. Als Ausnahme hiervon kann der Anleger gem. §§ 13, 13a VerkProspG die Rückzahlung der ursprünglich geleisteten Einlage verlangen (S. 114 ff.).

8. Zahlt die Personengesellschaft ihrem Gesellschafter in Folge seiner Kündigung eine Abfindung, so lebt seine persönliche Haftung gegenüber den Gesellschaftsgläubigern grundsätzlich in Höhe der Abfindung wieder auf. Kann die Gesellschaft die Abfindung jedoch aus Vermögen erbringen, das nicht

---

[1290] RL 77/91/EWG v. 13. 12. 1976, ABl. 1977 Nr. L 26/1, geändert durch RL 2006/68/EG v. 6. 9. 2006, ABl. 2006 Nr. L 264/32 (Fn. 375).

zur Deckung der Kommanditeinlage erforderlich ist, so ist das Wiederaufleben der Haftung durch Stehenlassen der Kommanditeinlage im festen Kapitalkonto der Bilanz zu vermeiden. Lediglich die Befriedigung eines Anspruchs aus §§ 13, 13a VerkProspG führt von vornherein nicht zum Wiederaufleben der Haftung. Insolvenzrechtlich können Abfindungsansprüche allenfalls bei der Schlussverteilung (§ 199 S. 2 InsO) berücksichtigt werden (S. 148 ff.).

9. Die LfG ist entsprechend ihrer dogmatischen Grundlagen nur auf stille Gesellschaften mit organisationsrechtlichen Elementen anwendbar. Derartige Elemente sind vorhanden, soweit dem stillen Gesellschafter Mitwirkungsrechte, etwa Zustimmungs- oder Widerspruchsrechte, im Verhältnis zum Geschäftsinhaber zustehen. Ist die LfG anwendbar, so kommt statt der Rückabwicklung der ursprüngliche gezahlten Einlage auch aus Schadensersatzansprüchen grundsätzlich nur die Kündigung der stillen Beteiligung und die Zahlung einer Abfindung in Betracht. Lediglich aus §§ 13, 13a VerkProspG kann der Anleger die Rückzahlung der ursprünglich geleisteten Einlage verlangen (S. 154 ff.).

10. Die Frage, ob man den zum Schadensersatz berechtigten Aktionär wie einen Drittgläubiger behandeln darf und ob die AG insoweit aus den Vorgaben der Kapitalerhaltung zu entlassen ist, muss im Hinblick auf die zugrunde liegenden Wertungen gelöst werden. Dabei stehen Gläubigerinteressen einem Rückzug des Aktionärs auf eine formale Gläubigerposition entgegen (S. 173 ff.).

11. Das Problem des Wettlaufs getäuschter Anleger-Gesellschafter um die frühe Befriedigung ihrer Schadensersatzansprüche kann weder durch gesellschaftsrechtliche Schutzinstrumente noch durch materielle Gleichbehandlungsgrundsätze verhindert werden (S. 195 ff.).

12. Das Insolvenzrecht kann bei einer Wettlauf-Situation lediglich den Aktionären Schutz bieten, die Inhaber von spezialgesetzlichen Schadensersatzansprüchen wie §§ 44 f. BörsG oder §§ 37b, 37c WpHG sind. Es ist hierzu jedoch erforderlich, dass bereits ein zusprechendes Urteil vorliegt, denn erst dann können drohende Ansprüche der Anleger gegen die AG sowie damit korrespondierende Ansprüche der AG gegen die Vorstände in die Überschuldungsbilanz aufgenommen werden (S. 198 ff.).

13. Haftet die AG ihrem Gesellschafter gegenüber für fehlerhafte Kapitalmarktinformationen, so ist das zur LfG gehörende Tatbestandsmerkmal der Fehlerhaftigkeit erfüllt. Dies gilt unabhängig davon, ob der Anleger die Aktien im Wege des originären oder derivativen Erwerbes erlangt hat. Grund hier-

für ist die Zielrichtung der LfG, die Gesellschaft und jede einzelne Mitgliedschaft umfassend, d.h. in ihrem rechtsformalen und vermögensmäßigen Bestand, für die Vergangenheit zu schützen (S. 207 ff.).

14. Das Interesse des arglistig getäuschten Gesellschafters stellt nach traditioneller Lesart kein gegenüber Verkehrs- und Bestandsschutzinteressen höherrangiges Interesse dar, das die Anwendung der LfG verbieten würde. Aus der Kapitalmarktinformationshaftung der AG, die dem Anleger Schutz vor Täuschungen mittels marktbezogener Erklärungen vermittelt, geht unter diesem traditionellen gesellschaftsrechtlich geprägten Blickwinkel ebenfalls kein der LfG entgegenstehendes Interesse hervor. Jedoch sind die Kapitalmarktinformationshaftungstatbestände im Einzelnen auf ihre Vereinbarkeit hinsichtlich der Rechtsfolgen der LfG zu überprüfen (S. 220 ff.).

15. Die strikte Anwendung der Vorgaben der LfG auf Fälle der Kapitalmarktinformationshaftung der AG hat zunächst zur Folge, dass dem Anleger anstelle eines Schadensersatzanspruches lediglich ein Austrittsrecht aus wichtigem Grund zuzugestehen ist. Der Austritt ist nach den Vorgaben der Einziehung analog § 237 AktG zu vollziehen. Weder ein Satzungs- noch ein Hauptversammlungsbeschluss sind hierzu erforderlich, da bei Vorliegen des wichtigen Grundes in der Person des Aktionärs letzterem der Austritt seitens der Gesellschaft und der Mitgesellschafter aus dem Gedanken der Treuepflicht zu ermöglichen ist (S. 232 ff.).

16. Um den von der Einziehung betroffenen Interessen Rechnung zu tragen, sind die Vorgaben des vereinfachten bzw. des ordentlichen Einziehungsverfahrens (§ 237 III bzw. II AktG) zu befolgen. Zahlungen an den austretenden Aktionär dürfen deswegen nur aus freiem Vermögen erfolgen oder nach Ablauf einer Sechs-Monats-Frist, in denen den Gläubigern Gelegenheit zur Forderung von Sicherheiten einzuräumen ist. Um Zahlungen zu ermöglichen, sind stille Reserven, soweit vorhanden, aufzulösen (S. 245 ff.).

17. Bei strikter Anwendung der LfG ist dem Aktionär im Gegenzug zur Einziehung eine Abfindung zu zahlen, die sich am aktuellen Ertragswert der Gesellschaft bemisst. Insolvenzrechtlich können derartige Abfindungsansprüche nur im Rahmen einer Überschussverteilung gem. § 199 S. 2 InsO berücksichtigt werden (S. 249 ff.).

18. Es ist für jeden einzelnen Tatbestand der Kapitalmarktinformationshaftung der AG zu überprüfen, ob eine strikte Anwendung der LfG den gesetzgeberischen Vorgaben entspricht. Dies kann dazu führen, dass die LfG gänzlich unanwendbar oder vollumfänglich anwendbar ist. Die gesetzlichen Vorgaben können aber auch eine Zwischenlösung in der Form erlauben, dass die

Vorgaben der LfG zwar nicht vollumfänglich Anwendung finden, jedoch in der Auslegung der Rechtsfolgen der jeweiligen Kapitalmarktinformationshaftungstatbestände zu berücksichtigen sind (S. 261 ff.).

19. Schadensersatzzahlungen durch die AG gem. §§ 44 f. BörsG stehen wegen der eindeutig angeordneten Rechtsfolge weder die Regeln der Kapitalerhaltung noch die LfG entgegen. Dem widersprechende europarechtliche Richtlinienvorgaben kommen nicht zur Anwendung, da sie keine belastende Wirkung unter Privaten entfalten (S. 261 ff.).

20. §§ 37b, 37c WpHG lassen demgegenüber Raum für die mit der LfG verfolgten Ziele des Verkehrs- und Bestandsschutzes. Liest man die Wertungen in den Schadensersatzanspruch hinein, so ergibt sich die Zahlung nur des so genannten Differenzschadens, das Risiko der allgemeinen Kurspreisentwicklung hat beim Anleger zu verbleiben. Eine Rückgabe der Aktie an die Gesellschaft ist nicht möglich. Schadensersatzzahlungen dürfen nur aus dem das Grundkapital und die gesetzlichen Rücklagen übersteigenden Vermögen geleistet werden. Insolvenzrechtlich sind die Forderungen des Anlegers als nachrangig gegenüber Fremdgläubigern (§ 39 I Nr. 5 InsO analog) einzuordnen (S. 265 ff.).

21. Bei Schadensersatzleistungen für fehlerhafte Insiderpublizität gem. § 826 BGB i.V.m. § 249 BGB gilt im Grundsatz die LfG. Der Anleger-Aktionär kann daher nur gegen eine am gegenwärtigen Ertragswert der AG orientierte Abfindung ausscheiden. Um eine Kohärenz zu den spezialgesetzlichen Tatbeständen der §§ 37b, 37c WpHG herzustellen, ist dem Anleger jedoch ein Wahlrecht auf Erfüllung des Differenzschadens einzuräumen (S. 269 ff.).

22. Ansprüche aus § 12 WpÜG sind, sofern sie sich gegen die ursprüngliche Bietergesellschaft als nunmehr eigene AG des anspruchsberechtigten Aktionärs richten, wegen europarechtlicher Vorgaben nur aus dem freien Vermögen zu erfüllen. Die Rückgabe der Aktien an die AG ist nicht gestattet (S. 270 ff.).

II. Schlussbetrachtung

Das Spannungsfeld von Kapitalmarktinformationshaftung, Kapitalerhaltung und LfG beinhaltet im Kern den Konflikt von Anlegerschutz auf der einen und Verkehrs- und Bestandsschutz auf der anderen Seite. Eine solchermaßen sachgerechte Reduktion der Problematik auf ihre Kernfrage droht in der gegenwärtigen zumeist rechtsformgebundenen Diskussion jedoch verstellt zu werden. Es ist deshalb wichtig, die Eingriffe der Kapitalmarktinformationshaftung in das Vermögen der Gesellschaft gleich welcher Rechtsform als rechtsformunabhängige

Ausgangslage zu begreifen. Das erfordert insbesondere, nicht schon im Ausgangspunkt Fragen des Verkehrs- und Bestandsschutzes mit Fragen der Zurechnung haftungsbegründenden Verhaltens zu vermengen. Diese Erkenntnis hat sich im Aktienrecht schon seit längerem durchgesetzt, im Personengesellschaftsrecht hingegen noch nicht.

Akzeptiert man demgegenüber den rechtsformunabhängigen Gleichlauf der Kapitalmarktinformationshaftung der Anlagegesellschaft, so gilt es (wiederum), nicht den Blick auf den beschriebenen Kernkonflikt zu verstellen. Im Bereich der Personengesellschaften bedeutet das konkret, die LfG nicht auf ein formales Instrument zur Vermeidung rechtstechnisch nicht machbarer Rückabwicklungen zu reduzieren. Vielmehr ist, unter Einbeziehung des einheitlichen gesellschaftsrechtlichen Topos ‚Mitgliedschaft', als Zielfunktion der LfG der umfassende Bestandsschutz der Gesellschaft für die Vergangenheit zu begreifen. Denn so kann man zu der entscheidenden Frage vordringen, wie die betroffenen Interessen, dasjenige des Anlegers oder diejenigen des Bestands- und Verkehrsschutzes, im Verhältnis zueinander zu gewichten sind.

Im Bereich der Aktiengesellschaften ist in gleicher Weise erst der Blick auf den zu lösenden Kernkonflikt „freizuräumen". Es kann insoweit im Spannungsverhältnis von Kapitalmarktinformationshaftung und aktienrechtlicher Kapitalerhaltung nicht um eine formale Ausfüllung der Begriffe des Aktionärs bzw. des Dritten gehen, sondern es muss eine Gewichtung der bei einer Haftung betroffenen Interessen vorgenommen werden.

Es wird deutlich, dass sich die zu treffenden Wertungen im Konflikt zwischen Kapitalmarktinformationshaftung und LfG sowie Kapitalmarktinformationshaftung und aktienrechtlicher Kapitalerhaltung sehr ähnlich sind. Erkenntnisse können daher zum Teil wechselseitig übertragen werden, wie etwa der Gedanke des Konzepts der abgestuften Vermögensbindung aus der aktienrechtlichen Kapitalerhaltung auf die Frage nach dem Wiederaufleben der persönlichen Haftung des Personengesellschafters.

Von Relevanz ist jedoch vor allem die in der LfG verortete Frage nach der Gewichtung der Interessen des arglistig Getäuschten gegenüber Verkehrs- und Bestandsschutzinteressen. Denn wegen ihrer aktienrechtlichen Provenienz und der danach erfolgten beachtlichen Entwicklung im Personengesellschaftsrecht durch Rechtsprechung und Lehre ist die LfG ein rechtsformübergreifendes Institut. Das gesamte Spannungsfeld der Untersuchung kulminiert somit im Tatbestandsmerkmal „kein Entgegenstehen höherrangiger Interessen" der LfG. Hier ist aber seit langem anerkannt, dass die Interessen des arglistig Getäuschten gegenüber Verkehrs- und Bestandsschutzinteressen keinen Vorrang haben. Von dieser Warte aus dürfte auch die Kapitalmarktinformationshaftung nicht vorrangig sein.

Ein etwaiger Vorrang der Kapitalmarktinformationshaftung gegenüber Verkehrs- und Bestandsschutzinteressen beinhaltet daher einen Bruch mit altgewachsenen Rechtsanschauungen. Dieser Bruch ist in Gänze jedoch nur dort zu vollziehen, wo ihn der Gesetzgeber unmissverständlich einfordert. Deshalb überwiegt in der Prospekthaftung nach §§ 44 f. BörsG und §§ 13, 13a VerkProspG das Interesse des Anlegers. Damit ist aber nicht gesagt, dass die tradierte Rechtsauffassung für den Bereich der gesamten Kapitalmarktinformationshaftung aufzugeben ist. Vielmehr müssen dort, wo der Gesetzgeber dem Rechtsanwender Raum für eine ausgleichende Lösung überlässt, die Verhältnisse entsprechend flexibel justiert werden. Deshalb ist nach §§ 37b, 37c WpHG nur der Differenzschaden zu ersetzen, wodurch das allgemeine Marktpreisrisiko beim Anleger belassen wird. Außerdem bleiben Bestands- und Verkehrsschutzinteressen in der Begrenzung der Haftung auf das freie Vermögen und der insolvenzrechtlichen Nachrangigkeit der Anlegerforderungen berücksichtigt. Damit erweist sich die LfG als flexibles Transportmittel gesellschaftsrechtlicher Wertungen. Wo es schließlich nicht um Prospekthaftung und Haftung für fehlerhafte Ad-hoc-Mitteilungen geht, muss es bei den bisherigen Lösungen durch die strikte Anwendung der LfG bleiben.

Ein Blick nach vorn verheißt, dass sich das Spannungsfeld von Kapitalmarktinformationshaftung, Kapitalerhaltung und Lehre von der fehlerhaften Gesellschaft in seinen Einzelaspekten erheblich verschieben mag. Immerhin weitet sich die kapitalmarktrechtliche Emittentenhaftung tendenziell aus, während auf der anderen Seite gegenwärtig das bilanzorientierte Kapitalschutzsystem grundsätzlich in Frage gestellt wird. Die Frage nach der Lösung des Konflikts zwischen den sich dahinter verbergenden widerstreiten Interessen wird bestehen bleiben.

Literaturverzeichnis

AktG Großkommentar: Begr. v. W. Gadow und E. Heinichen, hg. v. Klaus J. Hopt, Herbert Wiedemann, 15. Lieferung: §§ 54-66, Bearbeiter: Hartwig Henze, Markus Gehrlein, 4. Aufl., Berlin 2001 (zit. GroßKommAktG/*Bearbeiter*).

AktG Großkommentar: Begr. v. W. Gadow und E. Heinichen, hg. v. Klaus J. Hopt, Herbert Wiedemann, Sechster Band, §§ 150-220, Bearbeiter: Herbert Brönner, Herbert Wiedemann, Kaspar Frey, Heribert Hirte, Sebastian Mock, 4. Aufl., Berlin 2006 (zit. GroßKommAktG/*Bearbeiter*).

Armbrüster, Christian: Kapitalanleger als Verbraucher? Zur Reichweite des europäischen Verbraucherschutzrechts, in: ZIP 2006, 406-415.

Armbrüster, Christian: Gesellschaftsrecht und Verbraucherschutz - Zum Widerruf von Fondsbeteiligungen, Berlin 2005 (zit. *Armbrüster* Gesellschaftsrecht und Verbraucherschutz).

Armbrüster, Christian/*Joos*, Michael: Zur Abwicklung fehlerhafter stiller Beteiligungen, in: ZIP 2004, 189-199.

Assmann, Heinz-Dieter/Pötzsch, Thorsten/Schneider, Uwe H. (Hg.): Wertpapiererwerbs- und Übernahmegesetz, Köln 2005 (zit. *Bearbeiter* in Assmann/Pötzsch/Schneider WpÜG).

Assmann, Heinz-Dieter/Schneider, Uwe H. (Hg.): Wertpapierhandelsgesetz, 4. Aufl., Köln 2006 (zit. Assmann/Schneider/*Bearbeiter* WpHG).

Assmann, Heinz-Dieter/Schütze, Rolf A. (Hg.): Handbuch des Kapitalanlagerechts, 3. Aufl., München 2007 (zit. Assmann/Schütze/*Bearbeiter*).

Bachmann, Gregor: Möglichkeiten und Grenzen einer bürgerlich-rechtlichen Informationshaftung, in: Bachmann, Gregor/Casper, Matthias/Schäfer, Carsten/Veil, Rüdiger (Hg.): Steuerungsfunktionen des Haftungsrechts im Gesellschafts- und Kapitalmarktrecht, Baden-Baden 2007, S. 93-147 (zit. *Bachmann* in Bachmann/Casper/Carsten Schäfer/Veil).

Bachmann, Gregor: Der Grundsatz der Gleichbehandlung im Kapitalmarktrecht, in: ZHR 170 (2006), 144-177.

Baldamus, Ernst-August: Reform der Kapitalrichtlinie, Köln 2002 (zit. *Baldamus*)

Ballerstedt, Kurt: Zur Haftung für culpa in contrahendo bei Geschäftsabschluß durch Stellvertreter, in: AcP 151 (1951), 501-531.

Ballerstedt, Kurt: Kapital, Gewinn und Ausschüttung bei Kapitalgesellschaften, Tübingen 1949 (zit. *Ballerstedt* Kapital).

Bälz, Ulrich: Fondsgesellschaft der Anleger versus Anlegerschutz? - Bemerkungen zu BGHZ 156, 46, in: Damm, Reinhard/Heermann, Peter W./Veil, Rüdiger (Hg.): Festschrift für Thomas Raiser zum 70. Geburtstag, Berlin 2005, S. 615-646 (zit. *Bälz* FS Raiser).

Bamberger/Roth: Beck'scher Online-Kommentar BGB, hg. v. Heinz Georg Bamberger/Herbert Roth, München, Stand: 01.09.2007, Edition: 7 (zit. Bamberger/Roth/*Bearbeiter* BGB).

Baumbach/Hopt: Handelsgesetzbuch, bearb. v. *Klaus J. Hopt* und *Hanno Merkt*, begr. v. Adolf Baumbach, 33. Aufl., München 2008 (zit. Baumbach/Hopt/*Bearbeiter*).

Baumbach/Hueck: GmbHG, begr. v. Adolf Baumbach, fortgeführt von Alfred Hueck u.a., 18. Aufl., München 2006 (zit. Baumbach/Hueck/*Bearbeiter* GmbHG).

Baums, Theodor (Hg.): Bericht der Regierungskommission Corporate Governance, Köln 2001 (zit. *Baums* (Hg.) Bericht der Regierungskommission Corporate Governance).

Baums, Theodor: Haftung wegen Falschinformation des Sekundärmarktes, in: ZHR 167 (2003), 139-192.

Bayer, Walter/*Hoffmann*, Thomas/*Weinmann*, Dirk : Kapitalmarktreaktionen bei Ankündigung des Rückerwerbs eigener Aktien über die Börse, in: ZGR 2007, 457-479.

Bayer, Walter/*Riedel*, Jens: Kapitalbeteiligungen an Personengesellschaften und Anlegerschutz, in: NJW 2003, 2567-2572.

Bayer, Walter/*Weinmann*, Dirk: Kurzkommentar (zu BGH ZIP 2005, 1270 (E.M.-TV), in: EWiR 2005, 689-690.

Beckmann, Roland M./Matusche-Beckmann, Annemarie (Hg.): Versicherungsrechts-Handbuch, München 2004 (zit. Beckmann/Matusche-Beckmann/ *Bearbeiter*).

Benecke, Martina: Haftung für Inanspruchnahme von Vertrauen – Aktuelle Fragen zum neuen Verkaufsprospektgesetz, in: BB 2006, 2597-2601.

Beuthien, Rudolf: Der genossenschaftliche Geschäftsanteil, in: AG 2002, 266-278.

Binder, Jens-Hinrich/ *Broichhausen*, Thomas: Entwicklungslinien und Perspektiven des Europäischen Kapitalmarktrechts, in: ZBB 2006, 85-97.

Bitter, Georg: Rechtsperson und Kapitalerhaltung, in: ZHR 168 (2004), 302-353.

Blaurock, Uwe: Anmerkung zu BGH, Urt. v. 29. 11. 2004 - II ZR 6/03 (WM 2005, 278 = NZG 2005, 261), in: WuB II H. § 230 HGB 1.05.

Blaurock, Uwe: Handbuch der Stillen Gesellschaft, 6. Aufl., Köln 2003 (zit. *Blaurock* Hdb StG).

Blaurock, Uwe: Unterbeteiligung und Treuhand an Gesellschaftsanteilen, Baden-Baden 1981 (zit. *Blaurock* Unterbeteiligung und Treuhand an Gesellschaftsanteilen).

Bohlken, Lars/*Lange*, Meik: Die Prospekthaftung im Bereich geschlossener Fonds nach §§ 13 Abs. 1 Nr. 3, 13a Verkaufsprospektgesetz n. F., in: DB 2005, 1259-1264.

Bork, Reinhard: Allgemeiner Teil des Bürgerlichen Gesetzbuchs, 2. Aufl., Tübingen 2006 (zit. *Bork* AT BGB).

Brandi, Tim Oliver/*Süßmann*, Rainer: Neue Insiderregeln und Ad-hoc-Publizität - Folgen für Ablauf und Gestaltung von M&A-Transaktionen, in: AG 2004, 642-658.

Breit, James: Ansprüche des Aktionärs gegen die Aktiengesellschaft aus dem Erwerb der Aktien, in: ZHR 76 (1915), 415-454.

Brellochs, Michael: Publizität und Haftung von Aktiengesellschaften im System es Europäischen Kapitalmarktrechts, München 2005 (zit. *Brellochs*)

Bürgers, Tobias/Körber, Torsten (Hg.): Heidelberger Kommentar zum Aktiengesetz, Heidelberg 2008 (zit. Bürgers/Körber/*Bearbeiter*).

Bürgers, Tobias: Das Anlegerschutzverbesserungsgesetz, in: BKR 2004, 424-432.

Bussmann, Kai-D.: Kriminalprävention durch Business Ethics, in: zfwu 5/1 2004, 35-50.

Callies, Christian/Ruffert, Matthias (Hg.): EUV/EGV, 3. Aufl., München 2007 (zit. Callies/Ruffert/*Bearbeiter*).

Canaris, Claus-Wilhelm: Wandlungen des Schuldvertragsrechts - Tendenzen zu seiner "Materialisierung", in: AcP 200 (2000), 273-364.

Canaris, Claus-Wilhelm: Grundrechte und Privatrecht, Berlin 1999 (zit. *Canaris* Grundrechte und Privatrecht).

Canaris, Claus-Wilhelm: Finanzierungsleasing und Wandelung, in: NJW 1982, 305-312.

Canaris, Claus-Wilhelm: Die Rückgewähr von Gesellschaftereinlagen durch Zuwendungen an Dritte, in: Fischer, Robert/Lutter, Marcus/Stimpel, Walter/Wiedemann, Herbert (Hg.): Festschrift für Robert Fischer, Berlin 1979, S. 31-64 (zit. *Canaris* FS Robert Fischer).

Canaris, Claus-Wilhelm: Die Vertrauenshaftung im deutschen Privatrecht, München 1971 (zit. *Canaris* Die Vertrauenshaftung).

Canaris, Claus-Wilhelm: Ansprüche wegen positiver Vertragsverletzung und Schutzwirkung für Dritte bei nichtigen Verträgen, in: JZ 1965, 475-482.

Casper, Matthias: Haftung für fehlerhafte Informationen des Kapitalmarkts, in: Der Konzern 2006, 32-39.

Casper, Matthias: Persönliche Außenhaftung der Organe bei fehlerhafter Information des Kapitalmarkts?, in: BKR 2005, 83-90.

Doehner, Rupert/ *Hoffmann*, Jochen: Kreditfinanzierter Fondsbeitritt und Anlegerschutz, in: ZIP 2004, 1884-1893.

Dühn, Matthias: Schadensersatzhaftung börsennotierter Aktiengesellschaften für fehlerhafte Kapitalmarktinformation, Frankfurt am Main 2003 (zit. *Dühn*).

Düringer/Hachenburg: Das Handelsgesetzbuch, erläutert v. *U. Düringer/ M. Hachenburg*, Erster Band: Handelsstand, 2. Aufl., Mannheim 1908 (zit. *Düringer/Hachenburg* (2. Aufl. 1908)).

Düringer/Hachenburg: Das Handelsgesetzbuch, erläutert von *Julius Flechtheim*, II. Band/2. Hälfte, §§ 105-177, 335-342, 3. Aufl., Mannheim 1932 (zit. Düringer/Hachenburg/*Bearbeiter* (3. Aufl. 1932)).

Ebenroth/Boujong/Joost/Strohn: Handelsgesetzbuch, Band 1, §§ 1-342e, begr. v. Karlheinz Boujong/Carsten Thomas Ebenroth/Detlef Jost, hg. v. Detlef Jost/Lutz Strohn, 2. Aufl., München 2008 (zit. Ebenroth/Boujong/ Joost/Strohn/*Bearbeiter* HGB).

Edelmann, Hervé: Die Haftung der Banken bei der Finanzierung von Fondsbeteiligungen im Bereich des HWiG, in DB 2001, 2434-2437.

Ekkenga, Jens: Fragen der deliktischen Haftungsbegründung bei Kursmanipulationen und Insidergeschäften, in: ZIP 2004, 781-793.

Erman: Bürgerliches Gesetzbuch, hg. v. Harm Peter Westermann, Band I, 12. Aufl., Köln 2008 (zit. Erman/*Bearbeiter*).

Escher-Weingart, Christina/*Lägeler*, Alexander: Schadensersatzanspruch, Schadensart und Schadensberechnung gem. der §§ 37b, 37c WpHG, in: WM 2004, 1845-1856.

Everling, Ulrich: Zur Auslegung des durch EG-Richtlinien angeglichenen nationalen Rechts, in: ZGR 1992, 376-395.

Fikentscher, Wolfgang/*Heinemann*, Andreas: Schuldrecht, 10. Aufl., Berlin 2006 (zit. *Fikentscher/Heinemann*).

Flechtheim: Eine wichtige kartellrechtliche Entscheidung, in: JW 1916, 937-939.

Fleischer, Holger: Ad-hoc-Publizität beim einvernehmlichen vorzeitigen Ausscheiden des Vorstandsvorsitzenden - Der DaimlerChrysler-Musterentscheid des OLG Stuttgart, in: NZG 2007, 401-407.

Fleischer, Holger: Verdeckte Gewinnausschüttung und Kapitalschutz im Europäischen Gesellschaftsrecht, in: Lutter, Marcus (Hg.): Das Kapital der Aktiengesellschaft in Europa, Berlin 2006 (zit. *Fleischer* in Lutter (Hg.) Das Kapital der Aktiengesellschaft in Europa).

Fleischer, Holger: Das Aktiengesetz von 1965 und das neue Kapitalmarktrecht, in: ZIP 2006, 451-459.

Fleischer, Holger: Konturen der kapitalmarktrechtlichen Informationsdeliktshaftung, in: ZIP 2005, 1805-1812.

Fleischer, Holger: Der Inhalt des Schadensersatzanspruchs wegen unwahrer oder unterlassener unverzüglicher Ad-hoc-Mitteilungen, in: BB 2002, 1869-1874.

Fleischer, Holger: Empfiehlt es sich, im Interesse des Anlegerschutzes und zur Förderung des Finanzplatzes Deutschland das Kapitalmarkt- und Börsenrecht neu zu regeln?, Gutachten F für den 64. Deutschen Juristentag, München 2002 (zit. *Fleischer* Gutachten, F).

Fleischer, Holger: Prospektpflicht und Prospekthaftung für Vermögensanlagen des Grauen Kapitalmarkts nach dem Anlegerschutzverbesserungsgesetz, in: BKR 2004, 339-347.

Florstedt, Tim: Der „stille Verband“, Köln 2007 (zit. *Florstedt*).

Flume, Werner: Allgemeiner Teil des Bürgerlichen Rechts - Erster Band - Erster Teil - Die Personengesellschaft, Berlin 1977 (zit. *Flume* I/1).

Foerste, Ulrich: Insolvenzrecht, 3. Aufl., München 2006 (zit. *Foerste* Insolvenzrecht).

Fuchs, Andreas/*Dühn*, Matthias: Deliktische Schadensersatzhaftung für falsche Ad-hoc-Mitteilungen, in: BKR 2002, 1063-1071.

Gebauer, Stefan: Börsenprospekthaftung und Kapitalerhaltungsgrundsatz in der Aktiengesellschaft, Frankfurt am Main 1999 (zit. *Gebauer*).

Gehrlein, Markus: Anlegerschutz bei stillen Beteiligungen - Abschied von der fehlerhaften Gesellschaft?, in: WM 2005, 1489-1536.

Geibel, Stefan J.: Die Lehre von der fehlerhaften Gesellschaft als Beschränkung von Schadensersatzansprüchen?, in: BB 2005, 1009-1015.

Geibel, Stefan J.: Der Kapitalanlegerschaden, Tübingen 2002 (zit. *Geibel*).

Goette, Wulf : Anmerkung zu BGH, Beschl. v. 19. 12. 2005, II ZR 234/04: Beschl. v. 24. 10. 2005, II ZR 234/04 (DStR 2006, 244-245), in: DStR 2006, 245.

Goette, Wulf: Fehlerhafte Personengesellschaftsverhältnisse in der jüngeren Rechtsprechung des Bundesgerichtshofs, in: DStR 1996, 266-271.

Göggelmann, Ute/*Maier*, Astrid: Telekom-Prozess startet im April, in: Financial Times Deutschland v. 21. 12. 2007 (www.ftd.de).

Gottwald, Peter (Hg.): Insolvenzrechts-Handbuch, 3. Aufl., München 2006 (zit. Gottwald/*Bearbeiter*).

Groh, Manfred: Die atypische stille Gesellschaft als fiktive Gesamthandsgesellschaft, in: Drenseck, Walter/Seer, Roman (Hg.): Festschrift für Heinrich Wilhelm Kruse zum 70. Geburtstag, Köln 2001 (zit. *Groh* FS Kruse).

Groß, Wolfgang: Kapitalmarktrecht, 3. Aufl., München 2006 (zit. *Groß* Kapitalmarktrecht).

Grundmann, Stefan: Europäisches Gesellschaftsrecht, Heidelberg 2004 (zit. *Grundmann* Europäisches GesR).

Grunewald, Barbara: Gesellschaftsrecht, 6. Aufl., Tübingen 2005 (zit. *Grunewald* GesR).

Grunewald, Barbara: Das Recht zum Austritt aus der Aktiengesellschaft, in: Martens, Klaus-Peter/Westermann, Harm Peter/Zöllner, Wolfgang (Hg.): Festschrift für Carsten Peter Claussen zum 70. Geburtstag, Köln 1997, S.103-114 (zit. *Grunewald* FS Claussen).

Grunewald, Barbara: Austrittsrechte als Folge von Mischverschmelzungen und Verfügungsbeschränkungen (§ 29 UmwG), in: Verantwortung und Gestaltung, Festschrift für Karlheinz Boujong zum 65. Geburtstag, hg. v. Carsten Thomas Ebenroth/Dieter Hesselberger/Manfred Eberhard Rinne, München 1996, S. 175-201 (zit. *Grunewald* FS Boujong).

Grunewald, Barbara: Die Gesellschafterklage in der Personengesellschaft und der GmbH, Tübingen 1990 (zit. *Grunewald* Die Gesellschafterklage).

Gundlach, Ulf/*Frenzel*, Volkhard/*Schmidt*, Nikolaus: Die insolvenzrechtliche Einordnung des Anspruchs eines Aktionärs gegen seine Aktiengesellschaft als Insolvenzforderung - dargestellt am Beispiel der Prospekthaftung, in: ZInsO 2006, 1316-1319.

Haas, Ulrich/*Scholl*, Stefanie: Drohverlustrückstellungen in der Überschuldungsbilanz und deren Neutralisation durch Rangrücktrittsvereinbarungen, in: ZInsO 2002, 645-651.

Habersack, Mathias: Europäisches Gesellschaftsrecht, 3. Aufl., München 2006 (zit. *Habersack* Europäisches GesR).

Habersack, Mathias: Die Mitgliedschaft – subjektives und ‚sonstiges' Recht, Tübingen 1996 (zit. *Habersack* Die Mitgliedschaft).

Hachenburg: Gesetz betreffend die Gesellschaften mit beschränkter Haftung, hg. v. Peter Ulmer, Erster Band, Allgemeine Einleitung, §§ 1-34, 8. Aufl., Berlin 1992 (zit. Hachenburg/*Bearbeiter* GmbHG).

Hadding, Walther: Die Mitgliedschaft in handelsrechtlichen Personalgesellschaften - ein subjektives Recht?, in: Pleyer, Klemens/Schultz, Dietrich/Schwinge, Erich (Hg.), Festschrift für Rudolf Reinhardt zum 70. Geburtstag, Köln-Marienburg 1972, S. 249-262 (zit. *Hadding* FS Reinhardt).

Handkommentar Bürgerliches Gesetzbuch: *Schulze*, Reiner u.a., 5. Aufl., Baden-Baden 2006 (zit. HK-BGB/*Bearbeiter*).

Haupt, Günter: Über faktische Vertragsverhältnisse, in: Festschrift der Leipziger Juristenfakultät für Dr. Heinrich Siber, Band II, Leipzig 1943, S. 1-37 (zit. *Haupt* FS Siber).

Henze, Hartwig: Vermögensbindungsprinzip und Anlegerschutz, in: NZG 2005, 115-121.

Henze, Hartwig: Reichweite und Grenzen des aktienrechtlichen Grundsatzes der Vermögensbindung - Ergänzung durch die Rechtsprechung zum Existenz vernichtenden Eingriff?, in: AG 2004, 405-415.

Henze, Hartwig: Die Berücksichtigung des Börsenkurses bei der Bemessung von Abfindung und variablem Ausgleich im Unternehmensvertragsrecht, in: Schneider, Uwe H./Hommelhoff, Peter/Schmidt, Karsten/Timm, Wolfram/Grunewald, Barbara/Drygala, Tim: Festschrift für Marcus Lutter zum 70. Geburtstag, Köln 2000 (zit. *Henze* FS Lutter).

Hesse, Konrad: Grundzüge des Verfassungsrechts der Bundesrepublik Deutschland, Neudruck der 20. Aufl., Heidelberg 1999 (zit. *Hesse* Grundzüge des Verfassungsrechts).

Hey, Felix Christopher: Keine Anwendung der Grundsätze über die fehlerhafte Gesellschaft auf die stille Gesellschaft?, in: NZG 2004, 1097-1099.

Heymann: Handelsgesetzbuch, hg. v. Norbert Horn, Band 2, Zweites Buch, §§ 105-237, 2. Aufl., Berlin 1996 (zit. Heymann/*Bearbeiter*).

Hommelhoff, Peter/*van Aerssen*, Rick: Kurzkommentar (zu LG Frankfurt/M., ZIP 1998, 641), in: EWiR 1998, 579-780.

Hopt, Klaus J./*Voigt*, Hans-Christoph : Grundsatz- und Reformprobleme der Prospekt- und Kapitalmarktinformationshaftung, in: Hopt, Klaus J./Voigt, Hans-Christoph (Hg.): Prospekt- und Kapitalmarktinformationshaftung, Tübingen 2005, S. 9-160 (zit. *Hopt/Voigt*).

Hopt, Klaus J.: Haftung der Banken bei der Finanzierung von Publikumsgesellschaften und Bauherrenmodellen. – Zur Grenzziehung bei § 123 Abs. 2 BGB, Einwendungsdurchgriff, culpa in contrahendo und Prospekthaftung, in: Lutter, Marcus/Mertens, Hans-Joachim/Ulmer, Peter (Hg.): Festschrift für Walter Stimpel zum 68. Geburtstag, Berlin 1985, S. 265-293 (zit. *Hopt* FS Stimpel).

Horn, Norbert: Zur Haftung der AG und ihrer Organmitglieder für unrichtige oder unterlassene Ad-hoc-Informationen, in: Habersack, Mathias/Hommelhoff, Peter/Hüffer, Uwe/Schmidt, Karsten (Hg.): Festschrift für Peter Ulmer, Berlin 2003, S. 817-828 (zit. *Horn* FS Ulmer).

Huber, Ulrich: Die Abfindung der neuen Aktionäre bei Nichtigkeit der Kapitalerhöhung, in: Martens, Klaus-Peter/Westermann, Harm Peter/Zöllner, Wolfgang (Hg.): Festschrift für Carsten Peter Claussen zum 70. Geburtstag, Köln 1997, S.147-169 (zit. *Huber* FS Claussen).

Huber, Ulrich: Gesellschafterkonten in der Personengesellschaft, in: ZGR 1988, 1-103.

Huber, Ulrich: Vermögensanteil, Kapitalanteil und Gesellschaftsanteil an Personalgesellschaften des Handelsrechts, Heidelberg 1970 (zit. *Ulrich Huber* Vermögensanteil, Kapitalanteil und Gesellschaftsanteil).

Hueck, Götz/*Windbichler*, Christine: Gesellschaftsrecht, 21. Aufl., München 2008 (zit. *Hueck/Windbichler* GesR).

Hueck, Götz: Der Grundsatz der gleichmässigen Behandlung im Privatrecht, München 1958 (zit. *Hueck* Der Grundsatz der gleichmässigen Behandlung im Privatrecht).

Hüffer, Uwe: Aktiengesetz, 7. Aufl., München 2006 (zit. *Hüffer* AktG).

Hüffer, Uwe: Zur gesellschaftsrechtlichen Treuepflicht als richterrechtlicher Generalklausel, in: Festschrift für Ernst Steindorff zum 70. Geburtstag, hg. v. Jürgen F. Baur/Klaus J. Hopt/K. Peter Mailänder, Berlin 1990, S. 59-78 (zit. *Hüffer* FS Steindorff).

Hüffer, Uwe: Die Publikumspersonengesellschaft und das Problem des Anlegerschutzes, in: JuS 1979, 457-465.

Hutter, Stephan/ *Leppert*, Michael : Das 4 Finanzmarktförderungsgesetz aus Unternehmenssicht, in: NZG 2002, 649-657.

Jauernig, Othmar (Hg.): BGB, 12. Aufl., München 2007 (zit. Jauernig/*Bearbeiter*).

Kalss, Susanne: Anlegerinteressen Der Anleger im Handlungsdreieck von Vertrag, Verband und Markt, Wien 2001 (zit. *Kalss* Anlegerinteressen).

Kiethe, Kurt: Anlegerschädigung bei kreditfinanziertem Beitritt zu Immobilienfonds, in: DStR 2005, 1904-1910.

Kindler, Peter: Durchgriffsfragen der Bankenhaftung beim fehlerhaften finanzierten Gesellschaftsbeitritt, in: ZGR 2006, 167-183.

Kölner Kommentar zum Aktiengesetz: hg. v. Wolfgang Zöllner, Band 5/1, §§ 179-240 AktG mit Nachtrag zum Gesetz vom 2. August 1994, 2. Aufl., Köln 1995 (zit. KölnKommAktG/*Bearbeiter*).

Kölner Kommentar zum Aktiengesetz: hg. v. Wolfgang Zöllner, Band 1, §§ 1-75 AktG, 2. Aufl., Köln 1988 (zit. KölnKommAktG/*Bearbeiter*).

Kölner Kommentar zum WpHG: hg. v. Heribert Hirte/Thomas M. J. Möllers, Köln 2007 (zit. KölnKommWpHG/*Bearbeiter*).

Kölner Kommentar zum WpÜG: hg. v. Heribert Hirte/Christoph von Bülow, Köln 2003 (zit. KölnKommWpÜG/*Bearbeiter*).

Kölner Schrift zur Insolvenzordnung : Arbeitskreis für Insolvenz- und Schiedsgerichtswesen e. V., Köln (Hg.), Gesamtredaktion: Karlhans Fuchs, 2. Aufl., Herne 2000 (zit. *Berarbeiter* Kölner Schrift).

Konzen, Horst: Fehlerhafte stille Beteiligungen an Kapitalanlagegesellschaften, in: Aderhold, Lutz/Westermann, Harm Peter (Hg.): Festschrift für Harm Peter Westermann zum 70. Geburtstag, Köln 2008, S. 1133-1155 (zit. *Konzen* FS Westermann).

Kort, Michael: Kurzkommentar (zu OLG Frankfurt, DB 1999, 888), in: EWiR 1999, 501-502.

Kort, Michael: Bestandsschutz fehlerhafter Strukturänderungen im Kapitalgesellschaftsrecht, München 1998 (zit. *Kort* Bestandsschutz).

Kort, Michael: Aktien aus vernichteten Kapitalerhöhungen, in: ZGR 1994, 291-324.

Krämer, Lutz/*Baudisch*, Matthias: Neues zur Börsenprospekthaftung und zu den Sorgfaltsanforderungen beim Unternehmenskauf, in: WM 1998, 1161-1174.

Krohn, Angelika/*Schäfer*, Carsten: Haustürwiderrufgesetz und der Beitritt zur Genossenschaft - Vorrang des Verbraucherschutzes gegenüber der Lehre vom fehlerhaften Beitritt? -, in: WM 2000, 112-123.

Kropff: Aktiengesetz, zusammengestellt von Bruno Kropff, Düsseldorf 1965 (zit. *Kropff*).

Kübler, Friedrich/*Assmann*, Heinz-Dieter: Gesellschaftsrecht, 6. Aufl., Heidelberg 2006 (zit. *Kübler/Assmann* GesR).

Kübler, Bruno M./Prütting, Hanns (Hg.): InsO, Band I, Köln, Stand: Oktober 2007 (zit. Kübler/Prütting/*Bearbeiter*).

Kuhr, Daniela: Die Bekenntnisse des Thomas Haffa, in: Süddeutsche Zeitung vom 20. 10. 2007.

Kunold, Uta/*Schlitt*, Michael : Die neue EU-Prospektrichtlinie, in: BB 2004, 501-512.

Langenbucher, Katja: Kapitalerhaltung und Kapitalmarkthaftung, in: ZIP 2005, 239-245.

Lanfermann, Georg/*Röhricht*, Victoria: Stand der europäischen Diskussion zur Kapitalerhaltung, in: BB 2007, Beilage Nr. 005, 8-13.

Larenz, Karl/*Wolf*, Manfred: Allgemeiner Teil des Bürgerlichen Rechts, 9. Aufl., München 2004 (zit. *Larenz/Wolf*).

Larenz, Karl: Methodenlehre der Rechtswissenschaft, 6. Auflage, Berlin 1991 (zit. *Larenz* Methodenlehre).

Lenenbach, Markus: Anmerkung zu BGH Urt. v. 21.3.2005 ("Göttinger Gruppe") II ZR 140/03, II ZR 149/03, II ZR 124/03, in: WuB II H. § 230 HGB 2.05.

Lenenbach, Markus: Verbraucherschutzrechtliche Rückabwicklung eines kreditfinanzierten, fehlerhaten Beitritts zu einer Publikumspersonengesellschaft, in: WM 2004, 501-511.

Lieb, Manfred: Culpa in contrahendo und rechtsgeschäftliche Entscheidungsfreiheit, in: Beuthien, Volker/Fuchs, Maximilian/Roth, Herbert/Schiemann, Gottfried/Wacke, Andreas (Hg.): Festschrift für Dieter Medicus, Köln 1999, S. 337-352.

Lieb, Manfred: Vertragsaufhebung oder Geldersatz?, in: Festschrift der Rechtswissenschaftlichen Fakultät zur 600-Jahr-Feier der Universität zu Köln, Köln 1988, S. 251-270 (zit. *Lieb* FS Rechtswissenschaftliche Fakultät der Univ. Köln).

Looschelders, Dirk: Schuldrecht Allgemeiner Teil, 5. Aufl., Köln 2007 (zit. *Looschelders* SchR AT).

Lorenz, Stephan: Vertragsaufhebung wegen culpa in contrahendo - Schutz der Entscheidungsfreiheit oder des Vermögens?, in: ZIP 1998, 1053-1057.

Lorenz, Stephan: Der Schutz vor dem unerwünschten Vertrag, München 1997 (zit. *Stephan Lorenz* Der Schutz vor dem unerwünschten Vertrag).

Loritz, Karl-Georg: Ein neuer Sonderweg bei Rückabwicklung stiller Gesellschaften, in: DB 2004, 2459-2460.

Lüdicke, Jochen/*Arndt*, Jan-Holger: Geschlossene Fonds, 4. Aufl., München 2007 (zit. *Lüdicke/Arndt*).

Lutter, Marcus (Hg.): Das Kapital der Aktiengesellschaft in Europa, Berlin 2006 (zit. Lutter (Hg.) Das Kapital der Aktiengesellschaft in Europa).

Lutter, Marcus: Die Rückabwickung fehlerhafter Kapitalübernahmen, in: Crezelius, Georg/Hirte, Heribert/Vieweg, Klaus: Festschrift für Volker Röhricht zum 65. Geburtstag, Köln 2005, S. 369-382 (zit. *Lutter* FS Röhricht).

Lutter, Marcus: Gesellschaftsrecht und Kapitalmarkt, in: Lieb, Manfred/Noack, Ulrich/Westermann, HarmPeter (Hg.): Festschrift für Wolfgang Zöllner zum 70. Geburtstag, Band I, Köln 1998 (zit. *Lutter* FS Zöllner I).

Lutter, Marcus: Theorie der Mitgliedschaft, in: AcP 180 (1980), 84-159.

Mankowski, Peter: Beitritt zu einer Publikumsgesellschaft als Haustürgeschäft, in: WuB IV D § 1 HWiG 1.01.

Martens, Klaus-Peter: Die Anzeigepflicht des Verlustes des Garantiekapitals, in: ZGR 1972, 254-288.

Medicus, Dieter: Schuldrecht I, Allgemeiner Teil, 17 Aufl., München 2006 (zit. *Medicus* SchR AT).

Medicus, Dieter: Allgemeiner Teil des BGB, 6. Aufl., Heidelberg 1994 (zit. Medicus AT, 6. Aufl. 1994).

Medicus, Dieter: Grenzen der Haftung für culpa in contrahendo, in: JuS 1962, 209-218.

Merkt, Hanno/*Göthel*, Stephan: Vorschriften und Ansätze der Quartalsberichterstattung - Vergleiche USA-Deutschland, in: RIW 2003, 23-32.

Merkt, Hanno: Unternehmenspublizität, Tübingen 2001 (zit. *Merkt* Unternehmenspublizität).

Mertens, Bernd: Culpa in contrahendo beim zustande gekommenen Kaufvertrag nach der Schuldrechtsreform, in: AcP 203 (2003), 818-854.

Mertens, Hans-Joachim: Die Geschäftsführungshaftung in der GmbH und das ITT-Urteil, in: Fischer, Robert/Lutter, Marcus/Stimpel, Walter/Wiedemann, Herbert (Hg.): Festschrift für Robert Fischer, Berlin 1979, S. 461-475 (zit. *Mertens* FS Robert Fischer).

Messer, Herbert: Gesellschaftsbezogene Forderungen als unselbständige Rechnungsposten in der Auseinandersetzungsrechnung der Gesellschaft, in: Lutter, Marcus/Mertens, Hans-Joachim/Ulmer, Peter (Hg.): Festschrift für Walter Stimpel zum 68. Geburtstag, Berlin 1985, S. 205-216 (zit. *Messer* FS Stimpel).

Meyer-Panhuysen, Ulrike: Die fehlerhafte Kapitalerhöhung, Köln 2003 (zit. *Meyer-Panhuysen*).

Michalski, Lutz/*Schulenberg*, Volker: Anmerkung zu OLG Hamburg, Urt. v. 14. 7. 1999 – 11 U 15/99 (NZG 2000, 536-538), in: NZG 2000, 538.

Möllers, Thomas M. J.: Effizienz als Maßstab des Kapitalmarktrechts, in: AcP 208 (2008), 1-36.

Möllers, Thomas M. J.: Das Verhältnis der Haftung wegen sittenwidriger Schädigung zum gesellschaftsrechtlichen Kapitalerhaltungsgrundsatz - Em.TV und Comroad, in: BB 2005, 1637-1642.

Möllers, Thomas M. J.: Der Weg zu einer Haftung für Kapitalmarktinformationen, in: JZ 2005, 75-83.

Möllers, Thomas M. J./*Leisch*, Franz Clemens: Schaden und Kausalität im Rahmen der neu geschaffenen §§ 37b und 37c WpHG, in: BKR 2002, 1071-1079.

Möllers, Thomas M.J./*Weichert*, Tilman: Das Kapitalanleger-Musterverfahrensgesetz, in: NJW 2005, 2737-2741.

Moos, Felix: Die Schadensersatzansprüche des betrogenen Aktienerwerbers gegen die betrügende Aktiengesellschaft, in: ZHR 70 (1911), 184-218.

Mugdan, Benno: Die gesammelten Materialien zum Bürgerlichen Gesetzbuch für das Deutsche Reich, I. Band, Einführungsgesetz und Allgemeiner Theil, Berlin 1899 (zit. *Mugdan* Motive).

Mülbert, Peter O./*Steup*, Steffen: Haftung für fehlerhafte Kapitalmalmarktinformationen, in Habersack, Mathias/Mülbert, Peter O./Schlitt, Michael (Hg.): Unternehmensfinanzierung am Kapitalmarkt, Köln 2005 (zit. *Mülbert/Steup* in Habersack/Mülbert/Schlitt).

Mülbert, Peter O./*Steup*, Steffen: Emittentenhaftung für fehlerhafte Kapitalmarktinformation am Beispiel der fehlerhaften Regelpublizität - das System der Kapitalmarktinformationshaftung nach AnSVG und WpPG mit Ausblick auf die Transparenzrichtlinie -, in: WM 2005, 1633-1680.

Mülbert, Peter O./*Gramse*, Gerold R.: Gesellschafterbeschlüsse bei der rechtsfähigen Personengesellschaft, in: WM 2002, 2085-2094.

Müller-Erzbach, Rudolf: Das private Recht der Mitgliedschaft als Prüfstein eines kausalen Rechtsdenkens, Weimar 1948 (zit. *Müller-Erzbach*).

Münchener Handbuch des Gesellschaftsrechts : Band 1, BGB-Gesellschaft, Offene Handelsgesellschaft, Partnerschaftsgesellschaft, Partenreederei, EWIV, hg. v. Hans Gummert/Bodo Riegger/Lutz Weipert, 2. Aufl., München 2004 (zit. MünchenerHdb. GesR I/*Bearbeiter*).

Münchener Handbuch des Gesellschaftsrechts: Band 2, Kommanditgesellschaft, GmbH & Co. KG, Publikums-KG, Stille Gesellschaft, hg. v. Bodo Riegger/Lutz Weipert, 2. Aufl., München 2004 (zit. MünchenerHdb. GesR II/ *Bearbeiter*).

Münchener Handbuch des Gesellschaftsrechts: Band 4, Aktiengesellschaft, hg. v. Michael Hoffmann-Becking, 3. Aufl. München 2007 (zit. MünchenerHdb. GesR IV/*Bearbeiter*).

Münchener Kommentar zum Aktiengesetz: Band 2, §§ 53a-75, hg. v. Bruno Kropff/Johannes Semler, 2. Aufl., München 2003 (zit. MünchKommAktG/*Bearbeiter*).

Münchener Kommentar zum Aktiengesetz: Band 7, §§ 222-277, hg. v. Bruno Kropff/Johannes Semler, 2. Aufl., München 2001 (zit. MünchKommAktG/*Bearbeiter*).

Münchener Kommentar zum Bürgerlichen Gesetzbuch: hg. v. Franz Jürgen Säcker/Roland Rixecker, Band 1, Allgemeiner Teil, 1. Halbband: §§ 1-240, ProstG, München 2006 (zit. MünchKommBGB/*Bearbeiter*).

Münchener Kommentar zum Bürgerlichen Gesetzbuch: Band 2, Schuldrecht Allgemeiner Teil, §§ 241-432, Redakteur: Wolfgang Krüger, 5. Aufl., München 2007 (zit. MünchKommBGB/*Bearbeiter*).

Münchener Kommentar zum Bürgerlichen Gesetzbuch: hg. v. Kurt Rebmann/Franz Jürgen Säcker/Roland Rixecker, Redakteur: Peter Ulmer, Band 5, Schuldrecht Besonderer Teil III, §§ 705-853, Partnerschaftsgesellschaftsgesetz, Produkthaftungsgesetz, 4. Aufl., München 2004 (zit. MünchKommBGB/*Bearbeiter*).

Münchener Kommentar zum Bürgerlichen Gesetzbuch: hg. v. Kurt Rebmann/Franz Jürgen Säcker, Band 3, Schuldrecht Besonderer Teil I, §§ 433-606, Finanzierungsleasing, VerbrKrG, HausTWG, Erbschafts- u. Schenkungssteuergesetz, MHG, HeizkostenV, Redakteur: Harm Peter Westermann, 3. Aufl., München 1995 (zit. MünchKommBGB/*Bearbeiter* Bd. 3, 3. Aufl. (1995)).

Münchener Kommentar zum Handelsgesetzbuch: hg. v. Karsten Schmidt, Band 2, Zweites Buch. Handelsgesellschaften und stille Gesellschaft, erster Abschnitt, Offene Handelsgeselschaft, §§ 105-160, 2. Aufl., München 2006 (zit. MünchKommHGB/*Bearbeiter*).

Münchener Kommentar zum Handelsgesetzbuch: hg. v. Karsten Schmidt, Band 3, Zweites Buch. Handelsgesellschaften und Stille Gesellschaft, Zweiter Abschnitt. Kommanditgesellschaft, Dritter Abschnitt. Stille Gesellschaft, §§ 161-237, 2. Aufl., München 2007 (zit. MünchKommHGB/*Bearbeiter*).

Münchener Kommentar zum Handelsgesetzbuch: hg. v. Karsten Schmidt, Band 4, Drittes Buch. Handelsbücher, §§ 238-342e, 2. Aufl., München 2008 (zit. MünchKommHGB/*Bearbeiter*).

Münchener Kommentar zur Insolvenzordnung: Band 2, §§ 103-269, 2. Aufl., München 2008 (zit. MünchKommInsO/Bearbeiter).

Neuner, Jörg: Der Schutz und die Haftung Dritter nach vertraglichen Grundsätzen, in: JZ 1999, 126-136.

Paefgen, Walter: Haftung für mangelhafte Aufklärung aus culpa in contrahendo, Baden-Baden 1999 (zit. *Paefgen*).

Palandt: Bürgerliches Gesetzbuch, bearb. v. Peter Bassenge u.a., 67. Aufl., München 2008 (zit. Palandt/*Bearbeiter*).

Pammler, Sebastian: Die gesellschaftsfinanzierte D&O-Versicherung im Spannungsfeld des Aktienrechts, Berlin 2006 (zit. *Pammler*).

Raiser, Thomas/*Veil*, Rüdiger: Recht der Kapitalgesellschaften, 4. Aufl., München 2006 (zit. *Raiser/Veil* Kapitalgesellschaften).

Reiner, Günter: Der verbraucherschützende Widerruf im Recht der Willenserklärungen, in: AcP 203 (2003), 1-45.

Renzenbrink, Ulf/*Holzner*, Nelson: Das Verhältnis von Kapitalerhaltung und Ad-hoc-Haftung, in: BKR 2002, 434-439.

Reusch, Peter: Die stille Gesellschaft als Publikumspersonengesellschaft, Berlin 1989 (zit. *Reusch*).

Rickford, Jonathan (Hg.): Reforming Capital, Report of the Interdisciplinary Group on Capital Maintenance, in: EBLR 2004, 919-1027.

Rohlfing, Bernd: Widerrruf einer atypischen stillen Beteiligung und die so genannte fehlerhafte Gesellschaft, in: NZG 2003, 854-860.

Rosenberg, Leo/*Gaul*, Hans Friedhelm/*Schilken*, Eberhard: Zwangsvollstreckungsrecht, 11. Aufl., München 1997 (zit. *Rosenberg/Gaul/Schilken*).

Roth, Günter H./*Altmeppen*, Holger : GmbHG, 5. Aufl., München 2005 (zit. Roth/Altmeppen/*Bearbeiter* GmbHG).

Rüthers, Bernd: Rechtstheorie, 3. Aufl., München 2007 (zit. *Rüthers* Rechtstheorie).

Schäfer, Carsten: Der täuschungsbedingte Beitritt zur (Personen-) Gesellschaft und die Lehre vom fehlerhaften Verband - Vorrang von Schadensersatzansprüchen?, in: ZHR 170 (2006), 373-397.

Schäfer, Carsten: Effektivere Vorstandshaftung für Fehlinformation des Kapitalmarkts?, in: NZG 2005, 985-992.

Schäfer, Carsten: Externe Organhaftung bei fehlerhafter Kapitalmarktinformation?, in: GesRZ-SH 2005, 25-35.

Schäfer, Carsten: Die Lehre vom fehlerhaften Verband, Tübingen 2002 (zit. *Carsten Schäfer* Die Lehre vom fehlerhaften Verband).

Schäfer, Carsten: Anmerkung (zu BGH Urt. v. 2.7.2001, II ZR 304/00) JZ 2002, 247 = BGHZ 148, 201-209, in: JZ 2002, 249-252.

Schäfer, Carsten/*Weber*, Martin/*Wolf*, Peter: Berechnung und Pauschalierung des Kursdifferenzschadens bei fehlerhafter Kapitalmarktinformation, in: ZIP 2008, 197-204.

Schäfer, Frank A.: Stand und Entwicklungstendenzen der spezialgesetzlichen Prospekthaftung, in: ZGR 2006, 40-78.

Schäfer, Frank A./Hamann, Uwe (Hg.): Kapitalmarktgesetze, 2., neubearbeitete Auflage, 2. Lieferung, Stuttgart, Stand: Juni 2007 (zit. Schäfer/Hamann/*Bearbeiter*)

Schimansky, Herbert/Bunte, Hermann-Josef/Lwowski, Hans-Jürgen (Hg.): Bankrechts-Handbuch, Band II, 3. Aufl., München 2007 (zit. *Bearbeiter* in Schimanky/Bunte/Lwowski).

Schlegelberger: Handelsgesetzbuch, erläutert v. Ernst Geßler/Wolfgang Hefermehl/Wolfgang Hildebrandt/Georg Schröder, 1. Band, 4. Aufl., Berlin 1960 (zit. Schlegelberger HGB (4. Aufl. 1960)).

Schmidt, Karsten/Lutter, Marcus (Hg.): Aktiengesetz-Kommentar, I. Band, §§ 1-149, Köln 2008 (zit. Schmidt/Lutter/*Fleischer*).

Schmidt, Karsten: Gesellschaftsrecht, 4. Aufl., Köln 2002 (zit. *Karsten Schmidt* GesR).

Schmidt, Karsten: Die Vereinsmitgliedschaft als Grundlage von Schadensersatzansprüchen, in: JZ 1991, 157-168.

Schmidt, Karsten: Die fehlerhafte Anteilsübertragung, in: BB 1988, 1053-1060.

Schmidt, Karsten: "Fehlerhafte Gesellschaft" und allgemeines Verbandsrecht, in: AcP 186 (1986), 421-452.

Schön, Wolfgang: Vermögensbindung und Kapitalschutz in der AG – Versuch einer Differenzierung, in: Crezelius, Georg/Hirte, Heribert/Vieweg, Klaus: Festschrift für Volker Röhricht zum 65. Geburtstag, Köln 2005, S. 559-570 (zit. *Schön* FS Röhricht).

Schön, Wolfgang: Zur "Existenzvernichtung" der juristischen Person, in: ZHR 168 (2004), 268-297.

Schön, Wolfgang: Deutsches Konzernprivileg und europäischer Kapitalschutz - ein Widerspruch?, in: Forster, Karl-Heinz/Grunewald, Barbara/Lutter, Marcus/Semler, Johannes (Hg.), Festschrift für Bruno Kropff, Düsseldorf 1997, S. 285-300 (zit. *Schön* FS Kropff).

Schön, Wolfgang: Gibt es das partiarische Darlehen?, in: ZGR 1993, 210-244.

Schubert, Claudia: Die Lehre von der fehlerhaften Gesellschaft und das Haustürwiderrufsrecht - Gesellschaftsrecht und Verbraucherschutz im Konflikt-, in: WM 2006, 1328-1335.

Schubert, Werner: Unredliches Verhalten Dritter bei Vertragsschluss, in: AcP 168 (1968), 470-512.

Schulze, Reiner/Zuleeg, Manfred (Hg.): Europarecht, Baden-Baden 2006 (zit. Schulze/Zuleeg/*Bearbeiter*).

Schwab, Martin: Einwendungsdurchgriff bei kreditfinanziertem Erwerb einer Gesellschaftsbeteiligung, in: ZGR 2004, 861-901.

Schwark, Eberhard (Hg.): Kapitalmarktrechtskommentar, 3. Aufl., München 2004 (zit. Schwark/*Bearbeiter*).

Schwark, Eberhard: Prospekthaftung und Kapitalerhaltung in der AG, in: Schmidt, Karsten/Schwark, Eberhard (Hg.), Unternehmen, Recht und Wirtschaftsordnung – Festschrift für Peter Raisch zum 70. Geburtstag, Köln 1995, S. 269-290 (zit. *Schwark* FS Raisch).

Schwark, Eberhard: Gesellschaftsrecht und Kapitalmarktrecht, in: Lutter, Marcus/Mertens, Hans-Joachim/Ulmer, Peter (Hg.): Festschrift für Walter Stimpel zum 68. Geburtstag, Berlin 1985, S. 1087-1111 (zit. *Schwark* FS Stimpel).

Schwarz, Günter Christian: Europäisches Gesellschaftsrecht, Handbuch, Baden-Baden 2000 (zit. Schwarz Europäisches GesR).

Sester, Peter: Gläubiger- und Anlegerschutz bei evidenten Fairnessverstößen über die deliktsrechtliche Haftung der handelnden Personen, in: ZGR 2006, 1-39.

Siebert, Wolfgang: Die faktische Innengesellschaft, in: BB 1958, 1065-1070.

Siebert, Wolfgang: Die „faktische Gesellschaft“, in: Freisler, Roland/Löning, George Anton/Nipperdey, Hans Carl (Hg.): Festschrift Justus Wilhelm Hedemann zum sechzigsten Geburtstag, Jena 1938, S. 266-289 (zit. *Siebert* FS Hedemann).

Siems, Matthias M.: Die Konvergenz der Rechtssysteme im Recht der Aktionäre, Tübingen 2005 (zit. *Siems* Konvergenz).

Sievers: Aktionäre und Gläubiger im Konkurse der Aktiengesellschaft, in: DJZ 1903, 85-89.

Simitis, Spiros: Die faktischen Vertragsverhältnisse, Frankfurt am Main 1957 (zit. *Simitis* Die faktischen Vertragsverhältnisse).

Soergel: Bürgerliches Gesetzbuch mit Einführungsgesetz und Nebengesetzen, Band 2, Allgemeiner Teil 2, §§ 104-240, Red.: Manfred Wolf, 13. Aufl., Stuttgart, Stand: März 1999 (zit. Soergel/*Bearbeiter*).

Soergel: Bürgerliches Gesetzbuch mit Einführungsgesetz und Nebengesetzen, Band 4, Schuldrecht III, §§ 705-853, Red.: Otto Mühl, 11. Aufl., Stuttgart, Stand: Frühjahr 1985 (zit. Soergel/*Bearbeiter*).

Spindler, Gerald: Neuregelungen des Kapitalmarkt- und Börsenrechts zum Anlegerschutz? Zur gesellschafts- und wirtschaftsrechtlichen Abteilung des 64. Deutschen Juristentages, in: DStR 2002, 1576-1587.

Spindler, Gerald/*Stilz*, Eberhard (Hg.): Kommentar zum Aktiengesetz, Band 1, §§ 1-178, München 2007 (Spindler/Stilz/*Bearbeiter* AktG).

Staub: Großkommentar HGB, hg. v. Claus-Wilhelm Canaris/Wolfgang Schilling/Peter Ulmer, 4. Aufl., 9. Lieferung: §§ 161-177a, Bearbeiter: Schilling, Berlin 1987 (zit. Staub/*Bearbeiter* (4. Aufl. 1987)).

Staub: Handelsgesetzbuch Großkommentar, begr. v. Hermann Staub, Zweiter Band, 1. Halbband, §§ 105 – 144, 3. Aufl., Berlin 1973 (zit. Staub/*Bearbeiter* (3. Aufl. 1973)).

Staub's Kommentar zum Handelsgesetzbuch: Bearb. v. Albert Pinner/Felix Bondi/Wilhelm Gadow/Eduard Heinichen, Erster Band, §§ 1-177, 14. Aufl., Berlin 1932 (zit. Staub/*Bearbeiter* (14. Aufl. 1932)).

Staub, Hermann: Kommentar zum Handelsgesetzbuch, Erster Band, Buch 1 (Handelsstand) und Buch 2 (Handelsgesellschaften und stille Gesellschaft), 6./7. Aufl., Berlin 1900 (zit. *Staub* (6./7. Aufl. 1900)).

Staudinger: J. von Staudingers Kommentar zum Bürgerlichen Gesetzbuch mit Einführungsgesetz und Nebengesetzen, Buch 1, Allgemeiner Teil, §§ 21-79, Neubearbeitung v. Nobert Habermann/Günter Weick, Redaktor: Herbert Roth, Berlin 2005 (zit. *Staudinger*/Bearbeiter).

Staudinger: J. von Staudingers Kommentar zum Bürgerlichen Gesetzbuch mit Einführungsgesetz und Nebengesetzen, Buch 1, Allgemeiner Teil, §§ 90-133, §§ 1-54, 63 BeurkG, Bearbeitung v. Christian Hertel/Joachim Jickeli/Hans-Georg Knothe/Reinhard Singer/Malte Stieper, Redaktor: Norbert Habermann, Berlin 2004 (zit. *Staudinger*/Bearbeiter).

Staudinger: J. von Staudingers Kommentar zum Bürgerlichen Gesetzbuch mit Einführungsgesetz und Nebengesetzen, Buch 2, Recht der Schuldverhältnisse, §§ 311, 311a, 312, 312a-f, Neubearbeitung v. Manfred Löwisch/Gregor Thüsing, Redaktor: Dieter Reuter, Berlin 2005 (zit. *Staudinger*/Bearbeiter).

Staudinger: J. von Staudingers Kommentar zum Bürgerlichen Gesetzbuch mit Einführungsgesetz und Nebengesetzen, Buch 2, Recht der Schuldverhältnisse, §§ 328-359, Neubearbeitung v. Rainer Jagmann/Dagmar Kaiser/Sibylle Kessal-Wulf, Volker Rieble, Redaktor: Manfred Löwisch, Berlin 2004 (zit. *Staudinger*/Bearbeiter).

Steder, Karl-Heinz: Zum Entwurf eines Gesetzes über den Vertrieb von Vermögensanlagen, in: AG 1978, 173-188.

Steinhauer, Carsten: Insiderhandelsverbot und Ad-hoc-Publizität: Eine rechtsvergleichende Analyse zivilrechtlicher Haftungsansprüche von Anlegern in den USA und Deutschland, Baden-Baden 1999 (zit. *Steinhauer*).

Stern, Michael Peter: Bürgerlichrechtliche und aktienrechtliche Schadensersatzpflichten wegen Verletzung der §§ 20, 21 AktG, Berlin 2004 (zit. *Stern*).

Strohn, Lutz: Anlegerschutz bei geschlossenen Immobilienfonds nach der Rechtsprechung des Bundesgerichtshofs, in: WM 2005, 1441-1488.

Teichmann, Christoph: Kapitalmarktrechtliche Haftung des Emittenten und seiner Organe, in: Bachmann, Gregor/Casper, Matthias/Schäfer, Carsten/Veil, Rüdiger (Hg.): Steuerungsfunktionen des Haftungsrechts im Gesellschafts- und Kapitalmarktrecht, Baden-Baden 2007, S. 149-161 (zit. *Teichmann* in Bachmann/Casper/Carsten Schäfer/Veil).

Tollkühn, Oliver: Die Ad-hoc-Publizität nach dem Anlegerschutzverbesserungsgesetz, in: ZIP 2004, 2215-2220.

Uhlenbruck, Wilhelm: Probleme des Eröffnungsverfahrens nach dem Insolvenzrechts-Reformgesetz 1994, in: KTS 1994, 169-183.

Ulmer, Peter: Die Lehre von der fehlerhaften Gesellschaft – gesicherter Bestand des Gesellschaftsrechts oder methodischer Irrweg?, in: Jakobs, Horst Heinrich/Knobbe-Keuk, Brigitte/Picker, Eduard/Wilhelm, Jan (Hg.): Festschrift für Werner Flume zum 70. Geburtstag, Band II, Köln 1978, S. 301-321 (zit. *Ulmer* FS Flume II).

Ulmer, Peter/*Dopfer*, Jürgen: Anlegerschutz und Gesellschaftsrecht, in: BB 1978, 461-466.

Veil, Rüdiger: Rechtsprinzipien und Regelungskonzepte im europäischen Gesellschaftsrecht, in: Festschrift für Hans-Joachim Priester zum 70. Geburtstag, hg. v. Peter Hommelhoff, Peter Rawert, Karsten Schmidt, Köln 2007, S. 799-818 (zit. *Veil* FS Priester).

Veil, Rüdiger: Kapitalerhaltung – Das System der Kapitalrichtlinie versus situative Ausschüttungssperren, in: Lutter, Marcus (Hg.): Das Kapital der Aktiengesellschaft in Europa, Berlin 2006 (zit. *Veil* in Lutter (Hg.) Das Kapital der Aktiengesellschaft in Europa).

Veil, Rüdiger: Der Schutz des verständigen Anlegers durch Publizität und Haftung im europäischen und nationalen Kapitalmarktrecht, in: ZBB 2006, 162-171.

Veil, Rüdiger: Die Ad-hoc-Publizitätshaftung im System kapitalmarktrechtlicher Informationshaftung, in: ZHR 167 (2003), 365-402.

Verse, Dirk A.: Der Gleichbehandlungsgrundsatz im Recht der Kapitalgesellschaften, Tübingen 2006 (zit. *Verse* Der Gleichbehandlungsgrundsatz im Recht der Kapitalgesellschaften).

Vokuhl, Nikolai: Kapitalmarktrechtlicher Anlegerschutz und Kapitalerhaltung in der Aktiengesellschaft, Baden-Baden 2007 (zit. *Vokuhl*).

Vollkommer, Gregor: Neue Wege zum Recht bei kapitalmarktrechtlichen Streitigkeiten, in: NJW 2007, 3094-3098.

Von der Groeben, Hans/Schwarze, Jürgen (Hg.): Kommentar zum Vertrag über die Europäische Union und zur Gründung der Europäischen Gemeinschaft, Band 3, Art. 98-188 EGV, 6. Aufl., Baden-Baden 2003 (zit. v. d. Groeben/Schwarze/*Bearbeiter*).

Vorwerk, Volkert/Wolf, Christian (Hg.):Kapitalanleger-Musterverfahrensgesetz, München 2007 (zit. Vorwerk/Wolf/*Bearbeiter* KapMuG,)

Wagner, Klaus-R. : Zur aktuellen Rechtsprechung des II. Zivilsenates des BGH betreffend stille Beteiligungen im Kapitalanlagemodell, in: NZG 2005, 499-502.

Wagner, Klaus-R.: Zivilrechtliche Folgen für ausstiegswillige Anleger notleidender geschlossener Immobilienfonds, in: WM 2004, 2240-2250.

Wälzholz, Eckhard: Die fehlerhafte stille Gesellschaft und deren Rückabwicklung – Ein Schrecken ohne Ende oder ein Ende mit Schrecken, in: DStR 2003, 1533-1537.

Weber, Martin: Die Entwicklung des Kapitalmarktrechts im Jahre 2007, in: NJW 2007, 3688-3699.

Weber, Martin: Unterwegs zu einer europäischen Prospektkultur, in: NZG 2004, 360-366.

Wertenbruch, Johannes: Rückabwicklung einer Kapitalanlage in Form einer stillen Gesellschaft – Urteilskomplex "Göttinger Gruppe", in: NJW 2005, 2823-2826.

Westermann, Harm Peter (Hg.): Handbuch der Personengesellschaften, Bd. 1, Stand: Juli 2007 (zit. Westermann/*Bearbeiter* Hdb. Personengesellschaften I).

Westermann, Harm Peter: Gesellschaftsbeitritt als Verbraucherkreditgeschäft? Teil I: Die gesetzliche Rechtslage in Bezug auf die Widerruflichkeit, in: ZIP 2002, 189-200.

Westermann, Harm Peter: Gesellschaftsbeitritt als Verbraucherkreditgeschäft? Teil II: Rückabwicklung einer Fonds-Beteiligung bei Widerruflichkeit oder bei der Geltendmachung von Beitrittsmängeln, in: ZIP 2002, 240-254.

Wiedemann, Herbert: Gesellschaftsrecht Bd. II, Recht der Personengesellschaften, München 2004 (zit. *Wiedemann* GesR II).

Wiedemann, Herbert: Gesellschaftsrecht, Band I, Grundlagen, München 1980 (zit. *Wiedemann* GesR I).

Wiedemann, Herbert: Die Personengesellschaft - Vertrag oder Organisation?, in: ZGR 1996, 287-299.

Wiedemann, Herbert/*Schmitz*, Erich: Kapitalanlegerschutz bei unrichtiger oder unvollständiger Information, in: ZGR 1980, 129-145.

Wiesner, Georg: Die Lehre von der fehlerhaften Gesellschaft, Heidelberg 1980 (zit. *Wiesner*).

Wild, Eva-Maria: Prospekthaftung einer Aktiengesellschaft unter deutschem und europäischem Kapitalschutz, Köln 2007 (zit. *Wild*).

Ziegler, Ole: Die Prospekthaftung am nicht-organisierten Kapitalmarkt im Spannungsverhältnis zu personengesellschaftlichen Grundsätzen, in: DStR 2005, 30-34.

Ziegler, Ole: Die Rechtsfolgen der §§ 13, 13a VerkProspG n.F. und der Kapitalerhaltungsrundsatz, in: NZG 2005, 301-304.

Zimmer, Daniel/*Cloppenburg*, Matthias: Haftung für falsche Information des Sekundärmarktes auch bei Kapitalanlagen des nicht geregelten Kapitalmarktes?, in: ZHR 171 (2007), 519-553.

Zimmer, Daniel: Verschärfung der Haftung für fehlerhafte Kapitalmarktinformationen, in: WM 2004, 9-21.

Zöllner, Wolfgang/*Winter*, Martin: Folgen der Nichtigerklärung durchgeführter Kapitalerhöhungsbeschlüsse, in: ZHR 158 (1994), 59-100.

Zöllner, Wolfgang: Folgen der Nichtigerklärung durchgeführter Kapitalerhöhungsbeschlüsse, in: AG 1993, 68-79.

Peter Lang · Internationaler Verlag der Wissenschaften

Stefan Ueding

Prospektpflicht und Prospekthaftung im Grauen Kapitalmarkt nach deutschem und italienischem Recht

Frankfurt am Main, Berlin, Bern, Bruxelles, New York, Oxford, Wien, 2009.
XXIV, 381 S.
Europäische Hochschulschriften: Reihe 2, Rechtswissenschaft. Bd. 4823
ISBN 978-3-631-58601-3 · br. € 65.80*

Im Jahr 2003 hat die Bundesregierung angekündigt, den deutschen Kapitalmarkt zu stärken. Hierzu hat sie das Gesetz zur Verbesserung des Anlegerschutzes erlassen, das unter anderem eine Prospektpflicht und eine Prospekthaftung für den sogenannten Grauen Kapitalmarkt vorsieht. In Italien gab es bis in die achtziger Jahre einen ähnlichen Markt für „titoli atipici". Jedoch wurde hier bereits 1983 eine Prospektpflicht eingeführt, später ein verbindliches Modell geschlossener Fonds. Eine spezialgesetzliche Prospekthaftung besteht hingegen erst seit der Umsetzung der Verkaufsprospektrichtlinie im Jahr 2007. Heute ist in Italien ein einheitlicher Kapitalmarkt gegeben. Neben einer Untersuchung der Prospektpflicht und Prospekthaftung in beiden Ländern geht der Autor in seiner Arbeit der Frage nach, ob der deutsche Kapitalmarkt tatsächlich gestärkt wurde oder ob es angesichts der Erkenntnisse aus der Entwicklung in Italien noch weitere Verbesserungsmöglichkeiten gibt.

Aus dem Inhalt: Prospektpflicht nach dem VerkProspG und dem Testo unico finanziario · Gängige Produkte · Inhaltliche und verfahrensmäßige Anforderungen an den Prospekt · Spezialgesetzliche Prospekthaftung · Zivilrechtliche Prospekthaftung · Haftung der Aufsichtsbehörde · Rechtsvergleich zu Prospektpflicht und -haftung

Frankfurt am Main · Berlin · Bern · Bruxelles · New York · Oxford · Wien
Auslieferung: Verlag Peter Lang AG
Moosstr. 1, CH-2542 Pieterlen
Telefax 0041 (0)32/376 17 27

*inklusive der in Deutschland gültigen Mehrwertsteuer
Preisänderungen vorbehalten

Homepage http://www.peterlang.de

FSC
www.fsc.org
MIX
Papier | Fördert gute Waldnutzung
FSC® C083411

Kolibri 360 GmbH
Ferdinand-Jühlke-Straße 7
99095 Erfurt, Deutschland
produktsicherheit@kolibri360.de